KB167918

이용희의
정치학과
정치사상

이용희의
정치학과
정치사상

장인성 · 김태진 외 지음

연암서가

필자 소개

기유정(서울대학교 한국정치연구소)

김태진(동국대학교 일본학과)

옥창준(한국학중앙연구원 사회과학부)

이경미(동북아역사재단)

장세진(한림대학교 한림과학원)

장인성(서울대학교 정치외교학부 명예교수)

장진성(서울대학교 고고미술사학과)

이용희의
정치학과
정치사상

2023년 5월 20일 초판 1쇄 인쇄
2023년 5월 25일 초판 1쇄 발행

지은이 | 장인성·김태진 외
펴낸이 | 권오상
펴낸곳 | 연암서가

등 록 | 2007년 10월 8일(제396-2007-00107호)
주 소 | 경기도 고양시 일산서구 호수로 896, 402-1101
전 화 | 031-907-3010
팩 스 | 031-912-3012
이메일 | yeonamseoga@naver.com
ISBN 979-11-6087-110-4 93340

값 20,000원

이 책은 동주東洲 이용희李用熙의 정치학과 정치사상에 관한 논문 7편을 모은 연구서이다. 이용희는 한국 국제정치학의 초석을 놓은 정치학자였다. 체험적 감식안을 중시하는 한국회화사를 개척한 미술사가이기도 했다. 이용희는 냉전 초기 서울대학교 정치학과와 외교학과에서 한국정치학과 국제정치학의 단초를 열었던 학자였다. 그는 서구의 정치학 이론을 소개하는 단순한 지식의 전달자가 아니었다. 고대와 현대, 동양과 서양, 인문학과 사회과학을 넘나드는 폭넓은 지식과 실천적 체험을 토대로 세계정치의 보편적 양태를 이해하는 한편, 한국정치의 역사적, 장소적 성격을 주체적으로 파악하고자 했던 실천적 지성인이었다.

지금까지 이용희 정치학을 다룬 연구서로 『장소와 의미: 동주 이용희의 학문과 사상』(민병원 · 조인수 외, 연암서가, 2017)과 『한국 국제정치학: 미래 백년의 설계』(서울대학교 국제문제연구소 편, 사회평론아카데미, 2018)가 간행된 바 있다. 전자는 『동주 이용희 전집』 전10권(연암서가, 2017)의 별책 형태로 간행된 것으로, 이용희의 주요 저작을 해제한 논문집이다. 후자는 2017년 10월에 열린 서울대학교 국제문제연구소 학술회의 〈한국 국제정치학,

미래 백년의 설계〉에서 발표된 논문을 수록한 것이다. 이용희의 정치사상, 국제정치론, 권력론과 전파이론, 외교사론, 민족주의론, 미래 세계정치론 등을 거시적, 이론적 차원에서 다루었다. 이들 두 연구서로 대체로 이용희 정치학의 전체상은 드러났다고 볼 수 있다.

이 연구서에서는 좀더 구체적이고 새롭게 이용희의 정치학과 정치사상의 내용과 의미를 밝히고자 했다. 필자들은 이용희의 정치학과 정치사상을 파악하는 데 거시적, 이론적인 조명도 필요하지만, 무엇보다 이용희의 텍스트와 언어에 대한 세밀한 분석이 중요하다고 생각히었다. 이 책에서는 냉전 현실과 보편적 정치학에 대응하면서 장소적 개별성과 체험을 중시했던 이용희의 정치학과 정치사상을 해명하고자 했다. 나아가 정치학과 국제정치학을 이해하는 한국적 시각의 가능성을 모색하고자 했다. 이 책은 다음과 같은 구성과 내용으로 되어 있다.

제1부 〈'일반정치학' 너머를 사유하다: 이용희의 정치학과 미술사학〉에는 이용희의 정치학과 미술사학의 기본 사유를 분석한 세 편의 논문을 실었다. 먼저 장인성은 〈'내 정치학'과 '정치의 마': 이용희의 리얼리즘과 보수주의〉(제1장)에서 이용희의 정치사상을 리얼리즘과 보수주의의 관점에서 파악하고 있다. 이용희가 1950년대에 일반정치학을 의식하면서 제시한 '내 정치학', 1960년대에 근대화론과 민족주의론에 대한 비판적 관점을 드러낸 '한국인식의 방법론'의 의미를 분석함으로써 '정치적인 것'을 추궁하는 리얼리즘과, '역사적 현실' 속에서 현상을 이해하는 보수주의의 실체와 의미를 읽어내고 있다. 필자는 이용희의 국제문화론과 근대화론/민족주의론에서 체험과 역사의 리얼리티를 중시하는 리얼리즘과 보수주의의 궤적을 추적하고 있다. 이를 통해 이용희의 보수적 리얼리즘이 보편화되는 일반정치학과 서양문화를 받아들이면

서도 이에 매몰되지 않는 '내 정치학'과 한국문화의 인식론적, 존재론적 양태를 파악하는 주체 확인의 의식임을 보여주고 있다. 필자에 의하면, 이용희의 '내 정치학'은 주변의 장소성을 압도하는 '일반정치학'의 보편타당성을 상대화하고 '우리'의 존재양태와 정체성을 해명하는 의지의 표현이었다. 남에 의해 규율되는 나의 공간적 양태와, 전통과 역사 속에 연속하는 나의 시간적 양태를 파악하는 감각이 리얼리즘과 보수주의였다. '생활양식의 실감'과 '실천'을 중시한 이용희의 리얼리즘은 '개념'의 치장을 벗겨내고 '실지'를 읽어내는, 리얼리티를 읽어내는 감각이었다. 이용희의 보수주의는 당위적 논리를 내세워 현재의 모순 상황을 일거에 해소하는 진보적 방식이 아니라 전통과 연결된 '역사적 현실'에 입각한 점진적 개혁을 주장한 데서 엿볼 수 있다. '전진적 민족주의'는 보수적 리얼리즘의 표현이었다.

장진성의 〈대오大悟의 순간: 이용희의 권역 이론과 빌헬름 보링거〉(제2장)는 이용희의 한국미술사 연구에 보이는 빌헬름 보링거Wilhelm Worringer의 영향을 다루었다. 장진성은 이용희가 보링거의 미술사학을 통해 대오의 순간을 경험하고, 한국 미술사학에 대한 새로운 접근을 했음을 보여준다. 필자에 따르면, 이용희는 추상미술과 감정이입적 미술에 대한 보링거의 비교 분석을 접했고, 보링거가 제기한 미의 상대성 이론을 통해 미에는 우열이 없으며 단지 차이만이 존재한다는 것을 깨달았다. 한국의 그림은 한국 고유의 특색을 지니고 있으며 그 자체로 중요한 가치가 있음을 알게 되었다. 일본학자의 뛰어난 미술사 서술에서 느꼈던, 한국 미술사에 대한 열등감에서 벗어날 수 있었다. 이용희는 보링거로부터 영감을 받은 회화권 이론을 국제정치학에서의 권역 이론으로 발전시키고 다시 미술사 연구에 적용하는 이론의 순환 현상을 보여주었다. 이용희는 미술사학-국제정치학-미술사학으로 순환하는 구조 속에서 한국회화사 연구와 국제정치학 연구의 방법론적 기초를 마련했다는 것이다.

이용희는 말년에 다산 정약용에 관심을 두었고, 대우재단 이사장으로 있을 때 다산 관련 사업을 진행하기도 했다. 김태진은 〈이용희의 다산인식에 드러난 정치의식: 다산의 정치학, 동주의 정치학〉(제3장)에서 이용희의 다산관을 통해 1980년대 이용희의 정치의식을 밝히고 있다. 필자는 이용희의 다산 이해를 그가 영향을 받았던 조선학 연구자들과 홍이섭의 다산 이해와 비교함으로써, 이용희가 다산을 정치적으로 해석하고자 했음을, 이용희에게 정치적인 것이란 무엇이었는지를 해명하고 있다. 김태진에 따르면, 이용희는 다산을 현실 문제에 대처하는 능력을 가진 인물로 파악했는데, 이는 제왕의 학문으로서 정치학을 접근하는 동시에 행정가로서 통치의 역할을 강조했던 1980년대 이용희 자신의 정치학에 대한 이해와 본인의 모습이 투사된 다산 평가였다. 한국사상사에서 정약용은 논자들이 다산에 '대해' 말할 때뿐 아니라 다산을 '통해' 논자 본인의 이야기를 하고자 할 때 호출되었다. 필자는 이용희도 1980년대 자신의 정치적 이상을 '다산'이라는 이름을 통해 드러내었음을 보여주고 있다.

제2부 〈내셔널리즘이라는 난제: 이용희의 민족주의론과 다민족주의 국가론〉에서는 이용희의 민족국가/민족주의 담론을 다루고 있다. 기유정의 〈냉전 초기 한국의 민족국가론과 그 균열들: 이용희의 비동시대성〉(제4장)은 냉전 초기 이용희와 동 시대인들의 민족국가/민족주의 비판 담론을 다룬다. 필자는 냉전 초기 고전적 현실주의가 우세한 국제정치학계와 극우적 민족주의가 강했던 분위기 속에서도 이용희와 동시대 지식인의 담론 속에 민족주의와 민족주의 국가론을 넘어서려 했던

비판적 문제의식이 존재하고 있었음을 보여주고 있다. 냉전체제 안에는 근대 정치와 그 이념의 틀을 넘어서는 국가·정치론적 요소들이 내포되어 있었기 때문이었다. 이를 통해 냉전 초기 한국 지성계의 국가론이 민족국가의 단일한 틀로 수렴되지 않는 내적 역동성을 갖고 있었음을 밝히고 있다. 필자는 이용희의 비판적 민족주의론을 동시대성과 비동시대성이라는 관점 속에서 파악하면서, 이용희의 비동시대성이 단지 한 개인의 문제가 아니었음을 확인하고 있다.

이경미는 〈이용희의 분노와 '한국적' 제왕의 탄생: 민족주의 비판의 곡절과 근대비판의 착지점〉(제5장)에서 이용희의 국제정치학에서 '한국적'이란 무엇인가라는 질문을 던지고 있다. 필자는 이용희 정치사상을 '근대'와 '탈근대'의 복합적 사유로서 파악한다. 이경미는 유럽 근대 정치사상에 대한 이해를 토대로 이용희의 민족주의 비판 언설에서 역설적으로 '근대주의적' 특성을 읽어낸다. 이러한 특성은 냉전 초기의 '단일민족주의' 비판, 1960·70년대 '저항민족주의' 비판, 그 연장선상의 '국학' 평가에 공통된 것이며, 근대 '민주주의'에 대한 강한 지향으로 표출되었다고 보았다. 아울러 필자는 이용희의 언설을 '탈근대'의 맥락과 함께 볼 필요성을 제기하면서 이용희가 파악한 근대의 '모순'을 이용희 정치학에 내재된 '분노'의 원점으로 돌아가 확인하고 있다. 냉전 초기 단일민족주의 비판과 함께 제기된 '다민족주의국가론'에 어떻게 반영되었는지, 탈냉전기에 제시된 '연방론'에 어떻게 연계되는지를 E.H.카, 카를 슈미트의 사상사적 맥락에서 살펴보고 있다. 이를 통해 근대의 밑바닥―식민지―에서 시작한 이용희의 국제정치학이 제왕의 학문으로서 도달한 지점이 어떻게 '한국적'인 역사성을 지니는지 고찰하고 있다.

제3부 〈한국은 두 세계의 어디에 있는가: 이용희의 냉전인식과 국제정치론〉에는 냉전기 한국의 국제정치학사를 다룬 두 편의 논문을 실었다. 옥창준은 〈냉전이라는 '현실'을 포착하는 두 시선: 조효원과 이용희의 국제정치론〉(제6장)에서 냉전 초기의 조효원과 이용희의 국제정치론을 분석하고 있다. 한국적 국제정치학이라는 지식의 기원을 한국의 경험에서 찾아야 한다는 근본주의적 강박관념을 비판하면서 한국 국제정치학자들의 차용과 변형, 혼용 과정에 주목한다. 필자는 조효원과 이용희를 유학파 대 국내파라는 기존의 도식을 넘어 냉전 개시의 국제질서 변동을 국제정치학의 새로운 지식체계를 통해 포착한 학자로 파악한다. 조효원과 이용희가 지식의 참조체계로서 미국발 국제정치학 지식을 활용하면서 한국의 국제정치적 현실을 설명하고자 노력했음을 보여준다. 이를 통해 한국 국제정치학의 초기 구성 과정에서 두 학자의 저서와 논쟁이 갖는 의미를 보다 역동적으로 제시하고 있다.

장세진의 〈정치학이라는 앎 혹은 '프로파간다의 세계': 1970년대 후반 이용희와 국토통일원〉(제7장)은 이용희가 국토통일원 장관(1976~1979) 재임시 국토통일원의 위상과 그가 주도한 연구사업의 내용과 성격을 분석함으로써 '관료' 이용희의 실천성을 밝히고 있다. 이용희의 전기적 연구뿐 아니라 박정희 정권 말기의 냉전 제도사를 보완하는 의미를 지닌 연구이다. 필자는 '국제정치학자 이용희'와 '국토통일원 장관 이용희' 사이의 거리 내지 간극을 확인하는 한편, 이용희가 비판적 '앎'을 현실에 기입하거나 실정화된 제도 안에서 실천하고자 했을 때 발생한 불편한 균열과 긴장에 주목하고 있다. 이용희의 재임 기간에 개선된 제도와 연구의 실상을 드러내면서 미완의 싱크탱크로서 국토통일원의 의의를 재구성하고 있다.

집필자들은 새로운 의제와 관점을 통해 그동안 가려 있던 이용희의 활동과 사상을 좀 더 소상히 보여주고자 했다. 이 의도가 제대로 실현되었는지 저어되지만, 향후 이용희 연구 나아가 한국정치학 연구에 얼마간 도움이 된다면 큰 다행이지 싶다. 이용희를 바라보는 시선이 보다 타자화되고 객관화되고 있음을 느낀다. 이 연구는 동주기념사업회의 지원을 받아 수행되었다. 바쁜 가운데도 참여해준 필자들에게 감사를 드린다.

2023년 5월
집필자를 대신하여
장인성, 김태진 삼가 적음

차례

제1부

'일반정치학' 너머를 사유하다

이용희의 정치학과 미술사학

제1장　　'내 정치학'과 '정치의 마'

이용희의 리얼리즘과 보수주의

장인성

1. '내 정치학'과 '한국인식의 방법론'

1950년대 중반 정치학자 이용희(1917~1997)는 한국사회(혹은 비서구사회)를 규율하는 서구정치가 어떠한 정치양식인지, '일반정치학'이 누구를 위한 것인지를 파악하는 난제와 마주하였다. 이용희는 '일반정치학'의 이념과 방법이 사실 인식의 수단이라기보다 강대국의 정치관념이나 가치가 보편화된 것이라 보았다. 유럽정치학을 '일반정치학'으로 여기는 비서구학자의 학문적 후진성을 비판하면서 내가 살아가는 고장, 나라의 운명과 무관할 수 없는 '내 정치학'을 탐색하였다. '내 정치학'은 비교정치론의 비(非)리얼리즘적 경향에 대한 반발이었다. 한국 사회과학계를 풍미한 미국발 근대화론에 대한 비판이었다. 이용희는 일반정치학을 부정하지는 않았다. 한국의 현실을 이해하려면 일반정치학과 유럽국제관계의 역사적 성격을 알아야 한다고, 또한 일반정치학과 서양의 정치적 가치가 한국에 어떻게 작용하고 어떠한 변이를 초래하는지 알아야 한다고 생각하였다.[1]

제국-식민지기에는 유럽정치학이 '일반정치학'이었다. 그런데 냉전권력이 작동한 1950년대에 미국발 행태주의 정치학이 수용되면서,[2] 특히 1960년대 근대화가 전개되면서 미국정치학이 '일반정치학'을 대변하게 된다. 이용희는 연희전문 시절과 만주시절에 익힌 유럽정치학과 냉전기에 습득한 미국정치학을 통해 '일반정치학'을 상정하였고 이에 대응하는 '내 정치학'의 관점을 제시하였다. '일반정치학'을 무자각적으로 받아들여 이에 의탁하는 "학문적 후진성"을 추궁하였다. 새롭게 자리잡은 미국발 행태주의 정치학과도 대결하였다. '일반정치학'은 '내 정치학'의 절대준거가 아니라 한국인의 정치적 삶과 국제관계를 규율하는 틀로서 인식되었다. '내 정치학'은 정치이론 차원이 아니라 일본제국과 냉전기 제국정치에 규율된 한국정치의 자기체험에서 성찰된 것이었다. 이 성찰은 1960년대 후반 1970년대에는 '한국인식의 방법론'으로 표출되었다. 이용희는 근대화와 서양문화에의 과도한 적응이 초래한 한국인의 자기상실과 자기분열을 극복하는 과제와 대면하게 된다.

---

* 이용희의 텍스트는 『동주 이용희 전집』(고양: 연암서가, 2017)을 이용하였다. 인용시 '전집'으로 약칭한다.

1 『국제정치원론』(1955)(전집2), 4-6쪽. 이용희는 젊은 날 보링거의 『추상과 이입』을 읽고 "굉장한 감동"을 받았고 동양미술의 미감에 자신감을 갖게 되었다. "내 정치학의 방법"도 보링거에서 영향을 받았다고 한다(「독서연대기로 돌아보는 젊은 정신의 회억」(1974), 『독시재산고』(전집6), 41쪽).

2 1950년대 행태주의 정치학의 수용과 전개에 관해서는 홍정완, 『한국 사회과학의 기원: 이데올로기와 근대화의 이론체계』(고양: 역사비평사, 2021).

이용희는 '일반정치학'의 이론과 논리가 아니라 한국인의 체험과 심리에 의탁하여 '내 정치학'과 '한국인식의 방법론'을 모색하였다.[3] '내 정치학'이 '일반정치학' 속에 놓인 '나'와 '우리'의 양태를 모색하는 공간적 차원의 성찰이었다면, '한국인식의 방법론'은 근대화가 배태한 자기불안을 '한국적인 것'과 '민족적인 것'의 바람직한 양태를 역사에서 모색한 시간적 차원의 성찰이었다. '내 정치학'과 '한국인식의 방법론'은 한국정치학이 '일반정치학'(구미정치학)에 빨려들어가는 정도에 대응하여 각각 제시되었다. 이는 1970년대 초반에 한국정치학의 주체성 문제를 제기한 '자아준거적 정치학'[4]의 비판적 관점을 선취한 논의였다. '자아준거적 정치학'이 이론적 차원의 논의에 머물렀던 것과 달리, '내 정치학'은 체험적, 실천적인 입장에서 '정치적인 것'을 탐색하는 논의였다.

'내 정치학'과 '한국인식의 방법론'을 관통하는 사고법은 '정치적인 것'을 추궁하는 리얼리즘 감각, 그리고 현재와 미래의 것을 '역사적인 것'(혹은 '문화적인 것')의 연속선상에서 혹은 '역사적 현실' 속에서 찾는 보수주의 감각이었다. 이용희는 1950년대에는 '일반정치학'(구미정치학)에 매몰되지 않는 '내 정치학'과 '정치적인 것'의 발견을 통해, 또 1960년대에는 '근대화'와 '민족주의'에 대한 비판적 성찰을 통해 리얼리즘과 보수주의의 감각을 드러냈다. 이용희의 보수적 리얼리즘은 확대되어가는 '일반정치학'과 '서양문화'를 받아들이면서도 그것에 매몰되지 않는

3　'내 정치학'에 관한 이론적 논의는 『국제정치원론』(1955)에서 이루어졌다. '한국인식의 방법론'은 「한국인식의 방법론: 이용희 박사에게 듣는다」(1971), 『정치사상과 한국민족주의』(전집2)에 잘 드러나 있다.

4　대표적인 논저로 문승익, 『주체이론: 서문』(서울: 아인각, 1970); 문승익, 『자아준거적 정치학』(서울: 오름, 1999). '자아준거적 정치학'은 한국정치학의 정체성을 얘기할 때마다 언급되는 클리세가 되어 있다.

'내 정치학'과 '한국문화'의 인식론적, 존재론적 양태를 파악하는 주체 확인의 의식이었다. 일반정치학의 이론과 논리에 대항하여 '역사적 현실'과 '체험'의 입장에서 한국인의 정치적 삶을 성찰한 것이었다. 이용희의 국제문화론과 근대화론/민족주의론은 체험과 역사의 리얼리티를 중시하는 리얼리즘과 보수주의의 궤적을 보여준다. 보수정치가의 이념과 정책에 한정시켜 보수주의를 보는 습성을 교정할 여지를 제공한다.

2. '정치적인 것'의 발견

(1) 정치와 정치학

'정치의 마'

리얼리즘은 정치의 작용을 읽어내는 감각이다. 이용희는 때와 곳을 떠나 사회현실이 정치의 작용으로 움직인다고 믿었다. 예술에도 정치가 작용한다고 판단하였다. 예술도 시대의 정치, 시대의 지배적인 정치사상에 구속을 받는다는 것이다. 이용희는 이렇게 말한다. 서양 고전은 그리스 도시국가나 로마 시민사상의 정치적 의미를 모르면 알기 어렵고, 유럽 중세문학은 기독교의 정치적 역할을 무시하면 제대로 파악할 수 없다. 궁정귀족의 연애시와 풍자시, 살롱문학을 이해하려면 절대군주의 정치사상을 알아야 하고, 낭만주의, 인상주의, 상징주의, 다다이즘, 초현실주의 시작품을 읽어내려면 자유주의 정치사상을 알아야 한다. 공산권 문학도 "사회적, 정치적 효용과 규격"을 만들어내는 정치환경, 정치사조와 연관된 것이었다. 이용희는 유럽문학사를 통해 문학비평의 기준이 정치적, 사회적, 종교적 효능에 있음을 확인하였다. 비평이나 독서가 "시대의 정치"에 구속받는다는 걸 알았다. 비평가는 개성적, 전문적인 안목으로 문학작품을 판단하지 않고, "시대의 사상"에 얽매인 채 "시대의 평가기준"을 설정하고 "시대의 풍상風尙"과 "문학상의 풍조"를 만들어낸다는 것이다. 비평가와 독자가 "정치라는 굵은 사슬"에 매였고, 시대에 작용하는 "정치의 험한 손"을 벗어나지 못한다는 것이다.[5]

이용희는 예술과 사회에 작용하는 "정치의 굵은 사슬"이나 "정치의 험한 손"을 "정치의 마魔"라 불렀다. '정치의 마'는 내 나라와 남의 나라를 구별하는 습성, 내 나라와 내 겨레를 향한 맹목적 애정에서 생겨난, 나와 남을 준별하는 근대국가의 속성이었다. 전쟁은 '정치의 마'가 작용하는 전형이었다. 이용희는 경제적 불균형이 '정치의 마'를 끌어들이고 '정치의 마'가 "내 나라 관념" 위에 나라라는 정치조직을 움직였을 때 전쟁이 일어난다고 했다. 정전(just war)의 권위를 상실했음에도 '정치의 마'는 여전히 "내 나라 지상주의"의 정치체제에서 나라의 위신과 명예, 나라의 독립과 보전을 위해 전쟁을 활용하고 정당화할 것이라 전망하였다. 이런 생각에서 평화적 활동인 상업이 발달하면 전쟁이 일어나지 않는다는 칸트의 주장에도, 이익을 추구하는 자본주의 경제활동이 평화를 증진시킨다는 슘페터의 견해에도 동의하지 않았다.[6] 자유주의 정치관에 유보적이었다.

'정치의 마'를 움직이는 요체는 권력이었다. '정치의 마'는 '권력의 작용'을 의미한다. 이용희에게 정치는 권력수단을 독점하여 사람을 지배하는 것이었다. 권력은 "무력 같은 물리적인 힘과 심리적으로 굴복시킬

---

5 「시와 정치적 환경: 시신(詩神)의 허망한 파트롱」(1954), 『독시재산고』(전집6), 141-143쪽.
6 「영구평화론: 대립과 통합」(1957), 『독시재산고』(전집6), 221-225쪽.

수 있는 권위로서 남을 움직이는 수단"을 말한다. 폭력적인 힘(경찰, 군대)과 지배의 정당성을 만들어내는 권위(이데올로기, 전통, 법관념)를 아우르는 개념이었다.[7] 이러한 정치=권력관에서 판단건대, 이용희의 리얼리즘은 한국 지식사회에 막 수용된 모겐소의 정치적 현실주의와 친화적이었던 것으로 보인다. 하지만 좀 달랐다. 이용희는 국가이익으로 정의된 권력을 추구하는 정치를 옹호하지 않았다. 권력의 작용에 주목했을 뿐이다. 이용희의 리얼리즘은 권력이 작동하는 현실을 응시하는, 즉 권력을 정치의 핵심으로 파악하고 그것이 움직이는 명분에 작용하는 '정치의 마'를 읽어내는 힘, 감각이었다.[8] 자국 중심주의와 경제적 불평등이 부추기는 '정치의 마'의 작용을 주목하는 감각이었다.

'시대의 정치양식'

'정치의 마'를 응시하는 리얼리즘은 이용희 정치학의 기반을 이룬다. 이용희는 "보편타당적인 외식外飾"을 가장하는, 시공간을 초월한 보편법칙이나 이론으로 정치현상을 설명하는 정치학(정치이론)에 유보적이었다. 보편타당성을 추구하는 도덕적 정치학이나 "일상적인 용어법의 마술", "개념을 마구 쓰고 외연을 무한대로 확대하는 일상언어"로 채워진 정치학에 동의하지 않았다. 보편적 정형에 얽매인 "비교법에 의한 연구"(비교정치)나 해롤드 라스웰류의 과학적 정치학, 자연과학적 기법을 원용한 행태주의 정치학에 비판적이었다. 이런 정치학은 "법칙과학으로서는 아주 미덥지 않은 미지의 학문", "대기만성형의 느림뱅이"라고 생각되었다.[9]

---

7 「영구평화론」(1957), 221쪽.
8 장인성, 「정치적인 것의 귀환」, 『관정일본리뷰』 49호(서울대학교 일본연구소, 2022. 3), 6쪽.
9 「정치학이라는 학문」(1958), 『독시재산고』(전집6), 257-259, 252-253쪽.

이용희가 생각한 정치학은 "과학의 발견"이 아니라 "인간심리의 서술"을 지향하는 것, 즉 "인간의 정치적 원시감각, 원시심리 혹은 정치적 미신"을 해명하는 것이었다. '정치의 마'의 작용을 함축한 신화를 해명하는 것이 된다. 이용희 정치학은 정치신화학의 서술과 관련되지만, 카시러Ernst Cassirer가 말한 국가신화학을 지향한 건 아니었다.10 '정치적 미신' 혹은 '정치의 마'의 서술은 뮈토스의 해명과 관련된다. 정치학은 로고스의 학문이 아니었다. 국가는 우리가 경험하는 세계인 '나라'였지 우리를 규율하는 이념적, 논리적 구성물이 아니었다. 이용희는 정치에 대한 윤리적, 도덕적 판단을 내리지 않았다. 어떠한 정치여야 하는지, 이상적인 정치는 무엇인지를 묻지 않았다. 정치가 시대와 현실과 사람에게 작용하는 양태를 응시했을 뿐이다. 정치적 신화가 '정치의 마'로서 인간생활에 작용하는 양태에 주목했을 뿐이다.

원래 정치학이란 좋은 나라, 잘사는 정치, 도리의식에 맞는 정치사회를 구현한다는 목적의식과 실천의식에서 성립한 정책학이며 치국학이라는 것이 이용희의 생각이었다. 정치학은 경험적 사실을 객관적으로 서술할 때조차 특정한 가치관, 정책관, 목적의식에 구속받지 않을 수 없다는 것이다. 정치학은 박물학자형 호사가의 사실 서술이나 상아탑 선생의 진리 탐구가 아니라 목적지향적인 서술이고 실천적인 것이었다. 정치현상은 감관感官적 사실과 심리적 사실이 혼재된 인간 경험의 표현이며, 정치학은 인간의 경험과 심리에 기반을 둔 실천적인 것이어야 했다.11

---

10 에른스트 캇시러, 최명관 역, 『국가의 신화』(서울: 창, 2013).
11 「정치학이라는 학문」(1958), 251-256쪽. 신칸트학파 리케르트(Rickert)의 문화과학설, 정치를 역사적 가치를 내포한 문화현상으로 이해한 독일방법론의 영향을 받은 관점이었다. 이용희는 '감관적'이라는 말을 '객관적'이란 뜻으로 사용한 걸로 보인다.

실천적 정치학은 보편적 원리보다 개별적 현상에 주목한다. 개인의 사고와 생활태도와 신념을 정형화하는 집단사상의 개별성에 유의한다. 이용희는 사실의 서술을 규율하는 가치관은 집단적 관념과 태도, 신념의 산물이며, 집단적인 가치관, 의욕, 목적을 내포한 개차個差는 특정 집단의 가치관, 개별 사회의 가치의식에서 나온다고 생각하였다. 정치학은 개별사회의 구체적인 정치현상이나 특정한 사회의 비보편적 현상을 다룸으로써 개별사회의 특색을 밝힐 수 있어야 한다고 믿었다.[12] 이용희는 "인간의 원시심리를 악용하고 조종하는 정치", 즉 비과학적 감정세계에 작용하는 정치에 주목하였다. 정치학은 인간이 가진 정치적 원시감각, 원시심리 혹은 정치적 미신을 밝혀내고 이를 없앨 수 있어야 한다고 보았다. 객관적이고 보편타당한 과학정신이 정치학에 통한다고 보지 않았다. 정치가 과학을 이용하는 현실을 꿰뚫어보았다. 객관적 실험과 보편적 진리, 합리적 이성에 호소하는 과학정신에서 산출된 과학업적이 "데몬적 정치세계"에 밀착해 있음을 간파하였다. 비과학적 심리에 작용하는 "정치적이라는 것"에서 "악마적인 것"을 보았다. 과학을 이용하는 악마의 정치를 긍정했던 건 아니다. 그는 정치가 과학을 이용하는 행태야말로 비극이라 했다.[13]

이용희는 정치의 핵심을 정치적 권위와 그 표현인 정치양식에 대한 복종 내지 항거에서 찾았다. 정치를 제대로 파악하려면 강제력과 복종을 만들어내는 "시대의 집단적 권위 관념"을 봐야 한다고 생각하였다. 그에게 정치사상이란 "정치적 권위에 대한 복종과 항거의 관념"의 "집단적 표출", "시대를 지배하는 사회의 '집단적 표출'로서의 정치관념"

---

12 「정치학이라는 학문」(1958), 257–259쪽.

13 「과학과 현대정치: 과학을 지배하는 정치와 정치를 지배하는 과학」(1958), 『독시재산고』 (전집6), 271–272쪽.

이었고, 정치사상사는 이러한 "복종과 항거의 관념 형태의 역사"였다. 이용희는 사상가들의 정제된 사상을 서술하는 이념사나 정치발달사에 우호적이지 않았다. 정치사상은 정치현상의 권위적인 모습, 곧 민족, 법의식, '내 나라' 같은 권위감의 역사적 구조를 밝힘으로써 정치의 핵심을 추궁할 수 있어야 한다고 믿었다. '정치의 마'가 작용하는 방식과 정치권위의 모습은 대다수의 복종을 뜻하는 "시대의 정치양식"에 의존한다고 보았다.[14]

(2) 이념과 실제

'주의'와 '실지'

'정치의 마'가 움직이는 현실을 응시할 때 '실지'實地(리얼리티)를 파악하는 리얼리즘이 작동한다. 이용희는 이념과 실제의 결합양상을 주목하였다. 이념이나 주의를 내세워 현실을 파악하고 정치현상을 서술하는 행태에 비판적이었다. "주의사상"이 무엇인지를 따지기보다는 실지와 어떻게 결합되는지 살펴봐야 한다고 믿었다. '주의사상'은 "명색명목"만으로는 개인이나 국가의 체모를 보전하지 못하고, 실제를 호도하는 명분(이데올로기)으로 기능했을 때 정치적인 것이 된다는 것이다.[15] '주의사상'(이념)은 실제와 결합했을 때 실지를 규율할 수 있다. 강력한 정치력과 결탁함으로써 '정치의 마'로 작용한다.

　일제말에 천황주의의 '실지'와 '주의'의 현격함을 목도했던 그였다. 이용희는 해방 정국과 냉전의 문맥에서 한국 지식사회도 '주의사상'과

---

14 「고대: 신화적 지배의 세계」(1957), 『정치사상과 한국민족주의』(전집2), 13-14쪽.
15 「단일민족주의국가와 다민족주의국가」(1947), 『정치사상과 한국민족주의』(전집2), 187-188쪽.

'실지'의 간극을 벗어나지 못했음을 보았다. 해방도, 38선 획정도 자력의 산물이 아니었는데도 한국 정치가들이 "당당한 듯한 강령과 애국적으로 보이는 열정"으로 국내투쟁에 열심인 모습이 영 거슬렸다. 한국이 미소 대결의 전략적 위치에 놓여 있는데도, "'정치'라는 위대한 충동에 사생을 내걸고 나선 애국자"연하는 행태가 못마땅했다. 군사적 균형을 우선해야 하는 '실지'의 상황임에도, 미국 민주주의와 소련 공산주의의 두 '이념'에 의탁하여 한국의 장래를 모색한다는 건 그야말로 어불성설이었다. 그가 보기에, "'민주주의'라는 간판과 '공산주의'라는 휘장"이 작동하는 방식을 알아야 하는데, 한국인은 "아주 적은 지식"만을 가졌을뿐더러 "선전적"이고 "비방적"이었다. 이용희는 '주의주장'이 아니라 '실지'를, '정치이념'이 아니라 '정책'을 봐야 한다고 외쳤다. 군사적 균형이 성립해야 정치가 작동할 수 있다고 믿었다.[16]

이 같은 생각은 미국관, 소련관에도 일관된다. 이용희는 좌익, 우익의 '주의사상'이라는 잣대를 가지고 소련과 미국을 판단하는 견해에 동의하지 않았다. 마르크스주의는 소련의 국가권력을 배경으로, 자유주의는 영미의 국가세력을 배경으로 세계에 영향을 미쳤다는 사실을 간과하지 않았다. '주의사상'의 배후에서 실력을 부여하는 정치체의 성격을 추궁함으로써 두 대국의 실천적 의도를 파악해야 한다고 생각하였다. 두 대국이 강력한 군사력을 보유하고 다민족국가(연방)를 구성하고 있다는 '역사적 사실'이 미국과 소련의 '주의사상'에 실력을 부여한다고 보았다.[17]

이념과 실지의 간극을 추궁하는 태도는 민주주의론에서도 확인된다.

---

16 「두 개의 중국과 한국의 장래」(1947), 『한국외교사와 한국외교』(전집4), 238-240쪽.
17 「단일민족주의국가와 다민족주의국가」(1947), 187-188쪽. 단일민족국가와 다민족국가는 냉전 초기 이래 탈냉전기에 걸쳐 이용희의 주된 관심사의 하나였다.

이용희는 민주주의를 보편적 이론/관념으로 파악하거나 민주주의를 '피지배자의 지배'로 관념화하는 견해를 수긍하지 않았다. 신흥 민주국가의 비애는 구미의 민주주의 관념을 빌려와 "자기것 행세"를 하면서 국민의 '개념'과 민주정치의 '논리'를 앞세운 데서 싹텄다고 보았다.[18] 이용희는 민주주의 이념에 내장된 "역사의 자취"와 "장소별 혹은 나라별의 차이"에 주목하였다. '인민주권'과 '국민주권'이라는 말의 정치사적 차이를 고찰하는 한편, '피치자의 동의' 관념이 영국 헌정사의 특수한 배경에서 성립했음을 논증하였다.[19] 장소적 개별성을 중시하는 개념사적 문제의식을 선취했다고 해석될 수도 있다.

이러한 관점은 1970년대, 1980년대의 민족주의론에서도 엿볼 수 있다. 이용희는 민족이라는 '실제'와 '개념' 사이의 괴리를 추궁하였다. 민족 개념의 비현실성을 폭로하였다. 그에게 "민족이라는 인적 결집의 선재先在"는 "개념론"일 뿐 "역사의 현실"은 아니었다. 민족주의의 전제로서의 민족 개념은 역사적, 객관적인 민족의 존재와는 범주가 달랐다. 이용희는 역사적 현실에서는 민족이 객관적 현실로 존재하고 그 뒤에 민족주의가 생겨나는 예는 드물고, 민족주의가 앞서고 민족의 형성이 뒤따른다고 생각하였다.[20] 민족과 민족주의의 개념/이념, 실제/현상의 간극을 추궁함으로써 역사적 현실 속에서 존재(실제)를 포착하고자 했다. 개념은 역사적 현실(존재) 속에서 파악해야만 했다. '역사적 현실'은 개념과 이념에 선행하는, '실지'의 역사적 양태를 가리킨다.

---

18 「피지배자의 지배: 빌려온 민주주의의 고민」(1956), 『독시재산고』(전집6), 193-194쪽.
19 「피지배자의 지배」(1956), 169쪽.
20 「현대민족주의: 그 역사적 현실의 맥락을 뒤돌아보며」(1973), 『정치사상과 한국민족주의』(전집2), 334-335쪽.

체험과 실천적 정치학

'주의'와 '실지'의 문제는 보편타당한 일반정치학과 특정 사회의 개별 정치학를 어떻게 연관지을까라는 문제와 연관된다. 일반정치학을 무자각적으로 받아들였을 때, '주의'가 '실지'를 압도하기 쉽다. 이용희는 일반정치학이 보편타당성을 갖게 된 까닭은 유럽발 '주의사상'을 한국사회(혹은 비서구사회)에서 무자각적으로 수용한 데 있다고 생각하였다. 무자각적으로 수용된 '주의사상'은 '실지'와 차질을 보이고 착오를 일으킨다. 보편타당성을 주장하는 정치학은 "역사적 착오"나 "일상언어의 장난"에 그치지 않는다. 이용희는 보편타당한 정치학이 실천의식에 정초해야 할 개별사회의 정치학을 호도하는 지점에 "팽창주의 또는 가치관의 제국주의"가 작용한다고 생각하였다.[21] 팽창주의 혹은 제국주의라는 '정치의 마'가 배태한, 제국권력으로 보편화된, 일반정치학의 이데올로기성, 허구성, 정치성을 간파하였다.

'주의'는 '실지'에서 구축되어야 했다. 이용희는 일찍부터 체험과 유리된 정치학의 비현실성을 직시하였다. 이용희는 연전 시절 문학에 심취한 한편 정치학에도 관심을 가졌지만, 정치학이 매력적인 것이 아님을 금세 깨달았다. 도자와 데쓰히코戸澤鐵彦의 《정치학개론》(1930), 로야마 마사미치蠟山政道의 《정치학의 임무와 대상》(1925), 오타카 도모오尾高朝雄의 《국가구조론》(1928)을 읽었지만 "왜 민족이나 내 집안이 고생하느냐 하는 괴로운 현실과는 동떨어진 내용"이라 크게 실망했을 뿐이다. 라스키Harold Laski의 《정치법전》*Grammar of Politics*, 가너J.W.Garner의 《정치학과 정치》*Political Science and Government* 와 같은 미국 정치학 책도 접했지만 "식민지 백성에겐 당치도 않은 얘기"임을 깨달았다. 독일국가

---

21 「정치학이라는 학문」(1958), 259쪽.

학도 읽어봤지만 "우리에겐 인연이 먼 얘기"였다.[22]

이용희는 만주로 떠나면서 "실생활"에 무의미한 건 안하기로 작정하였다. 하지만 만주국의 지배-피지배 방식을 관찰하면서 다시금 정치학에 흥미를 느꼈다. 연희전문 시절에는 불우한 생활과 참혹한 식민지 현실 탓에 "현실도피적"이었지만, 만주에 체류하는 동안 일본의 만주통치 형태에 흥미를 가졌고, 조선총독부 문제나 민족운동에 관심을 가졌다. 군사학도 공부했는데, 학문적 관심보다는 현실정치, 현실 국제정세에 대한 관심에서였다. 이용희는 정치학 책을 읽고 정치현상을 파악하는 그 나름의 문제의식과 방법론을 갖게 된다. 국학의 기억도 되살아나 퉁구스어, 몽고어, 여진어와 역사도 공부하였다.[23]

이용희는 사회과학, 정치학을 학습하면서 정치학이 보편학문으로서한계가 있고 영국의 정치학, 프랑스의 헌법학, 독일의 국가론이 제각기 다르다는 사실을 알았다. 일본정치학이 구미 정치학의 아류에 지나지 않을뿐더러 일본도 구미의 문화적 식민지라는 사실도 알게 되었다. 각 나라의 정치학이 "자기정치를 합리화하는 이론"임을 깨달았다. '실지'(역사적 장소)의 정치적 입장을 반영한 명분임을 확인하였다. 그리하여 이용희는 지식사회학에 관심을 갖게 된다.[24] 개별정치학이 "자기정치를 합리화하는 이론"으로 파악되었을 때, 일반정치학과의 간극은 쉽게 드러나기 마련이다. 이용희는 사회과학에서 최고의 교과서는 현실이며, 책은 보조수단으로서 현실을 보는 프레임에 불과하다는 사실을 깨닫게 된다.[25]

---

22 「독서연대기로 돌아보는 젊은 정신의 회억」(1974), 48쪽.
23 「독서연대기로 돌아보는 젊은 정신의 회억」(1974), 49-50쪽.
24 「독서연대기로 돌아보는 젊은 정신의 회억」(1974), 51쪽.
25 「독서연대기로 돌아보는 젊은 정신의 회억」(1974), 67-68쪽.

'실지'의 정치학은 '현재'의 정치적 삶과 실천적 행동에 주목하는 정치관으로 연결된다. 이용희에게 정치학은 '현재'를 탐색하는 학문이었다. 역사의 법칙성이나 역사의 인간지향성을 따지는 것이나 현실에 대한 경험적 분석이나 실천적 관심에서 나왔다. 학문은 현실에 작용하고 뭔가를 지향하면서 작용한다는 점에서 실천적인 것이었다. 정치학은 현실의 경험을 대상으로 삼는 한, 기준가치를 어떻게 설정하느냐에 따라 현실을 긍정하거나 부정하기 마련이다. 정치학은 "정치관계의 이데올로기화"라는 면에서 긍정적/부정적 프로파간다로서 실천적 의미를 갖는다.[26] 이용희에게 이론/개념과 실지/실제의 간극을 추궁하고 메우려는 행위는 실천적 행위였다.

3. 국제문화와 문화수용

(1) 문화권과 국제정치권

'장소'와 '권역'

'주의사상'과 '실지'의 차이, 즉 이념과 현상의 간극을 인식하는 것은 실지와 현상의 장소성을 지각한다는 말이 된다. 이용희는 나와 남의 관계, 나의 존재를 파악하는 개념으로 자신의 인식론, 존재론의 핵심 개념인 '장소'topos를 동원한다.[27] 장소는 "단순히 고장이 아니라 특정한 시

---

26 「독서연대기로 돌아보는 젊은 정신의 회억」(1974), 66쪽.

27 토포스 개념에 관해서는 장인성, 「토포스와 국제정치학적 상상력: 한국 국제정치사상 방법론 서설」, 서울대학교 정치외교학부 교수진, 『21세기초 한국의 정치외교: 도전과 과제』(서울: 늘품플러스, 2018).

기에 있어서 가능한 사회적 정형"[28]으로 이해된다. 장소는 특정한 지리 공간적 위치에 한정되지 않는다. 공유된 문화적 의미체계를 공유하면서도 남과 다른 지역을 살아가는 나의 존재기반과 존재양식이 성립하는 곳, 즉 나/우리의 삶을 살아가는 존재기반이다. 특정한 시간에 한정되는 '시공간적 의미권'을 말한다. 고장을 초월한 보편으로서 기능하는 '일반정치학'과 고장에 구속받는 개별적인 '내 정치학'은 상관적이다.

장소는 '권역'의 성질에 의존한다. 장소는 권역을 매개로 역사적 의미를 갖는다. 이용희는 장소(시공간)의 역사적 유형으로서 '문화권', '국제정치권'과 같은 유형의 권역을 설정하였다. 권역 개념은 논리적 구성물이 아니라 지문화적 의미를 가진 역사적 개념이었다. 자신의 미술사론에서 원용한 개념이다. 이용희는 한국회화사를 서술하면서 '미술권', '회화권'이라는 용어를 사용한 바 있다. 미술권은 미를 표현하고 미를 향유하는 데 같은 기준이 통용되는 권역을, 회화권은 회화미를 공유하는 권역을 말한다. '문화권'은 미술권, 회화권을 포괄하는 개념이다. 장소의 이념적, 문화적 성격을 규정하는 의미권을 말한다. 문화적 보편성을 공유하는 동시에 그 내부에 문화적 개별성(차이성)을 내포하는 의미권을 가리킨다. 문화권은 "한 권역에 두루 타당하는 생활행위와 양식의 보편성"을 전제로 한다.[29]

문화권은 '문화적인 것'뿐 아니라 '정치적인 것'의 의미를 갖는다. 문화권(미술권, 회화권)은 국제정치권의 권력 관계가 만들어내는 '정치적인 것'(정치적 명분)에 의해 그 속성과 영향력이 규정된다. '권역'과 '장소'는 특정 지역의 예술관념이나 정치관념을 보편화하여 초장소적인 기준

---

28 『일반국제정치학(상)』(1962)(전집3), 67쪽.
29 『일반국제정치학(상)』(1962), 43-45쪽.

을 삼는 과오를 범하거나 현실정치의 시녀로서 프로파간다화하는 것을 우려해서 동원된 개념이다.[30] 예술/정치 관념을 보편화하고 프로파간다화하는 행위야말로 정치적인 것이다. 권역은 정치적 명분이나 정치행위의 양식의 의미가 공유되는, "일정한 정치행위의 의미가 보편타당한"[31] "정치적 명분의 통용 권역"[32]이다. 정치적 명분이나 정치행위의 양식은 국제정치(국제체제)의 규율을 받는다. 여기서 권역은 '국제정치권'으로서 성립한다. 이용희는 국제정치권을 "일정한 권력구조, 특정한 이데올로기, 고정된 행위양식으로 엮여져 있는 국제사회"라 정의하였다. 국제정치권의 권역성은 문화권의 보편성과 결부된 "보편적인 정치행위와 의식"으로 규정된다.[33]

이용희가 권역의 역사적 유형으로 내세운 기독교문화권, 유교문화권, 이슬람문화권은 국제정치의 의미권, 즉 국제정치권과 일치한다. 기독교문화권은 근대국가체제에서 성립한 유럽 권역의 특수성을 보여주며, 유교문화권은 동아시아 사대질서의 역사적 전개와 성격을 표현한다. 이용희는 이슬람문화권에도 깊은 관심을 보였다. 로렌스T.E.Lawrence, 다우티C.M.Doughty, 필비Philby, 폴그레이브Palgrave를 통해 이슬람문화권을 알았고 세계사가 유럽 중심적으로 서술되어 있음을 깨달았다.[34] 이용희는 이질적인 다수의 권역이 역사적 현실로서 존재했고 유럽문화권이 세계 각지를 압도하는 지배적인 권역이 된 사실에 주목하였다. 이용희의 '일반국제정치학'은 문화권의 역사적 전개를 성찰한

---

30 『일반국제정치학(상)』(1962), 67쪽.
31 『일반국제정치학(상)』(1962), 46쪽.
32 「미술사와 미술사학」(1988), 『우리나라의 옛 그림』(전집8), 59쪽.
33 『일반국제정치학(상)』(1962), 45~46쪽.
34 「독서연대기로 돌아보는 젊은 정신의 회억」(1974), 51쪽.

위에 서술되었다. 국제정치권=문화권은 '일반국제정치학'을 파악하는 방법적 개념이었다. 이용희는 유럽 열강의 권력 투사에 따른 유럽문화권의 세계적 확산으로 유럽의 국제정치가 보편적으로 통용되어 '일반국제정치학'이 성립하게 된 역사적 전개의 실태를 보여주었다. 나아가 유럽발 '일반국제정치학'이 냉전기 한국의 정치지식을 규율하는 보편타당한 것으로서 작동하는 실태를 파악하였다. 하지만 복수의 역사적 유형을 제시함으로써 '일반국제정치학'을 상대화하는 시선을 잃지 않았다.

'의미'와 '감흥'

특정한 사회현상을 특정한 시기와 장소의 전체적 구조 속에서 파악하고 거기에 의미를 부여하는 이용희의 장소론=권역론은 정치의식, 미의식의 문화적/지역적 피구속성을 강조한 언설이었다. 권역은 의미가 통용되고 공유되는 영역, 즉 '의미권'이다. 문화권은 이념, 관념, 개념을 포괄하는 문화적 의미가 통용되는 장이다. 국제정치권은 보편적 문화(문명)에 기반을 둔 "국제정치 관념의 국제적 의미권"이다. 유교질서권은 '예'의 유교적 국제규범이 통용되는 국제적 의미권이며, 근대질서권은 '힘'의 국제관념이 통용되는 국제적 의미권이다. 명분과 행위양식이 공유될 때 의미가 통용된다. 의미의 통용은 생활행위와 생활양식의 보편성을 전제로 한다. 권역(문화권, 국제정치권)은 의미를 제공하고, 의미가 통용되는 권역은 의미를 규정하는 문맥(콘텍스트)으로서 기능한다.

이용희는 미술사 연구를 통해 의미가 문화권에 따라 달라진다는 것을 깨달았다. 한국회화사 연구를 통해 문화권에 따라 '미감'이 달라진다는 사실을 알게 되었다. 미는 문화적 권역에 따라 다르고, 문화권 내에서도 지역문화마다 미의 구체적 내용이 다르다는 것이다. 그에 따르면, '문화미'는 보편적임과 동시에 개별적이며, 중심적임과 동시에 주변적이다. 문화적 권역이 다르면 문화미도 다르다. 같은 문화권 내에서도 지역문화에 따라 개별성—표현과 미 향수享受의 차이 혹은 독자성—이 나타난다. 작품은 회화권의 국제적 조건을 받아들이는 동시에 지역에 토착화되어 지역적 특색이 반영된 개별적인 미를 만들어낸다.[35] 미의 양식은 상위의 보편적인 권역에 의존하면서도 하위의 지역 레벨에서는 개차個差를 보인다는 것이다.

이용희의 정치관에도 이러한 관점은 일관된다. 정치분석은 시공간 속의 "사회의 문맥과 조건"에 의해 규정되는 정치적 행위를 규명하는 것으로 이해된다. 이용희는 사대주의와 한국 민족주의를 당대의 콘텍스트에서 파악하였고, 현대한국의 위상을 근대국가체제 속에서 모색하였다. 역사해석도 마찬가지다. "선인들의 행적"은 당대의 "사회의 문맥과 조건"에 비추어 봐야 그 의미가 제대로 파악된다고 했다.[36] 이용희는 "사회의 문맥과 조건"을 '시대'라 불렀다. 장소는 "시대의 문화적 조건"을 포함한다. 시대는 '동안'을 뜻한다. 이용희는 역사에는 '동안'(기간)이 대단히 중요하다고 말한다.[37] 장소는 고정된 의미권이 아니라 특정한 '시대'='동안'에서 생성된 의미가 통용되는 곳이다. 따라서 작품/텍스트는 시대적 조건과 문맥에 비추어 해석해야 한다. 시대에 따라 감흥의 기준과 미술의 독자적 모티브(내인)이 달라지기 때문이다.

콘텍스트(시대적 조건과 문맥)에 비추어 텍스트의 의미를 포착했을 때, 감상자/독자는 "감흥"을 느낀다. 예술작품이 시대의 구속을 받는다면, 시대를 알아야 작품을 제대로 읽어낼 수 있다. 이용희는 장소를 초월한

---

35 「미술사와 미술사학」(1988), 30쪽.
36 「사대주의: 그 현대적 해석을 중심으로」(1972), 『정치사상과 한국민족주의』(전집2), 538쪽.
37 「미술사와 미술사학」(1988), 55쪽.

작품(텍스트)에 심리적 거리를 느꼈다. 호메로스의 《일리아드》, 《오디세이아》, 단테의 《신곡》, 밀턴의 《실락원》은 걸작이지만 어렵다, 감복하는 대목도 있지만 생소한 외국고전이다, 그리스 로마적 전통, 기독교적 전통은 애써 익혀도 감흥이 일지 않는다, 등 실토한 바 있다. 엘리엇의 《황무지》나 프레이저의 《황금가지》는 읽어도 "감흥의 교류"에 별 도움이 안 된다, 초현실주의는 "이국의 꽃"일 뿐이다, "옆집에 사는 내 나라 시인처럼 정답게 부르지만" 베를렌느, 하이네, 브라우닝, 릴케, 막스 자코브, W.H. 오든은 다른 나라 시인일 뿐이다, "지배적 문화권의 시작詩作"을 읽고 "청년남녀의 시적 황홀경에서 미신美神을 더듬으려" 한들, 국경을 초월한 번역시는 형해일 뿐, 감흥이 생길 리 없다고 했다.[38] 감흥은 '지知·정情·의意'가 작용하는 상태를 말한다. 감흥이 제대로 발현될 때 작품의 '의意'가 포착되고 작품은 의미를 부여받게 된다.[39]

　미와 감흥을 보편적인 것의 향수가 아니라 개별적인 것의 체험에서 찾는 태도야말로 리얼리즘과 보수주의의 감각을 보여준다. 이용희에게 미술작품의 감상이나 해석은 작품의 시공간적 의미를 포착하는 행위였다. 미술사(학)는 "시공을 초월하는 보편적 개념이 아니라 표현의 관습이며, 시공에 잡히는, '동안'에 결박되어 있는 미감을 다루는 것"[40]이었다. 감흥은 문화권과 시대에 의존하며, 시대(콘텍스트)를 알아야만 생겨난다. 이용희는 감흥은 주권주의적, 민족주의적 국가에서 자유로울 수 없다고 했다. "시신詩神은 정치라는 파트롱 아래에서 가냘프게 노래하고 있"을 따름이다, "국경이 없고 세도勢道와 관계가 없고 효능이 문제될 바 없는" 시작詩作 환경에서는 "별과 꽃과 푸른 하늘을 노래하든지,

---

38 「시와 정치적 환경」(1954), 141-144쪽.
39 「미술사와 미술사학」(1988), 56쪽.
40 「미술사와 미술사학」(1988), 55쪽.

그렇지 않으면 또 한 개의 이상국을 설계하여 보는 수밖에" 없다고 했다.[41] 독서와 감상의 행위를 규율하는 '정치의 작용'을 읽어낸 것이다. 독자나 감상자는 감흥을 매개로 작품과 시대를 파악할 여지를 갖는다. 감상의 행위는 작품에 반영된 콘텍스트(시대)의 작용과 의미(이념, 개념)에 의해 규율받는다. 감흥은 자의적인 것이 아니다.

(2) 문화수용과 문화적응

문화의 전파와 수용

'일반정치학'은 '내 정치학'의 피구속적인 모습을 알기 위해 상정된 것이다. 이용희는 '일반국제정치학'을 사용하여 한국(인)의 국제적 피구속성을 파악하고자 했다. '내 국제정치학'이란 말을 쓰지는 않았지만, 국제문화론과 민족주의론에서 주체적인 '내 국제정치학'의 가능성을 엿볼 수 있다. 이용희는 중화체제에서 주변(한국)을 규율하는 유교문화권 내부의 양태를 고찰하는 한편, 주권국가체제에서 구미문화권에 편입되는 문화수용의 양태를 서술하였다. 이용희의 국제문화론은 문화권에서의 중심과 주변, 문화권 안팎에서 전개되는 문화의 전파와 수용을 다루고 있다. 문화적인 것과 정치적인 것, 문화권과 국제정치권의 상관적 작용을 보여주는 논의였다. 이를 통해 국제정치권의 공간적 규율을 받으면서 생존을 모색하는 주변의 고민을 담고 있다.

권역에는 지정학적, 지문화적 존재양태와 관련된 중심과 주변이 성립한다. 이용희는 문화권에는 필경 중심과 주변의 사상이 생긴다는 사실에 주목하였다. 중국에서는 고대에 중심과 주변을 오등복五等服(후候·전

---

41 「시와 정치적 환경」(1954), 144쪽.

甸·수緩·요要·황荒)으로 구별했고 이는 춘추시대 이후 문화권 사상으로 자리잡았다.[42] 이슬람문화권과 기독교문화권에서도 중심과 주변이 나타났다. 중심은 문화가치의 기준을 제공하고 문화가치를 전파하는 곳이다. 문화권의 의미를 생산하고, 국제적 의미권을 주도하면서 보편적인 것을 만들어낸다. 주변은 문화권의 중심이 제공하는 보편적 가치를 공유하는 한편 문화의 개별성을 의식한다.

문화의 전파와 수용은 중심과 주변이 연락하는 소통의 형태이다. 이용희에 따르면, 전파는 역의 경우도 있지만 흔히 중심에서 주변을 향해 이루어진다. 전파물은 회화의 재료나 용구, 도구 혹은 기법과 같은 물적 수단일 수도, "아름다움의 유행감"과 같은 미적 감각일 수도 있다. 미는 중심에서 전파되지만, 중심-주변 사이에 미의 우열은 없다.[43] 문화수용은 주변의 장소성에 따라 다르다. 동아시아 문화권의 경우 주변은 '변경'과 '절역'絶域으로 구분된다. '변경'(조선)은 문화적으로 중심에 가까운 지역이고, '절역'(일본)은 문화권의 경계지역이다. 한국은 지리적 조건과 문화권 내 위상이 일본과 달랐다. 일본은 문화권 내의 변두리였던 반면, 섬나라여서 "작전지리상" 유리했다. 한반도는 정치적 안정을 위해 변두리에 머무르지 않고 문화권의 중심과 밀착해야 했다.[44]

변경과 절역에서 주변의 심성은 다르다. 변경(조선)에서는 문화적 관심이 중심을 향하는 "해바라기 현상"이 두드러졌고 문화적/정치적 사대의식이 강했다. 사대주의는 개별적인 주변이 보편적인 중심에 대한 의미연관, 국제적인 의미와 개별적인 의미의 연관이었다. '예'와 '힘'의

---

42 「한일관계의 정신사적 문제: 변경문화 의식의 갈등에 대하여」(1970), 『정치사상과 한국민족주의』(전집2), 329쪽.

43 『우리 옛그림의 아름다움』(1996)(전집10), 16쪽.

44 「한국인식의 방법론: 이용희 박사에게 듣는다」(1971), 469~470쪽.

작용을 의식하는 주변의 사고방식이자 국제적 행위였다. 한편 토착적 요소가 우세한 절역(일본)에서는 '탈권'脫圈 현상, 즉 문화적/정치적 일탈 의식이 생겨난다. 일본에서는 "중국문화화"가 얕았기에 난학과 양학이 발달했다. 탈아脫亞와 근대적 사조와 제도를 받아들이는 근대화가 용이 했다.[45] 변경은 고정적이 아니다. 근대 들어 변경의 위상은 바뀌었다. 일 본은 "소화"小華가 되고 한국은 절역이 되었다. 냉전기 한국과 북한은 각 각 자유주의 문화권과 공산주의 문화권의 절역이었다. 이용희는 중심 과 주변의 변경 가능성뿐 아니라 주변에서의 위상 변화도 생각했던 것 이다. 지문화적 사고는 유연한 지정학적 사고를 낳았다고 할 수 있다.

'문화적응'

문화의 전파와 수용은 문화권 내의 중심과 주변 사이뿐 아니라 문화권 과 문화권 사이에서도 발생한다. 이용희는 한국의 지식문화를 국제지 식문화의 수용과 적응이라는 문제와 결부시켜 논했다. 문화수용을 '전 파'의 관점에서 서술하였다. 전파는 압도적 권력을 행사하는 유력한 국 제문화권에서 취약한 문화권으로 문화가 유포되는 것을 뜻한다. 이용 희는 "문화형태", "문화요인"이라는 용어를 구사하면서 문화요소의 수용과 적응에 대해 서술하였다.[46] 문화인류학에서 말하는 문화변용 acculturation을 국제적 적응의 측면에서 파악하였다. 이용희는 문화형태 전체가 수용되는 일은 없고, 일상 생활에 포함된 문화의 "어떤 조그만 부분"에 수용되어 다른 문화요소와 협조하면서 기능한다고 생각하였

---

45 「정치명분으로서의 근대화: 한국 케이스를 중심으로」(1965), 『정치사상과 한국민족주의』 (전집2), 224쪽.

46 문화요소의 수용과 문화변용에 관해서는 히라노 겐이치로, 장인성·김동명 역, 『국제문화 론』(서울: 풀빛, 2004).

다. 문화요소를 수용할 때 수용자 측의 기존 문화요소와의 연관(협조)이 중요하며, 새로운 문화요소에의 적응은 새로운 지식체계가 수용자의 문화생활, 생활감과 어떻게 결부되느냐에 달려있다고 보았다.[47]

이용희는 문화요소에 대한 "적응능력"의 역사적 사례를 주자학, 실학, 국학의 지식운동에서 찾았다. 그는 "한국의 주자학은 우리의 것이고 한국의 실학은 우리의 것이고 한국의 국학은 우리의 것입니다"라고 단언한다. 이용희는 주자학자의 사대주의에서 "상당히 탁월한 적응능력"을 보았다. 조선 주자학은 문화생활의 일부인 의식과 이데올로기 차원에서 중국 주자학의 일부를 받아들여 우리 생활이 갖고 있는 생활감이나 정치생활의 정당성을 안정시키는 명분으로 작용했다고 보았다. 생활형태의 차이로 인해 문화요인 간의 협조관계가 중국과 달랐다고 했다.[48] 또한 국학(조선학)은 일본문화권에 구속받는 식민지 상황에서 일본에 수입된 서양문화를 받아들이려 했던 근대적응의 운동이었다고 해석하였다.

이러한 문화적응(문화변용) 방식은 개항기 이후 변모한다. 이용희는 일본이 국제문화 수용의 에이전트로 기능하면서 "일본적으로 왜곡된" 구미문화와 국제지식이 또 한번 왜곡되어 한국에 들어왔다고 진단하였다. 식민지 조선은 "구미문화권에 들어가 있는 일본문화권의 지방판", 국제문화권의 "지방, 시골"이고, 식민지 대학은 "국제식민지격인 일본학문의 변두리 지방판", "일본학문의 시골판"을 벗어나기 어려웠다.[49] 한국의 문화수용은 기형적일 수밖에 없었다. 이러한 기형성은 1960년대, 1970년대의 근대화 과정에서도 여전했다. 이용희는 일본이 한국의

---

47 「한국인식의 방법론」(1971), 474쪽.
48 「한국인식의 방법론」(1971), 474쪽.
49 「독서연대기로 돌아보는 젊은 정신의 회억」(1974), 36-39, 55-57쪽.

문화수용을 왜곡시킬뿐더러 새로운 사조의 권위주의적인 수용을 초래한다고 보았다. 자유민주주의 사회에서 세대의 풍조나 사고방식을 무시하고 권위주의적 통제방식을 고집해서는 안 된다면서 "대화를 통한 순환적 행위형의 문화수용"을 주장하였다.[50]

이용희는 국제문화권의 지방, 시골에서 벗어나려면, 구미문화를 직접 수용해야 하고 적응력을 높이는 시스템 구축이 필요하다고 생각하였다. 그 자신 젊은 날 마루젠丸善출장소, 산세이도三省堂 양서부와 만주의 서점에서 양서를 구입해 읽으면서 구미의 국제지식권을 접했었다. 이용희는 국제문화의 수용 방식이 근대화 과정에서도 크게 달라지지 않았다고 보았다. 한국의 대학이 연구용 도서시설을 갖추지 못한 "반쪽대학", "병신대학"을 벗어나지 못하고, 한국의 학문이 "절름발이" 상태에 있다면서, 국제문화권의 높은 수준의 출판물을 들여와 "국제 적응능력"을 높여야 한다고 주장하였다. 일제교육을 받은 구세대가 "일본지식권의 변두리"에서 "기형적으로 붙어가는 형편"에도 불만이었다.[51]

이처럼 이용희는 서구발 근대문화의 수용을 한국 지식사회의 발전을 위한 전제로 삼았다. 이용희의 근대문화(구미문화) 수용론은 서양문화 대 동양문화의 인식 구도나 탈식민주의적 관점을 내장한 것이 아니었다. 구미의 근대문화를 직접 수용해야 한다고 주장한 것은 현대세계를 주도하는 국제문화권(국제정치권)이 구미의 근대문화에서 배태된 것이고, 근대문화의 수용을 통해 국제문화권에 부응해야 한다고 생각해서였다. 주자학, 실학, 국학을 보는 관점에서 알 수 있듯이, 문화수용을 파악하는 이용희의 생각은 일관된 것이었다. 이용희는 주자학, 실학을 유교

---

50 「한국 그 세계사적 위치」(1971), 475-477쪽.
51 「독서연대기로 돌아보는 젊은 정신의 회억」(1974), 55-56쪽.

문화권에서 주변에 위치한 조선의 개방적, 주체적 문화수용으로 해석하였다. 국학운동에 대해서도 "민족 위치의 정립, 민족문화의 회복"을 지향하지만, 국학을 보전하려면 "반牛밀실"에서 "역사의 흐름을 잊어버린 국학, 정체에 빠진 국학"이 되어서는 안 되고 "세계정치, 세계문화에 대한 인식과 방향감"을 가져야 한다고 했다. 국학의 자기문제 의식은 국제지식문화와 연결되어야 한다고 했다.[52] 주류 국제문화권의 지식을 주체적으로 수용해야 한다는 개방의식을 보였다.

4. 근대화와 민족주의

(1) 근대화

'근대화'라는 정치명분

국제문화 수용은 근대화와 민족주의의 문제와 연동된 것이었다. 이용희는 경제발전의 문맥에서 전통의 쇠락을 초래하는 근대화 문제와 국제사회의 타율적 충격에 대응하는 한국민족주의에 관해 성찰하였다. 개항 이후 한국의 문화수용은 유럽근대의 문명과 문화를 받아들이는 근대화(문명개화)를 의미하였다. 개화기, 식민지기, 냉전기의 문맥에서 한국의 근대화는 각기 다른 모습을 띠었다. 민족주의의 양태도 달랐다. 이용희는 1960년대, 1970년대 근대화와 민족주의의 문맥에서 국학(조선학)을 소환하였다. 한국의 근대화와 민족주의의 바람직한 모습을 보여준 역사적 사례로서 국학을 높이 평가했던 것이다.

---

52 「독서연대기로 돌아보는 젊은 정신의 회억」(1974), 67쪽.

이용희는 국학운동(조선학 운동)을 근대적인 민족주의 개념, 유럽적인 것을 가지고 한국의 역사를 파악하는 역사관에서 비롯된 것으로 이해하였다. "국수주의 역사관"을 통해 일제의 이데올로기적인 탄압에 저항하면서 유럽적인 근대민족주의를 실천적 지표로서 동원한 것이었다. 국수적인 역사관과 근대적 어문관을 내세워 새로운 국민관을 모색한 국학자들의 활동이 지향한 것은 유럽적인 근대화였다. 국학자들은 국학의 실천운동을 통해 근대국가라는 정치적 단위로써 자아를 형성하기 위해 전통적인 것이 아니라 유럽의 근대민족주의를 "완전히 우리 것으로" 받아들였다는 것이다. 국학운동의 원동력이 유럽의 근대민족주의였고, 국학의 실천의식이 유럽의 근대민족주의를 받아들이는 과정(근대화)에 "엄청난" 영향을 주었다는 것이다.[53]

이용희는 아시아의 '근대화'를 특정한 역사적 개념이나 사실개념으로 보지 않았다. "변혁기에 처한 아시아 사회의 특정한 사회태도의 표현"이라고 파악하였다. 사회태도로서의 '근대화'는 "강렬한 가치관적 판단"이었다. 서구지향적 모델로서 "구미화, 구미모방"을 의미하는 것이었다. 그에 따르면, 양무운동기 중국, 개화기 한국에서 근대화(공업화)는 구미가치관의 부정에서 비롯된 편의적인 것이었다. 반면 메이지 일본의 근대화(입헌주의, 법치주의)는 가치가 아니라 정치적 명분이었다. 전후 아시아의 '근대화'는 서구질서를 긍정하는 가치관에서 정치혁신을 모색한 대의명분이었고 민주화의 정치적 명분을 지녔다. 근대화와 민주화를 동일시하는 사회태도는 특정 강대국(미국)의 영향하에 정치적 해방을 맞은 신생국의 건국 구상과도 연관된다.[54]

---

53 「한국인식의 방법론」(1971), 477-479쪽.
54 「정치명분으로서의 근대화」(1965), 223-228쪽.

제2차 세계대전 이후 근대화는 아시아 신생국의 민주화와 자유민주주의 체제의 명분화를 용인한 정치적 가치였는데, 1960년대를 지나면서 정치적 가치에서 '경제건설', '공업화'라는 중립적 개념으로 이행하였다. 이용희는 '근대화'가 중립적 개념이 아니라 이데올로기를 내포한 개념임을 간파하였다. '근대화'라는 말이 경제발전을 정당화하는 정치적 대의명분으로 작용하고 있음을 놓치지 않았다. 정치지도자들은 근대화를 '경제건설'(계획경제)이라는 좁은 틀에서 생각하고, 5·16 이후 경제건설의 이미지를 강하게 띤 근대화 의식이 사회태도의 요체가 되었음을, 이에 따라 정치이념으로서의 민주화 이미지와 구미정치 모델 이미지가 점차 약해지고 있음을 알아챘다.[55]

이용희는 가치를 부여해 근대화를 이념화해서는 안 된다고 말한다. 근대화를 가치가 아니라 생존을 위한 불가부득한 필요라고 생각했기 때문이다. 이용희에게 '근대화'는 근대적인 것이었고, 이러한 의미에서 이용희는 '근대주의자'였다. 하지만 '근대화주의자'는 아니었다. 이용희의 근대화론은 그의 표현을 빌자면 "반근대화주의" 선언이었다. 이용희의 문제의식은 개발이론에 입각한 경제적 근대화를 옹호하는 것이 아니라 "우리 급에 맞는 조촐한 모델은 어떻게 어디다 설정하고 그에 맞는 이념체계는 어떤 것이 내재적인 욕구와 연결될 수 있느냐"를 성찰하는 데 있었다.[56]

'한국인식의 방법'

"우리 급에 맞는 조촐한 모델", "그에 맞는 이념체계"가 어떠한 "내재적

---

55 「정치명분으로서의 근대화」(1965), 230-232쪽.
56 「한국 그 세계사적 위치」(1971), 『독시재산고』(전집6), 487-488쪽.

인 욕구"와 연결되는지를 성찰한다는 것은 '한국적인 것'을 모색한다는 것과 다를 바 없다. 문화변용(적응능력)의 양태를 파악하는 것은 한국적인 양식을 아는 것과 통한다. 이용희는 어떠한 문화형태(문화요소)가 들어와 그 지역의 생활형태와 어떤 관계를 이루는가를 실증해야 하지만, 지역마다 물질적 기반, 역사적 기반이 다른 까닭에 수입된 문화형태가 들어와 왜 변했느냐를 따지는 건 오류라 생각하였다. 문화형태는 개별적 장소에 맞게 변용될 수밖에 없는 것이었다. 문제는 변용하게 만드는 "내재적인 욕구"이다.

이용희는 1960년대, 1970년대 근대화와 민족주의를 체험하면서 "내재적인 욕구"가 만들어내는 '한국적인 것'을 의식하게 된다. 근대화는 한국인식 방법의 필요성을 촉발하였다. 이용희는 근대화를 유럽화로 인식했음이 분명하지만, 이것을 이념적 가치가 아니라 생존을 위한 필요로 인식하였다. 근대화를 경제발전, 산업화로 인식하는 통상적 견해에는 동의하지 않았다. 한국인식의 방법, 한국인식의 역사적 성찰은 경제주의에 매몰된 근대화론에 대한 비판적 성찰이었다. '내 정치학'이 '일반정치학'에 공간적인 대응이라면, '한국인식의 방법'은 국제문화권의 문화(지식)를 수용하여 자기화하는 '적응능력'을 보였던 역사적 사례를 재해석하는 시간적인 대응이라 하겠다. '한국적인 것'의 성찰은 '보편적인 것'과 대결하는 개별성에 관한 것이 아니라 그것을 수용할 때 작용하는 개별성에 관한 것이었다. 여기서 중국적인 것이 보편인 것이고 한국적인 것이 특수한 것이라는 발상은 맞지 않는다. '한국적인 것'은 한국적 특수성, 개별성에 한정될 수는 없었다.[57]

이용희는 근대화 혹은 문화수용의 주체인 지식인의 역할에 주목하였

---

57 「한국인식의 방법론」(1971), 475~476쪽.

다. 지식인은 수입 문화를 국내에 유포시키는 "문화전파의 대리점"으로서, 이들이 명분을 공고히 하면서 정권과 합작했을 때 수용된 문화가 생활화되고 문화현상은 오래 지속된다고 보았다. 그에 따르면, 조선시대에는 사대부층, 특히 독서인이 "문화수용의 전매업자"로서 집권층과 결탁하여 문화를 확산시켰지만 상부의 주자학 문화가 하층에까지 내려오지는 못했다. 일제시대에는 문화수용이 꽤 넓어졌지만 어용학자나 일본 유학생과 같은 지식인이 채널을 독점하였다. 현재에는 매스컴과 대중 접촉을 통해 직수입되는 경우가 많아졌지만, 민주주의 이론이나 전통, 사상의 전파에서 보듯이 문화의 명분, 즉 정당성legitimacy을 부여하는 것은 여전히 지식인이다.[58]

하지만 지식인의 역할을 별로 기대하지는 않았다. 진정한 문화수용은 "자기존재의 깊이, 존재가치, 자기존재의 의미를 씹는" 지식인을 통해서만 가능한데, 지식인들은 패트런과의 관계에 따라 균열과 대립을 보이며, 지식인 사회는 동일성이나 단결성이 없다고 비판하였다. 이용희는 지식인의 어용성과 매판성에 비판적이었다. 현대한국의 지식인은 여론을 주도하는 리더의 역할을 못할뿐더러 경제적으로 패트런에 의존하기 때문에 어용적이 될 수밖에 없고, 따라서 지배자에 대항하는 비판정신을 갖기 어렵다고 했다. 또한 '한국인식의 방법'을 결여했기에 매판적 지식인이 될 개연성이 아주 크고, 이들이 정당성을 부여해 받아들인 문화가 안착할 가능성은 적다고 전망하였다.[59]

---

58 「한국인식의 방법론」(1971), 495-496쪽.
59 「한국인식의 방법론」(1971), 497-498쪽.

(2) 민족주의의 이념과 실지

'민족주의'와 '민족'

민족주의는 한국인식 방법론의 유력한 이념적 근거였다. 흔히 한국민족주의는 한국의 정치적 자주독립을 위한 이념이나 운동으로 인식된다. 이용희는 민족주의는 근대국가의 현상으로, 근대적 의미의 정치적 독립은 동아시아 전통시대에는 개념으로도, 문제로도 성립하지 않았다고 보았다. 문화수용과 자주독립이 서로 순기능을 하고 갈등하는 양상에 주목하면서 문화수용과 자주독립의 양면에서 민족주의를 파악해야 한다고 생각하였다. 그렇다고 문화수용 문제를 정치적 독립/종속 문제와 직결시킨 건 아니다.[60] 이용희는 민족주의가 근대적 현상임을 숙지하는 한편, 대금對金강화를 반대하는 상주문이나 퇴계사상의 영향을 받은 일본 주자학파의 사례를 통해 전통시대에도 주자학의 명분주의를 결정한 동기 위주의 윤리관과 정서적인 것의 억제를 위한 성리주의나 주정주의가 "넓은 의미의 민족주의"를 배태했음을 인정하였다.[61]

　개항 이후 근대적 현상인 민족주의가 전개되고나서는 '민족'과 '민족주의'의 연관성이 문제가 된다. 이용희는 '이념(가치)으로서의 민족'과 '실재(사실)로서의 민족'을 구별한다. 민족주의의 전제로서의 '민족' 개념과 역사적, 객관적인 의미의 민족의 존재를 구별하였다. 이용희는 1947년 논고에서 '민족'은 시간이 흐르면서 형성되고 변하는 역사적 산물인 동시에, "애국의 구호"로서 사람들의 관심을 자극하는 "한 개의 정치이념"이라 했다. '민족'은 이념의 언어인지라 애매하고 시간적 산

---

60 「한국인식의 방법론」(1971), 471-472쪽.
61 「한국인식의 방법론」(1971), 482-483쪽.

물인지라 의미가 바뀔 수밖에 없다면서 '민족'이라는 말에 새로운 의미를 부여하는 "시대의 요구"를 봐야 한다고 했다.[62] 1970년대 글에서는 '민족'은 단순한 객관적 실체가 아니라 '내' 나라라는 귀속감과 정감의 소유자인 사람/집단의 집결체인 한편, '나라의 주인'이라는 권리의 원천이라 했다. 실체적인 한민족이 존재한더라도 "정치권력의 명분 또는 통치의 명분체"로 취급되지 않는다면 민족주의 가치관을 가진 민족 개념이 아니라고 했다.[63] 민족은 실체이지만 이념(명분)으로 간주되었을 때 민족주의가 발현된다는 말이다.

이용희는 역사적 현실에서는 민족이 객관적 현실로서 있고나서 민족주의가 생긴 것이 아니라 민족주의가 선행한 후 민족이 형성된다고 보았다. 민족주의는 추상개념이 아니라 여러 입장에서 여러 목적을 달성하려는 "고도의 정치적 개념"이자 "실천적인 믿음"이었다. "'내' 나라라고 하는 정치, 경제, 문화체제의 형성과 고양을 민족, 국민이라는 인적인 면에서 정당화하려는 집단의사", 혹은 "나라 또는 나라를 지향하는 정치집단의 인적인 구성면을 명분 주는 사상이며 의사"였다. "강렬한 명분의식"이자 "정감이 높은 가치관"이었다. '나'와 '남'의 평등을 상정하는 보편개념이 아니라 "내 민족, 내 나라라는 개별적 정감" 즉 "내 민족관념"을 앞세우는, "내 나라, 내 민족이라는 단일체 의식"을 가지고 나와 남을 준별하는 태도였다.[64]

민족주의는 고장의 사람들이 때로 생명을 걸고 싸운 명분이자 정책상의 가치관이었다. 민족주의는 "민족주의자의 행동이념"으로서 "학문상의 개념"이기에 앞서 "생활의 체험"에서 의식되어야만 했다. 학술상의

---

62 「단일민족주의국가와 다민족주의국가」(1947), 190-191쪽.
63 「현대민족주의」(1973), 335-336쪽.
64 「현대민족주의」(1973), 334-335쪽.

필요에서 나온 추상개념이 아니라 대단히 실천적인 개념인 것이다. 이용희는 "민족주의라는 개념이 딛고 서있는 현실"을 민족 주체들이 살아가는 "고장과 시기의 문맥"에서 봐야 한다고 했다. 회화를 논하려면 우선 안목과 감식력을 길러야 하듯이 "민족주의의 현실과 역사의 문맥"을 알고나서 학설, 이론을 검토해야 한다고 했다.[65] 사상가의 사상이 아니라 "실지"에서 민족주의가 작동하는 양상과 과정을 관찰해야 한다고 했다.[66] 민족주의는 '나'의 생을 규정하는 '내 고장', '내 사회'의 장소성과 시기의 특수성에 의존할 수밖에 없다. 따라서 민족주의의 구체상을 이해하려면 동태적으로 민족주의를 배태한 시기와 지역의 특색을 알아야 하고, 정태적으로 특정 시기, 특정 지역의 민족주의가 배태된 구조와 체계를 보고 중심-주변 관계를 헤아려야 한다는 것이다. 이용희는 민족주의의 구체상을 "큰 터"="거시적인 역사의 장"에서 파악하였다.[67]

　이념적인 민족주의는 '정치적인 것'의 의미를 강하게 띨 수밖에 없다. 이용희는 민족주의가 민주주의, 사회주의, 공산주의와 같은 보편이념을 휘어지게 만드는 프리즘과 같은 "정치의 장"이라 생각하였다.[68] 민족주의를 '정치적인 것'으로 파악했던 것이다. 이용희는 민족을 실재와 이념의 양면에서 포착하면서도 정치권력과 통치의 명분, 즉 주관적 이념의 측면에 더 주목하였다. 민족주의는 보편적인 이념이 아니라 민족이 특정한 역사적 현실에서 "시대의 요구"에 부응하는 정치이념으로 작동했을 때 모습을 드러낸 것이다. '민족'과 '민족주의'의 이념성에서 '정치적인 것'을 보았다.

---

65 「민족주의의 개념」(1983), 『정치사상과 한국민족주의』(전집2), 396-397쪽.
66 「민족주의의 개념」(1983), 411쪽.
67 「민족주의의 개념」(1983), 401-402쪽.
68 「민족주의의 개념」(1983), 401쪽.

제1장　'내 정치학'과 '정치의 마'

'전진적 민족주의'와 '다민족주의 국가'

역사적 현실에서 민족주의 이념의 작용을 응시한다는 것은 시대의 정치를 규정하는 세계정치 틀을 의식한다는 말이다. 이용희는 민족주의의 역사적 유형으로 ①서구의 근대국가 틀에 대응한 시민민족주의, ②세계정치의 틀에 대응하여 유럽적 기준을 받아들여 생겨난 비유럽 지역의 저항민족주의, ③종족/부족의 분리, 단일민족의 분단을 특징으로 하는 신생국의 현대민족주의를 들면서 민족주의가 점차 일국 위주에서 지역적 결집의 국제적 방향으로 확산되고 있음을 보았다.[69] 이용희는 근대한국의 민족주의를 저항민족주의로 규정하였다. 비서구사회의 저항민족주의는 모순과 분규의 씨를 내장하는 한편 반외세를 위해 통일전선을 맺는다는 양면성을 갖는다. 민족형성 과정에서 민족의 통일성을 강조하는 긍정적인 작용도 하지만, 반외세 저항으로 발전의 저해요소를 없애지 못해 사회발전이 늦어지는 부정적인 작용도 한다. 한국의 저항민족주의도 마찬가지였다.[70]

저항민족주의는 극복의 대상이었다. 이용희는 탈민족주의의 미래를 전망하면서 한국민족주의의 자기극복을 주장하였다. 현대한국의 민족주의는 남에 대한 대항, 남에 대한 우월의 표시, 남에 대해 나를 주장하는 "저항적 민족주의"에 머물러서는 안 되고, 민족 내부의 민주화를 추구하는 "국민주의", 즉 "전진적 민족주의"를 지향해야 한다고, 통일을 위한 명분을 넘어 한민족의 앞날을 설계하는 명분이 되어야 한다고 믿었다.[71] 또한 '민족' 개념, '우리' 개념의 구성요소를 재검토해야 한다고 했다. "내부 구조를 갖지 않은 단일체"로서의 민족은 이제 "현실감"

---

69 「현대민족주의」(1973), 337-339쪽.
70 「한국 그 세계사적 위치」(1971), 480-481쪽.
71 「민족주의의 개념」(1983), 423쪽.

이 없을뿐더러 더 이상 안정된 개념이 아니며, '민족주의'라는 말의 어감도 3·1운동이나 국학운동 때와 아주 다르다는 것이다.[72] '전진적 민족주의'는 민족 개념의 변용을 통해 근대화가 초래한 한국사회의 불안, 허무감을 극복하고 안정감을 찾는 길이었다. 비생명주의적인 형식주의, 가부장적 권위주의, 대중의 자치능력을 무시한 채 대중을 이끈다는 지도개념, 강인한 '우리' 개념으로 한국의 경제, 사회, 문화적 모순 혹은 세대간 모순을 덮으면 된다는 오해를 청산하는 길이었다.[73]

'전진적 민족주의'는 현대한국사회의 불안을 극복하고 권위주의적인 위로부터의 근대화를 비판하는 이념이었다. 대중이 주체가 되는 국민 형성을 지향하는 "국민주의"의 표현이었다. '전진적'이란 말은 미래지향성뿐 아니라 점진성을 의미하는 관형어였다. 국민주의의 표현인 '전진적 민족주의'의 궁극적 지향점은 민주주의였다. 이용희는 민주주의의 올바른 형성은 "자주적인 국민주의의 발달"에서 가능하다고 보았다.[74] 민주주의에의 지향성은 이미 해방 공간에서부터 보였다. 이용희는 조선 초기의 신세대가 '성리학'을 내세워 "개편 갱신의 안목"으로 삼고, 한말 일제초기의 신세대가 '민족'이라는 신사상으로써 "국가자립의 근본 이념"으로 삼았듯이, 한국 신세대의 활동 목표는 민족주의도, 한국주의도 아닌 민주주의라고 했다. 한국사회의 민주주의를 짊어질 신세대로서 "한국인이라는 역사적인 숙명에서 출발하여 자기 사회의 위기를 극복하려고 나서는" 모든 청년과 모든 한국인을 지목하였다.[75]

이용희는 근대국가체제의 변형을 주시하면서 민족주의의 변화를 전

---

72 「한국인식의 방법론」(1971), 486쪽.
73 「한국인식의 방법론」(1971), 493쪽.
74 「민족주의의 개념」(1983), 401쪽.
75 「신세대론」(1947), 『독시재산고』(전집6), 91-92쪽.

망하기도 했다. "나라는 내 항상 생각하는 바이지만, 반드시 '내' 나라적 의식 위에 선 나라 곧 근대국가의 형식만이 오늘날 가능한 유일한 나라의 형식은 아니다"[76]라고 했다. 일본제국과 미소 냉전제국의 "다민족국가적 구성"이라는 역사적 현실에서 "다민족주의 국가"의 가능성을 보았다. 좌익, 우익의 "주의사상"도 중요하지만 소련 공산주의와 영미 자유주의가 강대한 국가세력을 배경으로 세계에 지대한 영향을 미친다는 사실을 떠올리면서 정치체가 존립하는 군사적 기저를 적출해야만 "역사적 현실의 진상"을 알 수 있다고 했다. 미소가 강대한 까닭을 다민족주의 국가이면서도 민족국가라는 사실에서 찾았다.[77]

이용희는 '단일민족 국가', '다민족 국가'가 아니라 "단일민족주의 국가", "다민족주의 국가"라는 말을 사용하였다. 민족을 실체로 보지 않고 민족주의라는 이념에 의해 상상된 것으로 파악했기 때문이다. 단일민족주의에서는 민족이 "개념상" 민족주의에 선행할 뿐 아니라 "실지로도" 선先존재하지만, 다민족주의에서는 민족이 "개념상" 민족주의에 선행하지만 "실지로" 형성과정, 즉 미완성 상태에 있다고 생각했기 때문이다.[78] 민족주의의 개념(이념)과 실지(실제)가 작동하는 방식을 인지한 것이다. "근대국가의 형식만이 오늘날 가능한 유일한 나라의 형식은 아니다"라는 인식과 다민족주의국가에의 전망은 근대국가=민족국가의 소멸을 전망하는 탈근대적 논리/이념의 소산이 아니다. 강대국(제국)이 주도하는 '일반국제정치학'의 역사적 현실(현대적 양태)에서 관찰된 것이었다.

---

76 「영구평화론」(1957), 225쪽.
77 「단일민족주의국가와 다민족주의국가」(1947), 187-188쪽.
78 「민족주의의 개념」(1983), 412쪽.

5. 리얼리즘과 보수주의

'실감', '실천'과 리얼리즘

미국 사회과학 수용기에 발화된 '내 정치학'은 주변의 장소성을 압도하는 '일반정치학'의 보편타당성을 상대화하고 '우리'의 존재양태와 정체성을 해명하는 의지의 표현이었다. "내가 살고 있는 고장 또 내가 그 안에 살고 있게 되는 나라의 운명과 무관할 수는 도저히 없었다"[79]는 장소적 피구속성을 의식한 것이었다. 논리성이나 이념성이 강한 '일반정치학'과 달리 체험을 중시한 것이었다. '내 정치학'은 근대화를 거치면서 '한국적인 것'의 역사적 존재양태에 대한 자기성찰인 '한국인식의 방법론'을 더했다. 이용희 정치학은 남에 의해 규율되는 나의 공간적 양태와, 전통과 역사 속에 연속하는 나의 시간적 양태를 파악하는 주체 확인의 논의였다. 두 양태를 파악하는 감각은 리얼리즘과 보수주의였다.

리얼리즘과 보수주의의 감각을 배태한 근거는 현실의 모순이다. 현실의 모순은 명분적 현실을 움직이는 '주의사상'과 실제적 현실인 '실지' 사이의 괴리를 말한다. 이용희는 '주의사상'과 '실지' 사이의 괴리를 짚어냈다. '내 정치학'은 국제문화권의 중심인 구미사회의 '일반정치학'이 부과한 '주의'(이념)와, 국제문화권의 주변인 한국의 '실지'(현실) 사이의 괴리를 의식했을 때 성립하였다. '주의사상'(이념)이 '실지'를 압도하는 지점에 '정치의 마'가 작동한다. 괴리를 추궁한다는 것은 '정치의 마'의 작용을 읽어낸다는 말이다. 이용희의 관점에서 본다면, '정치의 마'는 지극히 현실주의적인 것이 아니라 지극히 이념적인 현상이었다. 이 괴리를 추궁할 수 있을 때 '실지'를 파악할 수 있고, 이를 통해 '실감'

---

[79] 『국제정치원론』(1955), 4쪽.

을 회복할 수 있는 것이다.

국제문화권의 변동에 따른 나와 남의 관계 변용이 초래하는 심리적 불안은 이용희의 주된 의제였다. 개항 이후 한국인은 남과 구별하는 '나'의 주체의식에 기초한 근대적인 '우리' 의식을 받아들였지만, 외세 저항과 민족회복을 위한 '우리' 의식이 너무 강렬했기에 근대적인 '나' 의식은 형성되기 어려웠다.[80] 이용희는 "새 문화권에 있으면서 전통적 문화의 꼬리에 달려있는 자기분열적 위치"에 놓여있는 현대한국에서 다원적 가치관에 기초한 '나' 관념이 출현하고 전통적인 '우리' 관념이 해체되면서 생겨난 "분열증"에 주목하였다.[81] 근대국가의 변형과 세대 차이로 인해 초래된 '나', '우리' 개념의 혼란을 목도하였다. 근대화 과정에서 당위적 관념과 현실의 괴리, 전통적 관념과 현실의 모순이 초래한 '나'와 '우리'의 존재불안을 감지하였다. '우리'의 안정된 소속감이 깨진 걸 보았다. 이용희는 "자기존재의 모순감"에서 나오는 "존재의식의 불안"을 극복하는 길을 우리의 문화형태, 전통의 문제를 논의하고 역사를 회고하고 장래를 전망하는 '한국인식의 방법론'에서 찾았다. 성찰적 한국인식은 "조상이 쓰던 방법과 우리들이 새삼 도입한 방법을 비교한다"는 관점에서 조상들이 비슷한 상황에서 어떻게 문제를 다루었는지를 이해하는 것이었다.[82]

"자기존재의 불안"이나 "허무감"은 '실천'을 통해 극복할 수 있다. 이

---

80 「한국 그 세계사적 위치」(1971), 457-459쪽.
81 「한국 그 세계사적 위치」(1971), 461-463쪽. 이용희는 현대사회에서 기술혁명에 따른 새 지식과 새 생활에 대한 적응 불능, 자본주의적 이윤추구나 대기오염, 환경파괴와 같은 부작용에 대한 생의 반발, 현대사회의 인간소외에서 오는 자기상실감에도 주목하였다. "자기존재의 모순감"에서 비롯된 존재의식의 불안을 극복하는 '나'를 권리적 주체로서가 아니라 생활 속의 실천적 주체로서 설정하였다(「한국 그 세계사적 위치」(1971), 463-464쪽).
82 「한국인식의 방법론」(1971), 459-460쪽.

용희는 (예술/정치) '의식'의 존재양식(유형학 혹은 형태론)과 더불어 의식이 현실에 투사되는 '실천'의 문제를 중시하였다(실천론). 주체성은 "문화소산 지역의 문제가 아니라 남의 것이라도 어떻게 자기 것으로 만들고 생활화하느냐"에 달려있는 문제였다. 즉 실천은 "어떻게 자기 것으로 만들고 생활화하느냐"의 문제였다.[83] 이용희는 국학, 실학, 주자학을 사실 분석이나 증명이라기보다 "아주 강렬한 실천적인 의식"의 소산이며, 따라서 '우리'의 존재론적 양태에 대한 역사적 충격을 어떤 "실천적인 의식"에서 어떤 "구체적인 방법"으로 대처했는지를 봐야 한다고 생각하였다.[84] 일본인의 가면이나 미국인의 국적이나 서양인의 탈을 가지고 불안감을 처리하려는 "허무주의, 자기분열주의"에 대처하는 것은 "아주 고도로 실천적인 문제"였다.[85] 이용희에게 실천적 방법이란 우리의 물질적, 사회적, 기타 객관적인 기반과 연관되는 것에 대한 자기태도의 결정, 행위의 결정에 연결되는 것을 말한다.[86]

실천적 주체로서의 '나'는 "실감나는 존재"로 상정된다. '나'라는 실감나는 존재를 '개념'으로써 규정할 경우 "실감으로서의 '나'"와 부합되지 않는다. 이용희는 교육, 생활, 언어, 역사 속에서 오래 훈련된 한민족이기 때문에 분단은 부당하고 통일은 당연하다는 생각이나, 내셔널리즘을 단일한 역사개념이나 정태적인 보편개념이라 믿고 '민족' 속에서 '우리'를 찾는 기성세대의 사고를 비판한다. 젊은 세대가 기성세대의 이러한 사고에 의문을 제기한 데서 "생활양식의 실감"을 읽어냈

---

83 「아시아 속의 한국의 장래: 한일국교재개와 민족주체성 확립을 중심으로」(1966), 『독시재산고』(전집6), 313-314쪽.

84 「한국인식의 방법론」(1971), 466-467쪽.

85 「한국인식의 방법론」(1971), 487쪽.

86 「한국인식의 방법론」(1971), 494-495쪽.

다.[87] 주체의 "실감", "생활양식의 실감"은 이용희 리얼리즘의 핵심언어였다. 리얼리즘은 권력과 국익의 관점에서 정치를 파악하는 정치적 현실주의와 다르다. '개념'의 치장을 벗겨내고 '실지'를 읽어내는, 리얼리티를 읽어내는 감각을 말한다.[88] 리얼리티를 파악하는 감각은 역사적 현실과 실천적 현실을 응시하는 감각이다. '역사적 현실'에 작용하는 '정치의 마'를 응시하는 힘이다.

'역사적 현실'과 보수주의

'역사적 현실'은 이용희의 리얼리즘과 보수주의를 표상하는 말이었다. 이용희는 당위적 논리를 가지고 현재의 모순 상황을 일거에 해소하는 것이 아니라 '역사적 현실'을 성찰함으로써 미래를 전망하는 사고법을 가졌다. '역사적 현실'이란 말에서 '역사적'이란 특정 시간(시대)의 현실(리얼리티)을 당대의 문맥에서 파악한다는 의미를 내포한다. '역사적 현실'은 한국의 개별적 현실만을 뜻하지 않는다. 세계사적 주류를 구성하는 현실까지를 포함한다. '역사적 현실'을 언급했을 때 과거 속의 현재를 파악하면서 현재의 모순된 상황을 읽어내는 사고법이 작동하였다. 이용희는 근대국가 틀이 요구되는 현실과 근대국가만이 유일한 국가형태만이 아니라는 역사적 현실의 모순된 상황을 응시하였다.

　정치사상사는 '역사적 현실'을 파악하는 방법적 서술이었다. 정치사상사의 효용은 현재 기능하는 "정치양식의 배경"을 파악하는 데 있었다. 정치사상사는 과거의 정치사상을 고루 다루는 것이 아니라 "오늘을 오늘로서 있게 한 바"의 세계사적 조류에 이바지한 정치사상을 다루는

---

87 「한국 그 세계사적 위치」(1971), 478-480쪽.
88 이러한 리얼리즘은 냉전기 일본보수주의자들의 그것과 상통하는 바가 있다. 이에 관해서는 장인성, 『현대일본의 보수주의』(고양: 연암서가, 2021), 특히 제1장과 제5장을 참조할 것.

것이었다. 이용희는 과거의 시대사조에서 현재를 보았다. 과거는 현재 속에 있고 미래는 현재 안에 싹튼다고 생각하였다. 현재를 바꾸고 미래에 좋은 정치를 구현하려면 현대정치의 "정당감 혹은 부정당감不正當感의 연유 및 우리 정치관념 속에 습성으로 남아있는 전통의 의미"를 추궁해야 한다고 생각하였다.[89] 보수주의는 과거를 현재에서 보는 시선을 가졌을 때 복고주의(전통주의)에 빠지지 않는다. 미래를 현재에서 전망하는 관점을 가졌을 때 진보주의와 다른 개혁성을 지닌다.

과거와 연결된 역사적 현실을 응시하는 현재의식은 점진적 개혁을 상정한다. 이용희의 민족주의는 보수적인 것이자 개혁적인 것이었다. '전진적 민족주의'는 역사적 현실에 부응하는 '점진적 민족주의'였다.

> 민족에 의탁하는 자기를 찾는다는 것은 곧 민족을 찾는다는 것인데 그것은 애쓰고 힘써서 찾아야 되는 것이고, 또 꾸준히 노력해야 되는 것이죠…이러한 자기존재의 양식으로서의 민족의식에 대한 애쓰고 힘들인 탐색과 노력, 아니 지적인 것을 넘어서 생의 양식으로서의 탐색을 하지 않고 물건 취급하듯이 무엇이 있지 않느냐, 우리 개개인 속에 그냥 내재해 있지 않느냐, 심지어 개념화해서 상식으로 알면 된다 생각한다면 이미 그것은 진정한 의미에서 자기를 잃은 것이죠. 자기를 우리라는 틀 속에서 진실로 살리려면 새로운 안정을 얻기 위하여 맞지 않는 저해요인, 또 묵은 것을 과감히 버려야 될 것입니다만 동시에 자기가 딛고 서는 긍정적인 면을 선인 속에서 발견하고 연결짓지 못하면 결국 우리라는 개념은 무전통인 개념이 아니겠어요?…먼저 선인들이 남긴 여러 행위양식 중에 그것이 축적돼서 다음 시대의

---

89 「고대: 신화적 지배의 세계」(1957), 13-14쪽.

사람들이 그 위에 서서 또한 발을 내밀 것이 없다면 역사개념으로 '우리'가 없는 것이고 유물만이 있게 되죠.[90]

이용희는 "자기존재의 양식으로서의 민족의식"에 대한 "탐색과 노력"을 요구한다. 개념화된 지적인 것이 아니라 "생의 양식"에 대한 "애쓰고 힘들인" "탐색"을 요구한다. 역사에서 긍정적인 면을 발견하고 연결지어야 한다고 말한다. 보수주의적 사고의 전형이다.[91] "무전통인 개념"이 아니라 민족과 관련된 "역사(的) 개념"을 꾸준히 탐색하는 것이야말로 '나'를 '우리'의 틀 속에서 살리고 현재의 불안을 넘어 안정을 얻는 길이다. 보수적 개혁정신에는 "고쳐지는 것은 저절로 고쳐지고야마는, 아무도 막을 수 없는 부득이한 사세에 의하지 않으면 아니 된다"[92]는 역사적 필연성이 작용한다. 보수적인 것은 역사적 현실에 작동하는 정치적인 것을 읽어내는 태도이며, 이러한 점에서 리얼리즘을 내장한다.

이러한 보수적 개혁정신은 이미 젊은 날에 보였다. 이용희는 「신세대론」(1947)에서 "씨氏의 계승"을 논하면서 근대와 전통, 신세대와 구세대의 모순을 내장한 전환기 해방공간의 역사적 현실을 파악한 바 있다. 이용희는 자기 생명의 손상(부정)을 통해 자기의 계존繼存(긍정)을 꾀하는 "씨의 계승"="부자상계相繼"에서 단순한 계존이나 상극이 아니라 "자기부정[부정]을 통해 자기존재[긍정]를 남기는", "부정과 긍정이 서로 얽혀

---

90 「한국인식의 방법론」(1971), 481쪽.
91 '탐색'과 '노력'은 '발견'을 중시하는 보수주의 정신의 요체이다. 특히 일본의 보수주의자 후쿠다 쓰네아리(福田恆存)는 '발견'의 정신을 강조하였다. 이에 관해서는 장인성, 『현대일본의 보수주의』, 179-184쪽.
92 「영구평화론」(1957), 225-226쪽.

작용하는 절대모순"의 원리를 보았다. 부자계승의 산실은 "역사적 현실"이다. 이용희는 자기 사회의 단순한 긍정으로 역사전통과 구관구습에 자족할 경우 종의 단절과 사회의 멸망을 초래하며, 자기 사회에 대한 전적인 부정은 사망이고 요절이라 했다. "역사적 사회"의 번영을 위해 새로운 생명력과 지혜로써 새로운 환경에 적응하여 신제도를 창조하고 기구를 개신하는, "한국인이라는 역사적인 숙명에서 출발하여 자기 사회의 위기를 극복하려고 나서는" 신세대의 출현을 요청하였다.[93]

이용희의 리얼리즘=보수주의는 전쟁과 평화에 관한 생각에서도 확연하다. 냉전이 시작될 즈음 이용희는 평화의 길 외에 또 하나의 가능성으로서 전쟁을 전망한 바 있다. 국제무정부 상태를 "평화적 해결에 대한 가망이 저하된 상태요 무대 위에 '전쟁'이 나타나서 '평화' 옆에 나란히 서게 된 것"으로 파악하였다. 전쟁도 평화와 같은 가능성을 띠고 출현한 것으로 인식하였다.[94] 전쟁으로 가는 길이 있다고 저절로 전쟁이 일어나는 건 아니고 평화협조의 시대가 오지 않는다고 단언할 수 없지만, 평화만이 지속되고 국제협조가 반드시 온다는 생각은 감상적이고 비현실적이라 했다. 평화 이외의 다른 가능성도 따져봐야 한다고 했다.[95] 전쟁은 정치라는 "사회통제의 거미줄" 속에서 한몫을 차지하는 제도였다. 국가집단들이 "오다가다 만나서 툭탁거리는 싸움"이 아니라 군대와 상설조직을 갖추고 병력 동원과 병기 조달을 위한 생산체제와 동원체제, 국민사기를 진작시키는 교육과 문화행정을 갖춘 사회제도였

---

93 「신세대론」(1947), 85-92쪽. '절대모순의 원리'와 '씨의 계승'에 관한 논의는 교토철학, 특히 다나베 하지메(田辺元)의 '종의 논리'를 연상시킨다. 이용희 초기 정치사상이 교토철학과 어떤 연관성을 갖는지는 추후 논구될 필요가 있다.

94 「미소위기의 의의와 군사론」(1949), 『한국외교사와 한국외교』(전집4), 318-319쪽.

95 「미소위기의 의의와 군사론」(1949), 330쪽.

다.[96] 전쟁과 평화의 전망을 이념으로 규정하지 않고 리얼리티에서 찾는, '정치의 마'가 배태하는 전쟁의 가능성을 직시하는 리얼리즘이 보수주의에서 배태된 것임은 분명하다. 이용희의 정치적 사유는 냉전기 한국의 리얼리즘=보수주의를 재구성할 여지를 제공한다.

---

96 「영구평화론」(1957), 221쪽.

참고문헌

이용희. 2017. 『동주이용희전집』 1~10권. 고양: 연암서가.

문승익. 1999. 『자아준거적 정치학: 문승익 정치이론 논문선집』. 서울: 오름.

문승익. 1970. 『주체이론: 서문』. 서울: 아인각.

서울대 정치외교학부 교수진 엮음. 2018. 『21세기초 한국의 정치외교: 도전과 과
제』 서울대학교 국제문제연구소 총서 19. 서울: 늘품플러스.

장인성. 2022. 「정치적인 것의 귀환」. 『관정일본리뷰』 49호. 서울대학교 일본연구소.

장인성. 2021. 『현대일본의 보수주의 : 비판적 보수주의의 심리와 논리』. 고양: 연암
서가.

홍정완. 2021. 『한국 사회과학의 기원: 이데올로기와 근대화의 이론체계』. 고양: 역
사비평사.

에른스트 캇시러, 최명관 역. 2013. 『국가의 신화』. 서울: 창.

히라노 겐이치로, 장인성, 김동명 역. 2004. 『국제문화론』. 서울: 풀빛.

제2장　　　대오大悟의 순간

이용희의 권역 이론과 빌헬름 보링거

1. 권역 이론과 미술사학

동주 이용희는 《우리나라의 옛 그림》에서 자신이 창안한 국제정치학
이론인 권역 이론이 실제로는 미술사학에서 원용한 것이라는 사실을
다음과 같이 설명하였다.

> 미술사학을 공부하다가 내 정치학에 원용한 것에 권역圈域의 개념이
> 있습니다. 내 장소 이론에 나오는 문제이죠. 시대에 따라 감흥의 기준

---

* 본 논문의 초고는 『미술사와 시각문화』 30(2022)에 「이용희와 빌헬름 보링거(Wilhelm
  Worringer)」라는 제목으로 출간되었다.

이 다를 수도 있고 또 내인內因이라는 미술의 독자적 모티프도 달라질 수 있습니다만, 동시에 같은 기준이 통용되는 미술권이 있다는 점에서 권역의 개념을 도입할 수 있는데, 그것을 정치적 명분의 통용 권역으로 바꾸어본 것이죠. 역으로 나는 미술사학에 전파의 이론을 적용시킬 수 없나도 생각했습니다. 기준형식이 구체적인 작품으로 다른 지역에서 그대로 표출되는 경우는 아주 드물다고 생각합니다. 추상적인 형식개념은 구체적인 내용으로 사실화될 때는 반드시 장소, 혹은 지역의 특수성을 지닌다고 생각됩니다. 나는 오래 전 칸트의 《판단력비판》을 읽은 일이 있는데, 지금은 기억이 아물아물합니다만 한 가지는 또렷이 생각납니다. 칸트는 아름다움은 감성적인 것이라 개념화할 수 없으며, 또 감성이라는 개인적인 것이 어떻게 집단적이 될 수 있는가 하는 문제의 답으로서 게마인진Gemeinsinn-요새는 상식이란 의미로 쓰죠-을 들고 그 대역對譯이 되는 센수스 코뮤니스sensus communis라는 라틴말을 병기하였습니다. 이 말은 공통감성이란 뜻이니까 게마인진도 '공감'이란 의미로 쓴 것이죠. 그리고 게마인진은 게마인샤프트리히Gemeinschaftlich, 곧 사회적이라고 하였습니다. 물론 칸트는 일반론을 얘기한 것이고 여기 '사회적'이란 말은 추상적입니다만, 그 당시 나는 그림을 구체적인 사실로 현실화하면 결국 장소적, 곧 지역적이 되지 않느냐 생각하고, 현실적으로 미에 대한 공감은 장소적이라고 해석했던 일이 생각납니다.[1]

후술하겠지만 이용희는 《우리나라의 옛 그림》에서 상세하게 서술된 생명주의적 미술organic, representational, expressive form; realism, naturalism;

---

1 「옛 그림을 보는 눈」(1995), 『우리나라의 옛 그림』(전집8), 46쪽, 59-60쪽.

European art since the Renaissance과 반反생명주의적 미술inorganic, geometric, rigid, expressionless, crystalline, linear form; a primitive world view의 구분이 단순히 시각적 형식의 차이에 그치지 않고 '문화권'에 따라 구별된다는 빌헬름 보링거Wilhelm Worringer, 1881-1965의 주장에 크게 공감하였다. 보링거는 '원시인primitive man: 아프리카와 남태평양 지역에 살았던 원시 부족인들,' '오리엔트 지역인the Oriental: 이집트, 근동 및 인도 등 아시아의 여러 문명 지역에 거주했던 사람들과 지중해 연안에 살았던 '고전시대인classic man'을 구분한 후 환경과 문화의 차이에 따라 추상미술(abstraction: 반생명주의적 미술, 기하학적 미술, 비사실주의적 미술)과 감정이입적 미술(empathy: 생명주의적 미술, 사실주의적 미술)이 각각 나타나는 현상에 주목하였다. 그는 원시인과 오리엔트 지역인은 '공간에 대한 거대한 정신적 공포an immense spiritual dread of space'를 느꼈으며 자신이 처한 세계의 통제할 수 없는 변화의 소용돌이에서 벗어나고자 모든 사물과 환경을 '추상화'했다고 주장하였다. 반면 보링거에 따르면 지중해 연안에 살던 사람들은 인간과 자연 사이에 '행복한 조화a joyful sense of harmony'를 느꼈으며 그 결과 감정이입적 미술(생명주의적 미술, 사실주의적 미술)이 탄생하게 되었다고 한다.[2] 그러나 보링거는 추상미술과 감정이입적 미술 사이에는 우열이 존재하지 않는다고 보았으며 인간과 자연환경 사이의 부조화, 조화의 차이로 인해 미술이 양분된 것으로 파악

---

2 Wilhelm Worringer, *Abstraktion und Einfühlung: Ein Beitrag zur Stilpsychologie*, München, R. Piper, 1908; Wilhelm Worringer, *Abstraction and Empathy: A Contribution to the Psychology of Style*, trans. Michael Bullock, New York: International Universities Press, 1953; Chicago: Ivan R. Dee, Inc., reprint, 1997, pp. 3-48. 보링거는 원시인, 오리엔트 지역인, 고전시대인이 추구했던 상이한 미의식을 3년 후에 출간된 『고딕의 형식(形式) 문제(*Formprobleme der Gotik*)』(1911)에서 상세하게 다루었다. W. Worringer, *Form Problems of the Gothic*, New York: G. E. Stechert & Co., authorized American edition, 1920, pp. 27-42 참조.

하였다. 보링거는 어떤 시대 및 지역의 미술도 발전, 쇠퇴decline, 퇴락 decay이라는 기준으로 평가할 수 없다고 하였다. 그는 추상미술과 감정이입적 미술에 대한 평가는 우열이 아닌 '차이diffence'를 기준으로 이루어져야 한다고 주장하였다. 보링거는 모든 미술은 상대적relative이라고 해석하였다.[3]

이용희는 보링거의 이러한 지역에 따른 '미의 상대성' 이론에 큰 영감을 받았으며 추상미술과 감정이입적 미술로 대별되는 현상을 '장소적, 지역적 공감'의 차이로 이해했다. 이용희가 미술사학과 국제정치학에서 주목한 것은 문화적 장소성이었다. 이용희는 "장소topos는 단순한 고장이 아니라 특정한 시기에 있어서 가능한 사회적 정형을 말한다"고 하였는데 이때 장소는 공간적 의미와 시간적 의미를 동시에 지닌다. 그는 "정치는 특정한 의미로 통용되는 사회 곧 '장소'적 의미로 이해되어야 한다"고 주장했으며 국제정치를 제대로 이해하기 위해서는 권역에 대한 인식이 전제되어야 한다고 하였다. 그에 따르면 권역은 상대적으로 독립된 지리적 단위로 내적 응집력이 강하다. 그는 유럽 권역, 유교 권역, 회교 권역 등 차별화된 정치 질서를 오랜 역사적, 문화적, 장소적 산물로 파악하였다. 이용희에 따르면 권역은 단순한 정치적 단위가 아니다. 권역은 정치적 질서인 동시에 문화권이기도 하다. 문화권 내에는 '미의 공감' 지역이 또한 존재한다. 이용희는 권역 이론과 함께 권역 간 전파 이론을 제시하였는데 위의 인용문에서 "역으로 나는 미술사학에 전파의 이론을 적용시킬 수 없나도 생각했습니다"는 매우 흥미로운 구절이다. 그는 "국

---

3 Marcus Bullock, "Wilhelm Worringer (1881-1965): German Art Historian and Theorist," in Chris Murray, ed., *Key Writers on Art: The Twentieth Century*, London and New York: Routledge, 2003, pp. 287-289; Rhys W. Williams, "Wilhelm Worringer and the Historical Avant-Garde," in Dietrich Scheunemann, ed., *Avant-Garde/Neo-Avant-Garde*, Amsterdam and New York: Rodopi, 2005, pp. 49-55 참조.

제정치권은 언제나 강력한 정치세력을 매개로 특정한 정치가 '다른 지역과 사회로 전파되고 권역에 두루 타당한 보편적 정치체계가 되면서 전파가 이루어진다"고 하였다. 그러나 전파는 폭력적이기도 하고 평화롭기도 하며, 일방적으로 이루어지는 것도 아니다. 피전파자의 저항이 심할 경우 전파의 속도와 심도가 달라진다. 결국 전파는 전파자와 피전파자 사이의 복잡한 길항 관계 속에서 이루어지는 것이다.[4]

이용희는 《한국회화사론》(1987년)의 서문에서 자신의 한국회화사 연구의 역정을 다음과 같이 회고하였다.

> 옛 그림을 매만지고 따지고 한 지 어언 50여 년이 되었다. 애초에는 젊음의 애국적 낭만으로, 기왕지사 책상머리에 그림 한 장 붙인다면 겨레의 것을 붙여야지 생각에 진적眞蹟인지 아닌지도 모르는 대로 손바닥만 한 겸재 정선의 그림 한 폭을 벽에 건 것이 발단이 되었다. 그러다가 모르는 사이 옛 그림에 열을 올리고 또 여러 번 속기도 하였다. 한편, 어쩌다가 보링거나 뵐플린 등을 읽게 되어, 지역에 따라 또 시대에 따라 미의식도 다르고, 보는 눈에 따라 곧 소위 형식미에 따라 양식의 개념을 도입하는 것도 다르다는 것을 알게 되었다. 또 한편, 위창葦滄 선생 댁에 오래 드나들며 내 감식안鑑識眼을 기르는 데 노력하였다. … 그간의 생각과 지식을 정리한 것이 오늘의 《한국회화소사》가 되고, 연달아 주문에 못 이겨 여기저기 적은 것이 《우리나라의 옛 그림》이란 책이 되고, 또 이번에 《한국회화사론》이 되었다. 본래 혼자 즐기려던 것이 왜 이렇게 되었는지 생각하면 이상하거니와, 그

---

4 『일반국제정치학(상)』(전집3), 43-53, 67쪽 참조. 이용희의 권역 이론에 대한 자세한 사항은 전재성, 「권역, 전파, 그리고 동주의 역사사회학」, 민병원·조인수 외, 『장소와 의미: 동주 이용희의 학문과 사상』(고양: 연암서가, 2017), 95-101쪽 참조.

러나 미술사에 대한 나의 관심이 어언간 50년이 넘게 되고 미술사에서 얻은 생각이나 개념이 나의 다른 학문에 커다란 영향을 준 것도 사실이다.[5]

이용희는 보링거의 《추상과 감정이입: 양식의 심리학에 대한 한 기고》*Abstraktion und Einfühlung: Ein Beitrag zur Stilpsychologie* [Abstraction and Empathy: A Contribution to the Psychology of Style](1908)에 나타난 추상미술(반 생명주의적 미술)과 사실주의 미술(생명주의적 미술)에 대한 비교 분석 및 뵐플린Heinrich Wölfflin, 1864-1945의 《미술사의 기초 개념》 *Kunstgeschichtliche Grundbegriffe*(1915)에서 제기된 '시대 양식period style'에 대한 이해를 통해 지역과 시대를 막론하고 미에는 우열이 존재하지 않는다는 것을 깨닫게 되었다.[6] 즉 이용희는 보링거와 뵐플린의 저작을 읽고 지역과 시대에 따라 미의식은 다르며 미는 상대적이라는 인식에 도달한다. 특히 이용희는 보링거가 제시한 원시 미술에 보이는 추상성은 결코 서구의 고전주의 및 사실주의 미술(감정이입적 미술)에 비해 열등한 것이 아니라는 '미의 상대성' 주장에 주목하였다. 미의 상대성에 대한 발견은 이용희의 한국회화사 연구에 결정적인 전환점이 되었다. 그는 연희전문학교를 다니던 시절 일본인 학자들이 쓴 미술사 서적을 읽으면서 깊은 열등감에 빠졌다고 술회하였다. 한국의 그림은 보잘것이 없으며 중국 그림을 모방한 것으로 전혀 독자성이 없다는 일본인 학자들의 주장에 이용희는 낙담하였다.[7] 그런데 보링거와 뵐플린이 제기한 미의 상대성 이론을 알게 되면서 미술에는 우열이 없으며 단지 '차이'만이 존재한다는 것을 깨닫고 이용희는 한국의 옛 그림을 새로

---

5 「서론」(1987), 『한국회화사론』(전집9), 5쪽.

운 시각으로 해석하게 되었다. 그는 한국의 옛 그림은 결코 중국 그림의 아류가 아니라고 주장하였다. 아울러 그는 미의 상대성이라는 관점에서 볼 때 한국의 그림은 한국 고유의 특색을 지니고 있으며 그 자체로 중요한 가치가 있다고 생각하였다. 아울러 이용희는 보링거와 뵐플린이 제시한 '미의 상대성' 이론을 한국회화사 연구뿐 아니라 자신의 본래 전공인 국제정치학 연구에 활용하였는데 그 결과 권역 이론이 탄생하게 되었다. 보링거가 제기한 문화권의 차이는 이용희에게 권역이라

---

6 보링거에 대한 자세한 사항은 Rudolf Arnheim, *Visual Thinking*, Berkeley, Los Angeles, and London: University of California Press, 1969, p. 189; Joseph A. Buttigieg, "Worringer among the Modernists," *Boundary 2* 8(1), 1979, pp. 359-366; W. Wolfgang Holdheim, "Wilhelm Worringer and the Polarity of Understanding," *Boundary 2* 8(1), 1979, pp. 339-358; Neil H. Donahue, *Invisible Cathedrals: The Expressionist Art History of Wilhelm Worringer*, University Park, PA: Pennsylvania State University Press, 1995; Moshe Barasch, *Modern Theories of Art, 2: From Impressionism to Kandinsky*, New York and London: New York University Press, 1998, pp. 171-186; Mary Gluck, "Interpreting Primitivism, Mass Culture and Modernism: The Making of Wilhelm Worringer's *Abstraction and Empathy*," *New German Critique* 80, 2000, pp. 149-169; Cristina Silaghi, "Plenitudes of Painting: Wilhelm Worringer and the Relationship between Abstraction and Representation in European Painting at the Beginning of the Twentieth Century," Ph. D. dissertation, University of Canterbury, 2012; Maria Lind, ed., *Abstraction*, Cambridge, MA: Whitechapel Gallery and The MIT Press, 2013, pp. 18, 65; Christopher S. Wood, *A History of Art History*, Princeton and London: Princeton University Press, 2019, pp. 297-307 참조. 뵐플린의 미술사 이론 및 시대 양식 개념에 대해서는 Joan Hart, "Reinterpreting Wölfflin: Neo-Kantianism and Hermeneutics," *Art Journal* 42(4), 1982, pp. 292-300; Michael Podro, *The Critical Historians of Art*, New Haven and London: Yale University Press, 1982, pp. 98-151; Marshall Brown, "The Classic Is the Baroque: On the Principle of Wölfflin's Art History," *Critical Inquiry* 9, 1982, pp. 379-404; Martin Warnke, "On Heinrich Wölfflin," *Representations* 27, 1989, pp. 172-187; Vernon Hyde Minor, *Art History's History*, Upper Saddle River, NJ: Prentice-Hall, Inc., second edition, 2001, pp. 109-124; Daniel Adler, "Painterly Politics: Wölfflin, Formalism and German Academic Culture, 1885-1915," *Art History* 27(3), 2004, pp. 431-477 참조.

7 「미술사와 미술사학」(1995), 『우리나라의 옛 그림』(전집8), 20쪽.

는 개념의 중요성을 일깨워 주었다. 이용희가 "미술사에 대한 나의 관심이 어언간 50년이 넘게 되고 미술사에서 얻은 생각이나 개념이 나의 다른 학문에 커다란 영향을 준 것도 사실이다"라고 한 것은 보링거와의 만남으로 시작된 미의 상대성 이론과 문화적 장소성, 즉 권역의 차이에 대한 발견이 어떻게 그의 국제정치학 연구의 학문적 토대가 되었는지를 알려주고 있다.

2. 이용희와 보링거

이용희가 보링거를 알게 된 계기는 그의 연희전문학교 시절의 독서 경험에 대한 다음 회고문에 잘 나타나 있다.

> 그러는 동안에 나는 가정형편으로 2년을 쉬고 연전延專에 들어갔습니다……그 당시 영국문단의 옥스퍼드문학운동Oxford Movement에 관심이 컸습니다. 말하자면 엘리엇T. S. Eliot, 오든W. H. Auden, 스펜더 S. Spender 같은 젊은 시인에게 끌렸던 것이죠. 그때 어느 잡지를 읽으니까, 이 영국시인들에게 흄T. E. Hulme이란 사람의 영향이 지대하고……그의 《논문집》Speculations을 구해서 샀습니다. 그리고 이 책을 읽는 중 나는 깜짝 놀랐습니다. 왜냐하면 그때만 해도 한국·중국의 전통 서화를 보고 다니고, 또 일인日人들의 미술책을 읽었을 때 매양 묘한 열등감에 빠져 있었습니다. 일인들에 의하면, 첫째로 한국 그림은 보잘 것이 없다. 중국 것의 부속 같아서 독자성이 없다. 둘째로 그나마 한국 것 중에는 중국의 송·원나라 풍이 있다는 안견安堅 정도, 다시 말해 조선 초 것밖에 볼 것이 없다. 셋째, 중국 그림도 송·원을 절

정으로 해서 시대가 후대로 갈수록 가치가 떨어진다. 넷째, 전반적으로 동양미술은 유럽 미술에 비해 떨어진다 하는 것이었죠. 그런데 흄의 책 중의 한 논문을 읽으니까, 독일에 보링거라는 미술사학자가 있는데, 그 사람에 따르면 미술에는 반反생명적인 미술이 있으며, 문화가 다르면 미의 성격이 다르다는 것이었습니다. 나는 그때 문화는 지역에 따라 다를 수 있으니까 미美라는 기준은 여러 개가 있을 수 있다고 느껴져서 쾌재를 부르고, 부지런히 보링거의 《추상과 감정이입》이라는 조그마한 책을 구했습니다. 후에 생각하면 문제가 많은 책이었습니다만 그 당시로는 전연 새로운 시각으로 나같이 제 흥에 겨워 그림 보고 다니던 사람에게 새로운 시계視界를 보여주었습니다. 그 책은 사변 중에 없어지고, 지금 갖고 있는 것은 1948년의 신판인데, 내게는 독일 미술사학에 접하게 된 최초의 책이었습니다.[8]

흄을 통해 이용희는 보링거를 알게 되었다. 문화가 다르면 미의 성격이 다르다는 보링거의 주장은 그에게 새로운 시계를 보여주었다. 이용희는 보링거의 주장을 통해 미의 상대성에 대한 대오大悟의 순간을 경험하게 된다. 그가 언급한 흄Thomas Ernest Hulme, 1883-1917의 《논문집》Speculations 중 '한 논문'은 〈현대 미술과 그 철학Modern Art and Its Philosophy〉이다. 흄의 《논문집》은 부제가 "인문주의와 예술 철학에 대한 논문들Essays on Humanism and the Philosophy of Art"로 제1차 세계대전에 참전했던 흄이 폭격으로 사망하자 시인이며 미술 및 문학비평가인 허버트 리드Herbert Read, 1893-1968가 그의 글들을 편집하고 아방가르드 조각가로 기하학적geometrical 조각을 추구했던 제이콥 엡스타인Jacob

---

8 「미술사와 미술사학」(1995), 20-21쪽.

Epstein, 1880-1959이 서문을 써서 1924년에 출간된 책이다.[9] 흄은 영국의 모더니즘 시운동의 핵심 인물이다. 그는 반낭만주의 시운동인 이미지즘 Imagism을 대표하는 시인 중 하나이다. 이미지즘 시인들은 일상어를 활용한 자유시의 중요성을 주장하였다. 일본의 단시인 하이쿠俳句와 고대 그리스의 서정시로부터 영향을 받은 이들은 일상어를 시어로 사용하여 간결하고 명료하며 시각적 인상이 강한 시를 지었다.[10] 아울러 흄은 큐비즘Cubism의 영향을 받은 영국의 추상미술 운동인 보티시즘Vorticism을 대표하는 작가인 윈담 루이스Percy Wyndham Lewis, 1882-1957와 가까웠다.[11] 〈현대 미술과 그 철학〉에서 흄은

---

9 T. E. Hulme, *Speculations: Essays on Humanism and the Philosophy of Art*, London: K. Paul, Trench, Trubner & Co., Ltd.; New York: Harcourt, Brace & Company, Inc., 1924.

10 흄에 대해서는 Edward P. Comentale and Andrzej Gasiorek, *T. E. Hulme and the Question of Modernism*, Aldershot, England; Burlington, VT: Ashgate, 2006; Flemming Olsen, *Between Positivism and T. S. Eliot: Imagism and T. E. Hulme*, Odense: University Press of Southern Denmark, 2008; Oliver Tearle, *T.E. Hulme and Modernism*, London and New York: Bloomsbury Academic, 2013; Henry Mead, *T.E. Hulme and the Ideological Politics of Early Modernism*, London and New York : Bloomsbury Academic, 2015 참조. 이미지즘에 대한 자세한 사항은 J. B. Harmer, *Victory in Limbo: Imagism, 1908-1917*, London: Secker & Warburg, 1975; John Gery, Daniel Kempton, and H.R. Stoneback, eds., *Imagism: Essays on Initiation, Impact and Influence*, New Orleans: UNO Press, 2013 참조.

11 보티시즘과 윈담 루이스에 관한 자세한 사항은 Miranda B. Hickman, *The Geometry of Modernism: The Vorticist Idiom in Lewis, Pound, H.D., and Yeats*, Austin: University of Texas Press, 2005; Mark Antliff and Scott W. Klein, eds., *Vorticism: New Perspectives*, Oxford: Oxford University Press, 2013; Paul Edwards, *Wyndham Lewis: Painter and Writer*, New Haven and London: Yale University Press, 2000; Andrzej Gasiorek, Alice Reeve-Tucker, Nathan Waddell, eds., *Wyndham Lewis and the Cultures of Modernity*, London and New York: Routledge, 2011; Tyrus Miller, ed., *The Cambridge Companion to Wyndham Lewis*, Cambridge: Cambridge University Press, 2015; Andrzej Gąsiorek and Nathan Waddell, eds., *Wyndham Lewis: A Critical Guide*, Edinburgh : Edinburgh University Press, 2015 참조.

There are two kinds of art, geometrical and vital, absolutely distinct in kind from one another ⋯ You have these two different kinds of art. You have first the art which is natural to you, Greek art and modern art since the Renaissance. In these arts the lines are soft and vital. You have other arts like Egyptian, Indian and Byzantine, where everything tends to be angular, where curves tend to be hard and geometrical, where the representation of the human body, for example, is often entirely non-vital, and distorted to fit into stiff lines and cubical shapes of various kinds.[12]

라고 이야기하면서 미술을 기하학적geometrical 미술과 생명주의적 vital 미술로 구분하였다. 그는 기하학적 미술의 예로 이집트, 인디아, 비잔틴 미술을 들었으며 그리스 미술과 르네상스 이후 현대 미술에 이르는 유럽 미술을 생명주의적 미술의 예로 거론하였다. 흄의 이러한 미술 구분은 보링거의 《추상과 감정이입》의 내용을 보다 알기 쉽게 정리한 것이다. 흄은 보링거를 인용하면서 미술이 인간과 자연의 상관관계 속에서 형성된 것이라는 점을 강조하였다.

Turn now to geometrical art. It most obviously exhibits no delight in nature and no striving after vitality. Its forms are always what can be described as stiff and lifeless. The dead form of a pyramid and the suppression of life in a Byzantine

---

12 T. E. Hulme, *Speculations: Essays on Humanism and the Philosophy of Art*, pp. 77, 82.

mosaic show that behind these arts there must have been an impulse, the direct opposite of that which finds satisfaction in the naturalism of Greek and Renaissance art. This is what Worringer calls the tendency to abstraction. What is the nature of this tendency? What is the condition of mind of the people whose art is governed by it? It can be described most generally as a feeling of separation in the face of outside nature. While a naturalistic art is the result of a happy pantheistic relation between man and the outside world, the tendency to abstraction, on the contrary, occurs in races whose attitude to the outside world is the exact contrary of this. This feeling of separation naturally takes different forms at different levels of culture ⋯ To sum up this view of art then: it cannot be understood by itself, but must be taken as one element in a general process of adjustment between man and the outside world. The character of that relation determines the character of the art⋯. The art of a people, then, will run parallel to its philosophy and general world outlook. It is a register of the nature of the opposition between man and the world. Each race is in consequence of its situation and character inclined to one of these two tendencies, and its art would give you a key to its psychology.[13]

---

13 T. E. Hulme, *Speculations: Essays on Humanism and the Philosophy of Art*, pp. 85-88.

이용희는 보링거의 《추상과 감정이입》을 읽은 후 다음과 같이 그 핵심 내용을 설명한 바 있다.

아시다시피 보링거는 이 책에서 추상과 감정이입感情移入-이 감정이입이란 일본 역어이고 중국에서는 이정移情이라고 번역합니다-이라는 양극의 대치개념을 설치해서 고전 그리스 이래의 생명주의적 미술에 대해서 고대 이집트, 비잔티움, 유럽 중세미술 같은 반생명주의적-보링거에 의하면-미술을 해석하고 설명하려는 것이죠. 말하자면 이 양개념은 내게는 작업개념으로 보입니다. 지금은 널리 알려졌습니다만 본래 '아인퓔룽Einfühlung'이란, 여기서는 보링거가 배운 립스Th. Lipps라는 심리학자의 용어였죠. 남의 감정 표시를 간접적으로 느끼는 것이 아니라, 직접적으로 감응한다, 곧 자기를 남의 희비애락에 직접 투입시켜 느낀다는 뜻인데, 보링거는 그 개념을 갖고 희비애락을 위시한 미술적 표현에 자기를 몰입시켜 감응하고 즐기는 미적 향수의 태도를 가리킨 것 같습니다. 그래서 이런 교감을 이승의 삶을 표현한다는 의미에서 생명주의적으로 본 것이겠죠. 미술사적으로 말하면 고전 그리스의 조소彫塑·병그림瓶繪 등에 나타나는 인체의 동감, 따라서 운동감에 걸맞은 곡선 같은 것이 본보기가 될 것입니다. 이러한 생명주의적, 인생주의적 미 향수에 대해서 반생명적, 그러니까 시·공을 초월하는 영원·무한의 가치를 보는 미감은 반생명적이 될 수밖에 없고, 그래서 곡선보다는 직선 같은 것에 미적 감응을 한다는 이론이 됩니다. 당시 나는 보링거가 일신교적 사회에서 추상예술이, 그리고 다신교인 고대사회에서 이정예술이 흥했다는 구절이 적이 인상 깊었습니다. 마침 그때 고대 이집트의 벽화를 사진으로 본 기억이 있어서 특히 인상이 깊었습니다. 당시 나는 왜 이집트의 사원, 분묘 벽화의 인물들이 어깨가 부자연하리만큼 삼각이고, 움직이는 포즈인데도 뒷발을 땅에 붙여서 정지 상태를 표시하고, 또 그 유명한 정면표현Frontality이 있는지 납득이 안 가다가 보링거를 보고 일단 해석이 된다고 생각했습니다. 결국 동적이고 희비애락에 잠기는 이승의 세상으로부터 해방되어서 영원한 정적靜寂의 세계, 동감이 그치고 고정된 세계인 저승이 더 가치 있다는 미 향수의 독특한 태도라고 하는 것이죠. 인생 속에서 영원의 자취를 보고, 현세의 물상 속에서 이승을 초월하는 형상을 찾는다면 확실히 '추상'이란 개념도 그럴듯합니다. 보링거는 이렇게 추상예술의 개념을 도입해서 고대 장식예술, 이집트 예술, 비잔티움과 유럽 중세의 미술을 설명합니다. 그런데 당시 나는 이 개념을 확대시켜 현대 미술, 가령 큐비즘 같은 그림도 해석할 수 있지 않나 하고 비약해서 생각도 하던 것이 기억납니다. 그때 피카소P. Picasso의 〈아비뇽가의 여자들〉을 사진으로 보고 놀랐는데, 이 기기괴괴한 그림도 추상개념을 확대해석하면 설명도 가능한 것같이 생각이 들었던 것이죠. 말하자면 현실적인 인체에 잡히지 않고 원추·구·선형 같은 반생명적인 형상을 구축해서 새로운 조형미를 찾으려 한다는 것이죠. 하기는 그 당시 보링거를 읽으면서 이상한 느낌도 있었습니다. 자연의 묘사는 예술이 아니라고 잡아떼고, 유명한 이집트의 '촌장상村長像' '서기상書記像' 같은 것이 현실감에 차 있는 것을 얕본다든가, 또 추상예술만 '양식'이란 말을 붙이는 것 등은 그때도 이상스러웠습니다. 이제는 보링거의 저 저술도 고전이어서 잘 알려져 있으니 그만하겠습니다. 그 후 한참 동안 보링거열이 계속되었습니다. 그의 《고딕의 형식 문제》도 아시다시피 같은 맥락의 이론이죠. 하여간 나는 예술미는 문화에 따라 다르다는 인상이 그 당시 깊었습니다.[14]

이용희는 보링거의 미술이론이 지닌 핵심 내용인 시각적 형태와 예술미는 문화에 따라 다르며 각 지역의 미술은 그 자체로 상대적인 가치를 지니고 있다는 것을 정확하게 인식하고 있었다. 아울러 그는 보링거의 미술이론이 테오도르 립스Theodor Lipps, 1851-1914의 '감정이입Einfühlung' 이론에 기반한 것임도 지적하였다.[15] 이용희는 보링거의 《추상과 감정이입》을 읽은 후 지속적으로 그의 이론에 매료되어 한참 동안 '보링거열'에 빠져 있었다. 그는 보링거의 또 다른 책인 《고딕의 형식 문제》Formprobleme der Gotik(1911)도 읽었다. 그런데 이용희가 이 책을 언제 읽었는지는 명확하지 않다. 《고딕의 형식 문제》에서 보링거는 남부 유럽, 즉 지중해 연안 국가들의 미술과 독일 및 북부 유럽 미술의 차이를 상세하게 서술하였다. 이 시기에 그는 특히 미술에 있어 "독일적인 것Germanness"을 찾는 데 주력하였다. 보링거는 '조화와 사실성을 중시하는 고전적 이상the classical ideals of harmony and naturalness'을 추구했던 남부 유럽의 미술과 달리 독일 및 북부 유럽의 미술은 종교적이며 religiously determined 세계에 대한 초월적 사유a transcendental view of the world에 바탕을 두고 있다고 주장하였다.

《고딕의 형식 문제》는 《추상과 감정이입》의 방법론이 다시 한번 활용된 후속 저작이었지만 보링거의 민족주의적, 보다 정확하게는 민족심리학적ethnopsychological 연구 시각을 보여주는 책이다.[16] 보링거는 독

---

14 「미술사와 미술사학」(1995), 21-23쪽.

15 립스의 감정이입 이론에 대해서는 Michael Hatt and Charlotte Klonk, *Art History: A Critical Introduction to Its Methods*, Manchester and New York: Manchester University Press, 2006, pp. 68-73 참조.

16 Magdalena Bushart, "Changing Times, Changing Styles: Wilhelm Worringer and the Art of His Epoch," in Neil H. Donahue, ed., *Invisible Cathedrals: The Expressionist Art History of Wilhelm Worringer*, p. 72; Keith Moxey, *Visual Time: The Image in History*, Durham and London: Duke University Press, 2013, p. 144.

일 중세 미술을 정신적spiritual이며 추상적이고 선線적인 미술로 보았다. 반면 그는 이탈리아 미술과 같은 남부 유럽, 즉 지중해 연안 국가의 미술은 사실성을 중시하는 자연주의적 미술naturalistic art로 해석하였다.[17] 이용희는 "《고딕의 형식 문제》도 아시다시피 같은 맥락의 이론이죠"라고 간략히 언급했는데 이 구절의 의미는 정확하게 알 수 없다. 그가 이 책이 지닌 '민족심리학적' 내용에 크게 공감하지 못했기 때문인지 아니면《추상과 감정이입》과 비슷한 성격의 책으로 파악했는지는 명확하지 않다. 그러나 두 책 사이에는 큰 격차가 있다. 오히려 이용희의 권역 이론과 내용 면에서 더 가까운 책은《고딕의 형식 문제》라고 할 수 있다. 이용희는 "나는 예술미는 문화에 따라 다르다는 인상이 그 당시 깊었습니다"라고 하였는데 문화미의 차이, 즉 문화권에 따른 미관의 차이를 보다 적극적으로 규명한 보링거의 책은《추상과 감정이입》이 아닌《고딕의 형식 문제》였다.

이용희는 흄을 통해 보링거를 발견하게 되었으며 보링거를 통해 리글Alois Riegl, 1858-1904과 뵐플린을 알게 되었다. 특히 이용희는 리글에 지대한 관심을 보였지만 그의 책을 구해볼 수 없었다. 그가 리글의 책을 구입해 본 것은 1973년 이후였다. 이때는 이미 그가 권역 이론을 제기한 지 한참 후였다.

> 보링거의 《추상과 감정이입》이란 책에서는 리글의 '예술의욕 Kunstwollen'을 심리학적으로 해석하고 그 의욕의 표현으로서 추상과 이정을 들었고, 또 리글의 글을 많이 인용하였습니다. 나는 그때 처음

---

17 Keith Moxey, *The Practice of Persuasion: Paradox & Power in Art History*, Ithaca and London: Cornell University Press, 2001, p. 25.

리글이란 사람이 있다는 것을 알고, '예술의욕'이란 개념을 꼭 알아보아야겠다고 생각하였습니다. 그리고 또 보링거 책에 나오는 뵐플린도 꼭 보아야겠다고 결심하였습니다. 그러나 당시 내 형편으로는 리글의 책을 구한다는 것은 불가능하였고 다행히 뵐플린 것은 두 권을 구해서 지금도 갖고 있습니다. … 리글을 못 구한 한도 있어서 그의 예술의욕이란 개념이나마 알아보려고 계속 노력도 하고 기억도 하였지만 … 결국 〈예술의욕의 개념Der Begriff des Kunstwollens〉(1920)은 그때는 못 보았다가 후일 일본에 체류하는 후배에게 부탁해서 동경대학의 것을 복사해서 읽고, 리글의 원저는 보기도 전에 여러 가지 해석만 알게 된 셈이 되었습니다. 이때쯤이 되면 예술의욕이란 개념에 대한 여러 가지 비평도 알게 됐죠. 당초 보링거 같은 사람의 해석은 적이 심리학적이었습니다. 그리고 그가 취한 문명과의 관계도 심리학적이어서 파사르게W. Passarge 같은 사람은 민족 심리적 해석으로까지 보았죠. … 그리고 70년대에 들어오면 리글의 《후기 로마 공예론》Die Spätrömische Kunstindustrie(1901)을 얻어 겨우 완독하게 돼서 나 나름대로 리글의 용례를 자세히 알게 됐죠. 다만 내가 구해본 책은 1973년의 복간본이고 여기에는 패히트O. Pächt의 간단한 논쟁사와 서목書目이 부록으로 붙어 있었습니다. … 하여튼 리글은 이 개념을 빌려서 후기 로마의 미술이 고전미술의 타락한 형태가 아니라 예술의욕의 변화에 따라 조형의 표현도 바뀌었다는 것이죠. 이런 논리에서 그가 말하는 촉각적haptisch인 표현과 시각적optisch인 표현의 중요성도 알게 되었습니다. … 그러나 내게 소득으로 남은 것은 미의 표현은-미라는 표현은 애매하고 실증적으로는 일종의 작업개념이겠죠- 일정한 것이 아니며 바뀌는 것이 상례고, 그 표현과 미 향수의 흐름은 개개 작품을 초월하는 시대적 그리고 문화권적 개념을 도입해야 설명된다는 견해입니다. 이것이 나로 하여금 문화에 동인動因을 둔 문화미를 생각하게 하고 이 점에서 문화와 지역을 초월하는 자연미와 대치된다고 느끼게 되었습니다. … 한편 나로서도 배운 것이 많았습니다. 첫째는 미술에도 문화적 권역이 있다는 생각이요, 둘째는 지역문화에 따라 같은 권역 내에서도 표현의 차이와 미 향수가 다르다는 것과, 셋째로 중국의 송·원화宋元畵를 기준으로 해서 그 이후는 퇴락됐다는 종래의 일부 견해가 얼마나 근거가 박약한 것인가를 알게 된 것이죠. 이들은 모두 내가 어릴 때 가졌던 의문을 풀어주는 것이고, 또 르네상스 미술의 남북 차이, 그리고 리글의 후기 로마 미술관은 바로 중국의 송·원화 기준과 같은 맥락인 것을 이해하게 되었죠.[18]

이용희는 보링거를 넘어 보링거의 '미의 상대성' 이론에 원천이 되는 리글의 미술이론에 관해 연구하고자 하였다. 보링거의 《추상과 감정이입》은 상업출판사에서 출판되어 당시 미술사 서적으로는 가장 상업적으로 성공한 책이었다. 따라서 이 책은 널리 보급되어 이용희도 구매해 볼 수 있을 정도였다. 반면 리글의 책 중 가장 중요한 책인 《양식의 문제: 장식미술사의 기초》Stilfragen: Grundlegungen zu einer Geschichte der Ornamentik의 초판은 1893년에, 재판은 1923년에 출간되었다. 이 책은 상업적인 성공을 거두지 못한 책이었으며 영문판이 1992년에 나올 정도로 전문 학자들에게만 제한적으로 알려진 책이었다.[19] 따라서 이용희가 이 책을 구하기 어려웠던 것은 당연한 일이다.

보링거의 《추상과 감정이입》에 나오는 '추상에 대한 열망the urge to

18 「미술사와 미술사학」(1995), 23-24, 27-30쪽.

19 Alois Riegl, *Problems of Style: Foundations for a History of Ornament*, trans. Evelyn Kain, Princeton, NJ: Princeton University, 1992.

abstraction"개념은 전적으로 리글의 '예술 의지[의욕]Kunstwollen; will to form, will to [create] art, artistic volition, artistic intent, art-will'론에서 파생된 것이다. 리글은 지역별, 시대별 미술에는 각각 고유의 '예술 의지(의욕)'가 있으며 이 예술 의지(의욕)는 우열을 가릴 수 없는 상대적인 가치를 지니고 있다고 주장하였다.[20] 이용희가 리글의 미술사 이론에 큰 관심을 둔 것은 보링거를 넘어 예술미는 문화에 따라 다르다는 '미의 상대성' 이론의 원류를 파악해보려는 생각 때문으로 여겨진다. 보링거의 《추상과 감정이입》이 리글의 '예술 의지(의욕)' 이론과 립스의 '감정이입' 이론에 기반한 책이라는 사실을 이용희는 정확하게 이해하고 있었다.

3. 이용희의 회화권 이론

이용희는 '촉각적인haptisch; haptic [tactile] 이집트 미술'과 '시각적인 optisch; optic [optical] 유럽 미술'을 범주화하여 설명한 리글의 미술사 이론으로부터도 큰 학문적 영향을 받았다. 특히 이용희는 리글의 '예술 의지(의욕)' 개념에 깊은 관심을 두었다. 촉각적인 미술은 이집트의 부조 조각에서 살펴볼 수 있는 '평면적인' 미술이다. 시각적인 미술은 후기 로

---

20 리글과 그의 미술사 이론에 대한 자세한 사항은 Michael Podro, *The Critical Historians of Art*, New Haven and London: Yale University Press, 1982. pp. 71-97; Margaret Olin, *Forms of Representation in Alois Riegl's Theory of Art*, University Park: Pennsylvania State University Press, 1992; Margaret Iversen, *Alois Riegl: Art History and Theory*, Cambridge, Mass.: The MIT Press, 1993; Michael Gubser, *Time's Visible Surface: Alois Riegl and the Discourse on History and Temporality in Fin-de-Siècle Vienna*, Detroit: Wayne State University Press, 2006; Diana Reynolds Cordileone, *Alois Riegl in Vienna 1875-1905: An Institutional Biography*, Burlington, VT: Ashgate Publishing Company, 2014. 참조.

마시대의 부조 조각에 나타난 입체성과 사실성을 특징으로 하는 미술이다. 리글의 촉각적인 미술과 시각적인 미술 개념은 보링거에게 영향을 주어 각각 추상미술과 감정이입적 미술 개념으로 변화하게 되었다.

리글은 촉각적인 미술과 시각적인 미술 사이에 우열은 존재하지 않으며 단지 예술 의지(의욕)의 차이로 인해 상이한 양식의 미술이 형성되었다고 보았다. 즉 리글은 예술 의지(의욕)는 각 시대, 지역, 민족에 따라 다르며, 따라서 각각의 예술 의지(의욕)에 의해 창조된 미술에는 어떤 우열의 차이도 없다고 보았다.

이용희는 리글을 통해 미의 표현은 시대에 따라 또한 문화권에 따라 다르다는 것을 깨닫게 된 후 미술에 있어 문화적 권역의 차이가 지닌 중요성을 발견하게 되었다. 그는 문화적 권역에 따라 다르게 나타나는 미관美觀에 특히 주목하였다. 이용희가 미술사학 및 국제정치학 연구에 적극적으로 활용한 '권역 이론'이 탄생하게 된 배경은 이와 같이 그의 근대 독일 미술사학에 대한 이해와 지식이었다. 보링거의 《추상과 감정이입》에 대한 그의 발견은 '권역 이론'이 탄생하는 결정적인 계기가 되었다. 보링거의 《추상과 감정이입》에서 이용희가 주목한 문장들은 아마 다음 문장들일 것으로 추정된다. 보링거와 리글이 제기한 미술사 이론의 핵심을 다음 문장들은 잘 보여준다.

For it the history of art was, in the last analysis, a history of *ability*. The new approach, on the contrary, regards the history of the evolution of art as a history of *volition*, proceeding from the psychological pre-assumption that ability is only a secondary consequence of volition. The stylistic peculiarities of past epochs are, therefore, not to be explained by lack of ability, but by a differently directed volition. The crucial factor is thus what Riegl terms 'the absolute artistic volition', which is merely modified by the other three factors of utilitarian purpose, raw material, and technics.[21]

리글에 이어 보링거는 미술의 역사는 '능력의 역사a history of ability'가 아닌 '예술 의지(의욕)의 역사a history of (absolute artistic) volition'라고 주장하였다. 그는 미술 발전의 역사the history of the evolution of art를 예술 의지(의욕)의 역사로 보았다. '능력의 역사'는 예술가들의 재능을 지칭한다. 보링거는 미술의 역사는 예술가들의 기술적 능력이 얼마나 뛰어났는지에 따라 형성된 것이 아니라 각각의 시대, 지역, 개인이 가지고 있었던 예술 의지(의욕)에 의해 이루어진 것으로 해석하였다. 아울러 그는 과거 미술에 보이는 양식적 차이들은 모두 각각 다른 예술 의지(의욕)의 산물이라고 해석하였다. 이용희가 '보링거열'에 빠진 것은 지역과 시대마다 각각의 미관이 존재하고 이 미관은 상대적이라는 보링거의 주장 때문으로 생각된다.

보링거, 뵐플린, 리글은 추상과 감정이입, 르네상스와 바로크, 촉각적인 것과 시각적인 것 등 서로 대별되는 두 범주를 설정하여 각 지역 및 시대의 미술이 지닌 차이를 설명하고 해석하였다. 이들의 범주론적 설명 방식은 이용희에게 큰 영향을 미쳤다. 이용희는 보링거, 뵐플린, 리글의 이론을 바탕으로 유교 문화권의 미술을 '자연미적인 것(사실적, 현실적, 감각적, 실용적 그림; 화공적 미감)'과 '문화미적인 것(종교·철학적, 사의寫意

---

21 Wilhelm Worringer, *Abstraction and Empathy: A Contribution to the Psychology of Style*, pp. 9-10.

적, 관념적, 정형定型적 그림: 문인화가적 미감)'으로 구분하였다. 그런데 이용희는 '자연미적인 것'과 '문화미적인 것'을 설명하는데 권역 이론과 전파 이론을 활용하였다. 먼저 이용희는 그림에 있어 유교 문화권이라는 회화권을 설정하였다. 회화권은 '독특한 회화미를 가지고 있는 지역'이라고 이용희는 규정하였다.

그림에는 그림으로서의 아름다움이 있습니다. 눈에 익고 감동을 받을 수 있는 그런 미감이 그림에는 있습니다. 물론 그런 미감은 화가라는 사람의 창조력·그림에 필요한 재료·용구·기법 등이 합쳐져서 되는 것입니다. 이러한 회화미의 세계는 범세계적인 것 같이 생각됩니다만 사실은 그런 것이 아니고, 어떤 일정한 지역에 역사적으로 있었던 것입니다. 이 말이 나타내는 것은, 독특한 회화미의 세계는 모든 지역에 있었던 것이 아니라 특정한 지역에 한정되어 있었다는 점입니다. 예를 들자면 19세기 말까지 회화미의 독특한 세계는 소위 기독교 세계라고 하는 서양 세계, 유교 세계라는 동양 세계, 이슬람·힌두라고 말할 수 있는 그런 세계로 나뉘어져 있었습니다. 나뉘어져 있는 세계의 회화미는 각기 독특해서 다른 회화미에서 볼 때는 그 미감을 잘 느끼질 못합니다. 그러나 그 회화미의 세계에서 살고 있는 사람들은 오래 느끼고 감동을 받고 눈에 익혀서 독특한 회화미감을 가지게 됩니다. 이러한 독특한 회화미를 가지고 있는 지역을 회화권이라고 불러봅시다. … 우리나라는 동양 문화권이라고 하는 유교 문화권에 속해 있었습니다. 유교 문화권에 속해있는 것은 우리 뿐이 아닙니다. 19세기 말까지만 보면 한국·일본·유구·월남이 다 유교 문화권에 속했던 나라들입니다. 따라서 이에 대응하는 회화권도 한국, 일본, 유구, 월남이 있었습니다. …앞에서 문화권이라는 것을 이야기했습니다만, 문화권

에는 대개 중심이 되는 곳이 있고 주변 지역이 있습니다. 그림에도 마
찬가지입니다. 회화권에도 중심이 되는 곳이 있고, 주변되는 곳이 있
습니다. 그러면 중심되는 곳의 그림은 다 좋은 것이고, 주변되는 곳의
그림은 떨어지는 것이냐? 절대로 그렇지는 않습니다. 중심이라는 말
은 재료, 용구, 기법 같은 것의 유행, 사용이 중심의 영향을 받는다는
의미이지, 주변이 중심의 그림 됨됨이보다 수준이 떨어진다는 의미는
아닙니다.[22]

이용희는 중국, 일본, 한국, 유구(류큐, 오키나와), 월남(베트남)을 하나의
회화권으로 묶어 유교 문화권이라고 명명하였다. 이용희의 회화권 설
정은 그의 권역 이론을 각 지역, 각 국가의 회화를 설명하는데 활용한
것이다. 즉 회화권은 그림의 권역이라고 할 수 있다. 이용희는 자신의
권역 이론의 핵심 내용 중 하나인 전파 이론을 회화권의 범주 및 특징
을 설명하는데 적용하였다. 그에 따르면 중국이 유교 문화권의 중심이
었고 한국, 일본, 유구, 월남은 주변이었다. 그러나 중심과 주변의 미술
은 우열로 평가할 수 없고 차이로 설명해야 한다고 이용희는 주장하였
다. 이것은 그가 보링거로부터 영향을 받은 것이다.
　이용희는 미의 상대성 이론을 바탕으로 중심과 주변의 미술은 결코
우열을 기준으로 평가할 수 없다고 하였다. 이용희는 유교 문화권이라
는 회화권의 중심인 중국의 화풍이 주변인 한국에 와서 어떻게 나타났
으며 한국은 중국의 화풍에 어떻게 대응했는가에 관심을 두었다. 중국
그림의 근본 성격은 '문화미적인 것'이었다. 반면에 전통시대 한국 그

---

22 이동주, 『우리 옛 그림의 아름다움: 전통회화의 감상과 흐름』(서울: 시공사, 1996), 12-14쪽;
　「서론」(1996), 『우리 옛 그림의 아름다움』(전집10)(전집10), 13-14, 16쪽.

림의 주류는 '자연미적인 것'이었다. 이용희는 유교 문화권의 중심인 중국의 영향에도 불구하고 주변인 한국에서 '자연미적인 것'에 중점을 둔 미관, 즉 한국적인 미관이 자율적인 발전을 이룩한 것에 주목하였다. 그는 한국의 옛 그림이 지닌 감각적이고 사실주의적 성격을 핵심으로 하는 '자연미적인 것'의 가치를 높게 평가하였다. 미관의 상대성 이론에 기초해서 이용희는 한국(주변)의 '자연미적인 것'이 결코 중국(중심)의 '문화미적인 것'보다 열등한 것이 아니라는 것을 여러 저서를 통해 증명하였다.

이용희는 정선의 사경寫景산수화(진경산수화, 실경산수화), 김홍도의 풍속화, 조선 후기의 사실적인 초상화 등을 감각적, 자연미적 그림의 핵심으로 파악하고 이 그림들이 중국의 문화미적 그림들과 달리 어떻게 한국적 특색, 즉 한국 회화의 독자성을 드러냈는가를 적극적으로 규명하였다. 이용희는 이 그림들에서 살펴볼 수 있듯이 한국적 화풍은 유교 문화권의 중심이었던 중국 화풍의 영향을 극복하였으며, 따라서 우리나라의 옛 그림은 결코 중국 그림의 아류가 아니라고 주장하였다. 1930년대 후반 연희전문학교를 다니면서 한국 그림은 중국 그림의 아류라는 일본인 학자들의 주장 때문에 열등감에 빠져 살았던 이용희는 보링거를 통해 문화권에 따라 미관이 다르다는 미의 상대성을 인식하게 되었으며 이 이론을 바탕으로 권역 이론을 창안하였다. 그 후 그는 권역 이론을 활용하여 회화권을 설정한 후 유교 문화권의 중심인 중국의 그림과 주변인 한국의 그림을 '문화미적인 것'과 '자연미적인 것'으로 각각의 특징을 규정하였다. 이용희는 한국의 그림이 중국의 그림과는 달리 '자연미적인 것'을 추구함으로써 독자적인 미관을 형성하였다고 주장하였다.[23]

이용희는 권역 이론에 바탕을 둔 회화권이 지닌 미관의 상대성을 통해 앞에서 언급한 1930년대 후반에 지녔던 열등감을 극복하게 되었다. 이용희의 회화권 이론은 보링거로부터 영감을 받아 창안한 권역 이론이 다시 미술사학 연구에 적용되어 이론의 순환 현상을 보여준다. 미술사학-국제정치학-미술사학으로 돌고 도는 구조 속에서 이용희는 자신의 미술사학 연구와 국제정치학 연구의 방법론적 기초를 마련하였다고 볼 수 있다. 이용희가 흄을 통해 보링거를 발견하고 그 후 한참 동안 지속된 그의 '보링거열'은 권역 이론과 회화권 이론을 형성하는 데 결정적인 역할을 하였다. 이용희와 보링거의 만남은 한국의 국제정치학과 미술사학의 발전에 '뜻밖의 축복'이었다.

---

23 이용희가 제시한 유교 문화권의 개념, 중심과 주변의 문제, '문화미적인 것'과 '자연미적인 것'의 차이에 대한 자세한 사항은 장진성, 「독특한 미의 델리커시: 이동주와 『우리나라의 옛 그림』」, 민병원·조인수 외, 『장소와 의미: 동주 이용희의 학문과 사상』(고양: 연암서가, 2017), 327-346쪽 참조.

참고문헌

이용희. 2017. 『동주이용희전집』 1~10권, 고양: 연암서가.

민병원·조인수 외. 2017. 『장소와 의미: 동주 이용희의 학문과 사상』. 고양: 연암서가.
이동주. 1996. 『우리 옛 그림의 아름다움: 전통회화의 감상과 흐름』. 서울:시공사.
장진성. 2017. 「독특한 미의 델리커시: 이동주와 『우리나라의 옛 그림』」. 민병원·조
인수 외, 『장소와 의미: 동주 이용희의 학문과 사상』. 고양: 연암서가.
전재성. 2017. 「권역, 전파, 그리고 동주의 역사사회학」. 민병원·조인수 외. 『장소와
의미: 동주 이용희의 학문과 사상』. 고양: 연암서가.

Alois Riegl, 1992, *Problems of Style: Foundations for a History of Ornament*,
trans. Evelyn Kain, Princeton, NJ: Princeton University.
Andrzej Gąsiorek and Nathan Waddell, eds. 2015, *Wyndham Lewis: A Critical
Guide*, Edinburgh : Edinburgh University Press.
Andrzej Gasiorek, Alice Reeve-Tucker, Nathan Waddell, eds. 2011, *Wyndham
Lewis and the Cultures of Modernity*, London and New York: Routledge.
Christopher S. Wood, 2019, *A History of Art History*, Princeton and London:
Princeton University Press.
Cristina Silaghi, 2012, *"Plenitudes of Painting: Wilhelm Worringer and
the Relationship between Abstraction and Representation in European
Painting at the Beginning of the Twentieth Century,"* Ph. D. dissertation,

University of Canterbury.

Daniel Adler, 2004, "Painterly Politics: Wölfflin, Formalism and German Academic Culture, 1885-1915," *Art History* 27(3).

Diana Reynolds Cordileone, 2014, *Alois Riegl in Vienna 1875-1905: An Institutional Biography*, Burlington, VT: Ashgate Publishing Company.

Edward P. 2006, *Comentale and Andrzej Gasiorek, T. E. Hulme and the Question of Modernism*, Aldershot, England; Burlington, VT: Ashgate.

Flemming Olsen, 2008, *Between Positivism and T. S. Eliot: Imagism and T. E. Hulme*, Odense: University Press of Southern Denmark.

Henry Mead, 2015, *TE. Hulme and the Ideological Politics of Early Modernism*, London and New York : Bloomsbury Academic.

J. B. Harmer, 1975, *Victory in Limbo: Imagism, 1908-1917*, London: Secker & Warburg.

Joan Hart, 1982, "Reinterpreting Wölfflin: Neo-Kantianism and Hermeneutics," *Art Journal* 42(4).

John Gery, Daniel Kempton, and H.R. Stoneback, eds., 2013, *Imagism: Essays on Initiation, Impact and Influence*, New Orleans: UNO Press.

Joseph A. Buttigieg, 1979, "Worringer among the Modernists," *Boundary 2* 8(1).

Keith Moxey, 2001, *The Practice of Persuasion: Paradox & Power in Art History*, Ithaca and London: Cornell University Press.

Keith Moxey, 2013, *Visual Time: The Image in History*, Durham and London: Duke University Press.

Margaret Iversen, 1993, *Alois Riegl: Art History and Theory*, Cambridge, Mass.: The MIT Press.

Margaret Olin, 1992, *Forms of Representation in Alois Riegl's Theory of Art*, University Park: Pennsylvania State University Press.

Magdalena Bushart, 2013, "Changing Times, Changing Styles: Wilhelm

Worringer and the Art of His Epoch," in Neil H. Donahue, ed., *Invisible Cathedrals: The Expressionist Art History of Wilhelm Worringer.*

Maria Lind, ed., 2013, *Abstraction*, Cambridge, MA: Whitechapel Gallery and The MIT Press.

Mark Antliff and Scott W. Klein, eds., 2013, *Vorticism: New Perspectives*, Oxford: Oxford University Press.

Marshall Brown, 1982, "The Classic Is the Baroque: On the Principle of Wölfflin's Art History," *Critical Inquiry* 9.

Martin Warnke, 1989, "On Heinrich Wölfflin," *Representations* 27.

Mary Gluck, 2000, "Interpreting Primitivism, Mass Culture and Modernism: The Making of Wilhelm Worringer's Abstraction and Empathy," *New German Critique* 80.

Michael Gubser, 2006, *Time's Visible Surface: Alois Riegl and the Discourse on History and Temporality in Fin-de-Siècle Vienna*, Detroit: Wayne State University Press.

Michael Hatt and Charlotte Klonk, 2006, *Art History: A Critical Introduction to Its Methods*, Manchester and New York: Manchester University Press.

Michael Podro, 1982, *The Critical Historians of Art*, New Haven and London: Yale University Press.

Miranda B. Hickman, 2005, *The Geometry of Modernism: The Vorticist Idiom in Lewis, Pound, H.D., and Yeats*, Austin: University of Texas Press.

Moshe Barasch, 1988, *Modern Theories of Art, 2: From Impressionism to Kandinsky*, New York and London: New York University Press.

Neil H. Donahue, 1995, *Invisible Cathedrals: The Expressionist Art History of Wilhelm Worringer*, University Park, PA: Penn State University Press.

Oliver Tearle, 2013, *T.E. Hulme and Modernism*, London and New York: Bloomsbury Academic.

Paul Edwards, 2000, *Wyndham Lewis: Painter and Writer*, New Haven and

London: Yale University Press.

Rhys W. Williams, 2005, "Wilhelm Worringer and the Historical Avant-Garde," in Dietrich Scheunemann, ed., *Avant-Garde/Neo-Avant-Garde*, Amsterdam and New York: Rodopi.

Rudolf Arnheim, 1969, *Visual Thinking*, Berkeley, Los Angeles, and London: University of California Press.

T. E. Hulme, 1924, *Speculations: Essays on Humanism and the Philosophy of Art*, London: K. Paul, Trench, Trubner & Co., Ltd.; New York: Harcourt, Brace & Company, Inc.

Tyrus Miller, ed., 2015, *The Cambridge Companion to Wyndham Lewis*, Cambridge: Cambridge University Press.

Vernon Hyde Minor, 2001, *Art History's History*, Upper Saddle River, NJ: Prentice-Hall, Inc., second edition.

W. Wolfgang Holdheim, 1979, "Wilhelm Worringer and the Polarity of Understanding," *Boundary 2* 8(1).

W. Worringer, 1920, *Form Problems of the Gothic*, New York: G. E. Stechert & Co., authorized American edition.

Wilhelm Worringer, 1997, *Abstraction and Empathy: A Contribution to the Psychology of Style*, trans. Michael Bullock, New York: International Universities Press.

제3장　　　이용희의 다산인식에 드러난 정치의식

다산의 정치학, 동주의 정치학

김태진

1. 대우재단과 다산학

본고는 서울대 외교학과와 한국 국제정치학회의 창설자이자 한국 국제
정치학의 시조로 평가되는 동주 이용희의 1980년대 정치관을 살펴보
고자 한다. 동주 이용희가 말년에 다산에 관심을 두었던 점은 그의 제
자들의 여러 회고록들에서 공통적으로 나타나는 바다. 또한 그는 대우
재단 이사장으로서 있으면서 다산과 관련된 사업을 주도적으로 진행한
바 있다. 본고는 그가 이 시기 왜, 어떤 지점에서 다산에 주목했는지에

＊　이 글은 『한국정치연구』 제31집 3호(2022)에 발표된 "이용희의 다산인식에서 드러나는 정
치의식: 1980년대 다산의 소환과 한국정치학"을 수정·보완한 것이다.

대해서 다루면서 이 시기 그의 정치관을 밝히고자 한다.

국제정치학자이자, 미술사학자로 이름을 떨쳤던 그는 학계를 그만두고, 1975년부터 1976년까지 대통령 정치담당 특별보좌관으로, 그 이후 1979년까지 국토통일원 장관으로 현실 정치에 참여한다.[1] 그 후 민정당의 창당발기인으로 잠시 참여하기도 했던 그는 이후 정치권에서 물러나 대우재단 이사장으로 취임하게 되는데 이때가 1980년이었다.[2] 주목할 만한 점은 동주가 대우재단의 이사장으로 취임한 1980년 이후 대우재단이 다산을 재조명하는 작업을 진행해왔다는 점이다. 이 시기 재단은 다산학연구를 중점지원분야로 선정하여 공동연구, 논저, 다산 기념 강좌 지원 등[3] 다양한 형식으로 다산 관련 연구에 힘을 쏟는다.[4] 그 시작은 1982년 12월 〈다산학 학술회의〉의 개최였다. 이후에도 재단은 1983년 8월 〈정다산과 그 시대〉, 1985년 2월 〈정치학적으로 본 정다산

---

1 이 시기의 활동에 대해서는 장세진, 「미완의 싱크탱크 혹은 이용희의 국토통일원 시절 (1976~1979)-1970년대 후반 국토통일원의 연구 사업을 중심으로」, 『한국학연구』 제65집 (인하대학교 한국학연구소. 2022. 5).

2 대우재단은 1978년 3월에 설립되어, 동주가 2대 이사장으로 취임하기 전까지 대우문화복지재단이라는 이름으로 주로 도서 및 오지 지역에서 병원을 짓는 의료사업을 시행해왔다. 동주가 이사장으로 취임한 후 설립자 김우중은 전 재산을 사회에 환원할 것을 발표하면서, 한국 기초학문 진흥을 위해 200억 원 상당의 금액을 추가 출연하였다. 이에 본격적으로 신규사업을 위한 기획연구위원회(기획연구위원회의 구성원은 조순을 위원장으로, 신일철, 이철주, 조완규, 목영일, 노재봉이었고, 학술사업자문위원회로 신일철, 노재봉, 김용준, 목영일)가 구성되어, 학술사업을 새로운 목적사업으로 추가한 재단은 1982년 대우문화복지재단에서 대우재단으로 명칭을 변경해 본격적인 사업을 실시한다.

3 재단은 1987년 10월 연세대 '다산기념 강좌' 개설을 지원하였다. 원로 학자가 다수 참여하여 매 학기 강의한 내용은 책으로 간행해 많은 사람이 공유할 수 있도록 기획되었다. 강의 주제는 다산의 사상이나 실학에만 국한되지 않았고, 민영규 '강화학과 그 주변', 이광린의 '개화기 인물 연구' 등이 개설되었다. 이용희 역시 이 강좌에서 '한국회화사 연구'를 진행해, 이후 1996년 『우리 옛그림의 아름다움』으로 출판되었다. 정호훈, 「근·현대 한국의 실학연구와 다산-연세 학통에서의 논의를 중심으로」, 『다산과 현대』 8호(연세대학교 강진다산실학연구원. 2015. 12), 169쪽; 『우리 옛그림의 아름다움』(1996) (전집10).

연구〉, 1985년 〈다산경학연구〉를 주제로 세 차례의 워크숍을 진행한다.[5] 1986년 2월에는 다산 서거 150주기를 기념하기 위한 대대적인 다산학 학술발표회가 기획되었다. 1985년의 당시 신문기사를 참조하면, 이를 위해 강만길 교수 등 11명으로 구성된 준비위원회를 개최하고, 3~4일 동안 주제 발표자만 20~30명에 이를 정도였다.[6] 이 기획대로 1986년 3월 신일철의 사회와 이우성, 신용하, 강만길의 토론으로 〈다산학의 의의〉라는 주제로 패널토의를 시작해, 같은 해 12월까지 2회 공동연구 발표, 9회 개별연구 발표회 진행되었다.[7] 이후 대우재단은 각각의 학술회의의 결과들을 〈대우학술총서 다산학연구〉라는 네 권의 다산학 총서로서 출판한다. 《정다산연구의 현황》(1985), 《정다산과 그 시대》(1986), 《정다산의 경학》(1989), 《다산학의 탐구》(1990)가 그것이다.[8]

---

4   한국 학술사에서 대우재단의 역할에 대해 적절히 주목되지 못한 면이 있지만, 대우재단은 단순히 장학사업이나 연구지원 사업의 시행을 넘어 기초학문 연구의 방향성을 설정했다는 데 큰 의의를 갖는다. 대우재단에서 단일주제로 지원한 것으로는 다산학 관련과 향토사연구지원 2가지였다. 대우재단의 역사에 대해서는 대우재단편찬위원회, 『대우재단 1978-1990』(대우재단, 1991). https://daewoofound.com/about/history/에서도 참조 가능하다.

5   1982년 11월 11일~14일에 열린 다산학 학술회의에는 한영우, 정창렬, 김상홍, 김영호, 강만길, 김한식, 김홍규, 박병호, 송재소, 신용하, 안병직, 윤사순, 이을호, 최병헌, 한우근, 이남영, 조광이 참여했다. 1983년 8월 26일~27일에 열린 워크숍에는 윤사순, 최석우, 김인걸, 강재언, 정석종, 강만길이 참여했다. 1985년 2월 22일에 열린 워크숍에는 김광억, 김홍우, 박상섭, 하영선, 한상진, 1985년 워크숍에는 이을호, 안진오, 정병연, 최대우가 참여했다. 대우재단편찬위원회, 『대우재단 1978-1990』, 1991, 154쪽

6   http://m.mk.co.kr/onews/1985/782394

7   당시 기사로는 1986년 4월에 다산학공동연구 중간발표회로 박상섭이 「정치학적으로 본 다산연구」, 발표자 미정의 「다산경학연구」, 5월에 이우성의 「『문산집』의 다산문답연구」, 6월 박명호의 「다산의 율관」, 9월에 강재언의 「다산과 서학」, 강만길의 「다산의 역제·개혁론」, 신용하의 「다산의 사회신분제도 개혁사상」, 10월에 정윤형의 「다산의 재정 개혁안」, 채무송의 「다산의 사서연구」, 11월에 이용희의 「다산의 정치개념」이 계획으로 제시되고 있는데, 이는 이후 실제 진행과 다소 차이를 보인다. https://news.joins.com/article/2042376

8   워크숍의 결과 중 〈정치학으로 본 다산〉만 출판되지 못했다.

그런 점에서 하영선이 한국 지성사에서 다산이 복권된 세 계기를 언급하며, 첫째 19세기 중반 서세동점의 위기 속에 근대국가들에 대응하기 위해 국내 개혁이 절실해지면서 다산의 실학적 개혁론이 살아나는 시기, 둘째 일제 강점기인 1930년대 독립운동의 마지막 보루로서 민족혼을 유지하기 위해 여유당전집이 발간되면서 이루어진 시기, 셋째 1980년대 중반에 동주를 매개로 세 번째 다산의 초혼제가 행해진 시기로 정리한 것은 은사였던 동주에 대한 존경의 의미가 들어가 있겠지만 결코 과장된 것만은 아니었다.[9]

최근 동주 이용희와 관련해서는 한국 국제정치학의 기원으로서 지성사적 관점에서 연구들이 진행되고 있다.[10] 그러나 동주의 학문에 대한 기원과 계보를 추적하는 글들은 그의 개별 저작들의 의미를 분석하는데 머물러 있으며, 그것도 주로 초기 저작들에 초점을 맞추고 있다. 80년대 이후의 동주에 대한 연구들, 특히 다산학과의 관련성 속에서 접

---

9 하영선, 『역사 속의 젊은 그들』(서울: 을유문화사, 2011), 83쪽.

10 동주 이용희에 대한 지성사적 작업은 최근 활발하게 이뤄지고 있다. 장세진, 「미완의 싱크탱크 혹은 이용희의 국토통일원 시절(1976~1979)」; 이경미, 「동주 이용희의 분노와 '한국적' 제왕의 탄생: 민족주의 비판의 곡절과 근대비판의 착지점」, 『일본비평』 27호(서울대학교 일본연구소, 2022. 10); 옥창준, 「현실로서의 냉전과 한국 국제정치학의 형성: 조효원과 이용희의 냉전 국제정치론을 중심으로」, 『한국학연구』 제63집(인하대학교 한국학연구소, 2021.11); 기유정, 「냉전 초기 한국의 민족국가론과 그 균열들: 이용희의 비동시대성을 중심으로」, 『한국정치연구』 30권 3호(서울대학교 한국정치연구소, 2021. 10); 기유정, 「해방 후 한국의 '지역학'과 제국의 학설: 이용희의 '권역' 개념을 중심으로」, 『한국정치연구』 28권 2호(서울대학교 한국정치연구소, 2019. 6). 지적 배경과 관련해서는 옥창준, 「이용희의 지식 체계 형성과 한국 국제정치학의 재구성」, 『사이間SAI』, 제22호 (국제한국문학문화학회, 2017. 1); 강동국, 「한국 국제정치학과 개념사-매개항 '문명'의 방법론적 재구축」, 『개념과 소통』 13호 (한림과학원, 2014. 1); 이외에도 동주의 핵심 개념과 관련하여 개별적 주제를 다룬 연구들을 모은 책으로서 서울대학교 국제문제연구소 엮음, 『한국 국제정치학, 미래 백 년의 설계』(사회평론아카데미, 2017); 그리고 동주 이용희 전집의 각 권의 해제적 의미를 갖는 논문집으로 민병원·조인수 엮음, 『장소와 의미: 동주 이용희의 학문과 사상』(고양: 연암서가, 2017) 등이 있다.

근하는 연구는 없는 상황이다. 이 글은 다산과 관련된 동주의 발언들의 분석을 통해 동주가 정치를 어떻게 생각하고 있었는지를 살펴본다. 이는 단순히 동주가 다산이라는 인물에 대해서 어떻게 이해했는가라는 차원에 국한되는 것이 아니라, 동주가 다산의 입을 빌려 말하고자 했던 그의 정치개념을 밝히는 데 중요하며, 동주가 한국의 정치학/국제정치학에서 차지하는 위치를 감안하면 한국정치학사 차원에서도 의미 있는 작업이 될 것이다.

그러나 분명히 밝혀두어야 할 점은 본고는 동주의 다산 인식이 어떠했는가를 본격적으로 밝히는 것을 목적으로 하지 않는다.[11] 이는 동주가 발표했던 〈다산의 정치개념〉 원고가 남아 있지 않은 상황이라는 자료적 한계 때문이기도 하지만, 이 글의 중점이 동주가 80년대 생각한 정치학의 의미를 밝히는 데 있기 때문이다. 또한 동주를 기리는 작업들에서 보이는 것처럼 동주의 다산론을 상찬하기 위한 것도 아니다.[12] 오히려 지성사적 맥락에서 동주가 80년대 다산에 주목하게 된 계기를 통해 그가 정치를 어떻게 이해했는가를 다루고자 하는 데 초점이 있다.

---

11 동주의 다산에 대한 관심이 학문적으로 어느 정도까지 궤도에 올라갔는지는 평가하기 쉽지 않다. 동주가 『일반국제정치학』을 상권만 완성한 채 끝난 것을 포함해, 서양 정치사상사, 한국외교사, 한국회화사, 유럽연합 연구 등 다양한 관심 분야를 다루고 있고, 뛰어난 통찰력을 보여주는 것은 사실이지만, 각각에 대해 체계적인 저작은 완성되지 못했다는 평가 역시 존재한다. 이는 다산학과 관련해서도 마찬가지이다.

12 그런 점에서 김성호가 '현창'의 의미를 새롭게 해석해 동주에게 덜 알려진 부분을 찾아내 알리고 동주 본인 내면의 대화를 논리적 추측과 역사적 상상력으로 재구성하고자 했던 작업과 문제의식을 공유한다. 이에 대해서는 김성호, 「동주의 토포스, 동주의 정치사상」, 민병원·조인수 외 지음, 『장소와 의미-동주 이용희의 학문과 사상』, 208-211쪽.

2. 다산 서거 150주년과 이용희

동주는 기존의 다산 연구에서 무언가가 부족하다고 보았다. 다시 한번 하영선의 회고를 들어보자.

동주가 1983년 봄 어느 날, 전화를 걸었습니다. 평소 본인 연구에만 몰두하고 공부는 스스로 알아서 해야 한다는 것이 후학들에 대한 원칙이었기 때문에 좀처럼 호출을 잘 안 하시는데, 특별히 보지고 하시기에 잔뜩 긴장해서 서울역 앞 대우재단 이사장실에 들렀습니다. 호출 이유는 1986년의 다산 서세 150주년 행사와 관련된 것이었습니다. … 동주가 150주년 행사를 크게 하려 했던 이유는 1백 주년 행사 이후 50년이 흘렀지만 한국 지성사가 더 풍요로워지지 못했다고 생각했기 때문인 듯합니다. 1945년 해방 이후 많은 사람들이 해외 유학을 다녀오고, 세계 올림픽도 주최하게 됐는데 지적으로는 별로 큰 진척이 없어, 한국 지성사에서 퇴계 이후의 거목이었던 다산의 서세 150주년을 기념하여 대대적 학술행사를 하고자 했던 것이었습니다. 동주 선생이 저에게 부탁한 것은 당시 소장 사회과학자들을 중심으로 다산 정치사상 연구 모임을 새로 만들라는 것이었습니다. 그때 다산을 공부하는 분들은 크게 두 부류였습니다. 하나는 다산의 경학을 연구하는 분들이고, 또 하나는 사회 경제사적 시각에서 다산의 개혁론을 연구하는 분들이었습니다. 하지만 다산은 경학을 전문적으로 연구하는 유학자라고 할 수도 없고, 오늘날 재야 정치세력처럼 사회 경제 변혁을 꿈꾼 사람도 아니었습니다. 다산은 18세기 후반 조선이 당면하고 있던 국난의 문제들을 풀어 보려 했던 정조의 정치 참모로서 경학, 사회개혁론, 군사론을 연구하고 관련 개혁안을 준비한 사람입니다. 그럼에도 불구하고 정치학자들의 게으름으로 다산의 정치적 시각에 대한 심층적 검토가 다산 연구에서 빠져 있었습니다. 구슬은 있는데 꿸 끈이 없는 형태의 연구가 진행되고 있었던 셈입니다. 그런데 원로 및 중견 연구자들을 새로 야단쳐서 공부시킬 수는 없으니, 문외한인 젊은 정치학자들의 공부 모임을 부탁하신 것입니다. 그것이 다산과의 첫 만남이었습니다. 한문도 모르고 한국사도 잘 몰라 온갖 격려와 야단을 맞아 가며 한문을 배우면서 다산의 방대한『여유당전서』를 처음 만났습니다.[13]

서울대학교 외교학과 교수였던 하영선은 본인이 다산을 접하게 된 계기를 위와 같이 회고하고 있다. 당시 대우재단의 이사장이었던 동주는 젊은 서울대학교 사회과학대학 교수들을 불러 다산을 공부해보기를 권했다. 다산학술문화재단의 다산 및 다산학 관련 논저목록에 의하면[14] 1985년 2월 하영선(외교학과)이 「다산의 대외관 연구」, 한상진(사회학과)이 「다산에 있어 '민'과 '관'의 개념에 대한 사회학적 고찰」, 김광억(인류학과)이 「정치권력의 정당성에 관한 다산의 사상」, 김홍우(정치학과)가 「정약용의 배교-그 정치사상적 의미」, 박상섭(외교학과)이 「다산의 군주관-다산의 국가개념의 정치사회학적 고찰」이라는 내용으로 발표했다.[15] 당시 참여했던 연구자들은 하영선의 지적대로 한국학과는 크게 관련이 없었던 당시 서울대학교 사회과학대학의 젊은 사회과학 연구자들이었다. 이들이 동주의 부름으로 '정치학적으로 본 정다산 연구'라는 이름 하에 대우재단의 지원으로 공동연구를 진행한 것이다.

---

13 하영선, 『역사 속의 젊은 그들』, 60-62쪽.
14 http://tasan.or.kr/contents/cont3_c1_cn01.asp.

동주가 주목한 것은 다산에서의 '정치' 개념이었다. 기존의 다산에 대한 연구가 경학과 사회경제사적 시각에서 주로 진행되어 왔지만 부족했다고 보았다. 이는 다산이 경학을 전문적으로 연구하는 유학자도, 사회 경제 변혁을 꿈꾸던 이도 아니었다는 그의 생각 때문이었다. 동주가 보기에 정치학자들의 게으름 탓으로 다산의 정치적 시각이 다산 연구에서 빠졌지만 정치학적 관점이야말로 다산의 사상을 종합적으로 설명해내는 데 중요한 핵심 개념이라 생각했다. 물론 당시까지 다산과 관련한 정치학적 연구가 전무한 것은 아니었다. 하지만 "구슬은 있는데 꿸 끈이 없다"고 동주가 말하듯이 다산을 정치학적으로 해석하는 것은 또 다른 접근법을 필요로 했다. 그리하여 동주는 실제로 한국사나 한국학과는 관계가 멀었던 젊은 사회과학자들을 중심으로 다산의 정치사상 연구 모임을 새로 구상했다. 그가 보기에 다산 연구 역시 새로운 국면을 맞이해야 했다. 유학을 다녀와 상대적으로 한국학을 객체화해서 볼 수 있는 세대였던 80년대 당시 신진 사회과학자들이야말로 새로운 다산 연구를 할 수 있을 거라 보았을 것이다. 1982년 처음 기획된 〈다산학 학술회의〉의 인사말을 보면 동주는 다음과 같이 당시의 사업의 의의를 말하고 있다.

---

15 하영선의 발표 내용은 '다산의 군사관'과 관련된 것으로, 다산 사상의 밑바닥에 깔려있는 문제의식을 국망의 위기의식으로 파악했다. 특히 다산의 군제개혁안을 분석하면서, 백성을 하나의 주체적인 사회세력이나 그 가능성으로 보기보다는 왕권의 강화속에 민생의 개선을 통해 국망의 위기를 벗어나고자 하는 과도기적 측면을 보여주고 있다고 지적했다. 박상섭은 다산 국가 개념의 정치사회학적 고찰을 통해 다산의 진정한 목적이 민생을 위한 수단으로서의 왕권의 강화였는지, 또는 왕과 귀족의 갈등 속에서 왕권강화를 위해 민주문제가 강조됐는지의 여부는 일단 보류한다고 하면서 중요한 것은 민생의 해결을 위해 군주권의 강화가 강조되고 있다는 점에서 의의를 찾을 수 있다고 지적한다. 이는 신문기사에서도 언급하고 있듯이 당시의 민권주의 또는 민중주의적 시각에 대한 이의제기였다. https://news.joins.com/article/1981844.

금년 1982년은 다산 정약용 선생이 돌아가신 지 146년이 되는 해입니다. 제가 알기로 다산의 100주기였던 1936년 이후에 다산에 대한 세상의 인식이 새로워진 것으로 알고 있습니다. 그때 각종 기념 행사들이 있었고 또 기념사업의 일환으로 신조선사에서 5년에 걸쳐 《여유당전서》를 간행하였습니다. 《여유당전서》의 간행은, 이로 인해 다산 선생의 전면목이 처음으로 드러나게 되었고 따라서 다산연구에 대한 새로운 계기를 마련되었다는 점에서 획기적인 일이었다고 할 수 있을 것입니다. 《여유당전서》 간행 이후 우리나라의 다산학 연구는 1960년 무렵 고 홍이섭 교수의 정법사상 연구와 그리고 오늘 이 자리에 나와 계신 이을호 교수의 경학 연구를 출발점으로 그 후 여러 분들이 다방면에 걸쳐 좋은 업적들을 내어놓으셨습니다. 뿐만 아니라 해외에서도 다산학 연구가 시작되어 이웃 일본뿐 아니라 소련 같은 데서도 다산에 관한 연구 업적들이 나오고 있습니다. 이에 대우재단에서는 《여유당전서》 출간 이후 근 50년이 가까운 이 때에, 그동안 다산학에 대한 연구, 다산 선생에 대한 또 그 사상에 대한 연구가 어디까지 와 있나 하는 점을 중간점검할 때가 되지 않았나 하는 생각을 가졌습니다.[16]

그는 다산 100주기를 기념하여 다산에 대한 세상의 인식이 새로워진 것처럼, 다산 서거 150주년을 맞이하는 지금 그간 진행되어온 다산 연구를 중간 점검해 볼 필요가 있다고 제안하고 있다. 여기서 그는 기존의 다산 연구를 홍이섭 교수의 '정법사상 연구'와 이을호 교수의 '경학

---

16 「다산 서세 150년을 준비하면서: 다산학 학술회의에 부쳐」, 한우근 외 지음, 『정다산연구의 현황』(서울: 민음사, 1985), 6-7쪽; 『독시재산고』(전집6), 604-605쪽.

연구'를 중심으로 정리한다. 그러면서 동주는 다산 연구에서 몇 가지 미비한 점을 꼽고 있다. 아직 다산학을 엄밀히 연구하는 데에 필요한 전집이 간행되어 있지 않아 보다 체계적이며 완전한 《다산전집》의 간행이 필요한 점, 전집의 간행과 연관하여 다산사상의 구조도 전체적으로 규명되어야 한다는 점, 이외에도 다산과 다산이 살았던 시대와의 관계 및 주변 사회와의 관계, 인간으로서의 다산의 생애 역시 중요한 연구주제라는 점을 강조한다.[17] 이는 이후에 다산학 총서에 실린 논문들이 분석하고 있는 내용과 일치한다. 다음 해 두 번째 학술회의를 기획하는 글에서 동주는 다음과 같이 말하고 있다.

"작년 1982년에 저희 대우재단이 주최했던 다산학 학술회의는 1930년대 중반 일제 치하에서 치러졌던 다산 서세 100년 기념행사 이후 근 50년 만에 처음 있었던 다산학 관련 학술행사가 아니었던가 생각합니다. 학술회의를 마련했던 의도가 지난 40년 동안의 다산학 연구를 중간점검 해보자는 데에 있었던 만큼 학술회의를 준비하고 진행하는 과정에서 다산학 중의 어느 분야가 공백으로 남아있는지를 재단으로서는 예의 검토하였습니다. 이때 연구되어야 할 과제로서 떠오른 것들이 인간으로서의 다산의 생애에 관한 연구, 다산사상의 전체적인 규명, 이와 관련한 다산경학 연구, 당대 주변 사회에 대한 다산의 인식 등등이었는데 이번 워크숍의 제목이 된 〈정다산과 그 시대〉도 그중의 하나였습니다."[18]

---

17 「다산 서세 150년을 준비하면서: 다산학 학술회의에 부쳐」(1985), 605쪽.
18 「정다산과 그 시대」, 『정다산과 그 시대』(서울:민음사, 1986), 6쪽; 『독시재산고』(전집6), 607쪽.

학술회의를 준비하는 과정에서 재단은 기존의 다산연구에서 부족한 부분이 어디인지를 검토했다. 앞서 제시되었던 주제 중 다산의 사상을 시대와의 관련 속에서 파악하는 연구가 두 번째 학술회의로서 기획되었다. 동주에게 다산의 학문이 갖는 정치적 실천성이란 당시의 시대적 상황 속에서만 해석해야 하는 것이었다. 물론 이는 동주 본인만의 생각이라기보다 이 분야를 전공하는 연구자들과 상의한 결과였다. 이에 다산이 살았던 18세기 말, 19세기 초의 조선조를 정치, 경제, 사회 등의 분야로 나누어 또 사상에 있어서는 경학, 불교 등과 함께 서학을 별도로 취급하기로 워크숍의 골격이 마련되었다.

　이처럼 80년대 동주와 대우재단은 다산연구에서 중심적인 역할을 담당하며 새로운 연구주제들을 제시하고 있었다. 그럼에도 불구하고 동주 개인적으로는 무언가 부족한 점이 있다고 보았다. 그것이 정치학적 관점에서 보는 다산이었다. 실제로 동주는 1986년 진행된 다산 서거 150년 주기 다산학 학술대회 발표의 마지막을 자신의 〈다산의 정치개념〉으로 마무리한다. 그렇다면 이는 기존의 다산연구와 어떤 차이를 보이며, 이 시기 정치학을 보는 동주의 관점과는 어떻게 연관되었을까?

3. 다산 이해에 대한 역사적 변천과 이용희

(1) 조선학운동과 이용희: 국학과 정치학

그의 다산 이해에 영향을 주었을 연구들과의 관계 속에서 파악해 보는 것은 이 질문에 대답하기 위한 하나의 실마리가 될 것이다.[19] 동주의 지적 편력을 보자면 다산과 관련하여 영향을 주었을 인물로 위당 정인보와 민세 안재홍, 백남운을 들 수 있다. 동주가 연희전문대에서 정인보에게서 2년을, 백남운에게 한 학기를 배운 바 있고, 이때 이들의 다산에 대한 논의를 접했을 가능성은 높다. 동주의 제자였던 김용구는 회고록에서 동주가 1936년 연희전문학교 문과에 입학하여 같은 해 연희전문학교 교수로 부임한 정인보 선생의 깊은 영향을 받게 되어, 위당에 대한 학문적인 존경심을 일생 잃지 않았음을 지적한다. 동주가 남다른 지적 자존심을 지녔으나 위당을 언급할 때는 언제나 자세를 가다듬고 경의를 표했으며, 이러한 위당의 영향으로 인해 동주가 다산에 대한 관심을 평생 갖게되었다는 것이다.[20]

20세기 초 본격적으로 다산이 호출된 것은 앞서 동주도 지적하듯이 식민지 시기 조선학운동에서였다.[21] 1930년대 다산 서거 100년 기념 학술회의를 준비하면서 안재홍, 정인보 등은 《여유당전서》를 간행하기 시작하여 완간하게 된다. 이때 조선학운동, 국학에서 핵심적인 인물은 다산이었다. 이들이 공통적으로 강조했던 '실학'이란 이름 자체가 다산의 서세 99주년을 맞이하여 안재홍, 정인보 등이 활발하게 벌인 기념사업의 과정에서 제창했던 조선학운동을 통해 역사에서 전면화된 것이었다.[22]

---

19 우선 밝혀두어야 할 점은 본고에서 다산을 다루는 방식은 연구자들이 다산을 얼마나 정확히 이해했는가에 초점을 두지 않는다는 점이다. 이보다는 다산을 다루는 방식 속에서 연구자의 욕망 내지 무의식의 반영을 살펴보고자 한다.

20 김용구, 『김용구 연구 회고록-한국 국제정치학 발전을 위한 60년의 사색』(고양:연암서가, 2021), 11쪽.

21 물론 근대 초기 다산이 어떤 방식으로 호출되는지 역시 중요한 주제이나 여기서는 동주의 다산 이해라는 측면으로 논의를 좁히기 위해 검토를 피한다. 이에 대해서는 안승택, 「근대초기 『목민심서』의 수용과 전근대 실용서의 근대적 고전 되기」, 『영남학』 제68호 (경북대학교 영남문화연구원, 2019.1); 고동환, 「19세기 후반 지식세계의 변화와 다산 호출의 성격」, 『다산과 현대』 합본 4·5호 (연세대학교 강진다산실학연구원, 2012. 12); 김진균, 「근대계몽기(1894~1910)의 다산 호출」, 『다산과 현대』 합본 4·5호 (연세대학교 강진다산실학연구원, 2012. 12) 등 참조.

정인보는 「유일한 정법가 정다산 선생」에서 조선에서 유일한 '정법가'로 서 다산을 위치시킨다. 그는 "다산 정약용 선생은 근세 조선의 유일한 정 법가政法家이다. 아니 상하 오백년에 다시 그 쌍雙이 적다 하여도 과언이 아니다"라고 평가한다.[23] 물론 여기서 다산이 '정법가'인 이유에 대해서는 구체적으로 제시되어 있지 않으며, '정법'의 의미 역시 구체적으로 설명 되지 않는다.[24] 정인보는 17세기 조선의 새로운 학풍을 '의실구독지학依實 求獨之學'으로서 평가하고 정약용의 학문을 주자학과 다른 '정치경제학' 영 역으로 설정했지만 다산을 정치적으로 다룬 것은 아니었다.

반면 동주의 또 다른 스승이자 당시 정인보와 함께 조선학 운동의 중 심에 섰던 안재홍은 보다 직접적으로 다산을 정치적 인물로 묘사한다.

---

22 당시의 학술회의와 관련해서는 민세안재홍선생기념사업회 편, 『1930년대 조선학운동 심 층연구』(서울: 선인, 2015)등 참조. 물론 이러한 다산에 대한 관심의 시작은 정종현이 지적하 듯이 일본 학자들의 다산에 대한 주목과 함께 볼 필요가 있다. 이에 대해서는 정종현, 『다 산의 초상』(서울:신서원, 2018) 2부 「일본인과 조선인이 함께 그린 다산의 초상」 참조. 당시 의 조선학적 성격의 제국적 특성에 대해서는 최재목, 「1930년대 조선학 운동과 '실학자 정다산'의 재발견」, 『다산과 현대』 제4,5합본호 (연세대 강진다산실학연구원, 2012. 12); 최재목, 「일제강점기 정다산 재발견의 의미-신문·잡지의 논의를 통한 시론」, 『다산학』 17호(재단 법인다산학술문화재단, 2010. 1)

23 동아일보, 1934. 9. 10-12. 정인보의 다산 인식과 관련해서는 한정길, 「위당 정인보의 양 명학 연구와 다산 이해」, 『다산과 현대』 8호 (연세대학교 강진다산실학연구원, 2015.12)

24 정인보와 관계가 깊었던 백낙준 역시 해방후 목민심서 한글 번역본의 서문에서 대정법가 라는 표현을 쓰며 다산 사상을 민주주의로 해석한다. "다산 선생의 저서는 거의 비유없는 대규모의 실전(實典)이다. … 목민심서는 지금말로 옮겨쓰면 〈공무원심득(公務員心得)〉이 라고도 할 수 있다. … 선유들의 정치적 이념은 대천치인(代天治人)이다. 하늘을 대신하여 백성을 다스린다 함이니 곧 하늘의 가진 권리를 대신하여 치민에 행사한다는 뜻이다. … 대천치인의 뜻은 군주주권의 입장에 서서 이해되는 것보다 민주주의의 견지에서 그 해석 이 더 분명하여지는 것이다. 무릇 관에 당한 자는 억조창생을 호생지덕(好生之德)으로 사 랑하는 하늘의 뜻을 받들어 그 중책을 다하려는 성(誠)을 바쳐 백성을 길러주므로 사람마 다 자기를 다스릴 수 있는 능력을 가질 수 있도록 가르치는 것이 민주주의적인 의미의 대 천치인관이다. 이 어찌 민주주의 국가에서 숭상할 바 아니리오. 대체 관은 치민의 관으로 권리행사자가 아니요 인애(仁愛)로 민을 양(養)하는 목민의 관이다." 정약용 저, 원창규 역, 『완역 목민심서』 (서울: 신지사, 1956) 서문, 1-2쪽.

안재홍은 다산을 평가하며 이를 모간의 고대사회론, 루소의 민약론과 유사한 것으로 평가한다. 그 근거로 그의 사상이 '위민유야(爲民有也)', 즉 민을 위한 데 있다는 것이었다. 이는 최초의 사회로부터 강자의 권리와 노예의 발생을 주장한 바와 일맥상통한다는 점에서 인간불평등기원론과도 유사하다는 것이다. 안재홍은 이를 명말의 사상가 황종희의 정치사상과 영향 관계를 찾고 있다.[25] 물론 이러한 생각이 안재홍만의 생각은 아니었다. 그 이전에 이미 이건방은 1908년 《경세유표》 서문에서 다산의 저술을 몽테스키외의 《법의 정신》, 루소의 《사회계약론》에 비견한 바 있다. 이처럼 당시 조선학 연구자들에게 다산은 전통적인 유학과 구별되는 실학자이면서 정법가, 민주주의자로서 호출된다.

한편 백남운, 신남철 등 당시 사회주의적 영향을 받았던 이들의 다산 이해는 비판적이었다. 즉 그들은 조선학 운동 자체를 일종의 비과학적 언술이라 비판한다. 백남운은 「정다산의 사상」에서 사상가나 선각자란 '역사의 변동성과 사회의 운동성을 정당하게 기민하게 인식하는 사람들의 명예적 호칭'으로 존재의 반영으로서의 의식작용은 사회적 존재의 운동을 따라 불가피하게 제약받는다고 전제한다. 즉 정약용을 과대하게 상찬하는 당대의 다산열을 비판적으로 응시하며 다산 또한 조선 말기의 봉건사회라는 사회적 제약 속에 있는 인물임을 강조하는 것이다.[26]

---

25 「조선민 운명을 반영하는 정다산 선생과 그 생애의 회고」, 『신동아』, 1934. 10.; 「다산 선생 특집-권두언」, 『신조선』, 1935. 8.; 「다산의 사상과 문장」, 『삼천리』, 1936. 4. 다산 관련한 안재홍의 글들은 안재홍, 『민세 안재홍전집』 6권(지식산업사, 1999).

26 "다산의 사상은 양반출신이면서도 양반은 아니고 유학의 출신이면서도 순유학자는 아니어서 서학의 신도이면서도 익혹(溺惑)이 아니라 섭취이었고 배교자이면서도 실천가이었던 것이며 봉건시대의 출생이면서도 소극적이나마 봉건 사회를 저주하였던 것 … 전적으로 보아서 봉건사상을 완전히 해탈한 것도 아니고 근세적 자유사상을 적극적으로 제창한 것도 아니다" 동아일보, 1935. 7. 16.

그렇다면 젊은 시절 동주에게 연전에서의 학습이 어떤 의미를 가지고 있었을까? 정호훈이 지적하듯이 연희전문-연세대학은 오랫동안 한국에서의 실학과 정약용 연구의 중심공간이었다.[27] 동주가 연희전문대학 문과를 선택해 당시 교수진이었던 정인보, 백낙준, 최현배에게 2년간을 배우게 된 점을 회상하며 "아무튼 학교에 들어가니까 눈에 띄게 국학 분위기가 있어 반가웠습니다"라고 기록하거나, 고문헌 발굴에서 위당 선생의 영향이 컸음을 기록하고는 있는 것으로 보아 이들의 영향은 분명히 있었을 것이다.[28] 그런 점에서 동주가 〈다산학의 의의〉 개회토론에서 다산을 '민족혼의 횃불'로서 묘사하며, 학창 시절 《목민심서》를 읽었던 기억을 소환하는 점은 주목할 만하다.

> 지금부터 약 50년 전에 나는 학교 학생이었습니다. 당시 《목민심서》를 읽고 상당히 기뻐했던 기억이 납니다. 왜냐하면 일제하의 상황에서 다산의 글·정신은 민족혼의 횃불이었다는 인상을 강하게 받았기 때문입니다. 하지만 당시는 그 내용에 대한 연구는 거의 없었는데 지금 전야제격인 자리에서 큰 흐름의 얘기가 이토록 잘된 것은 큰 의의가 있다고 생각합니다.[29]

물론 이것이 학술회의의 주최자로서 다산에 대한 당시의 일반적인

---

27 연전의 전통이 다산 이해에 미친 영향에 대해서는 정호훈, 「근·현대 한국의 실학연구와 다산-연세 학통에서의 논의를 중심으로」; 정호훈, 「한국의 실학 연구와 『동방학지(東方學志)』」, 『동방학지』151 (연세대학교 국학연구원, 2010. 1) 등 참조.

28 「독서 연대기로 돌아보는 젊은 정신의 회억」(1974)」, 『독시재 산고』(전집6) 22쪽, 26쪽. 하지만 동주가 3학년 때인 1938년 흥업구락부와 경제연구회 사건으로 연전 교수들의 대부분이 투옥되거나 해직된다.

29 이용희, 「개회토론-다산학의 의의」, 강만길 외, 『다산학의 탐구』(서울:민음사, 1990), 33-34쪽.

평가를 전달한 것일 수도 있다. 그런데 이는 동주가 식민지 시기의 국학이나 민족주의에 대해 실천적인 의미를 인정하면서도, 동시에 이것이 현재에도 적용될 수 있는가에 대해서는 꾸준히 의문을 제기했던 점을 고려하면 무언가 위화감을 준다.[30] 동주는 국학에 대해서 당시의 유용성에 대해서는 인정하지만, 정인보나 안재홍과 같은 방식의 국학운동은 일제와 함께 한 시대를 저물어 간다고 느꼈음을 회고한 바 있다.[31] 또한 동주 자신이 본인의 학문이 누구를 따랐다고 할 수 있는 사람이 없다고 밝히고 있듯이 그의 학문의 영향관계는 단순히 어느 개별적 사상가의 영향을 강하게 받았다고 보기 어려운 면이 있다.[32] 특히 정인보나 안재홍 등의 국학류에 대해서는 실학이라는 실용주의라는 차원에서의 영향은 있겠지만 다산에 대한 정치학적 이해와는 큰 관련이 없다고 봐야 할 것이다.[33] 기존 연구들에서 그리고 본인 역시 회고에서 밝히고 있듯이 만주에서의 경험 이후로 돌아서게 된 정치학이란 어쩌면 일종의 국학에 대한 안티테제였기 때문이다.[34]

---

30 동주의 민족주의에 대한 비판으로서 기유정, 「냉전 초기 한국의 민족국가론과 그 균열들: 이용희의 비동시대성을 중심으로」 참조. 기유정은 해방 후부터 1960년대에 걸쳐 민족주의와 그 국가론을 넘어서고자 했던 비판·민족국가중심론적 문제의식이 이용희와 동시대 식자들의 담론 속에서 존재하고 있었으며, 냉전 초기 한국 지성계의 국가론적 논의가 민족 국가라는 단일한 틀로 수렴되지 않는 내적 '역동성'을 갖고 있었음을 지적한다. 이경미 역시 동주의 국학에 대한 양가적 태도를 그가 본질적으로 근대주의적 관점에 서있음을 통해 지적하고 있다. 이경미, 「동주 이용희의 분노와 '한국적' 제왕의 탄생: 민족주의 비판의 곡절과 근대비판의 착지점」.

31 "해방 전후 우리네 민족주의를 살펴 위당(爲堂) 선생, 민세(民世) 선생을 위시해서 도산(島山)·몽양(夢陽) 선생의 글을 다시 읽어보았는데 그때만 해도 사회·정치과학을 어느 정도 꿇어보고 자기 나름의 견해를 가진 뒤인 탓인지, 그분들이 굉장히 높은 공헌을 하셨지만 사상적으로는 이미 일제 시대와 더불어 지나간다는 인상이었어요."(「학문·사상·현실─독서연대기로 돌아보는 젊은 정신의 회억」(1974), 『독재시산고』(전집6), 52-53쪽).

32 동주의 지적 여정에 대해서는 강동국, 「국제정치학자 이용희의 탄생」, 서울대학교 국제문제연구소 엮음, 『한국 국제정치학, 미래 백 년의 설계』; 옥창준, 「이용희의 지식 체계 형성과 한국 국제정치학의 재구성」 등 참고.

노 박사가 잘 알다시피 나는 학교에서 주로 국제정치를 오래 담당한 탓인지 우리나라 구한말 이래 열강정치 한 구석에 말려들어가는 모습이 잘 보이더군요. 아주 거시적으로 봐서 과거 1백년간의 우리 역사의 특징은 일언이폐지—言以蔽之해서 열강정치 구조에의 편입이 아니겠어요? 이런 각도에서 가끔 나는 오늘의 국학문제가 머리에 떠오릅니다. 청년 시절에 큰 영향을 받은 것이니 말이지. 결국 20~30년대의 국학운동이 일어나는 정치적인 장은 열강정치의 구조였죠. 그러니까 오늘날 국학의 경우는 그 정치적 장으로 현대정치의 구조가 먼저 문제되어야 될 것 같아요. 국학운동은 요컨대 민족위치의 정립, 민족문화의 회복이라고도 볼 수 있지 않겠어요? 그러니까 심히 역사적 상황에 따르게 마련이죠. 이렇게 보면 진정한 국학의 유지는 그 주변 조건으로 세계정치, 세계문화에 대한 인식과 방향감이 있어야 되겠죠. 이런 국학의 입장에서도 우리나라는 빨리 창문을 열고 밖을 보아야 될 것이에요. 그렇지 않으면 역사의 흐름을 잊어버린 국학, 정체에 빠진 국학이 되지 않겠어요? 그런데 앞서 말했듯이 우리는 지금 반밀실 같은 분위기에 있으니 큰일이죠.[35]

---

33 그런 점에서 또 다른 제자였던 노재봉은 동주가 실학의 영향을 많이 받은 인물로 평가하면서도 동주의 문제의식은 '실사구시', '유틸리티'(utility)로서의 실학과 민족국가(nation-state)를 어떻게 결합시킬 것인가에 있었다고 파악한다. 동주에게 이 둘은 정치를 하고 나라를 경영할 때 그 두 가지가 핵심 목적이 되었다는 것이다. 하영선, 『역사 속의 젊은 그들』, 296–297쪽. 노재봉은 한국 국제정치학의 지성사를 보편이론의 수용 양상 태도를 기준으로 체험적 특수주의를 지향한 '신채호형'과 개념적 보편주의를 지향한 '유길준형'으로 구별하며, 동주의 논의를 '신채호형'의 하나로서 높게 평가한다. 이에 대해서는 노재봉, 「한국국제정치학의 지성사적 고찰」, 『국제정치학논총』 28집 1호(한국국제정치학회, 1988. 10).

34 만주에서의 경험에 대해서는 강동국, 「국제정치학자 이용희의 탄생」, 서울대학교 국제문제연구소 엮음, 『한국 국제정치학, 미래 백 년의 설계』 참조.

35 「학문·사상·현실—독서 연대기로 돌아보는 젊은 정신의 회억」(1974), 66–67쪽.

1974년의 회고에서 동주는 청년 시절에 국학의 영향을 많이 받았음을 말하면서도, 국학운동 역시 정치적으로 바라봐야 한다고 주장한 바 있다. 그는 국학운동이 2~30년대에도, 당시의 상황에서도 정치적 장을 도외시한 채 파악되었고, 이것이 문제라고 생각했다. 그런 점에서 동주에게 국학의 영향을 단순화하기 어려운 면이 있다. 실제로 그가 본인의 학술적 여정을 밝히고있는 1974년의 회고에서도, 뿐만 아니라 80년대 이전의 동주의 다른 글에서도 다산에 대한 언급은 찾기 어렵다. 그런 점에서 위당의 영향 하에서, 연전에서의 조선학운동의 영향이 그가 다산에 대한 관심을 갖게 되었다는 지적은 맞을 수 있지만, 80년대 이후 그의 다산에 대한 관심은 위당이나 연전 당시의 조선학 운동의 맥락과는 결을 달리 한다고 보아야 할 것이다.

(2) 홍이섭과 이용희: 역사학과 정치학

오히려 이 시기 동주의 다산에 대한 관심을 보기 위해서는 앞서 동주가 기존의 다산연구를 홍이섭의 정법사상 연구와 이을호의 경학으로 정리하면서 제시했을 때의 홍이섭의 사상과의 차이를 볼 필요가 있다. 홍이섭은 다산의 정치경제학적 성격을 강조하는데[36] 이는 기존연구들에서 지적하듯이 식민지 시기의 다산 연구, 그리고 이어진 북한의 다산 연구와 관련되어 있다. 북한에서 이미 다산과 관련해 최익한의 연구가 《실학파와 정다산》으로 정리되어 집대성되고 남한에서의 다산 연구는 이

---

[36] 홍이섭의 다산 이해에 대해서는 김용흠, 「홍이섭 사학의 성격과 조선후기 실학」, 『한국실학연구』 25호(한국국제정치학회, 1988. 10); 윤석호, 「홍이섭의 다산학 연구–다산 경세학에 대한 연구를 중심으로」, 『다산학』 36호(재단법인다산학술문화재단, 2020. 1); 정종현, 「체제 내부에서의 개혁과 법치: 홍이섭의 '다산학'」, 『다산의 초상』(서울: 신서원, 2018), 4부 4장 등 참조.

러한 북한의 연구에 자극받아 시작되었다.[37] 그리고 이는 남북한의 두 개의 근대화 기획, 즉 '자본주의적 근대화 기획'과 '사회주의적 근대화 기획'이라는 시대적 과제와 조응하는 것이었다.[38]

홍이섭은 실학을 '실사구시학', '실증학'으로서 명명하면서 실학자들을 다섯 가지 유파로 분류한다. 이때 정약용을 '사회정책적 경제학파'로서 분류하는데, 이는 백남운, 최익한 등이 사회주의 사상의 영향 속에서 진행했던 연구들을 염두에 두고 이와는 다른 방식으로 접근하고자 한 것이었다. 홍이섭은 실증학으로서의 실학을 너머 정치경제를 중심으로 하는 학문, 현실 학문으로서의 성격에 보다 주목한다. 그는 다산의 사상을 '이존국법以尊國法', '이중민생以重民生' 양 개념으로 정리하는데, 국법을 중시하는 정신이 《경세유표》에, 민생을 중시하는 이념이 《목민심서》에서 전개되었다고 정리한다. 이는 정인보의 다산 평가의 영향을 받으면서도, 다산의 근대적 성격을 보다 강조한 것이었다. 물론 다산의 사상이 중국적 체제 속에 잠겨 있는 면은 있으나, 조선 현실의 보다 나은 개혁을 위해 학문과 사상의 종합화를 기도한 혁명론으로서의 성격을 띤다고 그는 지적한다. 홍이섭이 보기에 다산의 사상은 유교주의 이념 내에 법질서의 유지를 기본과제로 하고 있긴 하지만 동시에 혁명론으로서 의미를 갖는 것이었다.

이 점에서 보자면 후술할 동주의 다산의 이해와 크게 다르지 않아 보일 수 있다. 동주는 연전에서 홍이섭과 비슷한 시기에 정인보로부터 배웠으며[39], 동주가 남기고 있는 자료를 보면 홍이섭의 다산 저작을 열심

---

37 김선희, 「남북한의 거울에 비친 실학과 다산」, 『시대와 철학』 제31권 4호(통권 93호) (한국철학사상연구회, 2020.12).

38 정일균, 「1950/60년대 '근대화'와 다산 호출」, 『다산과 현대』 합본 4·5호 (연세대학교 강진다산실학연구원, 2012.12), 104쪽.

히 읽었음을 알 수 있다.[40] 그러나 그럼에도 둘 사이에 차이가 없는 것은 아니었다. 이는 기본적으로 앞서도 제시한 국학에 대한 관점 내지 역사를 바라보는 관점의 차이 때문이었다.

동주는 고려대 교수였던 조동필과 함께 홍이섭과 셋이 경향신문 신년대담에서 「한국의 근대화와 민족주의」(1965)라는 주제로 대담을 나눈다. 이 토론에서 둘은 거의 입장을 같이 하면서도 동주는 홍이섭이 내셔널리즘을 역사학적으로만 바라보는 데 대해 이의를 제기한다. 홍이섭이 식민지의 영향으로 한국에서 내셔널리즘이 부재했었다고 평가하는 것에 대해 동주는 이것이 역사학도의 입장에서는 가능할 수 있으나, 일반 민중의 입장에서 보자면 내셔널리즘이 기층에서 존재하고 있었다고 반박한다.[41]

이 둘은 1966년에 동주가 회장으로 있던 한국국제정치학회에서 개최한 〈한국민족주의 심포지움〉에서 또다시 맞붙는다. 이용희는 인사말에서 "학회의 회원만의 모듬이라는 구투舊套를 버리고 밖으로 역사, 사회, 경제, 철학, 종교의 각 학문 분야에 협력을 요청"하여 심포지움을 개최하였음을 밝히는데 역사학자 홍이섭이 국제정치학회 심포지움에 오게 된 것은 아마 이러한 동주의 기획 때문이었을지 모른다.[42] 이때 동주

---

39 동주가 연전에 입학한 것이 1936년, 졸업은 1940년이었다. 홍이섭은 1934년 입학, 1938년 졸업하였다. 정인보는 1923년 연전의 교수가 되었다가 1939년에 휴직했다. 동주와 홍이섭은 거의 같은 시기 연전에서 위당에게 배웠다.

40 동주 이용희는 명지대에 자신의 장서 15,000여 권을 기증했다. 그 중 다산 본인의 저작과 다산 관련 연구서는 총 22종 102권이 있다. 이들 도서 중에는 동주 본인이 밑줄을 긋거나 간단한 메모를 적어놓은 곳들도 볼 수 있다. 특히 1955년 북한의 국립출판사에서 출판된 최익한의 『실학파와 정다산』과 1959년 한국연구도서관에서 출판된 홍이섭의 『정약용의 정치경제 사상 연구』에 밑줄이나 메모들을 남기고 있다.

41 「한국의 근대화와 민족주의」(1965), 『정치사상과 한국민족주의』(전집2), 429~444쪽. 이러한 동주의 민족주의에 대한 인식은 이후 「한국 민족주의 제문제」에서 그가 왕조사와 민족사/민중사를 구별하며 후자에 방점을 두는 논의와 관련된다.

가 〈한국 민족주의 제문제〉라는 제목으로 기조연설을, 홍이섭이 〈한국 민족주의의 역사적 성격〉이라는 제목으로 발표한다. 동주는 여기서도 민족주의에서 정치적 성격이 가장 중요함을 강조한다. 그는 '저항적 민족주의'만이 아닌 '전진적 민족주의'가 필요함을 말하며 근대국가를 위해서는 저항적 민족주의만으로는 부족함을 말한다.

이는 역사학자였던 홍이섭의 글에서 19세기 이후부터 일본과 관련하여 역사적 관점에서 민족주의를 다루는 관점과 대비된다. 특이한 점은 발표 및 토론에 앞서 〈심포지움의 발표 및 토론 방침〉이 제시되고 있는데 "이 심포지움에서는 민족주의를 일차적으로 정치 이데올로기로서 취급하며 따라서 역사, 경제 및 사회적인 각도에서 취급하는 경우에 있어서도 정치적 양상에 이바지하는 방향에서 취급되기를 바란다"[43]는 것이 명기되어 있다는 점이다. 이용희는 홍이섭 등 다양한 분야의 발표자를 섭외하고, 나름 예의와 이해를 보이지만 토론과정에서 보듯이 미묘한 차이를 보인다. 동주는 같은 문제를 다루더라도 역사학과 정치학에서 보는 관점은 다를 수밖에 없었고, 달라야 한다고 생각했다. 동주의 다산 이해가 홍이섭의 생각과 크게 다르지 않았지만 그럼에도 그가 다산과 관련한 홍이섭의 해석에서 아쉬움을 느꼈다면 아마 토론회에서 그와 부딪혔듯이 다산 역시도 '정치적'으로 읽어야 한다는 생각이었을 것이다.[44]

동주가 보고자 했던 다산은 20세기 초 사회개혁가로서의 모습이나,

---

42 이용희, 「논총 제6집을 내면서」, 『국제정치논총』제6집(한국국제정치학회, 1967. 1), 1-2쪽. 1966년 10월 27일부터 29일까지 3일간 열린 이 심포지엄에서는 이외에도 박희범이 『경제개발계획과 한국민족주의』, 고영복『한국민족주의의 주도층과 리더십』, 차기벽이 『한국 민족주의에의 도전과 시련』, 박봉식이 『미국의 외교정책과 한국의 민족주의』로 발표했다.
43 편집부, 「심포지움의 발표 및 토론 방침」, 『국제정치논총』제6집(1967).

식민지 시기 국학에서의 실학자로서의 모습도, 해방 이후에 등장한 근대화의 기수도, 혹은 다시 새롭게 조명된 80년대의 민주주의적인 다산도 아니었다. 그렇다면 동주가 정치적으로 해석한 다산은 어떤 모습이었을까? 이를 보기 위해서는 동주 본인이 쓴 「다산의 정치개념」을 분석해야 하지만 남아 있지 않은 상황이다.[45] 하지만 하영선의 책 《역사 속의 젊은 그들》에서 다산을 설명하며 동주의 글을 인용하는 데서, 그리고 동주의 다른 글들에서 다산에 대한 생각을 추측해 볼 수는 있을 것이다.[46] 하영선은 다산을 세 가지 정치의 방향에서 읽고 있는데, 이는 본인이 밝히고 있듯이 동주의 연구를 따른 것이었다.

이 강의에서는 세 가지 각도에서 다산의 정치학을 조명하도록 하겠

---

44 물론 동주가 대우재단에서 다산 연구를 지원하게 되는 80년대는 정치학 분야에서도 나름대로 다산 연구가 많이 이뤄지고 있던 상황이었다. 80년대 일종의 다산 붐이 일어나는 상황 속에서 정치학에서도 다산과 관련된 연구들이 본격적으로 제출되기 시작한다. 김한식의 『실학의 정치사상』(서울:일지사, 1979), 윤재풍의 「다산의 행정사상」(김운태 외, 『한국정치행정의 체계』(서울: 박영사, 1982)), 박충석의 『한국정치사상사』(서울: 삼영사, 1982) 등에서 정약용의 사상에서 민주주의와 평등, 인권 사상, 정치 현실주의를 읽어내는 작업들이 등장함은 물론(함규진. 『정약용 정치사상의 재조명』(파주: 한국학술정보. 2008), 20쪽.), 70년대 후반 이후로 정치학 분야에서도 다산 관련 학위 논문들이 나오던 시기였다. 당시의 이러한 평등주의적 해석에 대한 비판으로서 이영훈, 「다산의 경세론과 경학적 기초」, 『다산학』 1집 (역사실학회. 2020.4) 90년대 이전 다산 관련 학위 논문 목록에 대해서는 http://www.edasan.org/sub02/board01_list.html?bid=b22&page=2&ptype=view&idx=4682

45 물론 이 글이 발견되어 본고의 논지와는 다른 논지로 전개되고 있다면 이 논문의 주요 논지 자체가 흔들릴 수 있는 과도한 추정이 될 수 있음은 분명하다. 하지만 동주의 이 글은 자료집 형태로 도서관에 남아있지 않고, 동주 본인의 소장 장서에도 포함되어 있지 않다. 하영선 본인도 이 논문을 정리과정에서 잃어버렸다고 한다. 따라서 본고에서는 그의 사상을 역추적하면서 그의 무의식 내지 욕망을 분석하고자 하는데 초점을 둔다.

46 하영선의 전달이 얼마나 동주의 사상을 정확히 보여주는지 역시 생각해 볼 문제다. 하영선 본인의 재해석이 들어갔을 여지 역시 충분히 있음은 물론이다. 이를 가급적 피하기 위해 다음 장에서는 동주의 다른 글들에서 보이는 동주의 생각과 비교함으로써 살펴보려 한다.

습니다. 정치는 크게 보아 세 가지 측면이 있습니다. 무엇보다도 정치는 지배, 즉 다스림을 위한 권력 장악의 싸움입니다. 정치학은 이런 싸움에 관한 학문입니다. 이러한 싸움의 세계에서 폭력이 통제되어 가는 과정이 국내적으로는 민주화입니다. 우리 현대 정치사에서도 겪은 것처럼, 폭력적 권력 장악 방식이 비폭력적 선거로 대체되더라도, 정치에서 권력 장악을 위한 폭력적인 요소는 여전히 중요합니다. 두 번째로 정치적 지배를 위한 또 하나의 수단으로 말의 힘이 있습니다. 이것은 명분 싸움이고, 정당성의 투쟁이고, 권위의 장악입니다. 세 번째로 중요한 것은, 실제 일상적인 정치에서 권력과 공권력을 유지하고 관리하는 행정입니다. 정조의 정치 참모로서 '신아지구방'이라는 다산의 구상은 당시 노론 중심 족벌 체제의 횡포로 국망의 위기를 맞은 조선조를 살리기 위해 마련한 정조 중심의 왕권 강화책이었습니다.[47]

요약하자면 세 가지 각도란 첫째 정치는 지배나 다스림을 위한, 권력 장악의 싸움이라는 점, 둘째, 그럼에도 정치란 말의 힘을 통한 정당성의 투쟁 내지 권위의 장악이라는 점, 셋째 일상적인 정치에서 권력을 유지하고 관리하는 행정이라는 관점이다. 이를 통해 정조의 '정치 참모'로서 '신아구방'이라는 다산의 구상은 기본적으로 왕권 강화책이었다고 평가된다. 다산을 정치학적 시각에서 볼 때 다산의 경학론이 단순히 경학론만이 아니며, 개혁론도 단순히 규범적 차원의 제도 및 행정개혁을 논한 것만이 아니었다. 다산의 경학론조차도 왕권 강화를 통한 위민 정치의 구체적 개혁안이라는 것이다. 다산은 자신이 처한 권력 현실에서

---

47 하영선, 『역사 속의 젊은 그들』, 65쪽.

현실 정치권력을 차지하기 위한 작업 혹은 사후적으로 잃어버린 권력을, 자신의 행동을 정당화하는 작업으로서 경학을 연구한 것으로 평가된다. 즉 다산의 일표이서—表二書,《경세유표》,《목민심서》,《흠흠신서》는 단순한 행정론이 아닌 새로운 정치 개혁론으로 읽어야 하며, 경학론도 단순한 경학이 아닌 고도의 정치 명분론으로 다시 읽어야 한다는 것이다.[48]

최근에도 다산을 정치가로서 읽어야 한다는 논의는 존재하고, 이에 대한 비판 역시 존재한다.[49] 하지만 다산을 정치가로서 해석힐 수 있느냐 아닌가는 본 논문의 관심은 아니다. 중요한 것은 다산이 민족주의와 근대성, 민주주의의 화신으로서 그려져 왔다는 점을 넘어 동주는 이와는 다른 정치학적 해석을 제시하려 했다는 점이다. 그렇다면 동주에게 정치학이란 무엇이었는지를 좀 더 살펴보는 것이 정치가로서 다산을 끄집어 올렸던 동주의 의도를 파악하는 또 다른 실마리가 될 것이다.[50]

---

48 하영선, 『역사 속의 젊은 그들』, 66-67쪽; 81쪽.

49 정치가로서의 다산에 대한 평가를 적극적으로 제기하는 글로서 한형조, 「철학자 주자, 정치가 다산」, 김영호 외, 『세계사 속의 다산학』(파주: 지식산업사, 2021). 하지만 정종현이 지적하듯이 기존의 다산 연구가 다산을 '자코뱅주의'적인 드라마의 희생양으로서 그리며, 이성적 질서를 수립하기 위해 정치권력 쟁취에 몰두한 지식인들을 주역화하는 경향에 대한 비판 역시 존재한다. 정종현, 『다산의 초상』, 25쪽.

50 하영선의 『역사 속의 젊은 그들』은 한국 국제정치학의 주요 인물들을 박지원-정약용-유길준-김양수-안재홍-이용희-복합파의 순서로 구성하고 있다. 이러한 구도 자체는 그가 직접적으로 이야기하고 있지 않지만 다산을 북학파와 개화파를 잇는 인물로서 위치짓는 동시에, 이러한 사상이 결국 안재홍이나 이용희에게 이어지며, 이들을 통해 한국적 국제정치학의 중심 인물들의 계보를 작성하고자 하는 의도로서 보인다. 그리고 이는 연전-연세대를 중심으로 이어져 온 다산학에 대한 국학적 계보와는 다른 정치학/국제정치학적 계보로서 이야기될 수 있을 것이다.

4. 이용희에게 정치학이란 무엇인가

(1) '제왕의 학문'으로서 정치학

동주에게 정치란 '배워서 알 수 있는 학문'이 아니었다. "정치학이라는 학문: 그 현상에 관한 짧은 에세이"라는 글에서 그는 과연 정치학을 공부만 하면 정치의 본질과 내용은 알아지는 것인가라는 질문을 던진 후 다음과 같이 말하고 있다.

> 그것이 그런 것 같지 않다. 보통 정치학을 배우는 학생들은 이미 정치학이라는 학문이 정치현상을 저며놓고 다져놓고 밝혀놓고 정리해서 열심히 공부하고 부지런히 읽어만 가면 필경은 정치가 알아진다고 생각하기 쉽다. 정치학이라는 고개만 올라서면 그 너머에는 정치라는 파노라마가 다 보이게 되어 있으려니 하고 믿는 것 같다. 그런데 이런 생각이 지금의 형편으로는 착오에 가깝다. 정치학은 보통의 의미로도 아직 보편타당한 원리나 내용을 발견했거나 혹은 지난 학문이 아니다. 아직 그 성격조차도 밝혀지지 않은 학문이다.[51]

여기서 그가 비판하는 것은 영미식의 '과학으로서의 정치학'이었다. 그가 보기에 원래 정치학은 사실 서술의 박물학자형의 호사가나 진리 탐구의 상아탑 선생의 취미로 발달한 것이 아니었다. 그에게 중요한 것은 구체적으로는 좋은 나라, 잘 살 수 있는 정치, 도리 의식에 맞는 정치 사회 따위를 이룩한다는 목적의식 아래 실천의식 속에서의 정치학이었

---

51 「정치학이라는 학문: 그 현상에 관한 짧은 에세이」(1958), 『독시재산고』(전집6), 251쪽.

다.[52] 관찰과 지식은 어디까지나 수단일뿐 "결국 정치학은 정책에 이바지하는 것"이라는 실천의식이 정치학이라는 학문의 역사와 성격에 담겨 있다고 그는 보았다. 정치학은 족보부터가 다른 학문과 달랐다. 근세의 'Politik'이 정책이란 뜻에서 나온 점도, 정치政治의 '정'政은 원래 바름正이고, '치'治는 다스린다는 것으로 옳게 다스린다는 데서 정치란 말이 나왔다는 점도 정치학이 시초에 정책학, 치국학이었던 모습을 보여준다고 해석한다. 정치학은 다른 학문보다 실천적인 사회의식에서 발생하고, 그 점에서 '통치의 학', '정책의 기본', '항거의 이론'으로서 발달해 왔다는 것이다.[53] 이는 그가 초기부터 줄곧 강조해 온 내용이었다. 동주는 줄곧 현실적인 문제의식에서 기반하여 정치학의 실천적 성격을 강조해 왔다.[54]

책이 곧 학문은 아니라는 것, 특히 사회과학에서 책은 보조수단일 뿐이지 학문 그 자체일 수는 없다는 것이 동주의 생각이었다. 그가 보기에 최고의 교과서는 항상 현실이었다. 책 자체가 학문이 아니라는 것은 상식이지만, 자꾸 읽다 보면 마치 책이 학문인 것 같고 책 속에 학문이 있는 것

---

[52] 서정민·조영철이 지적하듯이 한국의 국제정치학의 특성으로서 치국책(statecraft)과 분리 불가능한 모습을 보인다. 비슷한 시기의 서울대 정치학과의 조효원 교수, 경희대의 이원우 교수의 사례에서도 보이는 바라는 것이다. 식민지적 경험을 갖고 있던, 그리고 냉전이라는 상황 속에서 이들은 진리 탐구(truth-seeking)보다는 방법 탐구(way-seeking)에 천착해 왔다는 것이다. Jungmin Seo and Young Chul Cho, "The emergence and evolution of International Relations studies in postcolonial South Korea," *Review of International Studies*, Vol. 10, 2021. p. 629. 이와 관련하여 50년대 이후의 한국 정치학/국제정치학의 특징을 분석한 최근 연구로서는 홍정완, 『한국 사회과학의 기원-이데올로기와 근대화의 이론 체계』(서울:역사비평사, 2021) 등 참조.

[53] 「정치학이라는 학문: 그 현상에 관한 짧은 에세이」(1958), 『독시재산고』(전집6), 256쪽.

[54] 물론 이러한 비판적 태도가 동주에 한정된 것이라 말하기는 어렵다. 70년대 후반부터 한국의 정치학계에서 서구 이론 중심의 정치학에 대한 비판적 태도는 눈에 띄게 나타난다. 이철순, 「'한국적 (국제)정치학' 정립을 위한 담론 비평」, 『21세기정치학회보』 22집 3호(21세기정치학회, 2012. 12), 97-98쪽.

같고, 현실이 책 속에 들어 있다는 착각을 일으키게 된다는 것이었다.[55]

그런 점에서 동주 본인이 정치학을 체계적으로 배운 바는 없지만, 그가 정치학이란 학문 자체를 어떤 방식으로 체험하게 되었는지를 재구성해 보는 것은 중요할 것이다. 그는 연전 때 읽었던 정치학 책 몇 권을 소개하며 정치의 진상이 적혀 있는 줄 알고 있는데, 실망이 컸다고 회고한다. 이는 민족이나 내 집안이 고생하는 이유와 같은 '현실' 문제와 동떨어진 내용이었기 때문이었다. 이는 영미의 정치학 책들 역시 마찬가지였다. 식민지 백성에겐 당치않은 이야기일뿐, 이는 당시 일본에서 한창이었던 독일의 국가학계통 역시 마찬가지였다.[56] 이후 그는 만주에서 다시 한번 연전 때 경멸하던 영미 정치학이나 독일 국가학을 읽었지만 여전히 실감을 가질 수 없었다. 그러던 그가 접하고 흥분했었다고 기억하는 책이 카Carr의 《20년의 위기》와 샤프Sharp와 커크Kirk의 공저 《현대국제정치론》Contemporary International Politics이었다. 그러나 이 책들이 국제정치에 대한 이론을 잘 정리하고 있기 때문은 아니었다. 오히려 이 책들은 국제정치라는 학문 분야로서보다는, 국제정세에 대한 관점을 정리하는 데 도움을 주었다. 특히 동주는 샤프와 커크의 책을 몇

---

55 하영선은 이용희에게 진학 문제를 의논했을 때 국제정치학은 제왕의 학문인데, 애초에 취직을 포기한 것 아니냐고 답하면서, 국제정치학이란 좁은 의미의 외교관이 되거나 특정 국가의 외교정책을 담당하는 문제가 아니라, 한반도라는 시공이 겪고 있는 생사의 문제에 대해 정면 승부를 하려는 각오로 해야하는 학문임을 말한다. 그것은 전통적인 의미에서 왕이 해야 할 학문이라는 것이었다. 하영선, 『역사 속의 젊은 그들』, 262쪽. 이경미의 논문에서는 이러한 제왕의 학문으로서의 성격을 제국-식민지적 성격의 변용으로서 파악한다. 이경미, 「동주 이용희의 분노와 '한국적' 제왕의 탄생」.

56 「학문·사상·현실─독서 연대기로 돌아보는 젊은 정신의 회억」(1974), 47-48쪽. 당시 그가 읽었던 책은 도자와 테츠히코(戸沢鉄彦)의 『정치학개론(政治学概論)』, 로야마 마사미치(蠟山政道)의 『정치학의 임무와 대상(政治学の任務と対象)』, 오타카 도모오(尾高朝雄)의 『국가구조론(国家構造論)』이었다. 영미의 정치학 저서로는 라스키(Laski)의 『정치법전(政治範典, Grammar of Politics)』, 가너(Garner)의 『정치학과 정부(Political Science and Government)』였다.

번씩이나 읽었다고 회고하고 있는데, 이는 학문적 관심에서였다기보다 현실정치, 현실 국제정세를 알려주는 책이었기 때문이다.[57]

노재봉은 이에 대해 동주가 연전으로 가서 역사를 공부하면서 자신이 왜 이렇게 고생을 하나, 왜 이렇게 사나를 탓하다 보니 나라의 형편 때문에 이렇게 고생하게 되었다는 식으로 동주가 공부를 시작하게 되었던 것이 아닐까 추측한다. 게다가 당시는 제국주의와 민족주의가 세계적으로 얽히면서 나갈 때 자신의 문제를 천착하다 보니, 넓은 의미에서 세계를 보게 되고, 그 세계를 보기 위한 공부를 하게 되었다는 것이다. 그러다가 나중에 국제정치학이라는 명칭이 생기면서 자연스레 국제정치학자가 된 것이지, 국제정치학이라는 장르가 따로 있어서 그걸 하려 했던 것이 아니었다. 동주와 많은 시간을 함께했던 그는 동주가 "직업으로서 먹고 살기 위해 하는 것은 정치학이 아니다"라는 이야기를 늘 했다고 기억하는데, 그러한 문제의식에서 출발해 공부하다 보니 "내가 이 나라를 운영한다면, 그 운영에 필요한 지식, 그리고 상황의 정확한 이해를 어떻게 해야 할 것이냐?"라는 공부를 해 들어가고 연구를 해 들어갔던 것이라는 거다.

정치학이란 결국 실제의 정치를 어떻게 운영할 것인가와 관련된, 어떻게 내 나라를 잘 살게 할 것인가라는 문제의식과 관련된 것이라면, 그에게 학문적 실천이 현실정치에서의 실천과 나뉠 수 없음은 당연한 것이었다. 하지만 그가 80년대 다산에 주목했던 이유는 70년대 그가 직접 현실정치에 참여한 경험과 관련된다는 점에서 단순히 학문/현실의 이분법을 넘어서려는 문제의식에 그치는 것이 아니었다. 동주는 정

---

57 「학문·사상·현실―독서 연대기로 돌아보는 젊은 정신의 회억」(1974), 47-49쪽. 그가 만주시기 접하게 되었던 지적 맥락과 관련해서 좀 더 자세한 내용은 강동국, 「국제정치학자 이용희의 탄생」에 정리되어 있다.

조의 '정치 참모'로서 개혁안을 준비했던 인물로서 다산을 평가하는데, 이는 흡사 동주와 박정희의 관계를 연상케 한다.

동주는 박정희 정권 초기에 비판적인 입장을 견지해 많은 서러움을 받은 바 있다.[58] 하지만 동주는 1975년부터 1976년까지는 청와대 대통령비서실 산하에서 대통령 정치담당 특별보좌관을 역임하게 된다. 박정희는 1970년대부터 미국의 백악관을 본따 특별보좌관 제도를 신설하여 '아이디어 뱅크'로서 정책 면에서 조언 및 평가하는 역할을 부여하여 주로 대학교수들을 특별보좌관으로 임명하였다. 베트남 전쟁 이후 안보 문제가 불거진 상황 속에서 동주가 정치담당 특별보좌관으로 들어간 것이었다.[59] 그 후 동주는 1976년부터 1979년까지 국토통일원 장관을 역임한다.

그러나 장세진이 지적하듯이 국토통일원에서의 작업은 성공적이지 못했다. 정부와 여당은 국토통일원의 존재를 부차적인 것으로 여겼다. 기존의 통일 문제는 중앙정보부가 주도했으며, 동주가 국토통일원 원장으로 재직하고 나서도 국토통일원의 위상은 정책기관도, 완전한 연구기관도 아닌 애매한 상황이었다. 그가 국토통일원 원장으로 재임하

---

[58] 1956년부터 초대 한국국제정치학회 회장을 맡은 그는 학회 심포지엄에서 박정희 정권을 비판하다 전공 활동에 제한이 걸리게 되었다. 그리하여 '특수한 사정'으로 '신변에 울적한 일'이 생겨 '잠시 신변이 한가로워진 틈을 타' 그 울적함을 한국미술사 정리를 통해 풀었다고 밝힌 바 있다. 노재봉 역시 동주가 "그림에 관련된 책이 많은 것은 박정희 대통령 때 문제가 있어서 그런 것입니다. 저도 서러움을 받았고 선생님 때문에 고생했습니다만, "이런 때는 정치에 손대지 말고 내가 좋아하는 미술이나 하고 있는 거야. 다른 거 생각하지 말고 이거나 받아서 하게""라고 동주의 말을 회고하고 있다. 하영선, 『역사 속의 젊은 그들』, 300쪽.

[59] 정세현의 기억에 의하면 1975년 사이공이 함락되고 5월초 '제2의 월남화전략'으로 북한이 남한을 남베트남처럼 만들려는 프레임으로 반공몰이를 시작하면서 서울대 외교학과 이용희 교수, 고려대 정치외교학과 김경원 교수, 당시 외교관이었던 최규하 대사를 외교안보 특보로 임명하게 되었다. 정세현, 『판문점의 협상가: 정세현 회고록』(서울: 창비, 2020), 75-76쪽.

면서 꿈꾸었던 통일 정책의 입안과 남북대화 실무 정책을 주관하는 싱크탱크로서의 역할을 수행할 수 없던 상황이었다.⁶⁰ 그렇다면 학계는 아니지만 대우재단으로 돌아와서 그가 다산에 주목한 것은 아마 그가 현실정치에서 못다 이룬 것에 대한 문제의식에서 비롯된 것으로 보인다. 동주에게 다산은 왕권 강화를 위해 당시 노론 중심의 족벌 체제를 장악하는 것을 1차 목표로 삼고, 다음으로는 다양한 행정개혁으로 피폐한 민을 위하면서, 마지막으로 군사와 안보 문제, 더 나아가 청과 일본을 어떻게 다뤄야 할 것인가에 대한 전략까지 포괄한 모습으로 그리지고 있다.⁶¹ 이는 아마 동주가 꿈꾸었던 방식의 현실정치에 참여하는 지식인의 이상적인 모습이었을 것이다. 그가 저널리즘적 글쓰기를 통해 현실정치에 비판하는 방식으로 학문을 이어왔던 것은 그에게 정치학이란 이론이나 책 속에 있는 것이 아니라, 현실정치에 직접 개입하는 방식이었기 때문이었다.⁶²

(2) '자율성의 시대'에서의 정치학

그러나 다산에 대한 그의 주목이 단순히 정치학이라는 학문이 현실과

---

60 이에 대해서는 장세진, 「미완의 싱크탱크 혹은 이용희의 국토통일원 시절(1976~1979)」, 340-344쪽.

61 이는 동주가 다산의 안보론에 관심을 가진 이유와도 연관될지 모른다. 〈다산의 정치 개념〉에서 동주는 다산의 군사론과 정조의 지속적 군사 훈련이 단순히 대내적인 왕권 강화를 위한 것이었는지, 아니면 대외적인 국가 안보까지 염두에 두었던 것인지 확인할 수는 없지만, 단기적으로는 소중화적 시각의 자부심과 북학의 실용적 안목에서 청국을 바라보고 있으나 장기적으로는 전략적 북벌론의 가능성을 내보인다고 평가한다.(하영선, 『역사 속의 젊은 그들』, 81-82쪽)

62 그런 점에서 동주의 작업은 마루야마 마사오가 일본정치사상사라는 '본점'과 현실 정치에 대한 저널리즘적 글쓰기라는 '야점'이라는 작업을 진행해 왔던 것과 유사해 보인다.

분리될 수 없다는 이유만은 아니었다. 또 하나 80년대 동주를 사로잡았던 문제의식은 '자율성'이었다. 1980년 1월 1일 《동아일보》에 실린 글 〈80년대는 의지·자율의 시대〉에서 그는 다음과 같이 80년대를 전망하고 있다.

> 역사의 큰 의미로 볼 때는 한국은 어떤 지역의 중심에 와 있는 사회로서 틀림없이 역사적인 역할을 할 것이며 80년대는 '의지의 연대'랄까, 의지로써 타개해야 할 연대가 될 것입니다. 여기서 우리 정치의 최대 문제는 그러한 보람을 줄 수 있느냐 없느냐 하는 것이고 보람을 줄 수 있는 정치로 나가야 합니다. 행정사무로써는 인간에게 절대 보람을 줄 수가 없지요. 나는 통일원에서 일하면서 한국인은 시나리오로는 안 되고 자발적으로 문제를 생각하도록 해야 한다는 것을 느꼈습니다. 통일문제가 이제까지 당이나 정치하는 데서 시나리오로서 자꾸만 나오는데 자율성을 주어야 합니다. 특히 우리사회는 '열린 사회'이기 때문에 가장 필요한 명분의 하나는 자율성을 주는 것입니다.[63]

그가 국토통일원에서 일하면서 "한국인은 시나리오로는 안 되고 자발적으로 문제를 생각하도록 해야 한다는 것을 느꼈다"고 언급하고 있듯이 그는 통일문제가 당이나 정치하는 데서 시나리오로서 나올 것이 아니라 자율성이 필요하다고 보았다. 이는 당시 국토통일원과 박정희 정부 사이의 관계를 그대로 보여준다.

하지만 이것이 국토통일원에서 경험했던 관료사회의 경직성 때문만은 아니었다. 그는 80년대 줄곧 자율화의 문제를 제기한다. 이는 《동아

---

63 「80년대는 의지·자율의 시대」(1980), 『독시재산고』(전집6), 506쪽.

일보》 1984년 1월 1일에 실린 권오기와의 대담 〈스스로 움직이는 사회
가 건강하다〉에서도 이어진다.[64] 동주는 자율화에 두 가지 뜻이 있음을
지적하면서, 그 하나는 "명분으로서의 자율화, 다원적인 가치로서의 자
율화, 타율에 대한 자율화라는 이념적인 뜻"이 있고 또 하나는 "실용적
이라고 할까 실제적이라고 할까, 일상생활에서 고쳐나갈 수 있고 또 전
개돼 나갈 수 있는 자율화"로서 제시한다.

그는 정치와 행정을 구별한다. 정치에는 여러 가지 의미가 있지만 국
가권력의 장악 유지가 기본 목적이고, 행정은 그것을 뿌리로 해서 나왔
다고 설명한다. 하지만 부모를 뿌리로 해서 자식이 나왔다고 하지만 자
식이 그대로 부모는 아닌 것과 마찬가지로 행정이라는 것이 정치를 근
거로 해서 나오지만 행정이 곧 정치는 아님을 강조한다.

> 그런데 요즘은 어떻게 됐는지 모르지만 행정을 곧 정치로 생각하고
> 어떤 국어사전은 정치권력의 행사를 심지어 행정으로 적어놓고 있어
> 요. 회사를 운영하는 데 사원들의 관리 사무를 중역진에서 자꾸만 간
> 섭을 하고 간여를 하면 사원이 제대로 일을 못하는 것 아닙니까. 그렇
> 게 되면 사원들은 일보다 자연히 중역진들의 눈치를 보고 그 사람들
> 의 비위 맞추려고 바빠 일을 제대로 못하게 되지요. 마찬가지로 행정
> 이라는 것은 국민의 일상적인 일을 법규를 통해 관리하는 것인데 거
> 기에 정치를 잘못 생각해 정치의 힘이 자꾸만 작용한다면 행정은 일
> 그러질 수밖에 없고 일그러지면 책임감이 생길 수 없지요. 정치력에
> 대해 눈치만 보고 아첨을 하게 되니 일이 안되지요. 그러니까 자율화
> 같은 것도 아주 쉽게 얘기하자면 행정의 자율화 같은 것이 국민생활

---

[64] 「스스로 움직이는 사회가 건강하다」(1984), 『독시재산고』(전집6), 531-532쪽.

을 제대로 하게 하는 중대한 원인이 된다고 생각합니다.⁶⁵

행정은 정치와 구별되어 국민의 일상적인 일을 법규를 통해 관리하는 것인데, 행정이 자율화되지 못한 것이 오히려 정치권력에 대한 과도한 의존으로 나타나 오히려 책임감이 떨어지게 되는 문제를 지적한다. 문화와 역사적 배경에 따라 리더십의 문제가 조금씩 다르게 나타나지만 공통된 것은 상식이라고 그는 보았다. 즉 정치란 대중을 상대로 하는 것이고 대중의 가장 공통된 지식은 상식이므로 대중을 대표하는 통치자 중에 상식적인 통치자가 가장 인기 있는 이유가 여기에 있다고 보았다. 그러나 곧이어 동주는 정치가 아니라 통치가 상식이라고 바꿔 말한다.

> 정치가 아니라 통치가 상식입니다. 따라서 통치의 한 부분인 행정이 상식이어야 하고 이른바 기술적인 요소는 상식적인 일을 관리하는 절차의 전문성을 의미하는 것이지요. 가령 그 좋은 예로 프랑스의 제 3공화국 때 열대여섯 번의 정변이 났고 정권 부재의 상태도 있었지만 일반 국민 생활은 까딱없었어요. 행정이 안정됐기 때문입니다. 미국의 경우도 마찬가지지요. 그러나 정치는 달라요. 경우에 따라서는 피비린내 나는 싸움까지 겪어야 하는 정권장악과 유지가 상식일 수 없고 따라서 비상식과 시시각각으로 발생하는 변화요인을 다루어야 하는 학문도 정형을 추정하기가 어렵다는 게 제 생각입니다. 학문으로도 정치학이라는 교과목은 있지만 아직 학문적인 의미의 과학으로서의 정치학이 확고하게 자리를 잡아서 공통된 공통이론이 있느냐 하면 그렇지가 않거든요.⁶⁶

---

65 「스스로 움직이는 사회가 건강하다」(1984), 531-532쪽.

그가 보기에 행정과 정치가 혼동되고 있는 것이 문제였다. 행정은 일상생활의 공권력이 미치는 것인데 행정을 정치로 혼동하고 있다는 것이 그가 이 시기 정치를 바라보는 주요한 관점이었다. 이처럼 정치가 과도히 작용하기 때문에 행정은 위를 보게 되고, 관료조직이 시원찮은 이유 역시 여기에 있었다.[67] 이는 그가 실제로 행정을 담당하면서 느꼈던 술회였을 것이다. 그는 행정이 상식에 의해서 이뤄져야 하지만 과도하게 위를 보게 되는 행정이 정치에 종속되는 문제를 느꼈다.

이는 앞에서도 보았듯이 동주가 다산을 정치적으로 해석하면서 세 가지 측면, 즉 정치란 지배나 다스림을 위한 권력 싸움이자, 정당성의 투쟁이자, 동시에 일상적인 정치에서 권력을 유지하고 관리하는 행정이라는 관점을 강조한 것과 관련될 것이다. 그리고 이는 베버가 정치에서 지배를 위해서 필요한 행정의 역할을 강조했던 것을 떠오르게 한다. 직업/소명으로서의 정치가의 등장은 이러한 행정의 필요성 때문이었다. 베버가 정치를 직업으로 삼는 두 가지 유형으로서 정치를 '위해'für 살거나, 정치에 '의해/의존해'von 사는 것으로 구별할 때 행정의 의미는 정치에 '의해' 사는, 즉 정치를 생계로 삼는 삶으로 축소될 수 없다. 동주는 직업/소명으로서의 정치를 '위해' 사는, 정치에 헌신할 수 있는 정치전문가가 필요하다고 보았다. 이때 정치를 위해 사는 정치인/지식인이란 전문화 시대의 직업적 지식인도 아니고, 단순히 정치 권력에 순응하는 행정가로서 그치는 것이 아닌 오랜 기간 고도로 훈련받은 군주의 정치조언자이자 집행자의 역할을 수행할 인물이었을 것이다.[68]

---

66 「스스로 움직이는 사회가 건강하다」(1984), 538쪽.
67 「자율화와 획일주의」(1985), 『독시재산고』(전집6), 551쪽.

이는 이용희의 초기저작인 《국제정치원론》(1955)이나 《정치와 정치사상》(1958) 등에서 행정이라는 개념이 두드러지게 나타나지 않는 것과 대비된다. 그가 80년대를 자율성이라는 키워드로 파악하며 행정에 대한 적극적인 의미를 부여하는 것은 다산 이해에도 관련되어 있을 것이다. 또한 이는 과도한 정치화에 반대하고, 상식적인 통치를 강조하면서 본인과 같은 지식인-관료의 역할이 중요했음을 정당화하는 작업이기도 했을 것이다. 다산의 《목민심서》가 구체적인 행정 텍스트로 읽혀온 것은 주지의 사실이지만,[69] 동주가 다산에게서 행정이라는 측면을 강조하며 동시에 이를 일종의 담론 투쟁으로서 읽어낸 것은 80년대 그가 생각했던 지식인/정치가로서의 본인의 모습과 겹쳐 읽혀지는 면이 있다.

5. 정치참모로서 다산과 동주

다산의 논의가 정조 사후에 정치의 무대에서 사라진 것처럼, 박정희 사후 동주는 그를 써줄 현실의 권력자를 만나지 못했다. 이는 '정치 특보'였던 자신의 아이덴티티를 어떻게 재정립할 것인가라는 문제를 그에게 고민하게 하지 않았을까. 그런 점에서 다산을 재조명한 그의 시도는 초

---

68 직업/소명으로서의 정치의 의미에 대해서는 막스 베버, 박상훈 역, 『소명으로서의 정치』(서울:후마니타스, 2021)

69 18세기 등장한 목민서류의 의미에 대해서는 김용흠, 「『목민심서』에서 무엇을 볼 것인가」, 『내일을 여는 역사』 73호(재단법인 내일을여는역사재단, 2018. 12); 김용흠, 「18세기 '목민서'와 지방통치-『목민고』를 중심으로」, 『한국사상사학』 35호(한국사상사학회, 2010. 1); 김선경, 「목민심서」 연구: 통치기술의 관점에서 읽기」, 『역사교육』 123(역사교육연구회, 2012. 9); 김선경, 「조선후기 목민학의 계보와 『목민심서』」, 『조선시대사학보』 52(역사교육연구회, 2012. 9) 참고.

학문적 동기에서 비롯된 것이 아니었을까. 1986년 3월 〈다산학의 의의〉 회의에서 동주는 자신의 관점을 다음과 같이 피력하고 있다.

다산 정약용 선생에 대해서는 여기 오신 분들은 잘 아실 정도가 아니라 깊이 연구하신 분들이 대부분이어서 다른 말씀 드릴 것은 없고 저 개인으로서는 다산 선생에 대해서 학교에 다닐 때부터 관심이 있어서 쭉 공부해 왔습니다. 실학을 하시는 당시의 분들을 보면 그 당시로는 신지식을 가지셨거나 혹은 홍대용이나 연암 선생같이 신지식을 들여오신 분들인데 이들의 하나 공통된 점은 그분들이 말씀하신 것들이 현실에 대한 예리한 비판의식을 가지고 거기서부터 개혁 기타 새로운 방법들에 대한 것들인데 반해 대부분 불우한 생활을 누렸다는 점입니다. 다른 나라에서는 권력을 쥐고 있거나, 권력 주변에 있는 사람들이 권력을 보좌하는 의미에서 새로운 견해·방안·개혁안들을 내는 데 반해 우리나라의 경우 권력에 접근하지 않은 사람이 그러한 견해·개혁안을 내는 데 대해 저 개인적으로는 퍽 이색적이라 생각됩니다. 다시 말하면 어떠한 비판·개혁안이든지 그분들이 말씀하신 대로 후생이용하려면 정치권력에 연결되어야만 하는데 어떻게 된 것인지 우리나라에서는 정치 권력에 연결되지 않는 분들이 그러한 현실비판이나 개혁안에 따른 새로운 사상들을 내놓고 있어서 이것이 우리만의 독특한 현상인지, 그럴만한 이유가 있었던 것인지 저 개인으로는 대단히 궁금했었습니다. 더구나 개인적으로 말씀드린다면 다산 선생 업적의 엄청난 부분을 이루고 있는 경학이 어떠한 각도에서 그러한 실천과 또한 후생이용과 연관되는 것인지 요즈음 입장에서는 참 알기 어려운데 그 당시 입장에서는 그것이 무엇을 의미했는지도 저 개인으로는 대단히 흥미가 있었습니다. 그러나 이는 저의 부족한 소견 탓이라 생각됩니다."**70**

　동주가 다산 연구에서 경학이 실천과 후생이용에 어떻게 연관되는 것인지 잘 알지 못하겠다는 겸사를 사용하고 있지만, 그는 다산을 포함한 실학자들이 현실 권력과 동떨어진 방식으로 해석되는 데 대한 문제의식을 보여주고 있다.**71** 그가 보기에 다른 나라에서는 권력을 쥐고 있거나, 권력 주변에 있는 사람들이 권력을 보좌하는 의미에서 새로운 견해, 방안, 개혁안들을 내는 데 반해 한국의 경우 권력에 접근하지 않은 사람이 그러한 견해, 개혁안을 내는 것이 차이라고 보았다. 직접적으로 동주가 이야기하고 있지 않지만 다산은 여기서 예외 혹은 반쯤 걸쳐 있었던 사람이었을 것이다. 다산을 국학적인 방식으로만, 역사학적인 방식으로만 읽어온 것에 대해서 정치학적으로 읽어야 한다는 것이 동주의 생각이었다. 다산은 권력에 가까이 있으면서 혹은 권력에서 멀어진 이후에도 현실적인 개혁안을 제시하며 자신의 활동에 정당성을 부여한다. 이는 다산의 경학 연구라는 학문적 실천조차도 동시에 정치적 실천이라는 의미이기도 했다. 그렇다면 동주 역시 마찬가지 아니었을까? 이 개회토론은 이후 《다산학의 탐구》라는 제목으로 1990년에 출판되는데, 이 책에는 원래 동주의 글도 함께 실릴 예정이었으나 실리지 못했다. 목차에 "다산의 정치개념에 관한 이용희 교수의 원고는 필자사정상 2판에 수록됩니다"**72**라고 적혀 있을 뿐이다.

　동주의 다산에 대한 언급은 이후 그가 최상용과 했던 대담에서 다시

---

70 이용희, 「개회토론-다산학의 의의」, 강만길 외, 『다산학의 탐구』, 민음사, 1990, 9쪽.

71 동주는 1982년 회의의 종합토론에서 "조선왕조사회에서 정치적 명분의 근거를 부여해 온 경학의 역할과 관련하여 다산의 경학이 왕조정치의 정통성을 새롭게 부여하려는 노력"이 었음을 지적한 바 있다. 한우근 외 지음, 『정다산연구의 현황』, 348쪽.

등장한다. 《동아일보》 1987년 1월 1일자에 실린 최상용과의 대담 〈격동기, 젊은이 희생 없게 하자〉에서 최상용이 철저히 현실에 바탕을 두면서도 보다 나은 미래를 설계할 수 있는 상상력의 필요성을 강조하는 것에 대한 답변으로 동주는 다산을 끌어온다.

> 다산 정약용 선생은 일찍이 세상사는 시비곡직과 이해득실이라는 두 개의 기준으로 저울질할 수 있다고 했습니다. 보통 정당 정치라고 할 때 국민들은 시비곡직으로 저울질을 해주기 바라지만 정치인들은 이해득실로 모이고 움직이게 마련입니다. 때문에 다원화 사회에서는 언론, 선거, 민간압력 등을 통해 정치인들을 견제하게 되는데 그 견제 기능이 제대로 작동이 안 될 때 이해득실만 남는 법입니다.[73]

이후의 논의는 다산에 대한 언급 없이 다른 쪽으로 흘러가지만, 대담 말미에 동주는 다시 한번 다산을 언급한다. 최상용이 올해는 외화外華 쪽을 쫓기 보다는 내실을 다지기 위해 자기성찰을 하는 해가 되었으면 좋겠다는 바람을 말하자 동주는 다음과 같이 말하고 있다.

> 역사는 큰 격동을 거쳐서 흘러가는 법입니다. 이 격동을 무서워하면 정체가 있을 뿐입니다. 다산 선생도 한 나라가 강해지려면 사방이 다 적국이어야 한다고 하지 않았어요? 나는 격동을 무서워할 필요가 없

---

72 〈책머리에〉에서는 "앞으로도 계속될 다산학연구 소(小) 시리즈에는 「조선후기의 서학」, 「정다산전」, 「다산과 중국 경학」, 「정치학적으로 본 다산 정약용」 등이 있다. 이 연구들이 속속 출간되어 다산학이 하나의 학문으로 확고하게 정립되기를 기대한다"는 말이 적혀 있다. 하지만 동주의 다산 관련 원고도, 『정치학적으로 본 다산 정약용』도 출판은 되지 않았다. 이용희, 「개회토론-다산학의 의의」, 강만길 외, 『다산학의 탐구』, 7쪽.

73 「격동기, 젊은이 희생 없게 하자」(1987), 『독시재산고』(전집6), 570쪽.

다고 봅니다. 다만 이 격동을 용기 있고 슬기롭게 해결하는 것이 문제지요. 격동이 없었으면 좋겠다는 것은 안이한 정치인들의 꿈에 불과합니다. 87년은 그런 격동을 정면으로 안아 들이는 한 해가 되어야 하고 그렇게 될 것으로 믿습니다.[74]

다소 맥락 없이 다산이 논의 속에 등장하는 것은 아마 이 시기 동주는 다산을 열심히 읽고 있었기 때문일 것이다. 여기서 다산은 당대 한국이 처한 격동을 용기 있고 슬기롭게 해결하는 모델로서 제시된다. 그리고 이는 어쩌면 동주 본인의 자화상이었을지 모른다. 동주에게 다산의 정치가적 모습이 파악되는 것은 어떤 구체적인 특징이라기보다 현실의 문제를 대처하는 능력을 가진, 즉 제왕학으로서 정치학을 접근하면서 행정가로서 통치의 역할을 강조했던 1980년대 동주 본인의 모습의 투사처럼 보인다. 다산이 정조 사후 유배과정에서 학문에 몰두했던 모습 속에서 동주는 박정희 사후 현실정치에서 물러난 자신과 동일시했던 것일까? 물론 다산의 글이 그가 살았던 당시에 정조의 통치에 반영되지 못했던 것처럼 동주의 글 역시 자신의 정치에 대한 생각을 풀어내는 것일 수밖에 없었다. 한국사상사에서 다산에 대해 말하는 것은 다산에 '대해' 말하는 것인 동시에, 항상 다산을 '통해' 자신의 이야기를 하고자 할 때 호출되었던 것처럼 동주 역시 그가 80년대 생각했던 정치적 이상을 다산이라는 이름을 통해 이야기하고 싶었던 것일지 모른다.

---

74 「격동기, 젊은이 희생 없게 하자」(1987), 576쪽.

참고문헌

이용희. 2017. 『동주이용희전집』 1~10권. 고양: 연암서가.

강동국. 2014. 「한국 국제정치학과 개념사-매개항 '문명'의 방법론적 재구축」. 『개념과 소통』 13.

강동국. 2017. 「국제정치학자 이용희의 탄생」. 서울대학교 국제문제연구소 엮음. 『한국 국제정치학, 미래 백 년의 설계』. 서울: 사회평론아카데미.

강만길 외. 1986. 『정다산과 그 시대』. 서울: 민음사.

고동환. 2012. 「19세기 후반 지식세계의 변화와 다산 호출의 성격」. 『다산과 현대』 합본 4·5호.

기유정. 2021. 「냉전 초기 한국의 민족국가론과 그 균열들: 이용희의 비동시대성을 중심으로」. 『한국정치연구』 제30집.

기유정. 2019. 「해방 후 한국의 '지역학'과 제국의 학설: 이용희의 '권역' 개념을 중심으로」. 『한국정치연구』 제28집 제2호.

김선경. 2012. 「『목민심서』 연구: 통치기술의 관점에서 읽기」. 『역사교육』 123호.

김선경. 2010. 「조선후기 목민학의 계보와 『목민심서』」. 『조선시대사학보』 52호.

김선희. 2020. 「남북한의 거울에 비친 실학과 다산」. 『시대와 철학』 제31권 4호(통권 93호).

김용구. 2021. 『김용구 연구 회고록-한국 국제정치학 발전을 위한 60년의 사색』. 고양: 연암서가.

노재봉. 1988. 「한국국제정치학의 지성사적 고찰」. 『국제정치학논총』 28집 1호.

김용흠. 2018. 「목민심서에서 무엇을 볼 것인가」. 『내일을 여는 역사』 73호.

김용흠. 2013. 「홍이섭 사학의 성격과 조선후기 실학」. 『한국실학연구』 25호.

김용흠. 2010. 「18세기 '목민서'와 지방통치-『목민고』를 중심으로」. 『한국사상사학』 35호.

김진균. 2012. 「근대계몽기(1894~1910)의 다산 호출」. 『다산과 현대』 합본 4·5호.

대우재단편찬위원회. 1991. 『대우재단 1978-1990』. 서울: 대우재단.

막스 베버, 박상훈 역. 2021. 『소명으로서의 정치』. 서울: 후마니타스.

민병원·조인수 엮음. 2017. 『장소와 의미: 동주 이용희의 학문과 사상』. 고양: 연암서가.

민세안재홍선생기념사업회 편. 2015. 『1930년대 조선학운동 심층연구』. 서울: 선인.

배병삼. 2003. 「한국 정치학의 기원과 정체성 탐색」. 『한국정치학회보』 37집 2호.

서울대학교 국제문제연구소 엮음. 2017. 『한국 국제정치학, 미래 백 년의 설계』. 서울: 사회평론아카데미.

안승택. 2019. 「근대초기 『목민심서』의 수용과 전근대 실용서의 근대적 고전 되기」. 『영남학』 제68호.

옥창준. 2021. 「현실로서의 냉전과 한국 국제정치학의 형성」. 『한국학연구』 제63집.

옥창준. 2017. 「이용희의 지식 체계 형성과 한국 국제정치학의 재구성」. 『사이間 SAI』 제22호.

윤석호. 2020. 「홍이섭의 다산학 연구-다산 경세학에 대한 연구를 중심으로」. 『다산학』 36호.

이영훈. 2020. 「다산의 경세론과 경학적 기초」. 『다산학』 1집.

이철순. 2012. 「'한국적 (국제)정치학' 정립을 위한 담론 비평」. 『21세기정치학회보』 22집 3호.

장세진. 2022. 「미완의 싱크탱크 혹은 이용희의 국토통일원 시절(1976~1979)-1970년대 후반 국토통일원의 연구 사업을 중심으로」. 『한국학연구』 제65집.

정일균. 2012. 「1950/60년대 '근대화'와 다산 호출」. 『다산과 현대』 합본 4·5호.

정종현. 2018. 『다산의 초상』. 서울: 신서원.

정호훈. 2015. 「근·현대 한국의 실학연구와 다산-연세 학통에서의 논의를 중심으로」. 『다산과 현대』 8호.

정호훈. 2010. 「한국의 실학 연구와 『동방학지東方學志』」. 『동방학지』 151호.

정호훈. 2009. 「한국 근·현대 실학연구의 추이와 그 문제의식」. 『다산과 현대』 2호.

최익한. 1955. 『실학파와 정다산』. 평양: 국립출판사.

최재목. 2012. 「1930년대 조선학 운동과 '실학자 정다산'의 재발견」. 『다산과 현대』
제4,5합본호.

최재목. 2010. 「일제강점기 정다산 재발견의 의미-신문·잡지의 논의를 통한 시론」.
『다산학』 17호.

하영선. 2011. 『역사 속의 젊은 그들』. 서울: 을유문화사.

한우근 외. 1985. 『정다산연구의 현황』. 서울: 민음사.

한정길. 2015. 「위당 정인보의 양명학 연구와 다산 이해」. 『다산과 현대』 8호.

한형조. 2021. 「철학자 주자, 정치가 다산」. 김영호 외 『세계사 속의 다산학: 실학의
집대성에서 동서문화의 통합으로』. 파주: 지식산업사.

함규진. 2008. 『정약용 정치사상의 재조명』. 파주: 한국학술정보.

홍이섭. 1959. 『정약용의 정치경제 사상 연구』. 서울: 한국연구도서관.

홍정완. 2021. 『한국 사회과학의 기원-이데올로기와 근대화의 이론체계』. 고양: 역
사비평사.

Jungmin Seo and Young Chul Cho. 2021. "The emergence and evolution
of International Relations studies in postcolonial South Korea." *Review of
International Studies*. Vol. 10.

제2부

내셔널리즘이라는 난제

이용희의 민족주의론과 다민족주의국가론

제4장 　냉전 초기 한국의 민족국가론과 그 균열들

이용희의 비동시대성

기유정

1. 민족국가중심의 연구 경향과 한계

해방 이후부터 1960년대에 이르는 냉전 초기 한국 지식인 사회의 국가
론적 문제의식들은 민족국가와 그 정체성에 집중되어 왔던 것이 기존
연구의 지배적인 현황이었다. 2차 대전 이후 제국들의 소멸과 탈식민
신흥 민족국가들의 탄생에 의해 2차 대전 이전까지의 초민족주의와 광
역 지역 지배체에 대한 논의들은 사실상 종말을 고하고 민족주의와 그
국가 건설에 대한 논의들로 지적 지형이 완전히 바뀌게 되었다는 것이

---

* 이 글은 『한국정치연구』 30권 3호(2021)에 실린 「냉전 초기 한국의 민족국가론과 그 균열
들: 이용희의 비동시대성을 중심으로」을 수정·보완한 것이다.

　　　　　　　　　　제2부　내셔널리즘이라는 난제

기존 연구들의 중심 주제였기 때문이다. 이런 이유로 해방 이후 한국의 민족주의와 그 국가이념의 발전들은 주체 이념이나 공간 인식 그리고 교육 등의 여러 분야에 걸쳐 연구되어 온 것이 사실이다. 이 같은 연구들은 분명 이 시기 국가론에 대한 중요한 하나의 핵심을 이야기하고 있음에 틀림없다.[1]

그렇지만 국내적으로 한국 사회의 주류적 상황을 지배하고 있던 이 같은 민족(주의/국가)론적 경향은 동시에 그와 완벽하게 대비되는 국제 상황과 함께 하고 있었다. 2차 대전 직후부터 세계는 주권국가들 간의 수평적 관계에 입각한 근대 유럽형의 국제관계가 사실상 사라지고 미국과 소련을 중심으로 한 초국가적 블록 체제하에서 압도적 군사 경제력을 가진 두 국가군의 영향력 하에 배타적 주권이 자발 혹은 비자발적으로 침해받는 심각한 불균형 상황을 경험하고 있었기 때문이었다.

이 같은 상황 하에서 국내 지성계 안에서는 1950년대 말경부터 국제 정치의 행위 주체이자 기본 단위로서 주권적 민족국가와 이들 간 질서 원리인 세력균형론이 과연 얼마나 유효한가를 둘러싼 언설들이 나타나기 시작한다. 이 논의는 국가 정체성으로서 민족주의의 세계적 유효성을 탐문하는 논의로도 이어지고 있었다. 물론 이 같은 인식은 국제관계에 대한 여전한 전통적 접근들, 즉 주권적 민족국가를 단위로 이들 간의 카오스적인 관계가 세력균형이라는 준 안정적 질서에 의존해 작동한다는—고전적 현실주의 국제정치론의—논의와 동시에 공존하는 것이었다. 민족주의와 그 주권론의 종언을 외치는 논자들조차도 이 둘의

---

1 임종명, 「탈식민지시기(1945-1950) 남한의 지리교육과 국토표상」, 『한국사학보』30호(고려사학회, 2008.2), 191-242쪽; 장세진, 「해방기 공간 상상력의 전이와 '태평양'의 문화정치학」, 『상허학보』26(상허학회, 2009.5), 101-149쪽; 오태영, 「탈식민-냉전체제 형성기 지정학적 세계 인식과 조선의 정위: 표해운의 『조선지정학개관』을 중심으로」, 『동아시아문화연구』61(한양대학교 동아시아문화연구소, 2015. 5), 129-158쪽.

모순적인 공존은 여전히 중요한 문제라고 주장하고 있었기 때문이다. 이 같은 상황은 이 시기 남한 지성계의 국가론적 문제의식이 민족국가론에 한정되지 않고, 그것과 대비되거나 충돌되는 다른 논의들과 공존했을 가능성이 충분했음을 암시한다. 그러나 현재까지의 지배적인 연구 경향들은 민족국가 건설과 그 과정에서 동원된 이념 자원들에 집중되어 있어 이 시기의 국가론적 문제의식을 민족국가 중심하에서 단일하게 접근하는 경향을 보여 왔다.

본 연구에서는 크게 다음의 세 가지 부문을 중심으로 기성의 민족(주의/국가)론의 유효성을 초 민족(주의/국가)론의 관점에서 비판하고 있는 논의들을 살펴보고자 한다. 국제질서의 주체 단위로서 주권적 민족국가의 유효성과 주체 단위들 간 관계의 논리로서 기존의 세력균형론 그리고 민족국가라는 주체 단위의 정체성으로서 민족주의의 유효성을 묻는 논의가 바로 그것이다.

이 관련 논의를 살펴보는 데 있어서 이용희의 1948년부터 70년대 초까지의 국제정치 관련 저술들은 매우 중요한 사료적 자원이다. 그러나 이용희에 대한 기존의 많은 연구들은 주로 연구 방법론적 측면에 집중해 있어 미국식 실증주의를 넘어선 "한국적 국제정치학" 구축을 위한 선구적 연구자로서 주로 기려져 온 측면이 크다.[2] 이 같은 사실은 물론 이용희와 그의 학문을 논하는 데 있어서 매우 중요한 부분임에는 틀림이 없다. 그러나 1948년 《신천지》에 실렸던 「단일민족주의와 다민족주의 국가」를 시작으로 그의 핵심 저서들 속에 "민족주의와 그 국가론의 유효성"을 이 "냉전"이라는 특수한 국제 질서 체제 하에서 고민한 그의

---

2 강동국, 「한국 국제정치학과 개념사」, 『개념과 소통』 13(한림대학교 한림과학원, 2014. 6), 35-86쪽; 민병원·조인수 외, 『장소와 의미 : 동주 이용희의 학문과 사상』(서울: 연암서가, 2017).

문제의식에 대해서는 기간의 연구에서 충분히 다뤄지지 못한 것이 사실이다. 무엇보다도 이 같은 이용희의 문제의식이 이용희에게만 국한된 것이었는지 아니면 동시대의 다른 관련 담론들 안에 이와 유사한 문제의식들이 함께 존재하고 있었는지의 여부에 대해서는 충분히 고찰된 바가 없다.

이 같은 문제의식 속에서 본 연구는 해방 후부터 1960년대에 걸쳐 민족주의와 그 국가론을 넘어서고자 했던 비판·민족국가중심론적 문제의식이 이용희와 동시대 식자들의 담론 속에서 존재하고 있었음을 확인하고 이를 통해 냉전 초기 한국 지성계의 국가론적 논의가 민족국가라는 단일한 틀로 수렴되지 않는 내적 '역동성'을 갖고 있었음을 증명하고자 한다.

2. 해방 직후 민족(주의/국가)론과 그 비판자들

해방 직후 한국에서 "민족"은 신생국가 건설을 둘러싼 내부의 다양한 정치 노선 및 진영 간 대립과 차이를 보여주는 최정점의 기호였다. 이 때문에 민족(주의/국가)론은 이 시기 정치 경제 사회 문화의 전 영역에서 관련 사상가들의 논의가 가장 집중적으로 전개되던 주제였다.[3] 이 과정에서 당시 논의는 크게 다음의 세 가지 질문 위에서 전개되고 있었다. '민족'을 정의할 때 가장 중요한 것은 무엇인가? 이렇게 민족을 정의했을 때, 한민족만의 고유한 성격이라 할 수 있는 것은 무엇인가? 민족주

---

[3] 배지연, 「해방기 "민족"이라는 기호의 변화 양상과 그 의미 -임화의 "민족", "민족문학" 개념을 중심으로」, 『현대문학이론연구』 55(현대문학이론학회, 2013. 5), 153~179쪽.

의가 한국이라는 신생 국가 건설에서 갖는 의미는 무엇인가? 아래에서는 이와 관련한 당시 주류 민족주의자들의 논의를 살펴보고 이에 대해 비판적 예각을 내세웠던 이들이 쟁점을 확인해 보자.

민족에 대한 정의와 관련해, 우파 계열 지식인들은 역사나, 언어, 관습과 같은 문화적 동일성 이전에 '피'의 동질성으로 결정된 집단이 바로 '민족'이라고 접근했다. "피의 동일이 없는 한 외면적인 문화의 동일은 있다 하더라도 진정한 문화의 동일은 있을 수 없"다고 봤기 때문이다. 즉, 이는 언어나 역사, 관습은 상황적 변화에 따라 언제든지 내적으로 균열될 수 있는 반면, '피의 동일성' 즉 혈연은 그 같은 '문화적' 구성물 '이전에' 존재한다는 점에서 혈연적 동일성을 문화적 동일성과 질적으로 다른 차원에서 보도록 한다고 인식하고 있었던 것이다.[4] 민족은 "같은 핏줄을 계승한 생존공동체"로서 "동일혈연체"로 정의될 수 있고, 이는 특정 민족을 하나의 "운명공동체"로 규정짓게 한다는 것이었다.[5]

핏줄은 본능적으로 켕기는 것이고, 혈액은 국경보다 가깝다. 이 핏줄에서부터 출발한 민족의식은 보다 더 본능적인 것이다.[6]

> 이처럼 '민족'을 혈연적 동일 집단으로 정의하고 이를 역사, 지리, 언어, 문화적 공통보다도 우위에 선 요건으로 접근하는 입장은 '한민족'이 가진 특별한 민족적 단일성과 순수성을 강조하고 있었다.

> 험악하고 복잡 미묘한 세계정세 하에서 우리 민족이 신국가를 건설하고 국기를 확고히 하고 국민이 자각을 촉진시켜서 국가의 신속하

---

4 이종우, 「민족주의의 이론적 구조」, 『민족문화』 1권 1호(전국문화단체총연합회, 1949. 2), 7쪽.
5 안재홍, 『신민족주의와 신민주주의』(서울: 민우사, 1945), 6쪽.
6 안재홍, 『신민족주의와 신민주주의』(1945), 12쪽.

고 건전한 발전을 도모함에 있어서 민족주의로서 국가의 응집력을 삼으려고 하는 것도 그 근거가 우리 민족의 순수성에 있는 것이다.[7]

"조선 민족"의 경우 "한종족漢種族과 거란契丹, 몽고 일본 기타의 혼혈이 상당"함에도 불구하고 이 같은 혼혈적 요소가 "조선민족의 단일성을 훼손할 만큼의 것은 아니"며[8] 영국인이나 미국인 그리고 프랑스나 스위스인과 비교했을 때, 한민족은 상대적으로 그 순수성을 잃지 않음으로서 민족의 "이상형"을 구현하게 되었다는 것이다.[9]

이와 같은 순혈주의적 접근은 신생 국가 건설이라는 지상 과제 앞에서 민족이란 주체 단위가 '개인'이나 '계급'과 비교했을 때, 보다 더 유효할 뿐 아니라 도덕적인 우위도 포함하고 있다는 논리로 확장되고 있었다. 즉, 이들이 보기에 계급이나 개인에 기반한 주체 모델은 계급과 개인은 특정 단위의 '이익'이라는 문제를 넘어설 수 없다는 측면에서 상호간 투쟁을 전제로 할 수밖에 없는 반면에, 민족은 이 같은 특정 단위나 분파의 이해를 초월하는 공동체적 대의를 실현할 수 있는 단위였고, 이는 그 순수 단일민족의 신화를 통해 그 정치적 정당성이 더욱 고무되고 지원될 수 있는 것이었다. 이런 인식들은 피히테의 민족 개념을 고립된 개인이 "자타에 대한 상호관계" 인식을 통해 도달하게 되는 가장 "이성적이고 도적인 인간"의 단위로 해석하도록 만들고 있기도 했다.[10] 이런 이유에서 당시의 순혈주의적 민족론은 필연적으로 국가주

---

7 이종우, 「민족주의의 이론적 구조」(1949), 10쪽.
8 안재홍, 『신민족주의와 신민주주의』(1945), 6쪽.
9 이종우, 「민족주의의 이론적 구조」(1949), 2쪽.
10 최문환, 「피히테에 있어서의 민족주의와 사회주의 의의」, 『민족문화』2권1호(전국문화단체 총연합회, 1950. 2), 15쪽.

적 성향을 가질 수밖에 없었고, 이는 "일민주의"라는 이름하에 이승만 정권의 이념 자원으로서 적극 동원되고 있었다.

> 나는 믿기를, 일민주의는 영명하신 우리의 영도자 이승만 박사께서 창조하신 것으로서 일생을 통해 빛나고 지공 지성한 혁명 투쟁과 독립운동의 경험을 집대성하신 것인데, 단군의 홍익인간의 정신과 또 신라 화랑도의 중의경사重義輕死의 정신을 기본으로 하신 이상적 보민 구원의 이론체계인 것이다. … 한 겨레인 일민은 반드시 한 핏줄(동일혈통)이다. 이 한 핏줄이라는 것이 일민에는 절대적 요소다. 만일 한 핏줄이 아니라면, 한 겨레 한 백성이 될 수 없고 또 만일 한 겨레 한 백성이라면 반드시 한 핏줄일 것이다.[11]

혈연에 입각해 '민족'을 정의하고 '한민족'의 민족적 우월성이 보장될 수 있는 근거를 피의 '동질성'에 의해 확인하며, 그것이 부여하는 통합력이야 말로 개인이나 계급이라는 계급 주체는 주지 못하는 신생 국가 건설의 동력이 될 수 있다는 것이 당시 민족(주의/국가)론의 핵심 논지였던 것이다. 그러나 이처럼 한국 민족주의의 본질을 "피의 순수성"에 근거해 접근하려는 이 같은 시도들은 민족과 민족주의 사상이 갖는 의의를 공감하는 이들 안에서조차도 비판을 동 불러일으키고 있었다. 순혈주의적 민족론은 크게 다음의 세 가지 문제 즉, 대외적인 '폐쇄성'과 신비주의 그리고 시대 조류와의 소통이라는 차원에서 비판을 받았다.

폐쇄성 문제와 관련해 홍효민은 민족 사회를 언어나 생활 공동체적 차원의 문화적 실체로 접근하지 않고 생물학적 동일성에 입각해 접근

---

11 안호상, 『일민주의의 본바탕』(서울: 일민주의연구원, 1950), 4-5쪽; 26쪽.

할 경우, 이는 나치즘이나 파시즘 같이 폐쇄적이고 배타적인 전쟁이념
으로 민족주의가 기능하게 될 것이라고 우려하고 있었다. "민족의 기본
이 혈연에 두는 것만은 속일 수 없는 사실이나 그렇다고 하여 자민족의
혈의 우수성이나 고집하고 또 강조할 때에는 이것이 나치즘 혹은 파시
즘에 가까웁게 되는 것"이었다[12]. 이병도는 조선민족의 인류학적 통일
성이 외족의 침입으로부터의 방어에는 의미가 있었을 수 있지만 "민족
이 너무도 통일체요 단일성을 띠웠기 때문에" 사상이나 종교, 학문, 문
화 등에서 특정 방향으로 "획일적 일률적 공식적"으로 흐르게 되는 폐
해가 많았다라고 주장한다.[13] 이병도는 이 같은 민족적 단일성에 근거
한 문화 사상적 획일성이 사대주의적 전통의 원인이 되었다고 주장하
고 있기도 했다.[14]

두 번째로 단일민족주의를 '신비주의'라고 보는 비판은 주로 사회주
의 계열의 입론들을 통해 전개되었다. 이들은 주로 순혈주의에 입각한
단일민족주의를 일종의 '신화'라고 단정 짓고 역사 문화적 관점에서
'민족 구성론'의 입장을 전개하고 있었다. 김기태는 민족이라는 개념
자체를 탈봉건과 근대화의 한 산물로 접근하면서, 순혈주의적 민족론
을 "피의 맹목적인 감정에 호소하는 나치스 독일 군국주의 일본의 반동
적인 민족관"과 다를 바 없다고 일갈한다. 조선민족은 "예맥濊貊족을 근
간으로 북래北來의 숙신肅愼족, 서침西侵의 한족漢族, 동래東來의 아이누 족,
남상南上의 묘족苗族 등의 혼합적 통일체"인 "혼혈"이고, 따라서 조선 민

---

12 홍효민, 「민족문화의 원류」, 『민족문화』2권 1호(전국문화단체총연합회, 1950. 2), 35쪽.

13 이병도, 「조선민족의 단일성」, 『신천지』1권 8호(서울신문사, 1946. 8) 11-12쪽.

14 "민족적 단일성은 문화 방면 혹시 사상방면에서는 확실히 한 약점이라 하지 않을 수 없을
것이니 그것이 자칫하면 일국 의존의 사대주의와 영합할 염려가 없지 않다 할 것이다"(이
병도, 「조선민족의 단일성」(1946), 12쪽)

족을 한 민족으로 만드는 것은 피의 순수성이 아닌, "영토의 공통성"과 같은 비생물학적 요인에서 찾아야 한다는 것이 그의 주장이었다.[15]

사회주의적 관점에서 순혈주의를 비판하던 또 다른 대표적 논객에는 사회주의적 민족(문화)론을 전개했던 박치우가 있었다. 1946년 4월 19일 중외일보에 실렸던 「문화공동체와 민족의 성립」에서 박치우는 "인종"의 경우라면 혈연이 근본일 수 있고, "국민"의 경우라면 지연이 근본일 수 있지만 "민족"만큼은 "혈연이나 지연이 아니라 문화공동체냐 아니냐"가 민족 결정의 "결정적인 조건"이다라고 주장히면서 "민족=문화공동체"라는 테마를 제시한다.[16] "민족"은 "피와 흙에 의해서가 아니라 역사적으로 동일권에 속하는 문화적 분위기에서 생장하느냐 아니냐에 의해서 결정되는 것"이라는 주장이었다. 그는 이러한 공동의 문화는 단순히 존재하는 것을 넘어서 "의식"되고, 인식되며 공유되는 과정에서 하나의 공동체로서 구성되는 것이기에 민족을 그 자체의 고정된 실체로 접근하는 것에 반대하고 있었다.[17] 이 같은 문화 공동체로서의 민족론을 뒷받침하기 위해 박치우는 미국과 소련이 비혈통적 맥락에서 자기 주체를 구성하는 논리에 주목하고 있었다. 그는 "다인종 복합국가"인 미국이 변별적인 자기 통일성을 확보할 수 있었던 가장 큰 조건은 "아메리카 문화"라는 고유한 자기 문화에 대한 공동체적 의식이었고, 이 문화의 창조와 발전을 통해 미국인이라는 민족(국민)이 구성되게 되었다고 주장한다.[18]

이처럼 미국 그리고 소련까지 포함한 박치우의 복합민족국가에 대한

---

15 김기태, 『세기의 과제』(서울: 백양사, 1949), 54-55쪽.

16 박치우, 「문화공동체와 민족의 성립」, 『중외일보』, 1946년 4월 19일.

17 박치우, 「문화공동체와 민족의 성립」(1946).

18 박치우, 「문화공동체와 민족의 성립」(1946).

관심은 해방 직후 남한 사회에서 신흥 국가의 이념형을 둘러싼 주류적 논의(즉 민족주의)를 비판하는 중요한 논지가 되고 있었다. 세계질서의 재편자로서 등장하고 있던 국가군들의 국가 정체성 혹은 이들 국가가 자기 주체를 구성하는 원리가 이들 비판 민족주의자들에게 주요한 영감을 주고 있었다고 볼 수 있는 것이다.

이런 흐름을 가장 대표적으로 보여주는 해방 직후의 문헌에는 1947년 발표된 이용희의 「단일민족주의국가와 다민족주의국가」가 있었다. 신천지에 기고된 이 글에서 이용희는 국가 형태상에서 국제질서를 지배하는 국가 형태는 여전히 민족국가라고 하더라도, 현재 세계질서를 재편시키고 있는 소련과 미국이 보여주는 다민족국가로서의 모습은 이들 국가들을 기존 "근대국가"와 다르게 접근하도록 하며, 동시에 다민족주의국가의 무엇이 이들을 세계 질서의 재편자로 등장하게 했는지를 고찰해야 한다고 주장하고 있었다.

> 소련 미국의 실천 의도를 검토하고 또한 정치체의 실력 발동인 국가의 군사적 기저를 분석하여 미소 국가 존립의 근원의 일부를 적출하는 것이 곧 역사적 현실의 진상을 직접 파악하는 요결이 아닐 수 없다. … 미·소 양국이 홀로 남의 나라와 유달리 강대하다면 그 강대한 이유는 무엇이냐. … 단일민족국가가 아니고 다민족국가이며 더구나 소연방 같은 나라는 다민족주의 국가로 자처하고 있다는 것이 바로 그것이다. 민족이 뒤섞여 한 나라를 이루고 있으면서 반드시 끝끝내 독립하여 한 개의 나라를 세우려고 애쓰는 것이 상법常法임에 불구하고 미국 소련만은 오히려 잡다한 민족이 뒤범벅이 되어서 한 개의 나라를 형성하여 자랑하고 있다.[19]

이처럼 소련과 미국의 강대함의 이유를 다민족국가의 특징에서 직접적으로 추론하고 있는 이용희의 논리야말로 당시 한민족의 혈연적 동일성을 부국강병의 신흥 국가 건설의 가장 중요한 자산이라고 주장하고 있던 민족주의자들의 주장과 정면으로 배치되는 것이자 민족(주의/국가)론의 근간을 흔드는 것이었다.

이처럼 민족론을 통해 한국 정치와 국제정치를 설명하려던 흐름 내부에 나타나고 있던 차이와 균열은 한국전쟁 이후 오히려 본격화되는 모습을 보인다. 그리고 그 중심에는 국제정치와 그 학문에 대해 기성 논의와의 차별성을 드러내던 이용희의 비동시대성이 존재하고 있었다. 아래에서는 이용희를 비롯해 국제정치 담론에서 그와 동일한 입론을 보이고 있던 여타 지식인들의 문헌들을 확인함으로써 냉전 초기 국제질서를 둘러싼 비판·민족국가 중심론의 존재를 살펴본다.

3. 이용희의 비동시대성

(1) 한국전쟁 이후 현실주의 국제정치론

민족국가를 근간으로 국제정치를 설명하는 고전적 현실주의 국가론에 입각해 국제정치를 접근할 경우 그것은 크게 다음의 3가지 원칙에 지배되는 것으로 인식되어 왔다. 국제행위의 주체로서 주권(민족)국가, 그리고 이 국가의 본질을 규정하는 요소로서 권력(힘) 그리고 이들 간 관

---

19 「단일민족주의국가와 다민족주의국가」(1947), 『정치사상과 한국민족주의』(전집2), 187-188쪽.

계의 논리로서 세력균형이 그것이었다. 이는 현실주의 국제정치론을 중심으로 한 근대 국제정치학의 기본적 관점으로서, 학문적 맥락에서 이 같은 논리가 일어가 아닌 국어 텍스트를 통해 본격 확인되기 시작했던 것은 한국 전쟁 이후부터였다.

1957년 《국제정치논총》에서 민병기는 "정치적 현실주의자들에게는 국민국가 간의 대립과 투쟁은 본질적인"것이고, "국민국가의 주권 활동을 제압할 수 있는 '지상주권'이 결여되어 있는 국제정치의 유일하고도 합리적 수단은 각 국가 간의 세력의 균형을 찾으려는 부단한 노력뿐"이라고 현실주의 국제정치론을 설명한다. 현실주의 국제정치론에서 민족국가와 그 본질 단위인 권력에 의한 "투쟁"은 항구적이고 어디에나 편재되어 있다는 것이었다.[20] 이런 이유 때문에 현실주의 국제정치론의 맥락에서 유엔과 같은 초국가적 기구는 그 의미와 정치적 실효성이 의심받을 수밖에 없는 것이었다.[21]

이런 상황에서 현실주의 국제정치론에 따라 국제정치 개념을 종합 정리하고 있던 대표적인 교과서가 조효원의 《국제정치학》을 통해 출간된다. 이용희의 《국제정치원론》과 함께 당시를 대표하는 대표적인 1세대 국제정치학 개론서였던 이 책에서 조효원은 주체 단위로서 주권적 민족(국민)국가와 이들 간 관계의 원리로서 세력균형론, 그리고 그 국제정치의 본질적 동력으로서 권력정치라는 세 가지 테마를 교과서적으로 설명하고 있었다. 무엇보다 이 책이 미국과 소련을 기존 유럽에서 등장했던 강력한 민족국가들과 국가론적 측면에서 본질적으로 다르지 않

---

20 민병기, 「국제문제연구의 과제와 경향」, 『국제법학회논총』 20(대한국제법학회, 1957. 2), 58-61쪽.
21 이원우, 「국제연합과 권력정치 : UN은 평화를 위한 만능약인가?」, 『법정학보』 4(이화여자대학교법정대학법정학회, 1961), 29-36쪽.

다고 보고, 미소 간의 대결 역시 전통적인 세력균형이론의 맥락에서 이해될 수 있다고 접근하고 있던 것은 이 책의 논의 틀이 주권(민족)국가를 근간으로 하는 현실주의 국제정치론에 강하게 기반하고 있다는 사실을 보여주고 있었다.[22]

> 먼저 냉전을 야기시킨 조건을 들여다보면 첫째 양 진영 인민 간에 존재하는 심각한 적의로서 이는 단순히 경제적 이해관계나 전래적인 국민감정에서 오는 것이 아니라 보다 근본적인 징치이념과 생활 원리의 불합치에서 유리하는 것이다. 다음으로는 극히 정확한 세력의 균형이 그것이다. 양방의 세력은 에누리 없는 평등 상태에 놓여 있다고 보아야 할 것이고 설사 양방의 세력 간에 약간의 우열이 있다손 치더라도 어느 일방이 전쟁에서 승리를 획득할 자신을 가질 정도로는 우세하지 못한 것만은 확실한 것이다.[23]

1950년대 중 후반 국내 문헌들에서 발견되는 고전적 현실주의 국제정치론에 대한 이 같은 수입 경향은 실제로 모겐소로 대표되던 현실주의 국제정치론이 그의 미국 이주를 통해 1940년대부터 1960년대까지의 냉전 초기 시기 동안 미국 국제정치학의 패권과 함께 동시에 발전하고 있었다는 점 등을 고려했을 때, 국내 국제정치학의 미국 시장으로의 편입을 자연스럽게 증명하고 있던 한 결과이기도 했다.[24]

그러나 이 같은 고전적 현실주의의 논의 구조에 입각해 냉전을 힘(권력)이 비등한 두 국가 간의 정치이념의 차이를 부대한 대결로 보는 조효원

---

22 조효원, 『국제정치학』(서울: 문종각, 1954).
23 조효원, 『국제정치학』(1954), 149-150쪽.
24 박재영, 『국제정치패러다임: 현실주의·자유주의·구조주의』(서울: 법문사, 1999), 34-46쪽.

의 접근 방식은 —아래에서 살펴보게 될— 미·소를 근본적으로 근대를 벗어난 국가라고 접근하던 이용희 등의 논의와는 분명히 다른 것이었다. 실제로 동시기 지성계 안에는 고전적 현실주의에 입각한 국제정치론 만큼이나 냉전과 블록 체제라는 국제상황의 특수성에 의거해 주권국가의 유효성을 질문하는 논의들이 동시에 진행되고 있었기 때문이다.

이 같은 논의들은 대부분 특정 주제에 국한되어 부분적 맥락에서 거론되는 경우들이 대부분이었지만, 이용희의 경우는 한편에서 분명히 (고전)현실주의 국제정치론의 핵심 항목들의 현존을 인정하면서도 그 개념들이 보여주는 현실 부적합성에 주목하고 이를 대신할 개념 틀을 체계적이고도 총체적으로 다루고 있는 이례성을 보여주고 있었다.

(2) 이용희와 비판·민족국가중심론

단위의 변화: "현대 국가"

> 근대는 현대 속에 아직도 살아있고, 현대는 근대의 전개로서만 있다. 그렇기는 하나, 새로운 국가의 형태가 서서히 이룩되고 있다는 것은 부인할 길이 없다. 무엇이냐 그 경향은 또 무엇일까.[25]

1955년에 발간된 위 책에서 이용희는 마치 세계사의 큰 변화를 직감하고 20세기 초까지 굳건하게만 존재하고 있던 민족국가와 그 이념이 더 이상 미래적인 권력 형태가 될 수 없음을 예견하고 있었다. 그에 따르면 1차 대전을 기점으로 굳어졌던 유럽식 단일 민족주의 국가가 식민

---

[25] 「현대국가에의 지향」(1955) 『국제정치원론』(전집1), 83-84쪽.

지 획득을 통해 그 부(국토, 인구, 자원)의 확장을 꾀했던 방식은 해당 민족 국가 안에서는 본토와 식민지 간의 심각한 정치 경제적 불평등을 낳고, 경쟁 국가 간에는 재화와 생산력의 편차 확대에 따른 무역마찰과 정치 갈등을 그대로 방치해 결과적으로 세계대전으로 귀결되도록 했다. 그리고 그 결과는 바로 "비등한 실력을 가진 수 개국의 존재를 전제"로 했던 유럽식의 "근대국가 질서"체제가 "압도적 세력"의 등장에 의해 무너지는 것이었다.[26]

여기서 이용희가 근대 국제질서의 원칙을 무너뜨린 "압도적 세력"이라고 지칭했던 대상은 미국과 소련을 가리키는 것이었다. 이용희는 미국과 소련에 대한 분석과 설명을 통해 "근대국가"와 차별화된 "현대국가"가 탄생하고 있다고 설명한다. 그렇다면 이용희가 미국이나 소련을 통해 확인하고 있던 "현대국가"의 특징과 성격은 무엇이었을까?

미국과 소련의 사례를 통해 "근대국가"의 위기와 "현대국가"의 등장을 설명했던 이용희의 논의에서 우리가 우선적으로 주목해야 할 사항은 경제 체제와 이념에 의거해 질적으로 "다른" 국가라고 적대시했던 두 국가를 이용희는 본질적으로 아주 유사한 형태의 국가라고 접근하면서 두 국가의 사실상의 동질성을 강조하고 있었다는 점이다. 그리고 그 가장 중요한 근거는 미국과 소련이 자기 국가를 운영하는 방식에 있어서 유럽식의 근대국가와 비교했을 때 갖는 차별적 "공통점"에 있었다. 이용희는 이를 크게 다음의 두 가지 즉, 주체 구성 원리 혹은 그 이념과 권력 구조에서의 (비중앙집권적) 연방제적 집권 방식을 통해 설명한다.

---

26 「현대국가에의 지향」(1955), 82쪽.

미국과 소련은 또한 그 정체도 사회구조도 서로 다르다. 정치이념도 경제관념도 같지 않은 것은 주지된 바이다. 그러나 한 가지, 다민족주의이며 역사적 민족주의에 대하여 지연적 국민관을 취하는 것은 매일반이다. 이러한 중대한 민족사상의 전환으로 말미암아 그들의 연방제도가 가능하고 또 이에 따라 광대한 국토, 다인구, 대자원을 포함할 수 있는 정치적 문호가 열린다.[27]

미국과 소련을 사실상 동일 유형의 국가로 보는 이용희의 이 같은 설명 방식은 앞서 이용희가 지적했던 유럽 민족국가들의 자기 발전의 한계가 미국과 소련이 지향하는 국가 유형을 통해 해소되고 있음을 통찰하는 것이었다. 이용희에 따르면 19세기부터 시작된 자본의 세계화, 나초국가적 주체인 계급의 존재, 그리고 과학 기술의 발달은 폐쇄적인 단일 민족 국가의 틀에 갇히거나 한정 지워질 수 없는 것이었다. 따라서 이것들의 발전을 가로막지 않을 수 있는 새로운 권력구조로서 이에 가장 부합하는 모습을 보이고 있던 국가가 바로 미국과 소련이었다. 이용희는 당시 미국과 소련이 보여주었던 모습 즉, 다민족주의: 자국 주체의 한계를 지리 생물학적으로 한정시키지 않고, 광역 지배체: 광대한 영토와 자원에 기반해 확장하는 한편 수평적 연합체: 연방제라는 느슨한 권력 구조에 입각해 이들을 통합함으로써 구성원들 간의 정치 문화적 다양성이 보장될 수 있도록 하는 권력의 운영 방식이야말로 20세기 초의 변화된 세계질서를 이끌어 갈 수 있는 것이라고 보았다.[28]

미국과 소련이 민족국가의 형식과 탈민족국가적 내용 혹은 기능을 동

27 「현대국가에의 지향」(1955), 117쪽.
28 「현대국가에의 지향」(1955), 116-117쪽.

시에 보여줌으로써 민족국가의 현대국가로의 이행을 보여주는 예라면, "지역지배체"는 형식과 기능 모두에 있어서 현대 국가의 논리를 대변하는 사례에 해당했다. 아래에서 이와 관련한 이용희의 논의를 살펴보자.

> 국제정치의 현대적 상황에 있어서 우리가 보아 넘길 수 없는 중요사의 하나는 각 지역의 특수상황이라고 할 수 있다. 현대국가에의 지향이 오늘날 국가 형태상의 변화라고 할 수 있으며 또 세계적인 양대 세력이 출현하여 다른 국제정치적 양태를 압도하고 있는 것은 숨길 수 없는 현실이로되, 이 현실은 구체적으로는 각 지역의 특수사정이 국제정치화하는 과정에서 나타난다. … 세계 각 지역의 특수사정이라는 것이 곧 국제정치의 살이며, 역사의 대세는 이에 대하여 그 뼈라고 할 수 있다.[29]

위 인용문에서처럼 이용희는 "오늘날 국가 형태상의 변화"를 "현대국가에의 지향"으로 두고, 현대국가가 가진 국가 유형의 또 다른 방식은 바로 특정한 주권적 민족국가들이 소속 "지역"을 지반으로 "현대국가화"를 추구하는 것이라고 말한다. 그에 따르면, 이 같은 초국가적 지역지배체는 이미 미/소가 구심이 된 블록 체제와 맞물려서 다양한 방식으로 존재하고 있었는데, "범미권 지역지배체"와 "코민포름권"인 공산권 지역지배체가 그 대표적인 것이었다. 여기서 다양한 지역지배체들은 기본적으로 이원화된 블록 체제 위에서 만들어지고 있다 할지라도 유럽, 남미, 중동, 아랍과 같이 해당 지역의 고유한 역사 정치 경제 상황이라는 지역적 맥락을 통해 그 성격을 결정적으로 규정받고 있었다.[30]

---

29 「현대국가에의 지향」(1955), 103쪽.
30 「현대국가에의 지향」(1955), 104-106쪽.

이 같은 지역적 맥락의 성격이 가장 두드러지게 드러나 있는 사례는 안보에서의 "서유럽 방위동맹"의 "북대서양동맹"과의 연결이나 단일유럽경제권(단일 자유시장)을 목표로 "슈망 계획" 하에 만들어졌던 "석탄강철공동체", "유럽경제동맹", "유럽경제협동체"등이 그 대표였다. 이용희는 위와 같은 지역지배체의 시도를 "근대 단일민족주의 국가로서는 오늘날에 있어서 강대세력을 이룰 수 없다는 인식"에 기반하여 전개된 것이라고 하며 현대국가로서 지역지배체의 탈근대적 성격을 분명히 지적하고 있었다.[31]

그렇기 때문에 이 시도들은 근대국가 시대의 단순한 "동맹관계"와는 분명히 "다른" 것이었다. 이용희에 따르면 "역사적 민족주의를 핵심으로 하는 배타적 근대국가의 정치적 동맹관계나 통상관계라는 것은 어디까지나 동맹국의 국내정체나 경제체제와는 공식으로 상관이 없는 대외관계"였던 반면, 위에서 보았던 "범미지역조직"이나 "공산권"은 그 기저에 가능한 한 "같은 시장, 같은 정치체, 같은 이념"의 형성을 목적으로 하는 초민족국가적 성격을 자기 본질로 하고 있었기 때문이었다.[32]

단위 간의 질서 변화

근대주의적 국제정치학 특히 2차 대전 이후 가장 각광받고 있던 고전적 현실주의 국제정치이론은 주권국가 간의 무정부적이고 상호 배타적인 관계를 결정하는 주요한 동인을 국가의 '권력'(=힘 혹은 이익) 추구라고 보았다. 그것은 주권국가의 속성으로서 근대국가의 행위를 설명하는 가장 중요한 요소였던 것이다. 그러나 이용희는 "근대 국가"에서 "현대

---

31 「현대국가에의 지향」(1955), 105쪽.
32 「현대국가에의 지향」(1955), 117-118쪽.

국가"로의 전환이라는 현 국제상황은 이들 간의 관계 논리 역시 기성의 무정부적인 배타적 관계와 다르게 바뀌고 있다고 봤다. 국가 간 관계는 "권력정치"뿐만 아니라 "권위정치"를 통해서도 움직이고 있었기 때문이었다.

이용희에 따르면 국제정치를 '권력'으로 설명하는 현실주의 국제정치론은 상대국가의 의사와 상관없이 자국의 물리적 힘에 기반해 그 복종을 끌어내는 "강제력"에 의해서만 국제정치를 설명하려는 경향이 있다. 그렇지만 냉전시기 블록체제는 이 같은 강제력만으로는 국가 간 관계가 설명되기 어려운 부분이 있었는데, 이를 이용희는 "권위"라는 개념을 통해 해소할 수 있다고 접근한다.

그에 따르면 "권위"는 상대로부터 일종의 자발적 복종을 불러내는 힘의 개념으로서, 그것이 물리력이 아닌 비물질적 "가치" 혹은 그 가치의 우월성에 입각해 구해진다는 측면에서 "권력"과는 분명히 다른 것이었다.[33] 이런 의미에서의 권위는 원래 배타적 주권에 따른 근대국가 체제 안에서는 일국가의 내부에서는 통용될 수 있어도 주권국가의 범위를 벗어나서 통용될 수 있는 것은 아니었다.[34]

그러나 이같이 주권국가를 단위체로 하는 원자적 관계 질서의 세력 균형이 무너지고 미·소를 중심으로 한 지역 공간 즉, 공산권, 자유주의권 같은 권역 공간이 구성되었을 때, 이 권역 내부를 지배하는 논리는 다수 국가들 간의 이해관계의 조정에 의해 성립되는 것이 아닌, 초국가적 이념, 즉 공산주의나 반공주의라는 초국적 권위(가치)에 기반해, 이 가치에 대한 해석권을 가지고 이를 전파하는 "중심국"과 그것을 전파

---

33 「힘(권력)」(1955), 249-256쪽.
34 「힘(권력)」(1955), 264-265쪽.

받는 "주변국" 간의 관계로 조정된다는 것이 이용희의 설명이었다. 중요한 것은 이 중심국과 주변국의 관계를 이용희는 순수하게 힘에 의한 지배 억압의 관계로 보지 않았다는 점이다. 이용희에 따르면 블록 체계 안의 중심국과 주변국의 이념적 결합은 마치 전근대 시기 "문명권"이 그 내부의 질서를 운영하는 방식과 같은 것이었다. 전근대시기 유교권이나 불교권 그리고 이슬람권 등의 문화 문명권은 그 내부적으로는 문명의 전파자와 피전파자가 그 문명의 "권위"를 근거로 자발적인 계서 관계로 묶이는 한편, 문명권 "밖"의 국가나 문화에 대해서는 철저하게 적대적이고 타자적인 태도를 취함으로써 내부의 결속을 유지했는데, 이는 블록 체제가 그 내부 국가 간 관계를 유지하면서 타 블록에 대해 취하는 태도와 유사한 것이라는 설명이었다.

> 중세적인 기독교 사회나 유교적인 동양사회나 또 혹은 공산사회를 막론하고 그 근본에는 공통되는 형식이 있다. 내세우는 권위의 내용이 종교에 있든 혹은 인류관에 있든 또 혹은 계급관에 있든 그것이 정치 권위화하는 과정은 첫째로 국가 지상적인 폐쇄적 권위를 초국가적 권위로써 압도하는 것이요, 둘째로 권위권 내의 모든 정치집단과 권력을 배타적으로 통합하는 것이다.[35]

"현대국가" 그리고 "권위"에 의한 국가 관계라는 이용희의 이 같은 국제관계에 대한 "다른" 시선은 근대 국제정치를 설명하는 가장 유력한 논리라고 여겨졌던 "세력균형원칙"과 관련한 논의로도 이어졌다. 이용희는 웨스트팔리아 회의 이래 19세기 20세기 초까지 유럽 사회를

---

35 「외교정책과 그 실시(1)」(1955), 292쪽.

지배해온 세력균형 원칙이 본적으로 크게 다음의 두 가지를 전제하고 있음을 강조한다. 근대 주권적 민족 국가가 국제정치의 기본 단위일 것, 이들 간 주도력을 4,5개 내지 6,7개의 강국이 장악하고 있는 다극체제여야 한다는 것이 그것이었다. 따라서 이 같은 세력균형원칙의 본질적 성격은 냉전 시기 미소 중심의 블록 체제가 가지고 있던 비다극非多極 질서 하에서는 그 유효성을 의심받을 수밖에 없는 것이었다.[36]

이용희가 세력균형 원칙의 유효성을 의심해야 한다고 봤던 또 다른 이유는 그것이 추구하는 공동안보 혹은 이익 관념의 한계에 있었다. 세력균형에서 추구하는 공동 안보와 이익은 기본적으로 개별 주권국가들이 자기 안보와 이익이라는 개별 이해의 논리 하에서 이합집산 하는 "이해의 총합"이라는 형식을 벗어나지 못하기 때문이었다. 개별 이해의 강조로 출발하는 세력균형론은 그런 이유로 권력정치와 그것의 실현으로서 전쟁을 합리화하지 않을 수 없게 하고 있었다.[37]

이런 상황에서 이용희는 2차 대전 이후 유엔의 부상과 함께 새롭게 주목받고 있던 "집단안전보장론"이 세력균형의 그것과 어떻게 "다른"지에 대한 설명을 시도한다. 그에 따르면 집단 안전보장론은 세력균형과 마찬가지로 공동 안전을 추구한다는 하나의 원칙임에도 불구하고 세력균형이 국가들의 개별 이해의 절충 혹은 합이라는 관념으로 이 "공동" 개념을 접근하는 것과 달리, 집단 전체 혹은 세계가 추구해야 할 "일반 이익" 혹은 "전체 이해"라는 관념에 의거해 공동의 안전이 추구된다는 점에서 그것과 구별된다. 이 같은 "집단 안전 관념"은 유럽 정치사에 오랫동안 내재되어 왔던 것으로서, 세력균형론과 달리 "국제정

36 「세력균형과 집단안전보장」(1955), 206쪽.
37 「세력균형과 집단안전보장」(1955), 211쪽.

의"나 "평화"와 같이 초국가적이고 보편적인 정치 철학과 관념을 내포
하게 된다.[38]

> 집단 안전 보장은 어디까지나 다수 또는 온 국가의 공통적인 일반 이
> 익을 전제하고 그리고 그 일반이익과 동시에 그 유지에 필요한 질서
> 를 평화적으로 또 집단적으로 보장하자는 것이었다. 더욱이 세계적
> 규모에서 본 집단안전 원칙은 단순히 개별 국가의 이해와 구별되는
> 일반 이해에 입각할 뿐만 아니라, 오히려 개별 이해에 우월하고 나아
> 가서는 국제사회 관념을 매개한 인류의 이해라고까지 선양된다. …
> 국가의 개별 이해를 초월한다는 일반 이해 관념은 이론상 초국가적
> 인 이해일 수밖에 없었다.[39]

개별국가들의 시공간적 이해의 한계를 초월해서 국제사회가 영구히
공통적으로 추구해야 할 일반 이익을 추상화해 낸 위에서 그 공동 안보
의 준칙을 세우는 집단 안전 보장의 논리는 세력균형의 세속적인 권력
정치와 안보 개념의 논리를 달리할 수밖에 없다는 것이었다. 그러나 이
같은 집단안전보장론의 이론적 가치와 의미에도 불구하고 이용희는 그
것이 과거 국제연맹을 통해 시도된 이후 현재의 국제연합 하에서까지
국제질서와 안보의 원칙에 변화를 주는 실질적 기능을 하고 있지 못하
다는 것을 분명히 한다. 국제관계는 여전히 공통의 가치나 이념이 아닌
몇몇 강대국의 권력 이해와 그 이합집산에 의해 결정되는 경우가 비등
하다는 것이었다.[40]

---

38 「세력균형과 집단안전보장」(1955), 218쪽.
39 「세력균형과 집단안전보장」(1955), 218-220쪽.
40 「세력균형과 집단안전보장」(1955), 224-225쪽.

그러나 중요한 것은 그가 이 같은 지적을 통해 집단안전보장론의 이상주의를 지적하는 것에 그치지 않고 세계가 왜 "명목상"일망정 세력균형을 국제관계의 원칙으로 공개적으로 명시하지 못하는지 그 이유에 천착함으로써 냉전 체제 하 국제질서의—이전 질서와의—질적 차이에 주목하고 있었다는 점이었다.

> 왜 그럴까. … 현대는 단순히 근대를 떠난 현대는 아니었다. 어제는 확실히 오늘 속에 살아있으며, 국가 유형으로도 근대적 주권국가의 이념과 전통이 맥맥히 뻗고 있었다. … 그럼에도 불구하고 오늘날 균형원칙을 다시 내세우지 못하고 명목상이나마 집단안전보장을 고창하는 까닭은 무엇일까. 생각하건대, 그 까닭은 국가 유형의 근본적인 변질에서 오는 국제적인 사회 압력이 있는 까닭이며 또 그 배후에 있는 세계경제의 발달과 단일 세계경제에의 욕구 그리고 정치사회에 있어서의 초강대국의 출현이었다.[41]

집단안전보장론이 추구하는 공동 안전의 이념은 결코 주권적 민족국가들의 개별적 이해와 그 조정으로 확보할 수 없는 초국가적이고 보편주의적인 성격을 담보한다. 그것은 근대 세계질서가 만들어냈고 현실주의 국제정치이론이 강조하는 주권국가와 이들 간의 무정부적 권력 관계라는 논리 "너머"에서 작동하고 있기 때문이다. 이용희는 이같이 탈근대적 의미를 가진 집단안전보장론이 실질적으로 작동하지 못함에도 불구하고, 그것이 탄생하게 되었던 그 "원인", 그와 같은 탈근대적 국제 원칙이 만들어 내어지게 된 "동인"에 대한 질문 속에서 세계 질서

---

41 「세력균형과 집단안전보장」(1955) 225쪽.

가 2차 대전 이후로 질적으로 변화하고 있음을 통찰하고 있었다. 냉전 체제는 새로운 국가 즉, 근대적 원칙을 넘어선 "현대 국가"를 만들어 내었고 바로 그것이 세력균형이 아닌 집단안전보장의 관념을 "공식적"인 국제질서의 이념으로 내세우게 한 이유라고 보고 있었던 것이다.

이처럼 집단안전보장의 등장과 세력균형적 패권 논리의 여전한 지속이라는 모순적 상황 앞에서 두 논리의 이질적 공존을 예민하게 관찰해내고 그 공존의 의미를 분석하고자 했던 이용희의 논리 안에는 그가 당시 국제상황을 근대와 탈근대의 경계라는 훨씬 거시적 지평 위에서 접근하고 있었다는 것을 충분히 추론케 한다. 이용희의 이 같은 접근 방법은 미국과 소련을 기성의 근대적 패권 (민족) 국가의 또 다른 연장으로 해석하면서 냉전 체제를—이념에 기반 한—또 다른 근대적 갈등의 연장으로 보았던 당대의 민족국가중심론적 논리와는 분명히 다른 것이었다.

국가 정체성의 변화

국가 유형 및 국가 간 질서 원칙에 있어서의 근대적 세계 질서의 변화를 보았던 이용희는 이런 이유로 국가 정체성 혹은 특정 국가가 자기 주체를 정의하고 규정하는 방식에 있어서도 근대주의적 방식을 넘어서는 변화들이 일어나고 있음에 주목하고 있었다.

이용희는 해방 후 한국에서처럼 국가 건설의 자원으로 동원되고 있던 탈식민 아시아 국가들의 민족주의를 서구적인 시민 민족주의와 구별시켜 저항적 민족주의라고 부르고 그것이 2차 대전 이후 —만들어진 수 많은 신생 민족국가들을 고려했을 때— 세계질서와 국가 정체성을 설명하는 주요한 논리가 되고 있다는 것을 한편에서 분명히 인정하고 있었다. 그러나 이용희는 그와 같은 민족주의, 즉 저항적 민족주의는 시대의 "주류"가 될 수 없음을 동시에 분명히 하고 잇었다. 그것은 이용희가 "현대"라고 부르고 있던 근대를 넘어선 세계질서의 변화를 담보할 수 있는 주체 호명 방식이 아니었기 때문이었다.

> 무릇 오늘날의 민족주의는 그 역사적 상황과 현대국제정치의 독특한 틀 안에서 과거와 다른 특이한 양상을 전개한다. 그리고, 그 이념적 주류는 그 국제성 지역성으로 판단된다.[42]

국제성과 지역성은 이제 민족을 정의하는 새로운 기준으로서 아시아의 신생 민족국가들이 강조하고 있던 혈血과 토土의 동일성을 강조하는 논리를 벗어나고 있었다. 그는 이같이 근대적 혈연 공동체를 넘어선 지역성과 국제성을 구성 요소로 한 민족주의를 "현대 민족주의"라고 부르고, 그 대표적인 예로 아랍민족주의나 범 아프리카 민족주의, 경제통합에 근거한 유럽민족주의와 범중남미민족주의를 들고 있었다. 이런 상황 하에서 이용희는 50년대 말 반둥회의를 통해 등장했던 소위 "후진국 민족주의" 혹은 "아시아 민족주의"와 관련해서도 그것의 의의보다는 한계가 더 크다고 보고 있었다.[43]

> 아마 이때쯤부터 저개발국이라는 지역이 실질적으로 제3지역으로서 독자적 의미를 갖게 된다고 볼 수 있을 것이리라. 물론 이에 앞서 네루의 중립과 결성의 노력, 반둥 회의군의 형성, 중립국 회의체, 범아프리카 회의, 삼대륙 운동이 있어 온 것은 … 하나 그러나 그것은 과연 냉전 체제를 능가하는 효력을 가졌던 것인지 의문이 아닐 수 없다. 오

---

42 「현대민족주의: 그 역사적 현실의 맥락을 뒤돌아보며」(1973), 『정치사상과 한국민족주의』(전집2), 355쪽.
43 「현대민족주의」(1973), 357쪽.

히려 1964년 운크타드 같은 무역개발회의가 지닌 정치적 의의가 그 시기의 면에서 중대할지 모른다.[44]

반둥회의에 대한 이용희의 비판적 예각은 그것이 단순히 냉전 체제에 파열음을 낼 수 있는 위력을 충분히 갖추지 못하고 있을 뿐만 아니라, 민족주의의 변화된 현재를 보여주는 "역사적 현실의 주 무대"이자 "내일에 연결되는 조류"가 아니라는 것에 있었다.[45] 이런 입장은 70년대 당시 한국의 민족주의에 대해서도 마찬가지로 적용되는 것이었다. 이용희는 "현재 한국 민족주의는 매우 고독한 처지에 있다"라고 일갈하면서 방대한 인구와 영역 그리고 자원을 보유한 채 잡종적 정체성을 공식화하며 스스로를 세계이자 보편으로 위치시키려고 하는 국가 군들 사이에서 한국적 민족주의로는 살아남을 수 없음을 강조하고 있었다.[46]

오늘날 부강 규모와 대소국 사이의 빈부의 차는 거의 일국주의적인 민족주의가 의미를 상실한 정도로 명백해졌으며, 일방 저개발의 신생국은 총체적으로 선진국과의 대비에서 빈부의 격차가 줄기는커녕 더욱 더 벌어져 가는 사실을 … 신생국 공통의 문제로 의식되게 됐다. … 현대 민족주의는 이러한 사태에 적응하려는 신흥 민족의 여러 노력들이며 그것은 지역주의 국제주의 다민족주의 등등에 있어서 약소민족 및 부족의 결집으로 나타난다. 그것은 이미 서유럽적인 민족주의의 모델과는 차원을 달리하고 나간다.[47]

---

44 「현대민족주의」(1973), 357쪽.
45 「현대민족주의」(1973), 339쪽.
46 「현대민족주의」(1973), 371쪽.
47 「현대민족주의」(1973), 379쪽.

위 인용문에서처럼 신생 탈 식민국가들 안에서조차 "현대 민족주의"의 경로를 채택하려는 지금, 한국의 여전한 저항적 민족주의의 분위기는 그 한계가 명백한 것일 수밖에 없었다. 특히, 한국 주변의 국가들, "공식으로는 다민족국가이지만 한민족에게는 거의 단일민족주의적인 역사 관계에 서"있는 중국이나 "폐쇄적 단일민족주의의 경향"을 보여주는 일본의 상황으로 인해 한국의 민족주의가 "다민족주의나 지역주의" 같은 "현대민족주의"의 흐름으로 나가기 어렵게 하고 있다고 말하고 있었던 것이다.[48]

이상에서 살펴본 논의들 즉, 현대국가라는 이름의 탈근대적 국가와 그에 따른 초국가적 국제질서 논리의 부상 등은 냉전 시대 속에서 "현대"라는 이름의 탈근대적 국제정치 현상의 등장을 통찰했던 이용희의 혜안이었다고 볼 수 있다. 그리고 이는 그가 당시 국제질서와 세계의 변화를 근대와 탈근대라는 보다 근본적이고 거시적 지평 위에서 접근하고 있기에 가능한 것이었다. 그는 탈근대라는 표현을 그의 저서 어디에서도 쓰고 있지 않다. 그러나 그가 말하는 "근대"와 구별짓기 위해 사용하는 "현대"는 단순한 근대의 연장이 아닌 그것을 넘어서려는 일련의 핵심적인 논리들을 구비한 국제정치와 그 질서의 변화를 가리키기 위한 수식어라는 점에서 그의 논의의 심층적 지평 위에 근대와 탈근대라는 문제 설정이 오롯이 존재하고 있었다고 충분히 해석할 수 있다.

그렇다면 이용희가 보여주고 있던 이 같은 동시대 속 비 동시대성은 온전히 이용희에게만 국한된 것이었을까? 앞서 잠깐 언급했듯이, 50년대 후반부터 1960년대에 이르는 국제정치 관련 논문과 단행본(번역본 포함)에는 비록 적은 수일 망정 냉전 체제를 단순히 근대의 고착화나 그

---

48 「현대민족주의」(1973), 373쪽.

연장으로만 접근할 수 없다고 보고 있던 논의들이 존재하고 있었다. 아래에서는 민족국가와 세력균형론을 중심으로 이와 관련한 논의들이 어떻게 존재하고 있었는지를 확인한다.

4. 이용희와 동시대의 비판·민족국가중심론

(1) 세력균형의 위기

2차 대전 이전까지의 국제질서와 이후 세계질서의 차이를 인식하는 수준에는 여러 수위가 있을 수 있었겠지만 미국의 압도적인 군사력과 원조 앞에서 모두 이의를 달 수 없었던 근대 국제질서 원칙의 위기 중 하나에는 바로 세력균형의 원칙이 있었다.

이진변은 세력균형의 원칙을 기본적으로 "구성하는 참가국이 수가 많아"야 할 뿐 아니라, 그 국가들이 자기 세력의 항상성을 유지해야 한다는 전제를 갖는 원칙이라고 정리하고, 냉전체제 하에서 미/소가 자기 세력 하에서 보여준 압도적 물리력("경제, 산업, 과학, 문화력")은 더 이상 세력균형의 논리에 의해 국제질서를 설명할 수 없게 했다고 주장한다.[49]

강병규는 이 같은 힘의 비대칭이라는 국제상황 위에서 압도적 힘의 중심국가와 그 주변 국가가 블록 체제 안에서 맺는 관계를 기존 세력균형의 원칙과는 다른 방식으로 개념화해야 한다고 접근하고 있었다. 그에 따르면 세력균형은 기본적으로 민족국가가 자기 이익(이해)의 관점에서

---

49 이진변, 「국제정치상의 세력균형과 국제연합」, 『정치학보』 3(성균관대학교 정치학회, 1959), 46쪽.

이를 유지하려고 노력하는 가운데 국제적 평화가 그 결과로서 산출된다
는 원칙이었다. 따라서 여기에는 모든 국가는 "자기 이익"의 관점에서만
선택하고 행위 한다는 배타적 패권주의적 국가론이 전제되고 있었다. 그
런데 강병규는 냉전 체제하에서 국가들의 행위가 블록 간 관계로 대체되
는 상황하에서 블록 내 국가들의 논리를 이익의 논리로만 설명하기 어렵
다는 점을 지적한다. 그는 "양극으로 대립된 두 블록의 폐쇄 상태"는 그
블록 안의 주도 국가를 중심으로 중심국가와 주변국가가 서로 다른 종류
의 원칙하에서 관계 맺게 되는데 그 중 하나가 "구심적 결속"이라면 다
른 하나가 "이익적 협조"에 따른 관계 맺기라고 말한다. 강병규는 여기서
"이익적 협조"를 기존의 전통적인 세력균형론 하에서의 국가들 간의 이
해에 따른 이합집산의 논리라고 설명하고, 반면 "구심적 결속"은 이익의
논리를 넘어서서 형성되는 일종의 "운명공동체"적 관념에 기반한 국가
간의 강력한 결속과 연대를 의미한다고 정의하고 있었다.[50]

> 2대 블록의 주도권은 미국과 소련이 장악하고 있다는 점이다. 특히
> 하나의 주목을 요하는 사실은 기존 국제사회의 지배적 원칙이든 세
> 력균형이 신무기의 발달과 정치적 법률적 경제적 조건의 변화로 인
> 하여 불가능해지자 동맹체제와 유사한 집단적 안전보장체제가 출현
> 하였다. 이것은 이익적이라기보다는 운명적인 공동조직체인데 이 같
> 은 공동 사회적 블록의 내부적 구조는 그 공동성과는 배치되는 "힘의
> 원리"를 개재시키고 있는 것이다. 즉 각 블록은 지도국가와 종속국가
> 의 계층적 구별을 본질적으로 가지며 이들의 상호 관계는 공동사회
> 적 혹은 이익사회적 성격을 혼성하고 있는 것이다.[51]

---

50 강병규, 「국제사회에 있어서의 국가권력문제」, 『법정논총』 1 (중앙대학교 법정논총, 1955), 105쪽.

위 인용문에서처럼, "공동사회적" 성격을 갖는 "구심적 결속"은 "정치적 협력과 군사적 협력에 의해 자국의 안전을 유지하고 국운의 신달을 도모하려는 국제주의 이념의 구현"이다. 그리고 이 구심적 결속에 내재 된 "운명공동체적" 관념은 바로, 블록 체제가 가진 고유한 특징으로부터 유래한다고 설명하고 있었다. "핵무기 사용에 대한 공포적 협박 관념"이 "각 국가의 안전한 존립 근거를 블록적 공동사회" 안에서 모색하게 함으로써 만들어진다는 것이었다.[52]

이 같은 접근은 강병규가 한편에서 "이익적 협조"라는 표현을 통해 냉전 체제 하 국제질서에서 여전히 개별 국가 간 이익(혹은 패권)의 논리가 여전히 존속함을 인정하면서도, 동시에 이를 뛰어넘는 관계 관념이 블록 체제 안에서 확인되고 있음을 동시에 주장하고 있었음을 확인시켜준다. 그에 따르면, 특정 블록의 틀 안에서만 자기 생존을 도모할 수 있게 하는 냉전체제의 고유한 특징이 "이익"의 논리를 넘어서는 새로운 국가 행위 또는 국가 간 관계 질서의 관념을 만들어내도록 하는데 그는 이 관념 즉, "구심적 결속"이란 논리 안에 "운명공동체"라는 초국가적 관념이 자리 잡게 된다고 주장하고 있었던 것이다.[53]

강병규의 이 같은 접근은 블록 체제가 그것이 타 블럭과의 관계에서 갖는 패권주의적 속성으로 인해 한편에서는 지극히 근대적이지만, 그와 동시에 블록 내부의 국가 간 관계를 봤을 때는 이와 달리 근대적 국가 간 논리를 넘어서는 논리를 스스로 생산하고 실천하고 있었음을 보여주는 것이었다. 냉전 체제는 민족국가와 이들 간 관계라는 논리 하에서만 설명될 수 없는 그와 상충되거나 이를 넘어서는 논리를 내재하고

---

51 강병규, 「국제사회에 있어서의 국가권력문제」(1955), 106쪽.
52 강병규, 「국제사회에 있어서의 국가권력문제」(1955), 106쪽.
53 강병규, 「국제사회에 있어서의 국가권력문제」(1955), 105-106쪽.

있었던 것이다. 이 같은 논의는 권력이 아닌 "권위" 관념, 집단안전보장론에 내재된 "초국가주의" 등을 통해 냉전체제를 비판·민족국가중심론적 경향 위에서 접근했던 이용희의 논의와도 소통되는 것이었다.

(2) 주권(민족)국가의 위기

> 민족주권은 사실상 하나의 허구에 불과하게 되었다. 국제질서의 원리로 되어 오던 세력균형의 원칙이 현실적으로 그 의의를 상실하여 집단안전 보장이 그에 대신함에 민족주권국가의 시대는 이미 소멸되었다.[54]

1958년 국방연구에 게재했던 "민족주의-서구의 시민적 자유민족주의에 관한 일고찰"이란 논문에서 저자 김영준은 근대사의 핵심적 정치단위이자 조직체로서 주권적 민족국가와 그 정체성으로서 민족주의의 전개를 논하며, 이제 그 민족주권론의 의미와 유효성이 심각하게 타격받는 상황에 이르렀다고 주장한다. 그가 이 같은 주장을 하게 된 가장 큰 배경에는 서구적 민족주의가 양차 대전을 거치면서 보여주었던 한계가 있었다. \

그는 서구 민족주의의 발전 과정을 정리하면서 한편에서 민족주의는 개별 국가들 간의 카오스적 대립과 연대의 근본 논리를 설명할 수 있는 "보편적인 하나의 원리"로 기능했지만, 동시에 "민족적 에고이즘"으로 20여 년에 걸친 양차 대전 간에 국제적 긴장과 사회 경제적 동요의 원인으로 기능하게 했다고 말한다. 그리고 이는 2차 대전 이후 다수의 유럽

---

54 김영준, 「민족주의 ─서구의 시민적 자유 민족주의에 관한 일고찰」, 『국방연구』 1 (국방대학교안보문제연구소, 1958), 110쪽.

국가들이 그 주권적 힘을 상실하고 오히려 전쟁의 자장에서 한발 물러서 있던 소련과 미국에 편재되지 않을 수 없도록 하는 동인이 되었다는 설명한다. "권력의 다원성"이 붕괴한 현재에 있어, 국제사회는 혈연적 공통성이 아닌, "역사적 지리적 경제적 근접성"이라는 지정학적 요인에 따라 결정되는 "초민족적 집단"을 지향해 "권력 단위가 서서히 확대"되어 "새로운 인터내슈너리즘"이 실현될 것이라고 전망하고 있었다.[55]

이 같은 김영준의 주장은 상당 부분 앞서 이용희의 그것과 논점을 공유하고 있었지만, 민족주의의 한계 그 자체로부터 초민족주의와 그 정치체의 도입을 당위론적으로 전망하는 등, 그 논의의 근거와 체계성이 다소 빈약한 한계를 가지고 있었다. 이와 비교했을 때, 1962년에 이원우에 의해 그 번역본이 출간되었던 프리드만W·Freedmann의 《국제정치론》An introduction to World Politics은 유사한 논의를 전개하면서도 냉전체제 하에서 민족주의와 그 국가론을 대체할 수 있는 정치체의 출현이 과연 가능한가를 심도 있게 진단한 책이었다. 1951년도 영문판이 이용희의 《국제정치원론》(1955)에서 자주 인용되곤 했던 이 책의 당시 학계에서의 유통은 그런 의미에서 냉전체제와 민족국가 관계에 대한 그의 논의가 당시 지성계에 미쳤을 영향을 추론해볼 수 있는 자료 중 하나라고 할 수 있다.[56]

프리드만은 먼저, 2차 대전 이후 유럽 제국의 몰락과 함께 비유럽권 지역(라틴 아메리카와 아프리카, 그리고 아시아)을 중심으로 등장하고 있던 신생 민족국가들과 강력한 민족주의 운동의 현상을 가리키며 과연 현대를 내셔널리즘의 부흥기라고 부를 수 있는가라는 질문으로 자기 논의를 시작한다.

---

55 김영준, 「민족주의 ─ 서구의 시민적 자유민족주의에 관한 일고찰」(1958), 93쪽; 111쪽.

56 「국제정치학의 성립」(1955), 43쪽; 「현대국가에의 지향」(1955), 127쪽; 「외교정책과 그 실시(2)」(1955), 356쪽.

[라틴 아메리카], 아프리카, 인도, 중동, 태평양 및 극동에서 강력한 내쇼 널리즘 운동은 유럽의 정치적 경제적 지배로부터 해방되려는 투쟁 과 연결되고 있다. 아프리카나 서인도제도에서도 서구의 이념과 전술 에 의해서 훈련된 지식층이나 노동지도자의 지휘 하에 동일한 운동 이 세력을 결집시키고 있는 징후가 보인다. … 그러나 민족국가nation state가 이제야 '제2의 청춘'을 경험하고 있다거나 또는 완전한 성년 에 도달하고 있다고 믿는다는 것은 환상일 것이다.[57]

위 인용문에서처럼 프리드만은 결론적으로 민족주의와 그 국가가 다시 부흥하리라는 믿음은 일종의 "환상"에 불과하다고 단호히 결론 내린다. 그가 이렇게 주장한 가장 큰 이유는 법률 정치적 주권이라는 것이 갖는 현실적 의미 및 2차 대전 이후 국제상황이 맞은 변화와 관련된 것이었다. 즉, 현재의 민족주의 운동은 20세기 초 유럽(및 아시아) 제국주의 국가의 지배에 대한 일종의 "반동"에 불과한 것으로서, "법률적 정치적 주권"이 형식으로서가 아닌 실질적으로 기능하기 위해서는 주권의 "배후에 있는 정치 경제 군사적인 실력의 현실체를 표현하고 있는 한에 있어서만 살아남을 수" 있는 것인데, 2차 대전 이후 국제정치는 대다수 국가들이 자국의 독자적인 군사 경제력에 기반해 국제 분쟁을 해결할 능력을 분명히 상실하게 만들고 있었기 때문에 무수한 주권적 민족국가들의 등장과 민족주의의 발흥은 국제정치적 맥락에서 크게 의미를 가지기 어렵다는 것이었다.[58]

---

57 W 프리드만, 이원우 역, 『국제정치론』(서울: 동아출판사, 1962), 54쪽.
58 W 프리드만, 『국제정치론』(1962), 54-55쪽.

대국과 소국, 강국과 약소국이라는 것은 항상 존재하여 왔다. 그러나 군사적, 경제적인 실력의 불균형, 그리고 명목상의 독립이 아니라 진정한 독립으로서 자립할 수 있는 국가가 불과 수개국 밖에 없다는 사실이 오늘날과 같이 현저하게 나타난 일은 없었다. 이미 제1차 세계 대전은 유럽의 약소국가가 중립을 보지하는 것이 곤란하게 되었다는 사실을 실증하였다. 제2차대전은 모든 약소국을 압도하였고 유럽에서 불안한 중립을 보지할 수 있었던 것은 스위스, 아일랜드, 등의 수개국에 지나지 않았다. 전후에는 보다 더 명백히 국가주권의 공허성을 시현하였다.[59]

프리드만은 이와 같은 현실이 그렇다고 곧바로 초민족주의 국가나 이를 실현할 연방체를 탄생시키는 것은 아니라고 말한다. 그렇지만 민족국가는 기존의 주권국가와 초국가 사이의 "절충"에 해당하는 정치체들의 등장을 통해 그 대체물을 맞이하고 있다고 말한다. 그는 이 대체물에 해당하는 정치체들의 관련 사례들을 다수 열거하면서 그 중에서도 "지역적 연합"이 바로 그 대표적인 형태가 될 것이라고 말한다. 즉, 소련과 미국의 각 블록권 안에서 만들어지고 있는 각종 "군사원조, 제조약, 공동의 경제개발계획"(베네룩스 연맹이나, 서유럽 연합, 미국 경제 원조 하에서 만들어진 호주부흥계획 등)은 관련 국가들 간의 더 긴밀한 정치 경제적 연합을 가능하게 하면서 "정치권력의 단위로서는 살아나갈 수 없는 개개 국가의 존재"를 대신할 수 있는 능력과 기능을 발휘하고 있다는 점이었다.[60] 물론, 그는 이 같은 지역 연합체 내부에서 기존의 세력균형과 같은

---

59 W 프리드만, 『국제정치론』(1962), 55쪽.

60 W 프리드만, 『국제정치론』(1962), 60쪽.

국가 간의 불협화음이 계속 노정할 가능성이 있고, 이 때문에 여전히 지역연합체가 불완전하다는 것을 인정하고 있었다. 그러나 그는 그럼에도 불구하고 "순수한 국가 주권의 시대는 과거지사"가 되었다고 주장한다. 오히려 프리드만은 이 같이 민족국가와 초민족국가의 경계에 해당하는 "지역 연합"들이 각기 "동방연합체(저자-소련 중심 블럭)"와 "서방연합체(저자-미국 중심 블럭)" 안에서 다른 형태로 계속해서 진보되어갈 것이라고 예견한다.[61]

민족주의와 그 국가론을 대신할 새로운 정치 단위로 블록 체제하의 지역 연합체를 상정하고, 냉전 체제하에서 민족국가와 그 이념이 국제 정치 현실을 움직이는 실질적 동력이 되지 못한다고 보는 이 같은 주장 안에서 프리드만은 냉전체제를 민족국가론적 틀로 설명할 수 없다는 인식을 분명히 드러내고 있었다. 프리드만이 보기에 로마 제국이 민족국가를 대신하는 고대의 국가 형태였다면 소련과 미국- 그 조직 방식의 강조점에 차이를 두긴 하지만(소블럭-유기성, 미블럭-기능성)-이 각종 지역 연합체의 형태로 창조해내는 정치 운동의 방식은 현대의 제국에 가까운 어떤 모습이었기 때문이었다.[62]

이처럼 냉전 체제를 단순히 강대국과 약소국 간의 힘의 차이에 따른 이념 대결의 장이라는 민족 국가론적 지형 위에서 접근하는 것을 거부하고, 그 지형과의 질적 차이 위에서 냉전 체제를 해석하고 그 위에서 만들어진 새로운 정치체들의 탈근대적 속성에 주목했던 프리드만의 논의 방식은 앞서 이용희가 단위의 변화로서 "현대국가"를 주장했던 것

---

61 W 프리드만, 『국제정치론』(1962), 61쪽.

62 프리드만은 민족국가를 대신하는 국가 형태의 예로, 고대의 로마제국, 근대의 보나파르트 프랑스, 현대의 제국주의와 2차 대전 이후 소연방 등을 그 예로 들고 설명한다(W 프리드만, 『국제정치론』(1962), 57쪽.

과 거의 동일한 맥락 위에 있었다.

이상의 논의들은 앞서 우리가 보았던 이용희의 비동시대성이 단지 한 개인의 문제가 아니라는 것을 확인시켜 준다. 냉전 체제를 비판·민족국가중심론적 경향 위에서 접근하면서 근대가 아닌 현대(혹은 근대를 넘어선 시대)의 도래를 고민했던 흔적들은 민족주의의 부흥이라는 논리와 공존하면서 1950-60년대 한국 지성계 안에 국가론 논의와 관련한 동시대 속 비동시대적 논리의 공존을 엿볼 수 있게 하고 있었다.

2차 대전이 끝난 직후부터 1960년대 경까지 고전적 현실주의 국제정치론은 미국 국제정치학계를 통해 주류적 학문으로 확고하게 정립되어 간다. 이 같은 학계의 분위기와 국내의 극우적 민족주의 경향을 고려했을 때, 냉전 체제 안에 근대 정치와 그 이념의 틀을 넘어서는 정치적 요소들이 존재함에 주목하면서, 견고해 보이는 근대의 지속 속에서 그것의 균열을 간파했던 이용희와 동시대의 연구들은 지금의 관점에서 충분히 그 의의를 갖는다. 이같이 서로 결을 달리하며 동시대 속에 공존했던 국가론적 논의의 존재는 기존 연구가 당시 지성사를 다루어 왔던 익숙한 프레임의 한계를 보여주는 것이기도 하다. 실제로 기존 연구들은 탈근대적 국가 형태나 그에 대한 학술 담론들이 주로 탈냉전 이후부터 출발한다고 인식해왔던 경향이 강했기 때문이다.[63] 이런 측면에서 본문에서 살펴본 이용희와 동시대의 비판·민족국가중심론적 논의들은 냉전 시기 국내 지성사를 보다 역동적으로 해석할 수 있는 여지를 보여줌으로써 정치 학술사적으로도 충분히 기여한다고 볼 수 있을 것이다.

---

63 김병국,『국가·지역·국제체계:변화와 연속성』(서울: 나남출판, 1995), 272-275쪽

참고문헌

이용희. 2017. 『동주이용희전집』. 1~10권. 고양: 연암서가.

강동국. 2014. 「한국 국제정치학과 개념사」. 『개념과 소통』 13호.

강병규. 1995. 「국제사회에 있어서의 국가권력문제」. 『법정논총』 1호.

김기태. 1949. 『세기의 과제』. 서울: 백양사.

김병국. 1995. 『국가·지역·국제체계:변화와 연속성』. 서울: 나남출판.

김영준. 1958. 「민족주의-서구의 시민적 자유민족주의에 관한 일고찰」. 『국방연구』
    1권.

민병기. 1957. 「국제문제연구의 과제와 경향」. 『국제법학회논총』 20호.

민병원·조인수 외. 2017. 『장소와 의미: 동주 이용희의 학문과 사상』. 고양: 연암서가.

박재영. 1999. 『국제정치패러다임: 현실주의·자유주의·구조주의』. 서울: 법문사.

박치우. 1946. 「문화공동체와 민족의 성립」. 『중외일보』(1946.4.19.). 서울: 중외일보사.

배지연. 2013. 「해방기 "민족" 이라는 기호의 변화 양상과 그 의미 – 임화의 "민족",
    "민족문학" 개념을 중심으로」. 『현대문학이론연구』 55호.

안재홍. 1945. 『신민족주의와 신민주주의』. 서울: 민우사.

안호상. 1950. 『일민주의의 본바탕』. 서울: 일민주의연구원.

이병도. 1946. 「조선민족의 단일성」. 『신천지』 제1권 제8호.

이원우. 1961. 「국제연합과 권력정치:UN은 평화를 위한 만능약인가?」. 『법정학보』 4호.

이종우. 1949. 「민족주의의 이론적 구조」. 『민족문화』 1권 1호.

이진변. 1959. 「국제정치상의 세력균형과 국제연합」. 『정치학보』 3.

임종명. 2008. 「탈식민지시기(1945-1950) 남한의 지리교육과 국토표상」. 『한국사학
    보』 30.

오태영. 2015. 「탈식민-냉전체제 형성기 지정학적 세계 인식과 조선의 정위: 표해
    운의 『조선지정학개관』을 중심으로」. 『동아시아 문화연구』 61.

장세진. 2009. 「해방기 공간 상상력의 전이와 '태평양'의 문화정치학」. 『상허학보』 26.

조효원. 1954. 『국제정치학』. 서울: 문종각.

최문환. 1950. 「피히테에 있어서의 민족주의와 사회주의 의의」. 『민족문화』 2권 1호.

홍효민. 1950. 「민족문화의 원류」. 『민족문화』 2권 1호.

W. 프리드만 저, 이원우 역. 1962. 『국제정치론』. 서울: 동아출판사.

제5장 이용희의 분노와 '한국적' 제왕의 탄생

민족주의 비판의 곡절과 근대비판의 착지점

이경미

1. '한국적'이라는 물음

지식에 대한 사회학적 관심이 고조되면서 '학문'을 이해하는 방식에서
도 현실성이나 역사성을 무시할 수 없게 되었다. 이러한 동향이 한편으
로 '근대지식'에 대한 비판적 성찰을 가능하게 했고, 그 효과는 오늘날
개념사나 학술사 등 여러 분야에서 쉽게 접할 수 있게 되었다.[1] '국제정
치학'이라는 학문도 이러한 동향으로부터 결코 자유로울 수는 없다. 그

---

* 이 글은 『일본비평』 제27호(2022)에 실린 「동주 이용희의 분노와 '한국적' 제왕의 탄생: 민
  족주의 비판의 곡절과 근대비판의 착지점」을 수정, 보완한 것이다.
1 예를 들어 酒井哲哉 編, 『岩波講座 「帝国」日本の学知1: 「帝国」編成の系譜』(東京: 岩波書
  店, 2006); 하영선 외, 『근대한국의 사회과학 개념 형성사』(서울: 창비, 2009); 도면회 외, 『역
  사학의 세기: 20세기 한국과 일본의 역사학』(서울: 휴머니스트, 2009).

지적 계보에 대한 관심은 국제정치학의 메카라 할 수 있는 미국과의 거리를 측정하는 방식으로 나타나기도 하고, 그야말로 근대의 잔재와 같은 서구중심성에 문제의식을 드러내기도 한다. 하지만 그 어떤 경우에 있어서도 지식사회학적 접근이 유발하게 되는 근본적인 문제는, 해당 학문이 딛고 서있는 현실성이나 역사성에서 배태된 속성을 어떻게 특정하느냐의 문제에 있을 것이다. 예컨대 '한국적'인 학문이란 무엇인지, 학문이 마냥 추상적이거나 투명한 존재가 아니라고 한다면, 그 구체적인 양태를 '무엇'이라 표현해야 할지에 대한 고민이다.[2]

한국의 국제정치학도 그 성립에 대한 관심이 고조된 이래 '한국적인 것'에 대한 고민을 진전시켜왔다. 물론 아직 합의된 견해가 있는 것은 아니다. 다만 한 가지 공통된 측면이 있다면, 한국에서 국제정치학이라는 학문을 문제 삼을 때, 다시 말해 그 지식의 한국적 수용을 고민할 때 반드시 '이용희'라는 존재에 맞닥뜨리게 된다는 것이다. 그 이유는 그가 한국 국제정치학계의 시조라는 사실에만 있는 것은 아니다. 그보다도 이용희는 근대지식의 단순한 수용자가 아닌 '비판적 전유자'로서, 어디에도 정확한 뿌리를 찾을 수 없는 독특한 학문체계를 전개했기 때문이다. 스스로 "약점"이라고 참회하고 있듯이 이용희의 학문에는 "이 분을 따랐다" 할 만한 "스승"이 없었다.[3] "한마디로 난독"[4]이었다는 그 말대로, 잡다하게 쌓아놓은 지식의 상아탑 앞에서 현명한 연구자라면 그의 지성을 체계적으로 파악하는 일이란 불가능함을 금방 알아차릴 것이다.

국제정치학의 성립에 대한 연구에서 이용희가 언급되는 일은 물론 많

---

2 이와 같은 고민을 '냉전'이라는 현실을 통해 풀어내려고 한 연구로 옥창준, 「냉전 초기 한국 국제정치 지식의 재구성」(서울대학교 정치외교학부 박사논문, 2022).
3 「독서연대기로 돌아보는 젊은 정신의 회억」(1974), 『독시재산고』(전집6), 52쪽.
4 「독서연대기로 돌아보는 젊은 정신의 회억」(1974), 14-15쪽.

았지만, 그의 학문 자체를 다룬 연구가 많아진 것은 비교적 최근의 일이다. 현재 공저로 나온 두 개의 단행본과 이와 별도로 나온 개별논문 몇 개가 있는데,[5] 모두 2017년을 즈음하여 나온 데서 알 수 있듯이 『동주 이용희 전집』의 간행이 상기한 연구동향과 어우러져 나온 성과들이다. 특히 단행본에서는 이용희의 학문이 갖는 다면성이 여러 주제들—국제정치이론, 서양정치사상사, 민족주의론, 지역통합론 등—을 통해 규명되고 있는데, 의외로 주제들 간의 유기적 관계는 잘 보이지 않는다. 여기에는 주제 분야별의 접근보다는 이용희의 학문 자체의 진개를 나투는 지성사적 접근이 필요한데, 앞서 언급했듯이 이용희의 '지식' 자체가 체계적 파악을 두렵게 하는 독서편력을 갖는 데다가 그를 둘러싼 '현실'을 어디서부터 구성할지도 사실 결코 쉬운 문제가 아니다.

지성사적 접근을 시도한 글 중에서는 상대적으로 이 현실을 '냉전'으로 풀이하는 경향이 강하다.[6] 물론 그의 학문 전개에서 냉전이라는 상황이 갖는 의의를 부정할 여지는 없지만, 해방 이전과의 맥락 또한 사상사적으로 무시할 수 없는 과제이기도 하다.

이와 관련해서는 기유정의 연구가 가장 명시적으로 사상의 연속적

---

5 민병원 외, 『장소와 의미: 동주 이용희의 학문과 사상』(고양: 연암사가, 2017); 서울대학교 국제문제연구소 엮음, 『한국 국제정치학, 미래 백년의 설계』(서울: 사회평론아카데미, 2018); 옥창준, 「이용희의 지식 체계 형성과 한국 국제정치학의 재구성」, 『사이間SAI』 제22호(국제한국문학문화학회, 2017.1); 기유정, 「해방 후 한국의 '지역학'과 제국의 학설: 이용희의 '권역' 개념을 중심으로」, 『한국정치연구』 제28집 제2호(서울대학교 한국정치연구소, 2019.1); 옥창준, 「현실로서의 냉전과 한국 국제정치학의 형성: 조효원과 이용희의 냉전 국제정치론을 중심으로」, 『한국학연구』 제63집(인하대학교 한국학연구소, 2021.11); 기유정, 「냉전 초기 한국의 민족국가론과 그 균열들: 이용희의 비동시대성을 중심으로」, 『한국정치연구』 제30집 제3호(서울대학교 한국정치연구소, 2021.9).

6 위에서 든 옥창준의 연구가 그러하며, 남기정의 경우도 이용희의 국제정치론을 냉전론으로 읽어낸 시도 중 하나이다. 옥창준, 「현실로서의 냉전과 한국 국제정치학의 형성」.; 남기정, 「이용희의 국제정치학 체계와 냉전인식: 냉전과 분단 기원에 대한 인식을 중심으로」, 『한국 국제정치학, 미래 백년의 설계』.

측면을 다룬 경우라고 할 수 있다. 이용희의 권역론을 지역학과 관련시켜 보는 그의 관점은 근대비판적 사상의 맥락을 추적하는 데 중요한 논점이 될 수 있으나, 로야마 마사미치蠟山政道 및 동아협동체론과의 연관성을 영향관계로 보는 것은 지나친 강조가 아닐까 싶다. 이와 함께 해방 전 만주에서의 경험을 중요하게 다루는 연구도 있다.[7] 다만 이들의 문제는 자료적 한계로 분석이 표면적인 수준에 그쳐, 만주에서의 경험이 사상사적으로 어떻게 해방 이후의 논의와 연계되는지 불투명한 데 있다. 이 점을 본고에서는 이용희가 만주시절에 만난 카E. H. Carr의 논의를 어떻게 해방 후 냉전형으로 전유했는지 밝힘으로써 보완할 것이다.

이상의 문제의식에서 본론에서는 이용희의 학문이 언제 어디서, 어떤 문제의식을 가지고 시작되었는지(2절), 그것이 특정한 상황과 만나면서 어떤 전개를 보여줬는지(3절), 그리고 어떠한 결론으로 정착했는지(4절) 추적할 것이다. 이를테면 사상과 상황이 맞물리는 이 과정에서 필자가 특히 주목하는 것은 이용희의 사상의 근간에는 항상 '근대'와 '탈근대(근대비판)'를 함께 추구하는 복합적인 사유방식이 존재했다는 점이다.

먼저 2절에서 살피듯이 이용희에게 정치학은 강한 '근대비판' 의식과 함께 시작되었다. 식민지조선이라는 근대의 밑바닥에서 삶을 시작한 그에게 근대의 폭력성은 일상이었으며, 그 정체를 지성으로 파악하기를 결심하게 해 준 곳이 바로 만주국이었다. '다민족제국' 만주에서 일본이 만들어낸 '전시동원체제'는 이용희에게 근대의 모순과 탈근대의 기저를 동시에 가시화시켜 준 원풍경이 되었다.

하지만 이로써 시작된 정치학은 곧 냉전과 만나게 된다. 3절부터는

7　옥창준, 「이용희의 지식 체계 형성과 한국 국제정치학의 재구성」, 103-107쪽.; 강동국, 「국제정치학자 이용희의 탄생」, 『한국 국제정치학, 미래 백년의 설계』, 50-59쪽.

그의 학문에서 '근대'와 '탈근대'의 두 측면이 어떻게 전개되었는지 살펴볼 것이다. 특히 3절에서는 근대의 측면을 '민족주의 비판' 언설에 주목하여 밝힐 것이다. 이용희의 민족주의 비판은 냉전 초기에는 '단일민족주의' 비판으로, 1960~70년대에는 '저항민족주의' 비판으로 나타났는데, 그 위상은 일견 내셔널리즘 자체를 비판하는 듯 보이기도 한다. 그런 의미에서 이용희의 입장을 초연적 자세로 평가하는 경우도 있지만, 그러나 이용희의 민족주의 비판은 다소 '뒤틀린' 구성을 지녔을 뿐 매우 내셔널리스틱한, 그런 의미에서 '근대주의적' 언설이었다는 것이 본고에서 주장하고자 하는 논점이다. 이 점은 유럽 근대 정치사상사에 대한 이용희의 이해를 바탕으로 읽어내야 제대로 해명이 가능하다. 따라서 3절에서는 우선 근대정치사상의 '세 맥락'을 그가 어떻게 이해했는지 살펴보고, 이를 바탕으로 두 번의 '민족주의 비판'이 어떠한 곡절을 겪어 '근대주의적' 언설로 나타났는지 밝힐 것이다.

그러나 앞서 언급했듯이 이용희의 근대주의는 탈근대를 향한 사유를 동반하며 전개되었다. 따라서 4절에서는 근대주의의 이면에서 작동했던 탈근대 언설의 정체를 밝히고자 한다. 특히 이를 미소 냉전을 토대로 전개된 '다민족주의 국가론'과 탈냉전기 유럽의 지역통합을 놓고 전개된 '연방론'이 연계되는 맥락에 유의하며 살펴볼 것이다. 필자는 이를 카의 냉전형 전유와 슈미트의 주권론이 연계되는 과정으로 보고 있는데, 이와 같은 지성사적 맥락을 배경으로 이용희의 '근대비판'이 정착했던 지점을 밝히고자 한다.

결론에서는 이용희의 정치학이 마지막 착지점에서 슈미트를 소환했던 문제와 함께 그의 학문이 갖는 '한국적' 특성에 대해 논의해 보고자 한다. 근대의 밑바닥―식민지조선―에서 시작된 이용희의 정치학은 '근대'와 '탈근대'를 양축으로 달리는 수레바퀴와 같았다. 대내외적 주권을 가진 민족국가로 구성된 공간을 '국제'라고 한다면, 탈근대는 그러한 근대적 서사가 통하지 않는, 그런 의미에서 '제국'의 공간이라고 할 수 있다. 그렇다면 이용희의 정치학은 줄곧 '국제'의 서사와 '제국'의 서사를 오가면서 전개된 학문이었다고 할 수 있다. 뿐만 아니라 그는 '후자'를 세계사의 '앞바퀴'로, 그러니까 한국이 쫓아가야 할 미래로 보았다. 본고에서는 이 점을 염두에 두고 이용희의 학문을 '제왕의 정치학'이라고 부른다. 그리고 그가 탈냉전기에 상상한 '제국'의 공간이 과연 근대를 지배한 '제국주의'와 어떠한 차이가 있었는지 물어볼 것이다. 바로 이 지점에 이용희의 학문이 지닌 '한국적' 특성을 찾아낼 단서가 있다는 것이 본고의 주장이다.

2. 이용희의 분노와 정치의 시작

1947년 6월 이용희는 《신천지》에 〈단일민족주의국가와 다민족주의국가〉라는 글을 발표했다. 3월의 트루먼 독트린에 이어 마셜플랜이 발표된 이달에 미국과 소련을 '다민족주의국가'로 규정지은 이용희의 관심이 '냉전'이라는 새로운 국제상황과 그 속에서 장차 '민족국가'를 세워 나가야 할 조선의 독립문제에 있었음은 말할 나위도 없다. 그런데 이 문제를 '근대사'라는 긴 호흡 속에서 바라보며 거기에 배태된 '모순의 극복형태'로서 다민족주의국가를 제시한 이용희의 서술은, 이 글이 단순히 냉전이라는 상황만으로는 풀이할 수 없는 지적 내력을 담고 있었음을 알려준다. 이를테면 사상과 상황이 만나는 지점에서 발표된 이 글에 담긴 의미는 실로 복잡하다. 하지만 여기서부터 논의를 시작해야 하는 이유는 이 글이 이용희의 '민족주의 비판'의 첫마디를 보여주는 동시에, 식민지-해방-냉전-탈냉전을 관통하는 '근대비판'의 시발점 또한 보여주고 있기 때문이다.

단독정부의 수립과 한국전쟁을 겪어난 50년대 중후반 이용희는 두 개의 저작을 세상에 내놓았다. 《국제정치원론》(1955, 이하 《원론》)과 《정치와 정치사상》(1958, 이하 《정치사상》)이다. 두 책은 별개의 학문 분야를 다루고 있지만, 그 내용은 이란성 쌍생아처럼 서로 중첩된다. 먼저 《원론》 서문에 제시된 이용희의 문제의식부터 확인해 두자. 아래에 인용한 구절은 지금까지 이용희 관련 연구에서 여러 차례 언급되있는데, 여기서 재차 강조하는 이유는 그를 정치학으로 이끈 '원초적 문제의식'이 무엇이었는지 명확하게 보여주기 때문이다.

> 본래 내가 품게 된 정치학에의 관심은 우리 겨레가 왜 이렇게도 취약하냐 하는 의문을 내놓고는 생각할 수가 없는 것이었다. … 그런데 나는 왜 우리 겨레가 이다지도 취약하냐 하는 문제를 헤아려보는 동안에, 취약한 것은 다만 우리만이 아니라 유럽정치, 경제를 재빨리 모방한 일본을 제외하고는 동양 전체가 그리하게 되었다는 것을 새삼스러이 느끼게 되었다.[8]

'우리 겨레의 취약성'에 대한 의문이 '유럽정치(근대정치)' 자체에 대한 의문으로 그를 이끌었다. 그리하여 "오늘날 동양사회를 지배하게 된 서구형 정치양식은 도대체 어떤 것"인지 탐구하게 되는데, 그 결과물이 바로 《원론》이었다. 이를 통해 그는 "유럽에서 발단한 근대정치 및 그것을 중심으로 한 국제정치"의 양식을 알아내고, 취약한 처지에 놓인

---

8 「서문」(1955), 『국제정치원론』(전집1), 4쪽.

"우리의 현상을 진실로 이해"하려고 했던 것이다.[9]

스스로 밝히고 있듯이 이용희가 정치에 눈을 뜨게 된 것은 만주에 있었을 때이다. 이 "만주시대 5년간"(1940~45)을 이용희는 "내 사상이나 학문 및 생활에 중요한 변화"를 가져온 시기로 기억하는데, "말하자면 사회과학에로의 복귀"라 할 수 있는 전환이 일어났기 때문이다. 구체적으로 심경의 변화는 "만주 자체에 대한 일본의 통치형태에 관심을 갖게" 되면서 일어났는데, 이용희는 만주에서 목격한 정치를 "지배와 피지배의 관계"로 설명한다.

> 만주에 있어 보니까—알다시피 한국 사람도 많았지만—절대적으로 다수인 피지배자는 중국 사람이죠. … 중국인들이 만주국이라는 괴뢰를 통해 일본에 지배받고 있었지. 그러한 지배와 피지배 관계를 옆에서 보고 있노라니 그 지배의 방식과 성격이 잘 보이더군요. 그래서 다시 정치의 성격에 대해 흥미를 일으켰습니다.[10]

3·1운동의 민족대표 중 한 명이었던 이갑성의 아들로 태어난 이용희는 어린 나이에 "'나'라는 사람은 공립의 세계에 어울리지 않는 집안의 자식"이라는 현실을 깨달아야 했고, "매주 찾아오는 형사들의 눈에 띌까봐" "좌익관계 책"들은 "집에 두지도 못"하는 신세로 살았다. 거기다 "가정의 경제형편"까지 나빠지자 광주학생운동으로 들뜬 학교(중앙고보)에서 "친구를 사귈 시간"도 없이 지내야만 했다. 이용희는 당시 이러한 "자기 환경에 대한 고독감, 열등감이 깊었다"고 회고하는데, 이때 그를

---

9 「서문」(1955), 4쪽.
10 「독서연대기로 돌아보는 젊은 정신의 회억」(1974), 48쪽.

구해준 유일한 탈출구가 '독서'였다. 이용희는 자신의 "고독을 면하려고" 하는 마음과 "그[자기환경-인용자]에 대한 반발로" 책을 읽기 시작했다고 한다. 다시 말해 "왜 내 환경이 이런 것인가"라는, 식민지조선에서의 삶에 대한 '분노'가 그를 지식의 세계로 이끌었던 것이다.[11]

하지만 만주로 오기 전까지는 그에게 지식은 고독을 면하는 방법이라는 의미가 더 컸다. 이용희 자신도 "연전[延專, 연희전문학교] 때까지"는 삶이 "너무 참혹해서인지 현실도피적인 면"이 있었다고 인정하는데, 그러나 "만주에 있을 때 비로소 현실도피가 아닌 그것을 직시해야 한다는 감회가 일어났"던 것이다. 앞서 인용한 문장에서 밝히고 있듯이 그 계기는 만주국에서 벌어지는 지배(일본인)와 피지배(중국인)의 관계를 보면서부터 일어났다. 식민지인으로서 지배받는 '나-우리'의 삶은 차마 눈 뜨고 볼 수 없었지만, 만주라는 객지는 자신을 그러한 현실을 그저 옆에서 보는 "주변적 인간Marginal man"으로 만들어 줬다. 그때서야 비로소 '정치'를 직시할 수 있게 되었다는 것이다.[12]

《원론》의 서문이 알려주듯이 이용희가 보게 된 정치는 '동양의 모방자 일본'보다는 그 배후에 있는 '진짜 근대 유럽'의 정치였다. 취약한 삶에 대한 분노는 물론 그 원인을 제공한 일본의 식민지배를 직접적인 계기로 했지만, 그가 삶의 문제를 풀어내기 위해 선택한 방법은 '독서(지식)'였다. 그리고 지식은 만주에서 직시하게 된 '정치'와 매개되면서 그의 문제의식을 '근대' 자체로 이끌었다. 그러한 의미에서 이용희의 학문은 그 시작부터가 근대에 억압된 식민지인의 '분노'가 담긴 정치학이었다고 할 수 있다.

---

11 「독서연대기로 돌아보는 젊은 정신의 회억」(1974), 11-15쪽.
12 「독서연대기로 돌아보는 젊은 정신의 회억」(1974), 47-50쪽.

3. 이용희의 민족주의 비판의 곡절

(1) 근대 정치사상의 세 맥락과 단일민족주의

"정치사상의 핵심은 '사람에 의한 사람의 지배'"라는 문구로 시작하는 《정치사상》 역시 《원론》과 마찬가지로 '근대정치'를 탐구한 결과로 나온 책이었다.[13] 그런데 이용희에게 정치사상은 "병력, 경찰력 같은 물리적 강제력"을 수반하는 "권력이라는 수단"보다는 사람에게 "지배가 정당하다는 의식을 가져오는 권위"와 관계되는 문제였다. "정치적 권위에 대한 복종과 항거의 관념"이 집단적으로 표출된 것이 곧 정치사상을 의미했으며, 따라서 "정치사상사란 궁극적으로 이러한 복종과 항거의 관념형태의 역사"를 다루는 학문으로 이해되었다.[14]

《정치사상》은 실로 이 두 축—복종과 항거—의 역동적인 전개과정으로 구성되어 있다. 특히 그의 초점은 근대 파트에 있었는데, 그 마지막 소절이 〈단일민족주의의 세계〉로 끝나고 있는 데서 알 수 있듯이 근대유럽에 나타난 단일민족주의 사상의 내용을 밝히는 것이 이 책의 주된 목적이었다고 할 수 있다. 그렇다면 단일민족주의 사상은 어떻게 형성되었을까. 여기서 필자가 주목하고 싶은 것은 복종과 항거의 전개를 통해 추출되는 근대유럽의 정치사상의 '세 가지 맥락'이다. 특히 '지상주의'로 구분되는 마지막 사상맥락이 '근대비판'이라는 관점에 비춰볼 때 불러일으키는 '어긋남'과, 그것이 냉전 초기에 전개된 이용희의 '단일민족주의 비판'과 갖는 관계라고 할 수 있다.

---

13 「서문1」(1958), 『정치사상과 한국민족주의』(전집2), 4쪽.
14 「고대」(1957), 『정치사상과 한국민족주의』(전집2), 13쪽.

이용희는 근대를 프랑스혁명을 분기점으로 전/후로 나누는데, 전기에 관해서는 교권과 왕권으로 구성된 중세의 이원적 권력구조로부터의 이탈이라는 관점에서 '주권사상'의 형성과정이 논의된다. 주권사상은 당초 마키아벨리, 보댕, 홉스로 대표되는 '군주주권설'로 나타났다가 로크, 루소로 이어지면서 점차 '인민주권설'로 발전해 나가는데, 이 방향을 결정지은 것이 프랑스혁명이었다는 것이다.

이처럼 주권이 '군주'에서 '인민'으로 넘어가는 과정에서 또 다른 전환이 있었던 점이 강조되는데, 곧 '자연법사상'에서 일어난 '신'과 '인간'의 교체라는 사태이다. 중세 자연법사상에서 법의 근원은 '신'에게 연원하는 것으로 믿어졌다면, 근대에 와서는 그것을 '인간의 내재적 본성'에서 찾게 되었다. 이러한 사태는 '공동체'에 대해서도 인식의 전환을 가져왔는데, 고대로부터 내려온 '유기체적 공동체' 관념이 사라지고 '원자적 개인의 집합체'로 관념하게 되었다는 것이다.

이처럼 전기에는 주권사상, 자연법사상, 공동체사상을 통해 근대로의 이행과정에 나타난 변화가 기술되는데, 이러한 변화를 지탱한 이념이 '자유'와 '평등'이었다. 따라서 후기에 관한 기술은 이 두 이념을 기축으로 전개되는데, 구체적으로는 먼저 '계몽주의사상'에 대한 설명이 나온 다음에 '근대민주주의'를 구성한 '자유주의'와 '사회평등주의'에 대한 서술로 이어진다. 계몽주의를 서두에 가져온 이유는 그것이 자연법사상에서 일어난 사태와 상통하기 때문인데, '인간에 내재된 이성'의 빛으로 어둠과 같은 무지를 밝혀 진보를 이룩하는 것이 계몽주의사상의 핵심이었다면, 이때의 인간관은 근대 자연법사상과 보편성—본성과 이성—을 공유하는 것이었기 때문이다.

하지만 이용희 자신은 보편타당한 사상의 형식을 일종의 픽션으로 보았기 때문에, '자유'와 '평등'의 맥락 역시 그 보편성을 강조하기보다는 계급적 이해에 기초한 복종과 항거의 역사과정으로 기술되었다. 예컨대 프랑스혁명을 이끈 제3계급에게 중요했던 것은 사유재산과 경제활동의 자유였기 때문에 이를 위한 정치변혁으로 왕권을 제한하는 입헌체제가 성립했다. 그러나 "왕권의 압박이 제거되고 제3계급의 정치적 지위가 높아지자 형제와 같던 자유와 평등의 두 이념은 각각 다른 역사적 구실을 맡게" 되는데, 자유가 "유산층"을 위한 이념이 되었다면, 평등은 경제적 의미까지 함축된 "무산층의 이념"으로 거듭났기 때문이다.[15] 이처럼 복종과 항거의 두 축은 '왕권 대 시민'에서 '부유층 대 무산층'으로 바뀌어, 양자를 대표하는 이념으로 '자유'와 '평등'의 맥락이 기술된 것이다.

근대유럽의 정치사상사에 관한 이러한 기술은 물론 독창적이라고 할 수는 없다. 다만 중요한 것은 이용희가 이 두 가지 사상맥락―자유와 평등―을 근대에 형성된 '단일민족주의'의 핵심내용으로 보고 있었던 점이다. 이를 염두에 두고 이어서 나오는 세 번째 맥락을 볼 때 단일민족 '지상주의'로 구분된 '반혁명사상'의 맥락이 갖는 '근대사상'으로서의 위상에 의문이 제기되기 때문이다.

여기서 '반혁명사상'이란 프랑스혁명에 대한 반동으로 나타난 맥락이다. 이용희는 이를 영국의 버크를 실마리로 유럽에 확산된 낭만주의가 헤겔의 국가철학으로 귀결되는 과정으로서 추적하고 있는데, 중요한 것은 이를 앞서 본 두 맥락이 갖는 '근대적' 특징이 모두 반전되는 맥락으로 서술하고 있는 점이다.

전통과 관습이야말로 소중하고 역사와 권위야말로 중요하지 어떻게

---

15 「근세후편」(1958), 『정치사상과 한국민족주의』(전집2), 133-134쪽.

'사회계약'이니 '인권'이니 '인민'이니 따위의 종잡을 수 없는 인위적인 허구 또는 추상적인 개념이 행세하여야만 된단 말이냐. … 버크나 드 메스트르나 인권사상이 내세운 추상적인 원칙 곧 자유와 평등의 개념에 철저한 분석과 비판을 가하게 되어 그러한 자유와 평등의 관념은 한 개의 허구에 지나지 않는다는 점을 밝혔다. … 사회와 국가는 단순히 개인들이 모여서 만들어 놓은 존재가 아니라 그 자체로서의 고유한 존재와 생명을 지닌 제도로 보았다. 애당초 사회를 원자적인 개인들이 코코아 회사를 꾸미듯이 계약으로 창설한다고 하는 생각이 망발이 아닐 수 없다. 자연권의 소유자라는 자연상태의 순수한 개인이란 머릿속에서 그려낸 개념적 존재일 뿐이지 관찰로는 있을 수 없는 것이었다.[16]

버크에게 프랑스혁명은 유럽에 인권이나 인민 같은 추상적 개념을 퍼뜨린 주범에 다름이 아니었다. 곧 '자유'와 '평등'이란 허구에 불과하다는 입장을 취한 것인데, 이러한 입장은 자연법사상이나 계몽주의에 대해서도 "반개인주의·반이성주의"를 내세우게 된다.[17] 뿐만 아니라 공동체에 대해서도 반전된 인식을 드러내는데, 사회는 '원자적 개인의 집합체'가 아니라 그 자체로 실존하는 '유기체'로서 그 의미가 회복되었기 때문이다. 이처럼 유럽 정치사상의 근대적 특징을 모두 반전시킨 반혁명사상은 헤르더, 피히테, 셸링 등의 낭만주의를 거쳐 공동체의 역사성을 강조하는 "민족지상주의"를 낳게 된다. 뿐만 아니라 이것이 "독일철학의 관념론과 맞붙어 마침내는 국가지상주의"로 발전하게 되는

---

16 「근세후편」(1958), 161-166쪽.
17 「근세후편」(1958), 167쪽.

데, 그것이 바로 헤겔의 국가철학이었다는 것이다.[18]

이러한 서술 끝에 〈단일민족주의의 세계〉라는 소절이 등장하며 《정치사상》은 마무리된다. 그런데 흥미로운 것은 이용희는 이 마지막 맥락까지를 '단일민족주의'의 구성요소로, 그러니까 '근대'의 정치사상으로 포함시키고 있는 점이다. 위에서 살펴본 유럽 정치사상사에 대한 이용희의 이해를 바탕으로 볼 때 '민주주의'를 구성하는 '자유'와 '평등'의 두 맥락은 '근대'에 적합하다고 볼 수 있으나, 마지막 맥락은 차라리 '근대비판'에 가깝다. 이용희는 이를 '지상주의'라는 일종의 '변질'[19] 형태로 이해하는데, 이는 앞의 두 맥락과 구별은 하지만 어디까지나 '근대의 일부'로 간주하는 인식을 의미한다.

냉전 초기 이용희의 '단일민족주의 비판'은 이러한 인식 위에 전개되었다는 점을 우선 이해해야 한다. 이 점이 중요한 이유는 그가 비판했던 대상이 과연 '근대'였는지 의문이 제기될 수 있을 뿐만 아니라, 그 이면에서 전개된 '다민족주의 국가론'이 갖는 '탈근대성'에 대해서도 재고될 가능성이 열리기 때문이다. 이 문제를 풀기 위해 논의를 다시 원점에 돌려 이용희의 '단일민족주의 비판' 언설을 고찰해 보도록 하자.

(2) 단일민족주의 비판과 지상주의와의 간격

〈단일민족주의국가와 다민족주의국가〉(1947)에는 이미 《정치사상》(1958)의 골격이 나타나 있었다. 그렇다면 거기서 '단일민족주의'는 어

---

18 「근세후편」(1958), 170–171쪽.

19 물론 변질의 의미는 지상주의에 국한되지 않는다. 대표적으로는 『원론』 제3장 제4절 「근대국가의 변질과정」을 참조. 하지만 동시에 지상주의의 대표격인 독일과 이탈리아를 곳곳에서 "근대국가 유형의 변질"(전집1, 29-30쪽)이라고 언급하고 있다.

떻게 논의되었을까. 이 글에서 이용희는 나폴레옹전쟁까지를 단일민족주의의 확립과정으로 보면서, 그 전개를 '민족사상과 국민사상의 일치'라는 관점에서 살펴보고 있다. 이때 민족사상이란 "근대국가의 초기형태인 절대군주국가의 근대성"을 나타내는데, 그 핵심은 "타민족에 대한 자타의 분별"에 있었다.[20] 이 '자타의 분별'이라는 기준은 《정치사상》에서 '민족' 개념을 설명할 때도 이용되었을 뿐만 아니라,[21] 《원론》(1955)이나 《일반국제정치학(상)》(1962, 이하 《일반》)에서도 등장하는데, 그 이론적 토대가 칼 슈미트의 정치개념—우적관계—에 있다는 점 또한 명시되었다.[22]

여기서 중요한 것은 이용희가 이러한 민족사상을 '근대전기 전제군주'의 등장과 함께 성립한 '대외적 주권' 관념과 관련짓고 있는 점이다. 이와 대조적으로 국민사상은 "주로 대내적 국내적 의미에서 파악"되는 주권 관념과 관련된 것으로 이해되었다.[23] 문제는 이 민족사상과 국민사상이 서로 '일치하지 않은' 상황에 있었는데, 근대전기에 나타난 민족은 대외적으로는 단일했지만 대내적으로는 일정하지가 않았다. 이러한 상황을 극복해 나간 것이 근대후기의 전개였는데, 양자의 불일치를 메꿔 간 '민주주의'와 함께 확립된 '단일민족주의'란 그런 의미에서 '대

---

20 「단일민족주의국가와 다민족주의국가」(1947), 『정치사상과 한국민족주의』(전집2), 209쪽.

21 「근세전편」(1957), 『정치사상과 한국민족주의』(전집2), 98-100쪽.

22 「국제관계의 설정」(1955), 「근대국가의 발달」(1955), 「강제력과 권위의 상호관계」(1955), 『국제정치원론』(전집1), 18, 52, 263-264쪽. 「국제정치의 설정」(1962), 「군사국가에 있어서의 조국」(1962), 『일반국제정치학(상)』(전집3), 84, 116쪽. 슈미트의 정치개념에 대해서는 カール·シュミット 著, 田中浩·原田武雄 訳, 『政治的なものの概念』(東京: 未来社, 1970). 이 책은 Der Begriff des Politischen(Berlin: Duncker & Humblot, 1932)의 번역본이다. 한국어 판은 카를 슈미트 지음, 김효전·정태호 옮김, 『정치적인 것의 개념 : 서문과 세 개의 계론을 수록한 1932년 판』(파주: 살림, 2012).

23 「단일민족주의국가와 다민족주의국가」(1947), 192쪽. 이 점 또한 『정치사상』에서도 반복된 설명이다(전집2, 102-104쪽).

외적/대내적 주권'을 겸비한 '민족/국민' 사상을 의미했던 것이다.[24]

이러한 확립과정을 마친 단일민족주의국가는 나폴레옹전쟁 이후 3단계의 역사과정을 밟게 된다. '지상주의'는 그 마지막 단계에 나타난 현상인데, 구체적으로는 베르사유조약에서 2차대전이 끝나는 시기에 나타난 "나치즘, 파시즘, 대화大和 민족주의"를 가리켰다. 그 특징은 "한 개의 민족이 선천적으로 벌써 타민족보다 우월하고 그 탁월한 점은 이미 그 피 그 종족에 있다"고 믿는 '혈통적 종족주의'와, 자민족에게는 "하늘이 부여하는 신성한 사명"이 있다고 믿는 '선민의식'에 있다고 설명되었다. 이러한 특징을 갖는 지상주의는 대외적으로는 타민족과의 동격성을 부정함으로써 상호 대립적 관계—자타의 분별—를 전제로 하는 민족사상 자체를 부인하게 된다. 이용희는 이를 두고 "민족지상주의"는 역설적이게도 "민족을 부인하는 모순"을 범하게 된다고 지적하는데, 이보다도 더 중요한 모순은 다음으로 지적하는 대내적 측면에 있었다. "민족 전체의 의지를 대표하는" 존재로서 "국가"를 절대화시키는 지상주의의 입장은 곧 "국민사상과의 절연"으로 귀결되기 때문이다. 요컨대 그는 여기서 근대민주주의—자유와 평등의 두 맥락—의 종말을 지적하고 있는 것인데, "그 결과는 독재"에 다름이 아니었다.[25]

〈단일민족주의국가와 다민족주의국가〉에서 말하는 '지상주의'가 앞서 본 《정치사상》의 세 번째 맥락, 즉 '반혁명사상-낭만주의-헤겔철학'으로 이어지는 그 맥락과 연동되고 있음은 분명하다. 그렇다면 이용희

---

24 단일민족주의국가에 대한 이러한 설명은 『원론』에서도 명시되어 있다. "국제정치에 있어서는 배타적 국민국가(또는 민족국가)의 완성이요, 일방 국내정치에 있어서는 민주주의의 승리라고 일컬을 수 있다. 안으로는 정치권리가 국민 전체에 미쳐야 된다는 것이 통념이 되고 또 실현화의 상태였건만 국제정치에 있어서는 피아를 구별하는 민족의식, 국민주의의 절정이 실현되고 … '단일민족주의'가 확립한다"(『국제정치원론』(1955)(전집1), 57쪽).
25 「단일민족주의국가와 다민족주의국가」(1947), 197-203쪽.

는 이 맥락이 갖는 '근대비판적' 성격 또한 인지하고 있었다고 봐야 할 텐데, 그럼에도 불구하고 그는 지상주의를 '변질된 근대'로 포함시킨다. 그 대표격에 독일과 이태리뿐만 아니라 '제국일본'까지 포함시키고 있는 데서 알 수 있듯이, 이용희는 여기서 '대동아공영권' 이데올로기가 내세웠던 '근대초극적' 함의까지 거부하고 있는 것이다.[26]

이상의 고찰에서 도출될 수 있는 함의는, 1) 이용희의 '단일민족주의 비판'은 근대를 비판했다기보다는 오히려 '근대비판을 근대인 양' 비판한 언설이었다는 점에 그 특징을 봐야 한다. 그리고 이와 같은 '뒤틀린' 구성을 통해, 오히려 《정치사상》에서 봤던 2) '근대민주주의'—자유와 평등의 사상맥락—을 옹호하는 동시에, 3) 그와 대척점에 배치된 '지상주의의'의 사상맥락—독재— 에 대한 비판을 수행하고 있었다고 볼 수 있다.

'민주주의'와 '독재'를 대치시키는 구도는 단순히 2차대전에서의 '승자=연합국'과 '패자=추축국'의 구도를 따르고 있었다고도 볼 수 있다. 하지만 이를 과거에 대한 척도로만 볼 수 없는 것이, 이용희는 같은 시기에 발표된 다른 글에서 동일한 구도를 가지고 '현실비판'을 수행하고 있었기 때문이다. 1956년 4월 《사상계》에 게재된 〈피지배자의 지배─빌어온 민주주의의 고민〉에서 이용희는 주권의 '대내적 측면'을 문제삼아 논의를 전개한다.

흔히 주권자로서의 "국민은 단일불가분의 통합체로 해석"되지만, 역사적으로 "지배자로서의 '국민' 개념과 피지배자로서의 '국민' 개념 사이에는 상당한 거리"가 있어 왔다.[27] 이용희는 양자 간의 괴리를 국민

---

26 이에 대해서는 이미 논저가 많지만 헤겔철학과 관련해서 근대초극론을 논의한 연구로는 김항, 「결단으로서의 내셔널리즘과 방법으로서의 아시아: 근대 일본의 자연주의적 국가관 비판과 아시아」, 『제국일본의 사상』(서울: 창비, 2015).

27 「피지배자의 지배: 빌려온 민주주의의 고민」(1956), 『독시재산고』(전집6), 174쪽.

개념의 "이중구조"라고 부르는데, "근대민주주의"는 이 구조에서 출발하여 양자의 괴리를 메꿔 왔다는 것이다. 여기서도 '민족사상과 국민사상의 일치'라는 앞서의 관점이 반복되고 있는 것인데, 그 연장선 상에서 "민주주의 정치의 핵심은 인민이 스스로 자기를 다스리는 것"이라는 점, 즉 "치자와 피치자가 서로 같은 원칙"에 있다는 점이 확인되었다.[28]

이를 두고 이용희는 "민주정치는 자기표현적" 지배라고 규정한다. 그리고 바로 이 지점에서 논의의 역점을 현실비판으로 옮겨 가는데, 자기표현적 민주정치에서는 "피치자가 절망하면 민주정치는 끝나는 수밖에" 없다. 그 결과 "스스로 자유와 정치 권리를 옆에 버리고 독재에 귀의하는 것을 보게" 되는데, 그러한 경향은 "민주정치의 형식만을 빌려온 나라"에서 유독 두드러진다는 것이다. 이용희는 이것이 2차대전 후에 독립한 신생국에서 만연하고 있는 "자기표현적 민주주의의 고민"이라고 주장하며, 그 예로 "중남미의 여러 나라들"을 거론한다. 이들의 "민주헌법"은 "미국"에서처럼 "이미 생활화된 양식"을 법문화한 것이 아니라 "독립되었다는 선언 같은 것이요, 또 미국 영향 하에 있다는 광고문 같은 것이요, 그리고 장차 노력하겠노라고 한 서약문 같은 것"이었기 때문이다.[29]

그런데 문제는 이러한 고민이 비단 중남미 나라들뿐만 아니라 "'내', '남'이 모두 공통"된 문제라는 점에 있었다. 즉 이용희는 신생국들의 민주정치에 대한 비판의식을 바탕으로 "우리 대한민국"의 문제를 상기시키고 있었던 것인데, 그렇기 때문에 "걸핏하면 실패한 민주주의의 예로 중남미 국가들"을 거론하는 "우리 대한민국의 국회의원과 논평가"들

---

28 「피지배자의 지배」(1956), 164쪽.
29 「피지배자의 지배」(1956), 188-190쪽

을 향해 "같은 징조가 있으면 같은 병이 아니 일어난다고 뉘라 하랴"고 울화를 터뜨렸던 것이다. "빌어온 민주주의라는 거울"에 비춰본 "지배자로서 행세하는 우리"의 모습은 여전히 "자유평등의 실내용에 어둡고 정치 권리에 무관심한 그러한 모습"이었기 때문이다.[30]

이렇게 볼 때 이용희가 '단일민족주의 비판'을 통해, 다시 말해 그 '뒤틀린' 구성을 통해 비판했던 대상—지상주의, 독재 —은 바로 지난 역사뿐만 아니라 새로 시작한 역사, 요컨대 냉전초기 남한의 정치현실과도 연계되는 것이었다고 할 수 있을 것이다. 이용희의 단일민족주의 비판을 동시대 민족국가론과 비교 검토한 기유정의 논문이 잘 보여주듯이 해방 후 남한의 민족담론에서는 '혈통주의'를 강조하는 경향이 두드러졌다. 이는 이승만 정권을 지지했던 안호상의 주장에도 나타나는데, "한 겨레인 일민은 반드시 한 핏줄"[31]이라는 독일에서 돌아온 철학박사의 '일민주의' 담론이 '지상주의'로 귀결될 개연성은, 이미 '제국일본'을 겪고 난 이용희의 눈에는 충분하고도 남았을 것이다.

(3) 저항민족주의 비판과 민주주의와의 관계

단일민족주의 비판이 가진 '뒤틀린 근대주의' 특성은 1960~70년대 '저항민족주의 비판'에도 계승되었다. 한일기본조약이 맺어진 1965년 이용희는 한국국제정치학회 회장으로 다시 돌아왔다. 이후 퇴임할 때까지 4년 동안에 그는 두 차례 큰 행사를 치렀는데, 1966년 10월의 〈한국의 민족주의〉와 1968년 4월의 〈한국근대화의 갈등과 조화〉이다. 심포

---

30 「피지배자의 지배」(1956), 192-194쪽.
31 기유정, 「냉전 초기 한국의 민족국가론과 그 균열들」, 119쪽에서 재인용.

지엄 주제에 잘 나타나듯이 저항민족주의 비판은 '근대화' 담론의 확산과 함께 진행된 한일회담으로 '민족주의'가 불거지는 상황 속에서 전개되었는데, 그것은 앞 시기의 '단일민족주의 비판'과 연관된 언설이기도 했다.

이 시기 이용희의 언설에서 눈에 띄는 변화는 민족주의를 '근대후기'의 현상으로 규정함으로써 '대외/대내'의 논리구도를 재편하고 있는 점이다. 1966년의 심포지엄에서 발표한 〈한국민족주의의 제문제〉에서 이용희는 "민족주의란 서유럽사에 있어서 근대후기 곧 프랑스 대혁명 이후에 또렷이 나타난 이른바 근대국가 유형에 대응하는 정치 명분"이라는 해석을 제시한다. 여기서 중요한 것은 뒷부분 근대국가의 정치이념이라는 관점이 아니라, 민족주의를 프랑스혁명 이후의 '근대후기' 현상으로 한정하는 관점이다. 이어지는 문장에서 바로 알 수 있듯이 이는 민족주의를 "절대군주형이라는 전기 근대국가의 이념"으로부터 분리시키는 관점을 의미했기 때문이다.[32]

앞 절에서 보았듯이 '근대전기'의 특징은 '전제군주사상'의 등장으로 설명되었으며, 이는 '군주주권설'이라는 형태로 '대외적 주권' 관념이 성립한 상황을 의미했다. 그렇다면 민족주의를 근대후기의 현상으로 한정하는 관점은 일차적으로는 민족주의에서 '대외적 측면'을 배제하고 있는 듯 보이는데, 이용희의 언설이 흥미로운 것은 이를 전제로 근대후기의 민족주의를 다시 '두 가지 도식'으로 구분하고 있는 점이다.

이 점은 1973년 3월 《신동아》에 발표된 〈현대민족주의〉에서 더 정교한 형태로 논의된다. 이 글에서 이용희는 민족주의를 역사적 전개에 따라 세 가지 유형 — 시민민족주의, 저항민족주의, 현대민족주의 — 으로

---

32 「한국민족주의의 제문제」(1967), 『정치사상과 한국민족주의』(전집2), 246쪽.

나누는데, 첫 번째 유형이 곧 유럽의 경험에서 추출된 이념이다. 그 맹아를 "교권주의에 대항하는 왕권의 주장"에서 찾는 견해도 있지만, 이용희는 이를 단지 "싹일 뿐"이라고 거부한다. 여기서도 근대전기의 전제군주사상을 민족주의 이념에서 분리시키고 있는 것인데, 시민민족주의의 핵심은 어디까지나 "대외면이 아닌 대내면"에 있다고 규정했기 때문이다.[33] 이 '대내적 주권'의 성립을 의미하는 '시민민족주의'의 유형을 이용희는 "시민적 민주주의(자유민주주의)"라고도 불렀는데, 호칭은 바뀌었어도 프랑스를 사례로 설명되는 그 개념이 앞서 본 '국민사상'과도 연동되고 있음은 말할 나위도 없다.[34]

이것이 근대후기 민족주의의 '제1의 도식'이었다면, "제2의 도식"은 "나폴레옹전쟁을 계기로 해서 독일지역 등에 퍼진 민족주의"에서 추출되었다. 즉 단일민족주의가 확립한 시점에서부터 제2의 도식으로 접어든다는 것인데, 이는 "곧 외적의 침략에 대한 자기방어로서의 민족주의"로, "'나'와 '남'의 대립"에서 오는 민족의식이 고양된 상황을 의미했다. "이러한 대외면의 긴장은 대내면의 구조적 문제"를 억눌러 "민족의 전체성"이나 "신성·영예"를 신격화하는 방향으로 흘러간 동시에, 국가를 민족의 이상을 구현하는 "지상의 존재로 인격화"하게 되었다.[35]

여기서 이용희는 다시 '반혁명사상-낭만주의-헤겔철학'으로 이어지는 '지상주의'의 맥락을 거론하고 있는 것이다. 그런데 중요한 것은 여기서 그 맥락은 '주권의 대외적 측면이 강화된 민족주의'로 의미가 부

---

33 「현대민족주의: 그 역사적 현실의 맥락을 뒤돌아보며」(1973), 『정치사상과 한국민족주의』(전집2), 340쪽.

34 원래 '국민'과 '시민'은 『정치사상』에서도 근접개념으로 논의되었다. 「근세전편」(1957), 102-104쪽.

35 「현대민족주의」(1973), 341쪽.

여되고 있다는 점이다. 앞 절에서 보았듯이 '자타의 준별'은 원래 '근대 전기 전제군주사상'의 몫이었으며 '지상주의'는 '대외적 주권'의 강화를 의미하는 현상이 아니었다. 필자는 바로 이 지점에서 '대내/대외' 논리에 구조적 재편이 이루어지고 있다고 보는데, 그로 인한 효과는 다음 두 가지로 지적할 수 있다.

우선, 1) 이를 통해 세 번째 사상맥락이 지닌 '근대비판적' 함의는 흔적을 찾아볼 수 없을 정도로 사상(捨象)되었다는 점이다. 하지만 더 중요한 것은, 2) 이용희가 이 맥락을 '저항민족주의'를 비판하는 전단계로 배치하고 있는 점이다. '대외적 주권의 강화'라는 의미가 부여된 '지상주의'는 그 속성을 '저항민족주의'로 그대로 계승시키는데, 그러면서 비판의 근거로 겨냥된 것이다. 그리고 바로 이 지점에서 냉전 초기의 단일민족주의 비판과 1960~70년대 저항민족주의 비판은 서로 결부되는데, 이 점을 이용희의 언설을 통해 좀 더 구체적으로 살펴보도록 하자.

이용희는 1966년의 심포지엄 기조연설에서 '한국의 민족주의'의 성격을 다음과 같이 언급한다.

> 우리들의 근대민족주의는 저항의 민족주의였습니다. 다시 말하자면 주로 외세에 대해서 저항한다는 민족주의에서만 발전할 수밖에 없었습니다.[36]

한국의 민족주의를 '외세에 대한 저항'의 민족주의로 규정한 대목이다. 이어서 전개되는 비판에 앞서 알아 둬야 할 점은 이용희가 이 문제를 "민족주의의 일반 유형이 한국적인 특수에 있어서 어떻게 구상화하

---

36 「한국민족주의의 의의」(1967), 『정치사상과 한국민족주의』(전집2), 238쪽.

느냐의 문제"로 접근하고 있다는 점이다.[37] 여기서 일반 유형이란 유럽의 경험(특수)에서 나타나 세계로 전파(보편화)된 민족주의를 의미한다. 달리 말하면 "서유럽의 민족주의에는 두 개의 도식"이 있었는데, 그것이 "세계팽창에 따라 다른 지역에 커다란 영향을 주게" 된 바로 그 상황을 의미했다.[38]

근대유럽의 전파과정에서 두드러진 특징은 '문명의 야만성'이다. 유럽정치의 틀 '안에서는' 기독교문화권이라는 공동체 의식이 통용되었기 때문에 국제정치 양상도 "동류 사이의 적대"를 벗어나지 않았지만, 그 '바깥에서는' 이민족의 "정치적 존재를 인정하지 않는 식민지화"가 단행되었다.[39] 유럽의 민족주의는 이 과정—비유럽지역에 대한 야만스러운 문명 전파—에 동원되었으며, 그 영향 하에 세계는 "우월의 민족주의"와 "저항의 민족주의"로 양분되었다.[40] 공동체 의식이 결여된 말 그대로 "무정부anarchy의 세계질서" 아래 민족주의의 일반유형—두 가지 도식—을 받아들인 비유럽지역은 "극렬한 저항주의"(제2의 도식)로 나아갈 수밖에 없었다.

그것은 시민적 민족주의의 경쟁적 공존이 아니라 '적'과 '나'와의 극한적 대립으로 이해된다. 이런 각도에서는 진정 '인류사회는 아와 비아의 투쟁'이라는 역사관이 정당할 수밖에 없다(단재 신채호).[41]

---

37 「한국민족주의의 제문제」(1967), 249쪽.

38 「현대민족주의」(1973), 342쪽.

39 「현대민족주의」(1973), 344쪽.

40 「한국민족주의의 제문제」(1967), 250쪽.

41 「현대민족주의」(1973), 346-348쪽.

위에서 '아我와 비아非我의 투쟁'이라는 신채호의 명제는 '나와 남의 대립'이라는 슈미트의 정치개념과 겹치면서 '시민적 민족주의'(제1의 도식)와 대치된다. 다시 말해 저항민족주의를 '대내적 주권' 관념—민주주의—이 결여된 '대외적 민족주의'로 규정하고 있는 대목이다. 바로 이 맥락에서 "저항적 민족주의는 서유럽 민족주의의 제2의 도식"과 연계된다는 말이 나오는데,[42] 이로써 '대외적 주권의 강화'라는 의미가 부여된 '저항민족주의'는 근대비판적 함의가 사상된 '지상주의'와 결부되었던 것이다.

이처럼 단일민족주의 비판과 저항민족주의 비판은 지상주의에 부여된 의미 맥락의 변화를 통해 연계된다. 비록 대외적 측면에서는 논의에 재편이 있었지만, 양자의 공통점은 '대내적 주권' 관념, 다시 말해 '근대 민주주의'를 구성한 '자유'와 '평등'의 정치이념을 옹호한 데 있었다고 할 수 있다. 이용희는 '민족주의'를 늘 이 점을 잣대로 비판했기 때문이다. 단일민족주의 비판과 마찬가지로 저항민족주의 비판에서도 그 기준은 "민족주의의 국내적 발달의 방향이라고 할 수 있는 민주화"를 저해한다는 점에 있었다.[43] 이것이 저항민족주의 비판이 '민주주의'와 갖는 관계였다고 한다면, 이는 당시대 '근대화' 담론과도 무관한 논점은 아니었다.

이용희의 근대화 관련 논의는 1965년 8월 《신동아》에 게재된 〈정치 명분으로서의 근대화〉에서 확인할 수 있는데, 그 내용은 특이한 주장이 담긴 것은 아니었다. 미국의 대아시아 반공 정책을 대변한 라이샤워·로스토우의 근대화론과 박정희 정권의 조국 근대화론을 배경으로 확산

---

42 「한국민족주의의 제문제」(1967), 351쪽.
43 「한국민족주의의 제문제」(1967), 256-257쪽.

된 근대화 담론은 '경제' 중심의 지배담론의 성격을 지니고 있었다. 이에 당시 지식계에서는 경제발전의 중요성을 받아들이면서도 비판적 대응을 모색하는 경향이 공존했는데,[44] 이용희 역시 하코네회의[45]의 한국판이라 할 수 있는 아연회의[46]에 동참한 한 지식인이었다.[47] 《신동아》에 게재된 논설은 회의 참석부터 두 달 후에 쓰여진 것이었는데, 거기서 이용희는 근대화의 의미가 '민주화'에서 '공업화'로 변해가는 사회 분위기에 비판적인 시각을 드러내고 있었다.[48]

1968년에 주최한 〈한국근대화의 갈등과 조화〉에서는 그러한 시각을 더 강하게 드러내는데, "물질적으로 잘산다"는 식의 "경제주의"는

---

44 한국사회에 확산된 근대화론의 성격과 지식계의 반응에 대해서는, 박태균, 「로스토우 제3세계 근대화론과 한국」, 『역사비평』 66호(역사비평사, 2004.2); 이상록, 「1960~70년대 비판적 지식인들의 근대화 인식」, 『역사문제연구』 18권(역사문제연구소, 2008.1); 황병주, 「1960년대 박정희 체제의 '탈후진 근대화' 담론」, 『한국민족운동사연구』 56집(한국민족운동사학회, 2008.1); 안종철, 「주일대사 에드윈 라이샤워의 '근대화론'과 한국사」, 『역사문제연구』 29권(역사문제연구소, 2013.6); 장세진, 「라이샤워(Edwin O. Reischauer), 동아시아, '권력/지식'의 테크놀로지: 전후 미국의 지역연구와 한국학의 배치」, 『상허학보』 36집(상허학회, 2012.10); 신주백, 「1960년대 '근대화론'의 학계유입과 한국사 연구」, 『사학연구』 125호(한국사학회, 2007.3); 안종철, 「1960년대 한국에서의 "근대화론" 수용과 한국사: 고려대와 동국대 학술회의를 중심으로」, 『인문논총』 74권 2호(서울대학교 인문학연구원, 2017.5); 도면회, 「1960년대 한국의 근대화론 수용과 인문학계의 변화」, 『역사와현실』 120호(한국역사연구회, 2021.6).
45 하코네회의는 미국 아시아학회의 내부 조직이었던 근대일본연구회가 주축이 되어 1960년 8월 30일부터 9월 1일까지 3일간 일본의 가나가와현(神奈川縣) 하코네(箱根)에서 열린 국제회의를 말한다. '일본의 근대화'에 관하여 미국과 일본의 지식인들이 논의한 이 회의는 동아시아에 근대화 담론이 확산되는 계기를 제공했다. 하코네회의의 내용에 관해서는 의사록이 공개되어 있다. 신주백, 「하코네회의 의사록(1960.8.30~9.1): 동아시아에 '근대화론'을 전파한 기점으로서 하코네회의」, 『한국근현대사연구』, 80집(한국근현대사학회, 2017.3).
46 한편 아연회의는 고려대 아세아문제연구소의 주관으로 1965년 6월 28일부터 7월 3일까지 6일간 서울의 워커힐에서 열린 대규모 국제회의를 말한다. 참석국은 미국, 일본, 중국 등 총 9개국에 달했고 '아시아의 근대화'를 의제로 근대화 문제가 논의되었다. 이에 관해서는 상기 각주에 제시한 논문 외에, 김인수, 「한국의 초기 사회학과 '아연회의'(1965): 사회조사 지식의 의미를 중심으로」, 『사이(SAI)』 22집(국제한국문학문화학회, 2017.4).
47 안종철, 「1960년대 한국에서의 "근대화론" 수용과 한국사 인식」, 57쪽.
48 「정치명분으로서의 근대화」(1965), 『정치사상과 한국민족주의』 (전집2), 223~232쪽.

"일종의 흉내 내기, 거짓의 근대화"에 불과하다고 주장했다. 이용희에게 근대화는 어디까지나 한국이 "민족국가Nation-State"로서 완결되는 길을 의미했기 때문인데, "'잘산다'는 근대화적 의미에는 이러한 '방식'이 내재되어" 있어야 했다. 이때 이용희가 말하는 민족국가로서 완결되는 '방식'이란 결코 '민주화'와 상충되는 것이 아니었다. 민족주의의 대내적 측면— 민주주의—의 성숙이야말로 '근대'의 핵심으로 이해했기 때문이다.[49] 그러므로 '근대화'의 관점에서 보더라도 '외세에 대한 저항'일 뿐인 민족주의는 '대내적 민주화'를 유보시켜 '민족국가로서의 완결'을 저해하는 요인으로 인식되었던 것이다.

(4) 저항적 국학의 위상과 근대성

이용희의 저항민족주의 비판이 갖는 근대주의적 특성은 '국학'에 대한 평가에서 가장 두드러지게 나타난다. 한일회담에 대한 반대운동이 불거졌던 당시 '외세에 저항하는 민족주의'를 비판했던 이용희의 언설은 마치 '굴욕외교'를 옹호했던 것과 같은 체제 순응적인 인상을 준다. 하지만 한편으로 '반공을 내건 경제개발'을 거부하고 '민족국가로서의 통일'[50]을 주장했던 점은 그 역시 체제 반대편에서 '저항'했던 것과 같은 인상을 준다. 이처럼 당시의 담론구도에서 묘한 위상을 연출했던 이용희의 '민족주의 비판'이 사학계의 동향을 향해 발화된 것이 '국학'을 둘러싼 담화였다고 할 수 있다.[51]

　1971년 9월 이용희는 〈한국 인식의 방법론〉이라는 표제 아래 노재봉

---

49 「한국근대화의 기본문제」(1969), 『정치사상과 한국민족주의』(전집2), 277-280쪽.
50 이용희에게 '민족국가로서의 완결'은 동시에 '민족통일'을 의미했다. 「현대민족주의」(1973), 373쪽.

과 대담을 진행했다. 서두에 던져진 질문을 통해 알 수 있듯이 이 대담은 "일본 사람들이 한국을 보았던 그 눈"에 대항하여 "민족주의적 입장에서 한국을 보는 방향", 그러니까 식민사관의 극복과 민족사학의 확립이라는 명제를 향해 달리고 있던 1960~70년대 사학계의 동향에 대해 의견을 나눈 자리였다.

우선 이 문제에 대해 노재봉은 비판적인 시각을 드러내는데, 지금까지 "주로 국학"을 통해 이루어진 "한국 연구"는 그 내용이 "비과학적인, 혹은 쇼비니스트chauvinist적"일 뿐만 아니라 항상 "우리"를 윤리적 당위로 내세워 "비분강개조의 방식"으로 서술되는 경향이 통용되고 있다는 것이다.[52] 그런데 이에 대한 이용희의 답변은 다소 아크로바틱하게 전개되었다.

처음 노재봉의 문제제기에 어리둥절했던 이용희는 그것이 "국학, 기타에 대한 평가문제"와 관련이 있다는 점을 파악하고 나서는 단숨에 반론을 제기한다. 그 요점은 "실천적인 목적의식"에서 나왔다는 점에 있어서는 피차 마찬가지임을 자각해야 한다는 것이었다. 예컨대 "국학이나 실학이나 주자학이나" 모두 "강렬한 실천적인 의식"에서 나왔는데, 이 점은 "객관적 취급방식, 또는 과학적 취급방식"을 자임하는 입장도, 그러니까 노재봉의 입장도 마찬가지다. 그런데도 자신만은 아닌 듯 비판하는 자세는 부적절하다는 것이다.[53] 유럽의 특수 경험을 마치 보편인양 전파했던 근대에 대한 비판의식을 상기시키는 대목인데, 이처럼 기준을 '실천성'에 두게 될 경우 문제는 누가 더 보편(객관·과학)이냐를 둘

---

51 1960년대 민족주의 담론구도에 관해서는 홍석률, 「1960년대 한국 민족주의의 두 흐름」, 『사회와역사』 62권(한국사회사학회, 2002.12).
52 「한국인식의 방법론」(1971), 『정치사상과 한국민족주의』(전집2), 458, 466쪽.
53 「한국인식의 방법론」(1971), 466~467쪽.

러싼 진실공방보다도 '현재적 의의'에서 가치를 평가받게 된다. 이용희는 바로 그러한 관점에서 '국학의 의의'를 논평해 나간다.

국학은 "'우리'라고 하는 민족관념이 일본, 기타 외국과의 관계로부터 충격"을 받아 위태로워진 상황에서 탄생했다.[54] 외국문화를 수용하는 과정에 나타난 차이를 "우리 고유의 것"으로 해석하는 국학의 국수주의적 경향은 일종의 "신비설"에 불과하다고 할 수 있지만, "비록 잘못되었다 하더라도 우리 것이 없다"는 말이 "항거하기 어려울 정도로 자꾸 프로파간다 되는" 상황에서는 나름의, 그러니까 '실천적인 의의'가 있었다는 것이다.[55] "다만 문제는 그 시기가 넘었는데도" 같은 주장을 반복하는 경우에 있다. 이용희는 노재봉의 말처럼 현재 "일제하의 국학운동, 그 민족주의적인 역사관"에 대한 반감이 제기되고 있다면, 그 원인은 바로 '현재적 의의'에 어긋남이 발생하고 있기 때문일 것이라고 지적한다.[56]

그렇다면 이용희는 국학의 현재적 의의를 일체 부정했던 것일까. 이 지점에서 논의는 다소 복잡한 양상을 띠게 되는데, 그는 국학에 대해 두 가지 의의를 겹쳐 보고 있었기 때문이다. 이는 〈현대민족주의〉(1973)에서 저항민족주의를 "민족적 저항"과 "민족주의적 저항"으로 나누었던 대목과도 연계되는 시각이다. 민족적 저항은 19세기 후반부터 비유럽지역에서 일어난 운동으로, "침략에 대한 격렬한 민족적 투쟁이기는 하였으나 민족주의적 투쟁"은 아니었다. 이용희는 이보다 앞서 발표한 〈한국민족주의의 제문제〉(1966)에서 "시기의 문제"에 대해 언급하면서, 한국에서 민족주의는 "한말 근대 국가와의 접촉에서 시작"되었다는 견

---

54 「한국인식의 방법론」(1971), 461~462쪽.
55 「한국인식의 방법론」(1971), 474쪽.
56 「한국인식의 방법론」(1971), 477쪽.

해를 제시했는데, 이로부터 "일제시기"를 거쳐 "해방 후"로 내려오는 동안 한국민족주의는 "한결같이 저항의 민족주의"였다고 했다.[57] 〈현대민족주의〉(1973)에서는 이에 약간의 수정을 가했던 것인데, "구한말의 척사위정의 격렬한 투쟁"은 "역사적으로 민족적 저항인 점에 의의가 한정되는지 모른다"고 구분했기 때문이다.[58]

이용희가 이와 같이 '민족적/민족주의적'이라는 구분을 적용할 때 '민족주의적'이라는 수사에는 바로 '근대의 시작'이라는 의미가 함축되어 있다. 그 기점을 이용희는 "제1차 대전"에서 찾는데, 이때 한국의 민족주의는 비로소 "세계적 성격"을 띠게 되었기 때문이다. 그리고 이때 "세계적 성격"이란 극렬한 대외적 저항에서가 아니라 그것을 수행하는 동안에 알게 모르게 수용된 "시민민족주의 양식"에서 판단되는 것이었다.

요컨대 그는 앞서 본 '대외/대내'의 구분, 혹은 '제2/제1'의 도식을 '민족적/민족주의적'의 구분에도 적용하고 있었던 셈인데, 이러한 구분이 '국학'에 대한 평가에서도 재현되었던 것이다.

> 국학운동이 일제의 과도한 정치적 야욕에서 나온 선전에 저항한다는 것이 노골로 드러났던 것은 사실이지. … 그 당시 그것은 아주 훌륭한 일이었어요. 그러나 지금에 와서 뒤돌아 볼 때 국학운동의 진정한 의미의 중요성은 이러한 점에만 있는 것이 아니고 사실은 더 중대한 것이 있어요. … 국학운동이라고 하는 국수주의적인 역사관을 통하여 일제의 이데올로기적인 탄압에 저항을 하는 사이에 알게 모르게 유럽적인 근대적 민족주의가 실천적인 지표로서 전개되었다는 것이 아

---

57 「한국민족주의의 제문제」(1967), 254-256쪽.
58 「현대민족주의」(1973), 346쪽.

주 중요하지요. … 역설적이지만 국수운동을 통해 근대적인 유럽의
민족주의 사상이 완전히 우리 것으로 받아들여졌거든. 이것이 매우
중요한 것인데 이를 무시하고 있어요.[59]

이용희는 국학운동을 '대외적 저항'의 의미에서만 이해하고 '국수주
의적 역사관'을 곧이곧대로 평가하는 자세를 비판한다. 그것은 과거의
상황에서는 중요한 '실천적 의의'를 지녔지만, 현재의 상황에서 평가받
아야 할 측면은, 그러니까 국학의 '현재적 의의'는 국수운동을 통해 역
설적이게도 '근대적인 유럽의 민족주의 사상'이 받아들여졌던 점에 있
기 때문이다.

이용희는 이를 논증하는 사례로 1차대전을 계기로 일어난 '3·1운동'
을 든다. 한말의 위정척사 운동이 "존왕주의, 복고, 전통 옹호"[60]에 그쳤
던 것과 마찬가지로, 3·1운동 이전에 일어난 여러 가지 "의병운동"은
모두 "일종의 복구적 성격이 지배적"이었다. 그러던 것이 "3·1운동에
와서야 비로소" "세계사적인 의식의 조류와 연결"되었다는 것이다.[61]
그는 이를 '민족적' 저항이 '민족주의적' 저항으로 거듭난 기점으로 보
고 있었던 것이다.

거듭 강조하지만 이때의 세계성이란 '시민민족주의'의 수용 여부에
서 판단되는 것이다. 이를 위의 인용문에서 이용희는 '근대적인 유럽의
민족주의 사상'이라고 표현하고 있는데, 이는 다름이 아닌 '단일민족주
의 사상'을, 더 정확히는 그 핵심인 '자유와 평등의 민주주의 사상'을 의
미했음은 두말할 필요가 없을 것이다. 그런 의미에서 '저항적 국학'에

---

59 「한국인식의 방법론」(1971), 477~478쪽.
60 「현대민족주의」(1973), 346쪽.
61 「한국인식의 방법론」(1971), 479쪽.

대한 평가 역시 기왕의 '근대주의적' 기준에서 이루어진 것이었다.

4. 이용희의 근대비판의 착지점

3절에서는 이용희의 민족주의 비판의 시대적 전개양상을 통해 그 언설이 갖는 '뒤틀린 근대주의적' 특성을 살펴보았다. 그렇다면 이용희의 정치학에서 '근대비판'은 허구적 언설에 불과했는가. 서론에서 이미 언급했듯이 꼭 그렇지는 않았다는 점이 그의 학문의 독특한 위상을 말해 준다. 다시 말해 '근대'와 '탈근대'를 동시에 추구하는 복합적인 사유방식이 그의 학문의 근저를 이루었기 때문이다. 이를 이용희 식으로 표현하면 세계사의 '뒷바퀴'와 '앞바퀴'를 동시에 쫓아가는 것이 '나-우리'의 삶을 취약한 처지에서 탈출시키기 위한 '실천적 과제'였던 셈이다. 그렇기 때문에 민족국가의 '완결'과 '극복'은, 다시 말해 '단일민족주의국가'와 '다민족주의국가'는 진정 동시에 논의되어야 했던 것이다.

(1) 근대의 모순과 극복의 시작

세계사는 이미 '단일민족주의'를 떠나 '다민족주의'를 향하고 있다. 이러한 생각은 냉전 초기에 잠깐 꽃피었던 것이 아니라 1960~70년대 저항민족주의 비판을 통과하면서도 내내 유지되었다. 그 일례를 1968년의 심포지엄 〈한국 근대화의 갈등과 조화〉에서 확인해 보면 다음과 같다.

> 오늘날 세계사의 주류가, 적어도 민족이라는 관점에서 볼 때 단일민
> 족주의로부터 다민족주의로 이미 옮겨져 가고 있는 것은 뼈아프게

깨닫고 있습니다. … 만약에 그렇다면 우리가 열망하여 마지않는 민족국가로의 통일이나 혹은 우리의 민족주의라는 것은 결국 세계사라는 수레의 뒷바퀴에 붙어서 굴러간다는 것이 되어서 어지간히 겸연쩍습니다. … 내셔널리즘을 극복하고 그리고 세계사의 주류에서 전진하려면 먼저 그 내셔널리즘 위에 서야 된다는 것은 얼마나 커다란 역사의 아이러니입니까?[62]

위에서 이용희는 '단일민족주의'로부터 '다민족주의'로 발전해 나가는 세계사의 조류 속에서 내셔널리즘의 '완결'과 '극복', 그러니까 '근대'와 '탈근대'의 수레바퀴를 동시에 쫓아가야 할 한국의 아이러니컬한 현주소에 답답한 심정을 드러내고 있다.

세계사의 발전에는 항상 토대에 모순이 전제되어 있듯이 단일민족주의에서 다민족주의로의 이행과정에도 역시 그럴 수밖에 없는 '근대의 모순'이 존재했다. 이용희는 《일반》(1962)에서 근대국가의 역사적 성격을 군사국가와 경세국가, 그리고 식민지국가로 나누어 살피는데, 마지막 '식민지국가'에서 근대국가가 맞닥뜨린 '자기모순'에 대해 다음과 같이 설명한다.

유럽 식민지정책은 그것이 알제리 같이 본토에 법률상 편입된 경우 또 소위 식민지법에 의하여 차별적 위치에 있는 경우를 막론하고 정치 및 민족적인 불평등을 조성하였다. 식민지국가와 식민주의는 필연적으로 식민지의 항거, 그것도 근대 유럽정치의 이념에 입각한 반항을 촉발하는데 … 그 반항은 식민지국가에 중대한 문제를 던지게 된

---

62 「한국근대화의 기본문제」(1969), 279-280쪽.

다. … 이러한 각도에서 볼 때 식민지는 유럽정치의 일정한 발전단계에 있어서 최대의 자기모순으로 나타날 수밖에 없게 되어있다. … 국민주의와 민주주의의 방향에 선 유럽정치가 비국민주의, 비민주주의를 자체 속에 내포하여야 되고 또 동시에 반항적인 본질적 정치 요인을 스스로 자기 안에 기르고 있다는 사실은 모순이 아닐 수 없다.[63]

근대유럽의 전파는 그 자체가 식민지의 역사였다. 그 식민화 과정은 어떤 정책—이를테면 동화냐 자치냐—을 취하든 간에 '민족적인 불평등'을 조성했는데, 이것이 근대국가의 모순의 시발점이었다는 말이다. 왜냐하면 근대유럽의 전파는 이를 수용한 식민지에서 유럽 자신의 정치이념—국민주의, 민주주의—에 의거한 항거를 불러일으키기 때문인데, 그럼에도 불구하고 민족적 불평등이라는 장벽은 무너지지 않는다. 그리하여 필연적으로 식민지국가인 근대국가는 '자기 안에 자기모순'을 배태하게 되는데, 이를테면 근대유럽의 정치사상의 핵심인 '국민주의 속에 비국민주의'를, '민주주의 속에 비민주주의'를 내포하게 되기 때문이다.

이처럼 자신 안에 본질적인 반항요인을 기르게 된 것이 유럽 '근대의 모순'이었다면, 그 모순이란 '식민지' 그 자체에 다름이 아니었다. 이 일견 단순한 지적도 식민지에서 태어난 이용희의, 그것도 그로 인한 삶에 분노했던 그의 비판적인 학문이 찾아낸 지점이라는 점을 상기한다면, 그 의의가 심대하지 않을 수 없다.

'근대의 모순'에 관한 언급은 〈단일민족주의국가와 다민족주의국가〉(1947)에서도 나타난다. 구체적으로 그것은 단일민족주의가 확립한

---

63 「국제정치의 자기전재적인 여건」(1962) , 『일반국제정치학(상)』(전집3) 235-236쪽.

나폴레옹전쟁 이후에 전개된 역사과정의 제2단계 막바지에 등장한다. 앞서 보았듯이 제3단계는 근대의 변질인 '지상주의'의 등장으로 설명되는데, 그에 앞서 제1단계는 대영제국의 발전을 견인력으로 '유럽 안에서 민족자결 운동'이 진행된 시기로, 그리고 제2단계는 이를 통해 형성된 열강들이 '유럽 밖에서 식민지 쟁탈전'을 벌인 시기로 설명되었다. 바로 이 단계 끝에 "단일 민족사상 그 자체의 모순"이 나타나게 되는데, "민족자결사상"에서 출발한 "일민족 일국가" 사상이었음에도 불구하고 식민지를 가진 근대국가는 "밖으로는 타민족의 민족자결을 부인하고 안으로는 이질적인 민족"을 내포하는 "완전한 모순"에 다다랐기 때문이다.

그러나 앞 장에서 보았듯이 제3단계에 나타난 '지상주의'는 이 모순을 '극복한 형태'로는 실격했다. 이용희에게 지상주의는 어디까지나 '변질된 근대'로 이해되었기 때문인데, 그렇다면 근대의 모순은 어떻게 극복되었을까. "제2차대전"에서 "단일민족주의 국가인 영국, 프랑스"는 지상주의국가를 패배시키기는커녕 "대 타격을 입었다" 이때 독일과 이태리, 그리고 제국일본을 누르고 영국과 프랑스를 "승리 측에 서게" 해 준 것은 바로 "미국, 소연방의 참가"였다. 요컨대 근대의 모순에 극복의 결정타를 날려준 것은 미소 양국이었다는 주장인데, "미국, 소연방은 우리가 지금 검토해 오던바 단일민족주의국가"가 아니었다. 여기에 이르러 세계는 "새로운 국가체제와 국가관"을 만나게 되는데, 곧 "다민족주의국가"가 등장했다는 것이다.[64]

---

64 「단일민족주의국가와 다민족주의국가」(1947), 203-204쪽.

(2) 다민족주의국가의 기저와 동원이라는 계기

"다민족주의국가란 구체적으로는 미국과 소연방"[65]이다. 이는 다분히
이는 다분히 냉전을 염두에 둔 주장이었지만, 양국이 근대의 대안으로
등장한 시점은 그보다 앞선 1차대전으로 설명된다. 이때부터 프랑스혁
명을 기점으로 등장한 '근대국가'는 세계사의 뒷바퀴로 밀려나고 '현대
국가'가 앞바퀴로 달리게 되었다는 것인데, 아이러니컬한 것은 한국이
'3·1운동'으로 비로소 세계성과 연계되어 '근대'를 체득하기 시작했을
때 세계사의 수레바퀴는 바로 '현대'로 발전하기 시작했다는 점이다.

근대는 현대 속에 아직도 살아있고 현대는 근대의 전개로서만 있다.[66]

위의 말은 그런 의미에서 한국이 안게 된 과제의 복합성을 표현했던
것이라고 할 수 있다. 이러한 관점에 설 때 미소 양국에 대한 관심은 냉
전 이데올로기적 차이보다도 현대국가로서의 공통점에 쏠리게 된다.
미소 양국이 근대국가를 능가하게 된 요인이야말로 진정 탐구해야 할
과제였기 때문이다. 이용희는 "미국과 소연방에서 공통된 것은 무엇이
며 그 차이는 무엇이냐"는 질문을 던지면서 먼저 차이부터 논하는데,
첫 번째 "역사적 성격"에서는 미국이 "자유주의적 민주주의의 계승자"
라는 점과 소련이 "대내적 계급모순의 타파"로 역사를 시작했다는 점

---

65 「단일민족주의국가와 다민족주의국가」(1947), 204쪽.

66 「현대적 상황의 의의」(1955), 『국제정치원론』(전집1), 83-84쪽. 이용희는 『원론』에서 '현대
국가'라는 새로운 국가형태에 나타난 경향을 언급하는데, 그 첫 번째로 제시된 것이 "단일
민족주의에 대한 다민족주의 국민관의 대두"였다(83쪽). 그에게 '현대국가'란 근대의 극복
형태인 '다민족주의국가'와 동일한 맥락에서 논의된 개념이었다고 할 수 있다.

이 강조된다.[67] 이것이 미소 양국이 근대 정치사상—자유와 평등—과 갖는 관계를 밝히는 동시에 냉전의 이데올로기적 측면을 지적한 대목이었다고 할 수 있는데, 다만 이후 차이에 관한 서술은 요령부득한 전개를 계속한다.

그런데 그 다음 소절이 나오면서 이용희의 관심이 정작 어디에 있었는지 알게 되는데, 단일민족주의국가와 다민족주의국가의 "군사적 기저"를 비교하면서 미소 양국이 현대의 강대국으로 자리잡을 수 있었던 원인을 탐구하기 시작했기 때문이다. 특히 이용희는 그 원인을 "동원혁명"이라는 키워드를 통해 설명해 나간다.

이야기는 다시 근대전기 전제군주국가로부터 시작하는데, 이때 "총포"의 등장으로 군사적 기술혁신이 일어났을 뿐만 아니라 제3계급의 성장은 상비군의 기반을 닦아줬다. 그 다음 변화는 나폴레옹전쟁을 계기로 성립한 "국민개병제"로 설명된다. 여기에 "산업혁명"이 겹치자 군산합작의 상승효과로 전쟁의 규모가 확대되었는데, 이로써 동원체제가 구축되었다는 것이다. 단일민족주의국가의 확립은 실로 이 "동원혁명"에 의거한 바 컸는데, 그렇지만 동원에는 "자연적 제한"이 수반되었다. 예컨대 "하나는 동원 기저로서의 인구요, 둘은 생산력의 기저인 자원"이라고 할 수 있는데, 이러한 자연적 한계를 해결해 준 존재가 바로 "식민지"였다.

이용희는 식민지의 획득은 물론 경제적 이윤추구에서 비롯되었지만, 인적 물적 자원을 확보함으로써 전시동원의 부담을 충족시켜 준 점 또한 중요한 요인이었다고 지적한다. 그렇지만 앞 절에서 보았듯이 '식민지'는 그 자체로 '근대의 모순'이 아닐 수 없었다. 이 점은 동원이라

---

[67] 「단일민족주의국가와 다민족주의국가」(1947), 204-207쪽.

는 관점에서도 마찬가지로 지적되는데, 이질적인 식민지에서 전개된 자결운동은 근대국가에 '군사적으로도' 커다란 불안요인이 되었기 때문이다.[68]

이리하여 단일민족주의국가는 또다시 위기에 빠지게 되는데, 다민족주의국가는 이 군사적 기저라는 관점에서도 근대의 모순을 '극복한 체제'로 제시되었던 것이다.

> 이미 다민족, 다인종주의인지라 그 동원 기저라 할 인구 수효는 단일민족에 비할 바 아니요 또 장차 일층 타민족과의 합편에 의한 증가가 가능하다. 또 벌써 다민족주의인지라 각 민족의 영토는 곧 국토가 되고 그 강대하여 가는 토지는 곧 현대와 같은 후방기지의 광대가 곧 작전상 연관되는 시대에 있어서 중요한 역할을 하게 된다. 나머지는 자원이다. 이러한 광대한 국토를 소유할 시의 일개의 자원 문제가 단일민족에 비하여 어떻다는 것은 길게 설명할 필요가 없을 것이다. 마침내 다민족주의국가는 아무런 식민적 불안이 없이 현대군사상의 모든 요청에 적응한 것이 되었다.[69]

이용희는 《원론》(1955)에서 "현대국가"를 논할 때도 위의 세 가지 조건—인구, 국토, 자원—에 언급하고 있었다. "현대국제정치"는 국가들의 "불균등"을 구조적 특징으로 갖는데, 그것은 특히 "국토의 광협" 그 "국토에 사는 국민의 수효" 그리고 그 "인구의 생활을 결정하는 식료의 자급도 및 기타 자원의 유무"에서 두드러진다는 것이다.[70]

---

68 「단일민족주의국가와 다민족주의국가」(1947), 215-219쪽.
69 「단일민족주의국가와 다민족주의국가」(1947), 220쪽.
70 「현대적 상황(1): 물질적 상황」(1955), 『국제정치원론』(전집1), 86-90쪽.

이는 서로 비슷한 규모의 국가들이 욱신거리며 발전해 온 '근대유럽의 국제정치'와는 정반대의 상황을 의미한다. 그리고 이러한 상황에서 근대국가의 발전의 기저였던 '동원의 세 조건'을 모두 겸비하면서도 근대의 모순이었던 '식민지'를 갖지 않은 나라는 바로 미국과 소련밖에 없다는 것이다. '현대국가'는 따라서 필연적으로 '다민족주의국가'를 의미한다. 이들은 더 이상 '자결주의'에 의거하지 않는 대신 '동원'에 필요한 군사적 기저를 '모순 없이' 이룩함으로써 "'부국강병'의 현대적 기준"을 달성했다.

　이러한 안목에서 볼 때 한국의 현재란 과연 어떻게 보였을까. 이용희는 〈현대민족주의〉(1973)에서 한국의 민족주의를 "매우 고독한 처지"에 있다고 진단했다. 이는 "분단된 '단일민족주의'" 상황에 대한 문제의식을 드러낸 표현이었다는 점에서 민족국가로서의 완결 ─ 민족통일 ─ 을 추구한 말이었지만, 한편으로 "지역성"을 "그 이념적 주류로" 갖는 "현대민족주의"의 성격에 비춰볼 때 절망스러운 주변 환경을 한탄한 말이기도 했다.[71] 한국을 둘러싼 "주변의 제3국" ─ 일본, 중국, 소련 ─ 은 모두 "강대 세력들로서 역사로 보아 한국민족주의의 도움되는 민족들"은 아니었기 때문이다.[72]

　'지역성'의 확보가 어려운 동아시아의 국제상황은 '현대국가'를 이룩하는 데 치명적인 여건이 아닐 수 없다. 그렇다고 '탈식민'이 진행되는 상황에서는 과거의 제국처럼 '식민지'를 부국강병의 기저로 삼을 수 있는 형편도 아니었다. 그렇다면 이용희의 말대로 당장 "남은 길은 민족통일" 밖에 없었는데,[73] 이렇게 '근대'(민족국가)를 추구하는 한편 이를 넘어서는

---

71 「현대민족주의」(1973), 355쪽.
72 「현대민족주의」(1973), 371–373쪽.
73 「현대민족주의」(1973), 373쪽.

'지역'에 대한 상상력을 이어간 것이 '다민족주의국가론'이었던 셈이다.

하지만 '군사적 기저'를 중심으로 논의된 다민족주의국가론은, 자결주의에 구애받지 않은 국가형태였음은 사실이나, 그 새로움에 있어서는 결국 대규모의 동원체제를 '식민지 없이' 구축할 수 있게 되었다는 것 이상의 의미를 찾기 어려운 논의였다. 요컨대 다민족주의국가란 말 그대로 현대판 강대국일 뿐이지 이를테면 '식민지 없는 제국주의'와 얼마큼 차이가 있는지 불투명했다. 그렇다면 그것이 근대를 극복한 형태였는지도 재고가 불가피하다. 다시 말해 이용희의 '탈근대' 언설이란 정작 '근대'를 비판했던 것인지, 단순히 '제국'이 되고 싶었던 식민지인의 열망의 서사에 불과했는지 확인이 필요하기 때문이다.

(3) 다민족주의국가론과 카의 냉전형 전유

이 문제를 본격적으로 검토하기에 앞서 먼저 이용희에게 '동원이라는 계기'가 어디서 연유했는지 좀 더 깊이 성찰할 필요가 있다. 결론적으로 말하자면, 필자는 이용희의 탈근대 언설은 '제국의 서사'였다고 보는데, 그것이 어디서 착상을 얻고 어디로 정착했는지는 '만주'에서의 경험과 거기서 일어난 '정치'와의 만남을 재음미해야 비로소 이해가 가능하다고 생각하기 때문이다.

먼저 현실적인 측면부터 살펴보면 이용희가 만주에 거처를 옮긴 1940년경 그곳은 고도국방국가를 위한 동원체제의 구축이 한창 진행 중에 있었다. 특히 가정형편이 어려웠던 그가 "월급을 많이 준다기"에 처음에 취직한 "만주 괴뢰의 어용단체"[74] ─ 협화회 ─ 는 동원체제의

---

[74] 「독서연대기로 돌아보는 젊은 정신의 회억」(1974), 44쪽.

원활한 운영을 맡았던 단체로, 중국인 지주층이 지배한 농촌사회와 관동군이 실권을 장악한 중앙정부 사이에서 가교를 놓는 역할을 수행하고 있었다. 협화회가 건국 전기의 정예중심 정책에서 후기의 대중노선으로 전환했던 것도 이 역할을 빼놓고는 이해할 수 없는 것이었다.[75]

2절에서 보았듯이 이용희는 만주에서 벌어지는 지배(일본인)와 피지배(중국인)의 관계, 특히 중국인에 대한 '일본의 통치형태'를 보면서 그동안 현실도피했던 '정치'를 직시하게 되었다. 이때 이용희가 봤던 '현실'이 어떤 것이었는지는 추측의 범위를 벗어나지 못하지만, 만주국이 결코 '이상'―오족협화―만으로는 넘어설 수 없었던 '현실'―지상주의―을 봤다는 것도 진실일 것이다. 하지만 동시에 '식민지'를 가진 단일민족국가가 아니라 '다민족제국'의 형식을 표방한 만주국에서 수행된 '전쟁동원'은 이용희에게 국가를 기초 짓는 '또다른 현실'을 보여 줬는지도 모른다.

바로 이 지점에서 이용희가 만주시절에 영향받은 '정치학' 서적으로 카E.H. Carr의 《20년의 위기》(1939)를 들고 있는 사실이 한층 더 의미심장하게 다가온다. 부친의 야단으로 협화회를 그만둔 이용희는 "무역한답시고 원산서 해산물을 가져다 봉천, 하얼빈" 등지에서 팔며 생계를 이어 갔는데, 그 무렵 만철도서관을 드나들다가 대련에서 카를 만나게 된다. 그는 이 현실주의 국제정치학의 고전을 "상당히 흥분"하면서 읽었다고 회고를 남기는데, 이 때문에 《20년의 위기》의 중요성에 대해서는 지금까지 언급되는 일이 많았다. 하지만 본고에서 이와 함께 주목하고 싶은

---

75 만주국의 체제구축과 협화회의 역할에 관해서는 平野健一郎, 「満州国協和会の政治的展開: 複数民族国家における政治的安定と国家動員」, 『年報政治学』 23巻(日本政治学会, 1973.3); 三谷太一郎, 「満州国家体制と日本の国内政治: 戦時体制モデルとしての満州国」, 『近代日本の戦争と政治』, (東京: 岩波書店, 1997).

것은 태평양전쟁 발발 직후에 출간된 카의 또다른 저서 《평화의 조건》(1942)이 갖는 의의이다.[76]

이용희도 회상하듯이 당시 독일의 국가학 관련 서적은 비교적 입수가 용이했지만, "영미 것"은 "수입이 어려"운 상황에 있었다. 그럼에도 불구하고 그가 제국의 최첨단 만주에서 카를 만날 수 있었던 이유는, 당시 일본의 지식계에서 카에 대한 관심이 높았기 때문일 것이다. 그런데 당시의 관심은 이미 세계적으로 명성이 높았던 《20년의 위기》보다 《평화의 조건》에 더 쏠려 있었다. 이는 당시 카의 저작이 '근대에 대한 물음'을 배경으로 읽혔기 때문인데, 이용희 역시 카의 논의가 지닌 '근대비판적' 문맥을 공유하고 있었던 것으로 보인다. 다만 그 수용의 방식은 일본의 지식계와 조금 다른 전개양상을 보이는데, 이하에서는 이 문제를 카의 '냉전형 전유'라는 관점에서 살펴봄으로써 '다민족주의국가론'의 성격을 이해해 보고자 한다.[77]

카가 말하는 20년의 위기란 19세기 말에 이미 파탄 나있던 벤담주의적 유토피아니즘을 미국이 처녀지나 마찬가지였던 1차대전 후의 국제정치에 이식한 데서 기인한 것이었다. 공리주의에 대해 전통적 자연법이 맡아온 절대적 윤리 기준을 '최대다수의 최대행복'이라는 이성적 윤

---

76 특히 강동국의 경우 카의 『평화의 조건』이 당시 일본의 지식계에 영향력을 가졌던 점에 대해서도 언급하고 있는데, 다만 그것을 이용희의 정치학과 관련시켜 보는 시각은 없다. 강동국, 「국제정치학자 이용희의 탄생」, 『한국 국제정치학, 미래 백년의 설계』, 53-54쪽.

77 전시기 일본에서 이루어진 카의 수용에 관해서는 酒井哲哉, 「戰後外交論の形成」, 『近代日本の國際秩序論』(東京: 岩波書店, 2007)[장인성 옮김, 『근대일본의 국제질서론』(고양: 연암서가, 2010]; 西村邦行, 「日本の國際政治学形成における理論の〈輸入〉: E. H. 카一の初期の受容から」, 『國際政治』第175号(日本國際政治学会, 2014.3). 이용희 역시 당시 이 책을 접했던 가능성이 높은데, 구입한 시점은 알 수 없으나 명지대에 소장된 이용희 문고 목록을 통해 그가 카의 Conditions of Peace(London: Macmillan & Co. Ltd, 1942)를 소지하고 있었던 점은 확인된다.

리로 바꿔치기한 사상이라고 비판하고 있는 데서 알 수 있듯이, 카의 논의에는 근대 '자유주의'에 대한 강한 비판의식이 함축되어 있었다. 이러한 인식에 기초하여 결론에서 '새로운 국제질서'에 대한 전망이 제시되는데, 이때 카는 프랑스혁명 이래 발전해 온 '민족국가nation-state'의 단위로서의 적합성에 경종을 울렸던 것이다.[78]

요컨대 시대착오적 벤담주의에 대한 비판으로 시작한 카의 논의에는 '자유주의'를 매개하여 국제정치의 단위로서의 '민족국가(근대국가)'에 대한 비판으로 이어지는 맥락이 존재했는데, 다만 《20년의 위기》는 '근대비판'이라는 논점에서는 어디까지나 문제제기에 그친 저작이었다. 그리고 이때의 논점을 보다 구체적인 청사진을 가지고 부연한 저작이 바로 《평화의 조건》이었다.

《평화의 조건》에서 단위로서의 '민족국가'에 대한 비판은 '자결주의'self-determination 비판으로 계승된다. '일민족 일국가'라는 자결원칙이 억지로 적용된 결과 유럽은 서로 규모가 다른 국가들이 연립하는 상황으로 변모했다. 이러한 상황에서 "약소국은 스스로 군사적 독립을 포기하는 방법 외에 강대국에 대해 독립을 유지할 수" 없게 되었다. 따라서 오늘날의 국제상황은 "독립independence"이 아니라 "상호의존interdependence이 생존의 불가피한 조건"이 되어있다는 것이 카의 주장이었다.

중요한 것은 "자결주의의 위기"를 말하는 카의 이러한 주장이 무엇보다도 그의 전쟁관, 특히 "전쟁의 근대적 조건"에 대한 이해에 의거하고 있었다는 점이다. 이 점은 앞서 본 이용희의 다민족주의국가론, 특히

---

78 E. H. Carr, *The Twenty Years Crisis, 1919-1939*, London: Macmillan & Co. Ltd, 1946. 한국어판은 E. H. 카아 저, 김태현 편역, 『20년의 위기』(서울: 녹문당, 2014[2000]).

'군사적 기저'를 강조했던 그 시각에 비춰 볼 때 결코 간과할 수 없는 논점이다. 카는 "소총이 공격의 주된 무기며 요체가 난공불락의 장벽이었던 시대"에는 "군사력의 격차"가 승부를 가리는 결정타까지는 되지 못했지만, "1914년에는 이미 그러한 상태는 사라져가고" 있었다고 지적한다. 즉 1차대전으로 각인된 '근대전'의 발전이 불균등한 국력의 격차를 생존의 결정요인으로 바꿔 놨다는 지적인데, 그러한 상황에서는 '자결주의'는 이제 적합할 수 없다는 인식이다.[79]

애초에 《평화의 조건》 자체가 '전쟁'을 배경으로 쓰인 책이기도 했다. 카는 전쟁이 갖는 '혁명적 작용'에 2차대전 후의 '평화'를 구축할 가능성을 봤던 것인데, '자결주의' 또한 이 과정에서 극복되어야 할 '19세기적 유제'로 판정받은 것이다. 그러한 카가 전후의 평화체제로 제시한 대안이 바로 '유럽지역'을 단위로 한 '계획경제' 체제였다. 이는 19세기적 '자유방임' 체제와 대비되는 대안으로, 그런 의미에서 탈근대적 체제를 의미하기도 했다.[80]

이 "'계획경제'는 이미 1914~1918년의 전쟁에서 모든 교전국들에 처음 등장"했던 것이다.[81] 즉 1차대전을 기점으로 등장했다는 말인데, 이

79 E. H. Carr, *Conditions of Peace*, London: Macmillan & Co. Ltd, 1942, pp.53-54.

80 카의 전쟁관에 대한 지적은 三谷太一郎, 「戰時体制と戰後体制」, 『近代日本の戰争と政治』, 25-28쪽. 『평화의 조건』이 첫 장을 「전쟁과 혁명」으로 시작하고 있는 데서 알 수 있듯이 카의 전쟁관의 특징은 '변혁성'에 대한 주목에 있었다고 할 수 있다. 미타니의 연구는 바로 이 점을 지적하고 있는데, 미타니가 지적한 카의 특징은 이용희의 전쟁관을 살핀 조동준의 지적과도 상통한다. 조동준은 전쟁에 대한 이용희의 관심이 전쟁의 발생 원인이나 전장에서 벌어진 현상이 아니라 '전쟁이 근대국가의 형성에 미친 영향'에 집중되었던 점을 지적하면서, 그러한 관점을 나타내는 개념으로 이용희가 사용한 '자기전개'라는 말에 주목하고 있다. 이는 전쟁의 '구성적' 역할을 표현한 개념이라는 점에서 카의 '변혁성'과도 연관되는 것으로 보인다. 조동준, 「동주의 전쟁관」, 『한국 국제정치학, 미래 백년의 설계』, 175-197쪽.

81 E. H. Carr, *Conditions of Peace*, p. xix.

것이 '시대착오적 방임주의'로 20년 동안 위기에 빠져 있다가 재기될 기미를 보이기 시작한 것이 카가 봤던 1939년 이후의 유럽의 상황이었다. 바로 이 지점에서 카는 '히틀러'를 나폴레옹의 '혁명적 역할'에 빗대어 평가해 버린다. 히틀러는 윌슨이 망치고 레닌이 하다 못한 혁명을 계승한 존재로, 따라서 '계획경제'란 독일이 제창한 '유럽의 신질서' 구상을 현실적 받침대로 제시된 대안이었던 셈이다.

그러나 앞서 보았듯이 이용희에게 독일은, 그리고 '동아의 신질서'를 외친 제국일본은 근대의 대안으로 이미 실격한 존재였다. 이들은 근대의 모순이 극한에 달했을 때 나타나긴 했지만, 어디까지나 '변질된 근대=지상주의'에 불과했기 때문이다. 다만 여기서 주목해야 할 점은 결론의 같고 다름이 아니라 논리구도의 유사성이다. '근대전'을 토대로 '자결주의'의 한계를 지적하고 그 대안으로서 '지역주의'로 나아가는, 이 '전쟁동원-자결주의-지역주의'로 구성된 구도를 통해 이용희의 '다민족주의국가론'에서 카의 그림자를 보는 것은, 만주에서 일어난 '정치학'으로의 전환에 카와의 만남이 있었던 점을 상기하더라도, 결코 무모한 추측은 아닐 것이다.

카는 《평화의 조건》에서 "자결주의의 장래"를 논하면서 아래와 같이 강조한다.

> 첫째로 우리는 민족nation과 국가state가 보통 일치해야 한다는 19세기적 가설을 폐기해야 한다. 중유럽에서 유래한 이 서투르지만 편리한 용어와 관련하여, 우리는 '문화주체로서의 민족'cultural nation과 '국가주체로서의 민족'state nation을 구별해야 한다.[82]

---

82 E. H. Carr, *Conditions of Peace*, p.62.

위 문장을 통해 상상되는 '유럽지역'의 장래는 분명히 '다민족주의적 공간'이다. 다만 유럽이 아닌 '동아시아'에 거처한 한국의 현재는 이 공간을 이룩하기에는 너무나도 거리가 먼 상황에 있었다. 앞서 보았듯이 이용희에게 한국은 '고독한 처지'에서 '지역성'을 함께할 친구도 없이 '분단'된 한쪽 날개의 '봉합'에도 숨가쁜 '근대-뒷바퀴'를 쫓아가고 있었기 때문이다.[83] 대신 그가 '탈근대-앞바퀴'를 달성한 존재로 지목한 것이 '다민족주의국가'로서의 '미소' 양국이었다. 이 점에서 필자는 이용희가 '냉전'이라는 전후의 새로운 국제현실에 카의 논의를 투영시켜 '나-우리'를 둘러싼 상황을 읽어내고 있었다고 본다. 그런 의미에서 냉전 초기 이용희의 '다민족주의국가론'은 전시기의 카의 논의를 해방 후 '냉전형으로 전유한 언설'이었다고 할 수 있을 것이다.

(4) 탈냉전과 연방의 주권론: 슈미트의 소환

이용희의 연방론은 다민족주의국가론의 연장선상에서 전개되었다.[84] 다만 이전과 다른 점이 있다면, 먼저 현실에서 커다란 변화─냉전붕괴─가 있었고, 또 그것과 무관하지 않은 변화로 '주권론'을 재론하기 시작한 점이다. 3절의 내용을 통해 알 수 있듯이 이용희의 근대주의 언설─단일민족주의 비판이나 저항민족주의 비판이나─은 줄곧 '민주

---

83 이용희는 「현대민족주의」(1973)에서 분단된 한국의 고독한 처지를 "날개 잃은 단일민족주의"라고도 표현하고 있다(전집2, 373쪽).

84 이를 단적으로 보여주는 사례로, 이용희는 『원론』(1955)에서 '현대국가'에 나타난 경향 중 첫 번째를 '다민족주의'로 지적한 다음, 두 번째로 바로 '연방제'를 들고 있었다(전집1, 제1권, 83-84쪽). 또한 「현대민족주의」(1973)에서도 '지역성'이 주된 요소임을 나타내는 예로 "민족주의의 발상지였던 서유럽"이 "경제통합체로 변모"하고 있는 점을 들어 "다민족주의로 발전할 가능성"을 지적하고 있었다(전집2, 356쪽).

주의'를 중시했다는 점에서 '인민주권론'이었다. 그렇다면 그의 탈근대 언설은 바로 이 지점에서 새로운 논의가 이루어져야 그 진가가 측정될 수 있을 것이다.

그런데 탈근대의 첫발을 뗀 다민족주의국가론은 너무나도 '군사적 기저'에 집중된 논의였다. 그것은 근대의 대규모 전쟁을 감당할 수 있는 '동원'의 기저—국토, 인구, 자원—를 '식민지'라는 근대의 모순 없이도 이룩한 국가형태를 논의한 것으로, '탈식민'의 언설이었을 뿐만 아니라 '자결주의'에 대한 비판도 함축했지만, 국가형태의 구조적 변화가 그 정치이념에 어떤 질적 변화를 가져올지에 대해서는 불투명한 채 남아 있었다. 그렇다면 탈냉전기에 논의된 연방론은 이 점에서 어떠한 함의를 가졌을까.

이용희는 1993년에 서울대 외교학과 대학원에서 연속강의를 한 내용을 담아 《미래의 세계정치》(이하, 《세계정치》)를 출간했다. 강의에서 밝히고 했듯이 그 발단에는 전년의 마스트리히트조약을 놓고 주권의 양도와 근대국가의 변화를 지적한 하영선 교수의 문제제기가 있었다.[85] 그런 의미에서 이 강의는 처음부터 '주권'을 논의의 중심에 놓고 진행되었다고 할 수 있는데, 그 첫 강을 이용희는 '내이션'의 두 가지 의미를 구분하면서 시작한다.

> 나시옹에는 두 가지 의미가 있습니다. 하나는 정치공동체로서의 나시옹, 그러니까 정치적인 의미에서 어느 나라의 나라를 상징하는 '국민정치공동체로서의 나시옹'입니다. 또 하나는 문화적인 의미에서 어느 나라를 구성하는 '문화공동체로서의 나시옹'입니다.[86]

---

85 「근대국가의 새로운 변화」(1994), 『미래의 세계정치』(전집5), 48쪽.

앞서 인용한 카의 구분―'국가주체로서의 민족'과 '문화주체로서의 민족'―을 방불케 하는 구절이다. 이 중 후자인 '문화공동체로서의 나시옹'에 대해서는 사회학에서 말하는 에스닉 그룹ethnic group이나 에스니시티ethnicity, 혹은 독일의 게마인샤프트Gemeinschaft와 같은 의미라는 설명이 덧붙여졌다.[87] 이러한 구분 자체는 오늘날 내셔널리즘 이론에서 일종의 정설이 된 설명에 불과하지만, 중요한 것은 이용희가 '정치적 공동체'와 '문화적 공동체'라는 구분을 서두에 놓고 이후 '주권의 소재'를 둘러싼 논의로서 연방론을 설명해 나가고 있는 그 맥락이다.

이용희는 내이션의 구분에 바로 이어 '연방'과 '국가연합'을 개념적으로 정리한다. 양자는 "일정한 영토지역territoriality 내에서 헌법을 통해 중앙정부와 지방정부라는 두 가지" 정치체를 인정한다는 점에서는 동일하지만, 전자가 "두 정부에 대해서 같은 권한을 인정하는" 한편 후자의 경우 모든 권한은 지방에 있는 것으로 해석된다. '지방정부'라는 말이 오해를 일으킬 수도 있는데, 여기서 후자는 '주권(권한)'을 가진 근대국가로 구성된, 말 그대로 '국가들의 연합'이라는 의미로 정의되고 있는 것이다. 이와 달리 전자의 경우 권한의 "반은 중앙에 있고 반은 지역에" 있는, 말하자면 주권의 '나눠가짐'(양도)이 발생한 정치체를 의미한다. 그리고 바로 이 때문에 '소재'가 문제될 수밖에 없는 정치체인 것이다.[88]

이러한 구분은 이용희도 주기하듯이 "'고전적인 주권에 비하면'이라는 단서"가 달린 정의에 불과하다.[89] 다시 말해 보댕에서 비롯된 '불가

---

86 「근대국가의 새로운 변화」(1994), 13-14쪽.
87 「근대국가의 새로운 변화」(1994), 22쪽.
88 「근대유럽 국가연합의 기본 성격」(1994), 『미래의 세계정치』(전집5), 62-63쪽.
89 「근대유럽 국가연합의 기본 성격」(1994), 79쪽.

양 불가침'의 주권 개념을 전제로 볼 때에 가능한 구분이라는 뜻이다.[90] 이어지는 강의에서 이용희는 주로 '연합'이라는 표현을 쓰고 있지만, 주권론의 관점에서 볼 때 그의 관심은 '연방'에 귀착된다. 이하에서는 이 점을 이용희가 연방에 관한 사상사를 어떻게 이해했는지를 통해 살펴보는데, 구체적으로 필자가 주목하는 것은 '푸펜도르프-토크빌-슈미트'로 이어지는 논의의 맥락이다.

이용희는 "confederation"[91]을 둘러싼 사상의 역사를 다루면서, 먼저 푸펜도르프의 《자연법과 만민법에 대하여De Jure Naturae et Gentium》(1672)가 갖는 의의를 강조한다. 그가 이 책에서 흥미를 가진 부분은 푸펜도르프가 연방을 "'산만한loose 콘페데라티오'와 '밀도가 있는close 콘페데라티오'"로 구분했던 점이다. 전자는 "자연에 의해서 뭉쳐진" 집단, 예컨대 "언어, 종교, 관습이 같고 혈연, 지연 관계가 있는 집단들"을 의미하는데, 이는 첫 강에서 제시한 '문화적 공동체'의 속성을 연상시키는 종류라고 할 수 있다. 한편 후자는 신성로마제국처럼 "왕을 중심으로 몰려 있는 경우"와 "어떤 중심이 없는 상태에서 연합해 있는 경우"로 나누어지는데, 어느 쪽이든 '정치적 공동체'를 의미하는 종류라고 할 수 있다. 이용희는 푸펜도르프가 후자인 '중심이 없는 정치적 공동체'를 "콘페데라티오"로 생각했다고 본다. 다만 "보댕의 주권론"의

---

90 보댕의 주권론이 유럽통합과 갖는 사상적 의의에 대한 가장 간결한 설명은 최정운, 「국제화의 이론적 문제점에 관한 고찰: 유럽 통합과 국가 권력」, 『세계정치』 19권 1호(서울대학교 국제문제연구소, 1995).

91 「근대 유럽 국가연합의 사상1」(1994), 『미래의 세계정치』(전집5), 127쪽. 이용희는 'confederation'을 처음 '국가연합'으로 번역했는데, 이후의 서술에서 그 개념은 '연방'과 겹치기도 하며도 구분되기도 하는 등 일정하지 않은 모습을 반복한다. 본인도 인정하듯이 역사적인 개념인 만큼 혼잡해질 수밖에 없는데, 본고에서는 이와 같은 쓰임새를 염두에 두고 '연방'으로 총칭하기로 했다. 연방을 선택한 가장 큰 이유는 뒤에서 밝히겠지만 이용희가 최종적으로는 슈미트의 '분트'(Bund, 연방) 개념에서 주권 문제를 풀이하고 있었기 때문이다.

짙은 영향 하에 있던 푸펜도르프는 이를 어디까지나 "구성 부분에 주권"이 있는 공동체로 관념했다는 것이다.[92]

토크빌은 바로 이 점을 벗어난 사람으로 거론된다. "기왕에는 주권 개념에 사로잡혀서 보댕이나 푸펜도르프 같은 사상가들"은 "주권이 둘로 나누어질 수 있"다는 생각조차 하지 못했지만, 토크빌은 이미 "주권의 양분"이 현실이 된 미국에서 논의를 시작했기 때문이다. 그런데 이용희가 흥미를 가진 부분은 '정치적 공동체'의 측면에 나타난 토크빌과 푸펜도르프의 차이—주권의 가분/불가분—보다는 '문화적 공동체'의 측면에 나타난 양자의 공통점이었다. 토크빌은 주권의 양분을 논하는 한편으로 미국의 국민생활에 나타난 동질성, 예컨대 "언어가 같고, 풍습이 같고, 종교가 같고, 같은 문명으로 뭉쳐 있는 그런 동질성"에 주목했는데, 이용희는 이러한 토크빌의 관심이 "푸펜도르프가 '느슨한 콘페데라티오'에서 동질성을 강조한 것과 비슷"한 맥락에 있다고 강조한다.[93]

정리하면, 이용희는 주권에 관한 논의를 '정치적 공동체'와 '문화적 공동체'를 구분하면서 시작했고, '주권을 양분'한 토크빌의 논의에서 푸펜도르프의 '느슨한 콘페데라티오'(문화적 공동체)가 계승되어 있는 점을 강조했는데, 슈미트가 등장하는 대목에 이르러서야 이용희가 왜 이 점에 주목했는지 정확한 함의를 알게 된다. '문화적 공동체'에 대한 강조는 연방의 유대감을 받쳐주는 수준의 의미가 아니라, 바로 주권의 '탈근대적 변용'을 지탱하는 논점이었다는 사실이 드러나기 때문이다.

빈체제에서 비스마르크 치하에 이르는 동안 독일의 헌법학자 사이에서 벌어진 논쟁 역시 '주권의 소재'를 둘러싼 것이었다. 토크빌의 영향

---

92 「근대유럽 국가연합의 사상1」(1994), 129-130쪽.
93 「근대유럽 국가연합의 사상1」(1994), 143-145쪽.

을 받은 바이츠Georg Waitz가 양분론의 입장에서 'Bundesstaat'(연방국가) 개념을 제시했다면, 자이델Max von Seydel은 이를 반대하는 입장에서 중앙의 주권을 주장했다. '불가양 불가침'의 절대권력을 누가 가질 것인가를 둘러싼 이 혼잡한 논쟁은 19세기 말에 일러 극한에 달했는데, 변화의 계기는 먼저 현실 측에서 일어났다. 1차대전에서 패망한 독일제국이 바이마르공화국으로 거듭났기 때문이다. 이 바이마르 시대에 출간된 것이 바로 슈미트의 《헌법론Verfassungslehre》(1928)이었다. 이용희는 여기에 이르러 소재를 둘러싼 주권론에 종지부가 찍혔다고 본 것이다.

이 초기 슈미트의 저작에서 특히 이용희가 주목한 부분은 권말에 제시된 '연방론'이었다. 이용희는 그 내용을 길게 소개하는데, 그렇게 조리있는 설명은 아니었지만 요점은 확실했다. 먼저 이용희는 슈미트가 주권 논쟁의 초점을 "'분트'Bund라는 성격이 과연 무엇이냐"는 문제로 바꾼 점을 평가한다. 다시 말해 '소재'에서 '속성'으로 논의의 초점을 치환시켰다는 지적인데, 기왕의 헌법학자들이 모두 주권을 '법적으로' 해석했던 반면 슈미트는 이를 '정치적으로' 해석한 데서 비롯된 전환이었다. 그러니까 이용희는 여기서 슈미트의 '결단' 개념을 받아들이고 있는 것인데, 슈미트는 주권을 "어떤 비상한 상태에서 결단을 내릴 수 있는 능력"으로 보았기 때문에, 다시 말해 "주권을 정치적으로 해석"했기 때문에, 기왕의 "주권이라는 말을 쓰지 않고 분트를 설명"할 수 있게 되었다는 것이다.

이러한 설명은 연방(중앙)과 구성국(지방) 사이에서 '충돌'이 일어났을 경우의 묘사로 이어진다. 만약 구성국이 "전체의 다수결에 반대하는 경우" "분리"하느냐 "복종"하느냐를 놓고 결단이 요구되는 사태가 초래된다. 이를 거꾸로 말하면 연방에게도 구성국에 대한 "제재 결정"을 "결단"해야 하는 사태가 초래되는 것인데, 어느 쪽에서 보든 간에 여기서의 해결은 "실존적인 의미의 정치적 능력"에 달리게 된다. 그러므로 슈미트의 연방론에서 주권은 '정치적 결단'의 문제로 재해석되었다는 것이다.

이처럼 연방의 속성을 설명하고 나서 이용희는 다만 "슈미트 이론의 가장 큰 특징은 이 부분에 있는 것이 아니라 다음에 나올 부분"에 있다고 강조한다. 즉 연방에 대한 '정치적' 설명이 슈미트의 이론의 핵심이 아니라는 말인데, 이용희가 중요하게 보았던 것은 슈미트가 연방에 내재된 "모순"을, 그러니까 주권의 소재를 둘러싼 그 문제를 "'동질성'Homogenität 논의"로 해결하려고 했던 부분이었기 때문이다. 이용희는 이를 "푸펜도르프나 토크빌"에서 봤던 논의―문화적 공동체―와 같은 맥락에서 제기된 논점으로 보았다.[94]

이상 보았듯이 이용희는 연방의 사상을 '푸펜도르프-토크빌-슈미트'로 이어지는 맥락을 중시하며 이해했다. 슈미트로 이르러 그것이 '근대적 주권' 관념을 넘어서는 함의를 가졌던 점이 드러나는 동시에 탈근대적 극복의 요인으로 '문화적 동질성'을 중시했던 점이 확인되는데, 이상의 내용은 두 가지 점에서 중요한 함의를 갖는다. 우선, 1) '소재'를 묻는 주권론으로부터의 탈피는 곧 이용희의 논의가 '인민주권론'의 범위를 벗어났음을 의미한다. 그리고 2) 탈근대적 주권론을 뒷받침하는 '문화적 동질성'의 강조는 곧 이용희의 '권역론'과도 맞닿는 논점이었다는 점이다. '문화적 공동체'에 관한 논의는 이용희가 '분열'로 표현했던 공동체의 파편화 방향과도 연계되지만 '통합'의 방향과 연계되었을 때 그 단위는 '지역'으로 확장된다.[95] 이 점에서 유럽의 지역통합을 놓고 전개된 이용희의 연방론은 '근대적 주권' 관념이 지양된 '탈근대적 권역론'의

---

94 「근대유럽 국가연합의 사상2」(1994), 『미래의 세계정치』(전집5), 175-179쪽.

위상을 지니고 있었다고 할 수 있는데, 이것이 탈냉전기 이용희의 연방론이 그의 '정치학'에 갖는 상징적인 함의가 아닐까 생각한다.[96]

그런데 여기서 이용희가 누락시키고 있는 문맥을 부연하자면, 슈미트가 말하는 연방의 '속성'이란 물론 결단의 문제와 관계되는 것이었지만, 더 정확히는 결단을 내리는 사태—주권의 등장—보다는 그러한 사태가 '나타나지 않음으로써' 유지되는 연방의 성립요건과 관계되는 것이었다. 이 점은 이용희도 언급한 '모순'에 대한 슈미트의 설명에 잘 나타나는데, 슈미트는 연방의 가장 일반적인 모순을 오랜 주권 논쟁을 배경으로 다음과 같이 설명한다.

> 모든 연방은 국가연합이냐 연방국가냐의 구별에 관계없이 하나의 전체의사와 정치적 실존을 갖는다. … 그 결과 연방에는 연방이라는 전체실존과 구성국이라는 개별실존이라는 두 가지 정치적 실존이 병존한다. 이 두 가지 정치적 실존은 연방이 존속하는 한 병존해야 한다. … 연방은 이 실존상의 결합 및 그 균형 위에 성립하는 것이다. 양단을 향한 단계를 생각할 수 있겠지만, 그 극단은 항상 연방이 해체되어 개별국가만 실존하거나 개별국가가 소멸되어 단일한 국가가 존속

---

95 이용희가 첫 강의에서 '정치/문화' 공동체 논의를 제시했던 것은 '통합'을 논의하기 위해서이기도 했지만, 한편으로 '분열'의 역학도 염두에 두고 있었다. 이 '통합'과 '분열'이라는 관점은 강의 전체를 통해 거듭 강조된다. 예를 들어 「근대국가의 새로운 변화」, 「현대 유럽연합의 문제와 미래」(1994), 『미래의 세계정치』(전집5), 48-49쪽, 328-334쪽.

96 이용희에게 권역은 유럽의 지역통합만을 의미하지 않는다. 장인성의 말을 빌리면 권역이란 특정한 시간에 한정되는 '시공간적 의미권, 혹은 장소'를 가리키는데, 필자가 보기에는 그렇기 때문에 그가 슈미트의 연방론을 원용하면서 '문화적 동질성'을 강조했던 점 또한 신중히 음미되어야 한다. 예컨대 여기서 말하는 '문화'란 무엇인지, 적어도 단순한 국수나 복고, 혹은 토착과는 다른 이론적 해석이 필요할 것이다. 그런 맥락에서 보더라도 탈냉전이라는 특정한 시간에 '탈근대적 권역'을 성립시키는 토대로 '문화'에 주목했던 점은 중요해 보인다. 이용희의 권역 개념에 관해서는 본서 제1부 제1장 장인성의 글을 참조.

하거나 둘 중의 하나이다. 연방의 본질은 정치적 실존의 이원주의, 즉 한 쪽에서 연방적 공존 및 정치적 통일체를 이루고 다른 한쪽에서 복수자가 존속하는, 말하자면 복합적 정치단일체로서의 결합에 있다. 이와 같은 부동浮動의 상태는 그 자체로 결판을 지어야 할 수많은 충돌을 야기한다.[97]

연방이란 '전체실존'과 '개별실존'이 병존하는 정치체로서, 양자가 '실존상의 결합 및 그 균형'을 유지하는 한에서 성립한다. 연방의 본질은 이와 같은 '실존의 이원주의'에 있는데, '전체' 혹은 '개별' 어느 쪽에 기울어지든 간에 이원적 상태의 붕괴는 곧 일원적 구조로의 회귀를 의미하기 때문이다. 그런 의미에서 연방의 해체란 '복합적 정치단일체로서의 결합'이 깨지는 상황을 의미했는데, 그것은 바로 '주권의 등장'으로 초래되는 사태이다. 슈미트는 인용문 말미에 이와 같은 연방의 성질을 '허공에 떠서 움직이는'(부동) 상태라고 표현하는데, 이것이야말로 '소재'가 정해지지 않는 주권 논쟁의 정곡을 찌른 말이었다고 이해된다.

그런 의미에서 "주권의 문제는 실존이 걸린 충돌에 대한 결정의 문제"라는 이용희의 이해는 슈미트의 설명과 맞아떨어지지만,[98] 놓쳐서는 안 될 것은 여기서 슈미트는 결단을 촉구하고 있는 것이 아니라는 점이다. 오히려 결단-해체를 부르는 '충돌'이 나타나지 않게끔 해주는 무엇인가를 논하고 있었는데, 그것이 바로 연방의 '모순'을 해결해주는 "연방 구성국의 동일성"이었던 것이다. 다시 말해 이용희가 주목한 '문

---

97 カール・シュミット, 阿部照哉・村上義弘 訳, 『憲法論』(東京: みすず書房, 1974), 424쪽. 이 책은 이용희가 소지하고 있던 *Verfassungslehre*(Berlin: Duncker & Humblot, 1954)의 번역본이다. 초판은 1928년에 나왔다.

98 カール・シュミット, 『憲法論』, 424쪽.

화적 동일성'은 "연방 내부에서 극도의 충돌이 일어나지 않게끔" 해주는 연결 끈과 같은 것이었으며,[99] 단순한 보완적 유대를 넘어 '탈근대적 권역' 자체를 성립시켜주는 요건이었던 셈이다.

이러한 권역의 성립은 주권 논의를 '소재'에서 '운영'의 차원으로 옮겨준다. 비록 중간에 세밀한 문맥을 빠뜨리기는 했지만 이용희 역시 이점을 인지했던 것으로 보인다. 그는 주권을 '법'이 아니라 '정치'의 문제로 전환시킨 슈미트의 이론을 연방의 사상으로 설명한 다음, 실제 유럽의 통합과정에 나타난 주권 논의에서 '공유'라는 관점에 주목하고 있었기 때문이다.

국제정치학에서 근대적 주권은 확실히 달라지고 있습니다. 유럽공동체의 구조에 대해서 설명할 때 나오겠지만, 주권 공유sharing of sovereignty라는 이야기가 나옵니다. 근대적 의미에서 보면, 주권이 공유될 수 없는 불가분, 불가양의 최고 권력이라고 규정되는데, 주권이 공유된다는 이야기는 확실히 근대적 주권 관념이 변화하고 있음을 반영하는 것입니다. 고전적인 주권 이론에 의하면, 다른 나라와 공동으로 소유하는 주권은 주권이라고 할 수 없는 것인데, 지금 유럽공동체를 논하는 경우 주권을 공유하고 있는 것이라고 이야기하고 있어 새로운 의미의 주권 개념을 사용하고 있습니다. 그런데 과연 그것이 무엇을 의미하는 것인지 … 아직도 짙은 안개 속에 가려진 것처럼 되어 있습니다.[100]

99 カール·シュミット, 『憲法論』, 428쪽.
100 「현대 유럽연합의 기구: 구조와 기능」(1994), 『미래의 세계정치』(전집5), 255-256쪽.

필자가 보기에는 이 짙은 안개 속에서 슈미트의 연방론을 붙잡고 푸펜도르프까지 거슬러 올라간 것이 이용희의 사색이 아니었을까 싶다.[101] 지금까지 밝힌 이상의 전거를 제시하기는 어렵지만, 중요한 것은 위에서 유럽통합에 나타난 '주권의 공유'sharing of sovereignty라는 관점을 이용희는 '근대적 주권'의 변용으로, 그러니까 '탈근대적 주권' 논의로 자리매김하고 있다는 점이다.

이 점에서 이용희가 말하는 '공유'는 '양분'과는 다른 개념이다. 양분은 어디까지나 '누가 어떻게 가지고 있는지' 소재의 모순을 나타내는 개념이었다면, 공유는 '모두가 함께 가지고 있다'는 전제를 깔고 시작하는 논의이기 때문이다. 그런 의미에서 '소재'보다는 '운영'의 방식이 문제가 되는 개념이었다고 할 수 있다. 마지막으로 이 점을 논의함으로써 이용희의 탈근대 언설이 탈냉전기에 찾게 된 착지점이 한국의 국제정치학에 어떠한 함의를 가졌는지 고찰해 보도록 하겠다.

5. 근대의 밑바닥에서 '제왕' 되기

이상에서는 이용희의 국제정치학에서 '한국적' 특성이란 무엇인지 물음을 실마리로, 그의 학문의 전개를 '근대'와 '탈근대'의 복합적인 사유 방식에 유의하여 살펴보았다. 전자와 관련해서는 '민족주의 비판' 언설에 주목하여 그것이 역설적으로 '근대주의적' 특성을 지녔던 점을 근대

---

[101] 슈미트는 『헌법론』에서 동맹과의 차이를 의미하는 연방의 영속성을 설명하면서 이용희가 연방의 사상의 서두에 제시한 푸펜도르프의 『자연법과 만민법에 대하여』(1672)를 주기로 달고 있었다(カール·シュミット, 『憲法論』, 420쪽). 또한 앞서 본문에서 언급한 자이델에 관한 인용이나 독일 헌법학계의 논쟁양상에 대한 설명 등 많은 부분에서 이용희의 강의와 내용이 겹친다.

유럽의 정치사상사에 대한 그의 이해를 바탕으로 밝혀냈다. 이용희의 민족주의 비판은 시대를 관통하여 늘 '근대민주주의'를 중시하는 입장으로 나타났기 때문이다.

하지만 이용희의 학문은 결코 근대주의로만 끝난 것이 아니었다. 그는 늘 '현대 속의 근대'를 살았는데, 이는 세계사의 '뒷바퀴-근대'를 붙잡으면서도 '앞바퀴-현대'를 내다봐야 하는 한국의 현실을 표현한 말이었다. 이러한 사유의 복합성은 이용희의 학문이 그 시작에서부터 '근대'에 대한 '분노'를 담고 있었기 때문에 유지된 것이 아니었을까 생각한다. 식민지조선에서 태어난 이용희는 자신의 '삶'을 직시하지 못할 정도로 깊은 고독감에 시달려야 했는데, '지식'—특히 그 연장선상에 만난 '정치학'—은 그러한 현실을 비판적으로 성찰하게 해주는 수단으로 선택된 것이었다. 이를 통해 그의 정치학은 '나-우리'의 삶을 취약하게 만든 원인을, 서구의 모방자 일본의 배후에 있는 '진짜 근대'를 향해 탐구했던 것이다.

그러므로 이용희에게 근대는 추구되는 동시에 극복해야 할 대상으로 사유되었다. 탈근대의 맥락은 냉전 초기에는 '다민족주의국가론'으로 나타났는데, 그것은 근대전을 수행할 수 있는 '동원의 기저'를 근대의 모순인 '식민지' 없이도 이룩한 강대국으로서 미소 양국의 성격을 규정한 논의였다. 본고에서는 이러한 논의가 이용희가 만주시절에 수용한 카의 논의를 '냉전형으로 전유'함으로써 성립한 것이었음을 밝혔다.

근대전을 근거로 자결주의의 한계를 지적하며 지역주의로 나아간 카의 논의는 '근대비판'을 함축하면서도 그 현실적 대안을 계획경제에 의거한 '히틀러의 신질서'에서 찾은 것이었다. 이러한 맥락은 이용희의 '다민족주의국가론'에도 스며들어 '지상주의'의 함정—제국일본의 그림자—을 구성하고 있었다고 할 수 있다. 이 점에서 이용희가 탈냉전기

연방론에서 슈미트를 소환했던 사실은 그의 탈근대 언설이 착지했던 지점에서 반드시 물어야 하는 문제를 암시한다.

요컨대 이용희의 다민족주의국가론은 '식민지 없는 제국주의'와 어떠한 질적 차이를 지녔는지, 그가 슈미트를 불러내며 도출한 '탈근대적 권역'이란 과연 '정치-주권'이 어떻게 '운영'되는 공간이었는지에 관한 물음이라고 할 수 있다.

4절에서 보았듯이 '문화적 동질성'으로 유지되는 '탈주권적 권역'이란 누군가가 정당한 법적 주체로 인정되는 공간도, 혹은 누군가가 결단을 내리는 진정한 주체로 나타나는 공간도 아니었다. 거기서 주권은 소재를 불문에 부친 채, 혹은 충돌-결단을 동질성으로 방지하면서 모두가 주권을 '공유-운영'하는 공간이었다고 할 수 있다.

그런데 바로 이 지점에서 슈미트의 광역론은 '패권국'Reich의 존재를 허용하고 만다. 아무리 근대비판적인 그 논의도 히틀러 "총통의 업적이 독일의 라이히 사상에 정치적 현실"을 부여했다고 말해 버리는 순간, "존중"하며 "보장"하겠다고 맹세했던 역내 "모든 민족성"에 생존의 위기를 초래하고 만다.[102] 여기서의 문제는 역내 정치에 '현실적인 힘의 불균형'을 적용시켜 버린 권력의 운영방식에 있었다고 할 것이다.

이 점에서 아래 구절은 이용희가 탈근대 언설에서 '제국주의'와 얼만큼의 거리를 유지했는지, 그리고 그것이 어떠한 '한국적' 특성을 지녔는지 알려 주는 대목이라고 할 만하다.

---

102 슈미트의 광역론과 라이히 개념에 관해서는 カール・シュミット, 岡田泉 訳, 「域外列強の干渉禁止を伴う国際法的広域秩序-国際法上のライヒ概念への寄与」, 『ナチスとシュミット』(東京: 木鐸社, 1976), 118-132쪽. 이 글은 슈미트의 *Völkerrechtliche Grossraumordnung mit Interventionsverbot für raumfremde Mächte: Ein Beitrag zum Reichsbegriff im ölkerrecht*(1939)의 번역이다.

국제정치학자로서 흥미로운 부분이 유럽공동체 회원국 사이의 '형평성'equilibrium입니다. 이것이 왜 중요한가 하면, 회원국 간에 형평성을 유지하지 못한다면 대국들이 소국들을 마음대로 하게 되는 일종의 패권주의가 생성되기 때문에 그렇습니다. 따라서 세력균형balance of power이 아주 중요한 문제로 부각됩니다. 여러 나라 사이에 세력균형이 있지 않으면 종국에는 패권주의가 발생하게 되는데, 이러한 상황이 초래되지 않도록 아주 조심해야 된다는 것입니다. 이것은 아주 중요한 국제정치적인 의미가 있습니다.[103]

위의 구절에서 이용희는 국제정치학에서 흔하디 흔한 '세력균형'balance of power 관념을 거론하고 있지만, 이것이 《세계정치》의 마지막 강의에 제시된 논점이라는 점에서 중요하다. 그는 〈현대 유럽연합의 문제와 미래〉를 논하는 대목에서 앞서 제시한 '주권의 공유'라는 탈근대적 현상에 대해 언급하는데, 바로 그 다음 문맥에 배치된 것이 위의 구절이었다.

'탈근대적 권역'에서 구성국들 간의 '형평성'equilibrium은 역내 권력의 '운영'에 있어 중요한 의미를 갖는다. 이용희가 간결하게 지적하고 있듯이 권력의 '균형'이 깨진 공간에는 반드시 '패권주의'가 나타나기 때문이다. 히틀러 치하에서 슈미트가—그리고 카 역시—저지른 사상적 죄과를 알고 있었던 이용희가 슈미트를 소환했던 지점에서 패권주의의 문제를 거론하고 있었다는 사실은 그의 정치학이 탈근대적 '제국'의 공간을 사유하면서도 유지한 긴장감을 시사한다.

필자는 여기서 이 문제를 윤리적 시각에서만 제기하고 있는 것이 아

---

103 「현대 유럽연합의 문제와 미래」(1994), 『미래의 세계정치』(전집5), 319쪽.

니다. 오히려 여기서 이용희가 '세력균형' 관념을 가져온 배경에 '근대
한국의 역사적 경험'을 보고 있는 것인데, 이것이 이용희의 국제정치학
을 '한국적'이라고 부를 수 있는, 다시 말해 그 착지점이 지닌 '한국적'
특성을 시사한다고 보기 때문이다.

　세력균형—균세, 혹은 정립鼎立—은 전통적 중화질서에서 근대적 국
제질서로 이행한 전환기에 약소국으로서 삶을 시작해야 했던 한국의
역사적 경험이 담긴 '지역' 관념이다.[104] 이용희는 탈냉전기에 슈미트를
불러내면서 '동아시아의 새로운 지역질서'를 상상하고 있었음이 분명
한데, 이때 그의 상상이 독일의 광역질서론—그리고 제국일본의 대동
아공영권—이 밟은 전철을 피할 수 있었던 이유는 '탈근대적 권역'에
적용된 '세력균형' 관념이 버팀목이 되어줬기 때문이다. 그것이 근대한
국의 역사성에서 배태된 관념이었다고 한다면, 거기에 이용희의 국제
정치학이 갖는 '한국적' 특성을 보는 것도 결코 무리가 아닐 것이다. 그
의 정치학을 '제왕의 학문'이라 고 불러야 할 가치 역시 바로 여기에 있
다고 생각한다.[105]

　사카이는 '현실주의'와 '이상주의'의 이항구도에 지나치게 영향 받았
던 전후 일본의 국제정치학에 대한 반성에서 전전의 '식민정책학'이 전

---

104 근대한국에서 '세력균형' 관념이 갖는 역사성에 대해서는 장인성, 「근대한국의 세력균형
　　개념」, 『근대한국의 사회과학 개념 형성사』.

105 하영선은 이용희에게 진학 문제를 의논할 적에 "국제정치학은 제왕의 학문인데, 애초에
　　취직을 포기한 것 아니냐"는 농담 같은 진담을 들었다고 한다. 그 말에 "전통적인 의미에
　　서 왕이 해야 할 학문"이라는 경세적 의미가 담겨 있었다는 하영선의 해석도 늘 '실천성'
　　을 중시했던 이용희의 학문 스타일에 비춰볼 때 일리가 있어 보이지만, 한편으로 그에게
　　'제왕의 학문'이란 탈근대적 권역에서 '정치'를 운영하는 방식 또한 함축하지 않았을까
　　싶다. 다시 말해 거기에는 비단 전통적 의미만이 아니라 세계사의 '앞바퀴'를 내다본 이
　　용희의 사상 또한 담겨 있지 않았을까 생각해 본다. 하영선, 『역사 속의 젊은 그들: 18세
　　기 북학파에서 21세기 복합파까지』(서울: 을유문화사, 2011), 261-262쪽.

시기의 '지역주의'로 이어진 맥락을 밝힌 바 있다. 일본의 국제정치학이 갖는 학문적 계보를 '국제질서'와 '제국질서'라는 대비를 통해 분석한 그의 접근은, '근대'와 '탈근대'의 맥락을 동시에 지닌 이용희의 사유를 이해하는 데도 시사점을 준다.[106] 근대사는 늘 식민사였다는 사실에 비추어 보더라도 '국제'와 '제국'의 양면성이 국제정치학적 지식을 구성했다는 것은 어쩌면 당연한 사실이다. 다만 역사적으로 이 제국의 공간에서는 '제국주의'가 행패를 부렸을 뿐만 아니라 근대를 '비판'하고 그로부터 '탈'하고자 했던 사상 또한 영위되었다. 이러한 사실이 문제를 어렵게 만드는데, 그렇지만 본고에서는 국제정치학이 '국제-근대'의 맥락에서만 논의되는 한계를 진지하게 생각하는 입장에서 '제국-탈근대'의 맥락을 논의했다. 그 공과는 '다민족주의국가론'과 '연방론', 혹은 '카'와 '슈미트'가 연계되는 지점에서 이용희가 보여준 착지점이 어떻게 '한국적'인 함의를 가졌는지 밝힌 상기 결론으로써 증명되었다고 믿는다.

---

106 酒井哲哉, 『近代日本の国際秩序論』[장인성 옮김, 『근대일본의 국제질서론』].

참고문헌

이용희. 2017. 『동주이용희전집』 1~10권. 고양: 연암서가.

기유정. 2019. 「해방 후 한국의 '지역학'과 제국의 학설: 이용희의 '권역' 개념을 중심으로」. 『한국정치연구』 제28집 제2호. 서울대학교 한국정치연구소.

기유정. 2021. 「냉전 초기 한국의 민족국가론과 그 균열들: 이용희의 비동시대성을 중심으로」. 『한국정치연구』 제30집 제3호. 서울대학교 한국정치연구소.

김인수. 2017. 「한국의 초기 사회학과 '아연회의'(1965): 사회조사 지식의 의미를 중심으로」. 『사이SAI』 22집. 국제한국문화학회.

김항. 2015. 『제국일본의 사상』. 파주: 창비.

도면회. 2021. 「1960년대 한국의 근대화론 수용과 인문학계의 변화」. 『역사와현실』 120호. 한국역사연구회.

도면회 외. 2009. 『역사학의 세기: 20세기 한국과 일본의 역사학』. 서울: 휴머니스트.

민병원 외. 2017. 『장소와 의미: 동주 이용희의 학문과 사상』. 고양: 연암서가.

박태균. 2004. 「로스토우 제3세계 근대화론과 한국」. 『역사비평』 66호. 역사비평사.

서울대학교 국제문제연구소 엮음. 2018. 『한국 국제정치학, 미래 백년의 설계』. 서울: 사회평론아카데미.

신주백. 2017. 「1960년대 '근대화론'의 학계유입과 한국사 연구」. 『사학연구』 125호. 한국사학회.

신주백. 2017. 「하코네회의 의사록(1960.8.30~9.1): 동아시아에 '근대화론'을 전파한 기점으로서 하코네회의」. 『한국근현대사연구』 80집. 한국근현대사학회.

안종철. 2013. 「주일대사 에드윈 라이샤워의 '근대화론'과 한국사 인식」. 『역사문제연구』 29권. 역사문제연구소.

안종철. 2017. 「1960년대 한국에서의 "근대화론" 수용과 한국사: 고려대와 동국대 학술회의를 중심으로」. 『인문논총』 74권 2호. 서울대학교 인문학연구원.

옥창준. 2017. 「이용희의 지식 체계 형성과 한국 국제정치학의 재구성」. 『사이間 SAI』 제22호. 국제한국문화학회.

옥창준. 2021. 「한실로서의 냉전과 한국 국제정치학의 형성: 조효원과 이용희의 냉전 국제정치론을 중심으로」. 『한국학연구』 63호. 인하대학교 한국학연구소.

옥창준. 2022. 「냉전 초기 한국 국제정치 지식의 재구성」. 서울대 정치외교학부 박사논문.

이상록. 2007. 「1960~70년대 비판적 지식인들의 근대화 인식」. 『역사문제연구』 18권. 역사문제연구소.

장세진. 2012, 「라이샤워Edwin O. Reischauer, 동아시아. '권력지식'의 테크놀로지: 전후 미국의 지역연구와 한국학의 배치」. 『상허학보』 36집. 상허학회.

최정운. 1995. 「국제화의 이론적 문제점에 관한 고찰: 유럽 통합과 국가 권력」. 『세계정치』 19권 1호. 서울대학교 국제문제연구소.

하영선. 2011. 『역사 속의 젊은 그들: 18세기 북학파에서 21세기 복합파까지』. 서울: 을유문화사.

하영선 외. 2009. 『근대한국의 사회과학 개념 형성사』. 파주: 창비.

홍석률. 2002. 「1960년대 한국 민족주의의 두 흐름」. 『사회와역사』 62권. 한국사회사학회.

황병주. 2008. 「1960년대 박정희 체제의 '탈후진 근대화' 담론」. 『한국민족운동사연구』 56집. 한국민족운동사학회.

Carr E. H. 1942. *Conditions of Peace.* London: Macmillan & Co. Ltd.

Carr E. H. 1946. *The Twenty Years Crisis*, 1919-1939. London: Macmillan & Co. Ltd.

カール・シュミット. 1970. 田中浩・原田武雄 訳. 『政治的なものの概念』. 東京: 未来社.

カール・シュミット. 1974. 阿部照哉・村上義弘 訳.『憲法論』. 東京: みすず書房.

カール・シュミット. 1976. 服部平治 訳.『ナチスとシュミット』. 東京: 木鐸社.

酒井哲哉 編. 2006.『岩波講座「帝国」日本の学知1「帝国」編成の系譜』. 東京: 岩波書店.

酒井哲哉. 2007.『近代日本の国際秩序論』. 東京: 岩波書店.

西村邦行, 2014.「日本の国際政治学形成における理論の〈輸入〉: E. H. カーの初期の受容から」.『国際政治』第175号. 日本国際政治学会.

平野健一郎. 1973.「満州国協和会の政治的展開: 複数民族国家における政治的安定と国家動員」.『年報政治学』23巻. 日本政治学会.

三谷太一郎. 1997.『近代日本の戦争と政治』. 東京: 岩波書店.

제3부

한국은 두 세계의 어디에 있는가

이용희의 냉전 인식과 국제정치론

제6장

냉전이라는 '현실'을 포착하는 두 시선

조효원과 이용희의 국제정치론

옥창준

1. 슬쩍한 국제정치학?: 한국의 초창기 국제정치학 지식장의 형성

1955년 연희대학교 교수 조효원을 둘러싼 짤막한 기사가 실렸다. 이 기사는 우선 조효원이 외무차관 자리를 노린다고 지적했다.[1] 1955년 7월 말 변영태 외무장관이 전격적으로 사임한 이후, 조정환 외무차관이 외무장관 서리를 맡고 있었기에 외무차관 자리는 공석으로 남아 있었다. 이 자리를 향한 야심의 발로일까. 당시 조효원은 아시아민족반공연맹 Asian Peoples Anti-Communist League, APACL의 한국 위원으로서 적극적인

---

* 이 글은 『한국학연구』 63권(2021)에 발표된 "현실로서의 냉전과 한국 국제정치학의 형성: 조효원과 이용희의 냉전 국제정치론을 중심으로"를 수정·보완한 것이다.
1 「기자석」, 『경향신문』 1955년 8월 6일.

활동을 펼치는 중이었다.[2]

하지만 이 기사의 핵심은 그다음에 나왔다. "즉 어떤 학자는 말하기를 그가 관부官府 학자인 것쯤은 문제로 삼을 것도 없고 (조효원) 씨의 저서인 《아세아정치론》이나 《국제정치학》은 모두가 다 미국의 저명한 학자 로센거, 모겐소, 슈만 씨 등의 저서를 슬쩍한 것이라 하니 조 박사는 차관 운동보다 발등에 떨어진 불똥을 꺼야 할 판"이었다.[3] 이처럼 이 기사는 한 익명 학자의 입을 빌려 조효원이 유명 학자들의 저서를 표절했다는 사실을, 그 원저자의 이름까지 노골적으로 제시했다. 그러면서 과연 조효원이 차관 운동을 할 학문적 자격이 되는지를 엄중히 따졌다.

이 오래된 기사를 다시 언급하는 이유는 조효원의 표절 여부를 윤리적으로 따지기 위함은 아니다. 이 글의 목표는 조효원의 표절 행위를 윤리적으로 접근하는 기존의 강고한 서사를 비판하고, 여기에서 새로운 의미를 길어낼 수 있을까에 가깝다. 초창기 한국 국제정치학의 역사적 형성 과정을 바라볼 때, 한국 국제정치학자들의 차용과 변형, 혼용 과정은 그동안 많은 주목을 받지 못했다. 이 글은 미국 국제정치학을 '슬쩍하는' 행위 역시 한국 국제정치학의 일부가 될 수 있다고 본다.

표절을 일종의 재구성 과정으로 적극적으로 포착하기 위해서는 문학평론가 피에르 바야르의 논의가 참고된다. 그는 과거에 생산된 텍스트를 현재의 작가가 표절한다는 통설을 다음과 같이 반박한다. 오히려 창

---

2   조효원은 아시아민족반공연맹의 주안점이 '반공' 세력의 결속에 있다고 보았고, 일본과 인도네시아와 같이 용공(容共) 정책을 취하고 있는 아시아 국가들을 연맹에 포함하자는 대만 측의 노선을 강하게 비판했다. 아시아 국가들의 참여 문제를 두고 아시아민족반공연맹의 주역이 되어야 할 양대 세력인 대만과 한국의 갈등을 벌이면서 1955년 타이베이에서 개최될 예정이었던 제2차 아시아민족반공대회는 무기한 연기되고 있었다. 결국 제2차 아시아민족반공대회는 1956년 필리핀 마닐라에서 개최된다.

3   「기자석」, 『경향신문』 1955년 8월 6일.

작은 "단지 과거의 유령들과 더불어서 이루어지는 것이 아니라, 미래의 유령들과도, 다시 말해 아직 태어나지 않은 작가들과도 똑같이, 아니 어쩌면 그 이상으로, 더불어 이루어진다는 걸 잘 보여준다. 또 창작 과정의 중심에 있는 상호적 교류의 움직임 속에서 미래의 작가들이 살아 있도록 돕고, 그들을 특혜받은 영감자들의 열에 세워야 한다는 것도 잘 보여준다"는 도발적인 주장을 했다.[4] 창작의 시간적 선후 관계를 전복한 바야르의 논의를 중심과 주변이라는 공간적 관계에도 적용해볼 수 있다. 텍스트는 생산된 지역의 맥락을 반영하지만, 생산된 지역을 벗어나서 또 다른 생명력을 획득할 수 있다. 그 점에서 볼 때 모든 텍스트는 텍스트가 생산된 지역과 전혀 다른 지역에서 누군가 이를 통해 새로운 사유를 발전시킬 수 있는 가능성을 내포한다. '표절' 역시 이를 가능케 하는 하나의 방법이다.

이 글은 1950년대 중반에 연이어 출간된 조효원趙孝源의 《국제정치학》(1954)과 이용희李用熙의 《국제정치원론》(1955)의 내용과 구성 체계를 국제정치학이라는 새로운 지식 체계의 수용과 재구성의 관점에서 비교하여 다룬다. 지금까지 이 두 저서는 주로 미국산 국제정치학과 한국적 국제정치학의 대표격으로서 비교됐다. '유학파'인 조효원의 저서가 미국산 국제정치학을 직수입한 것이라면, '국내파'인 이용희의 저서는 한국적인 정치학이라는 매우 단순한 평가와 함께였다.[5] 이 글은 한국의 초창기 국제정치학 지식장知識場이 형성되는 과정에서 조효원과 이용희 모두 국제정치학, 특히 영미 국제정치학을 적극적으로 활용했다는 점에 주목하면서 이야기를 전개해나갈 것이다.[6]

---

4 피에르 바야르, 백선희 옮김, 『예상표절』(서울: 여름언덕, 2010), 72쪽.
5 김용구의 평가가 대표적이다. 김용구, 「한국국제정치학사」, 한국정치학회 엮음, 『한국정치학회 50년사: 1953~2003』(서울: 한국정치학회, 2003).

근본적인 질문을 다시 던져보자. 한국인 최초로 국제정치학 저서를 집필했던 조효원과 이용희는 왜 지식의 참조 체계를 영미 국제정치학에서 시작할 수밖에 없었을까. 이에 대한 답은 의외로 간단하다. 조효원과 이용희가 성장했던 일본 제국 질서 하의 정치학 체계에서 국가 간 정치에 주목하는 국제정치학 분야가 미진했기 때문이다. 일본 제국의 정치학 체계에서 국제정치 지식은 국제사회론, 지정학, 식민정책학 등으로 구성되었다.[7] 제국과 식민지 사이의 여러 정치·경제 문제를 다루기 위해 식민정책학이 활용되었고, 제국 바깥의 정치공동체와의 관계를 다루기 위한 학문으로서 국제사회론, 국제법이 연구되고 있었다. 지정학은 제국의 경계선을 설정한다는 측면에서는 국제정치적 요소가 있었고, 제국 내의 경제적 재편까지 함께 고민한다는 점에서 국제경제적 요소를 함께 지녔다. 이와 같은 일본 제국의 정치학 지식이 식민지 조선에 일정한 지적 유산을 남긴 것은 사실이다. 그러나 일본 제국이 해체된 이후, 주권 평등 원칙에 기초한 여러 국가 간의 정치적 관계를 탐구하는 시각은 영국과 미국에서 발전한 국제정치학의 수용을 통해서 비로소 가능해졌다.

이 글은 조효원의 《국제정치학》과 이용희의 《국제정치원론》을 중심으로 이 두 저작이 냉전이라는 당대의 현실을 어떻게 다루고 있는지를

---

6 이 장에서 논하는 '영미 국제정치학'은 1940년대부터 1950년대까지 영국과 미국을 중심으로 형성되고 있던 국제정치학을 뜻한다. 기유정은 이용희와 동시대에 미국에서 활동하던 W. 프리드맨 간 논의의 유사성에 주목한 연구를 발표하여 참고가 된다. 기유정, 「냉전 초기 한국의 민족국가론과 그 균열들: 이용희의 비동시대성을 중심으로」, 『한국정치연구』 30권 3호(서울대학교 한국정치연구소, 2021. 10).

7 이는 서구권에서 발전한 넓은 의미의 국제관계학과 사뭇 흡사한 측면이 있었다. 당대 서구권의 국제관계학은 국제정치, 국제경제, 국제법, 외교사, 정치지리학을 포괄했기 때문이다. Frederick S. Dunn, "The Scope of International Relations," *World Politics*, Vol. 1, No. 1, 1948, p.146.

분석한다. 이를 통해 유학파, 국내파라는 꼬리표를 붙여 해석의 폭을 좁히고 있는 기존의 접근법을 지양하고, 한국 국제정치학의 역사를 바라보는 새로운 해석으로 나아갈 수 있을 것이다. 미국산 국제정치학을 단순히 번역했다는 평가를 받는 조효원의 《국제정치학》도 현실을 둘러싼 국제정치학적 인식을 위해 영미 국제정치학을 재구성한 결과물이었다. 그리고 한국적이라는 평가를 받는 이용희의 국제정치학 역시 영미 국제정치학의 성과를 거부한 것이 아니라, 이를 최대한도로 활용하고 재구성하면서 자신만의 국제정치 체계를 확립했다.

해방 직후, 미국식 정치학과를 모델로 정치학과가 한국의 여러 대학에 설치되었다. 국제정치와 관련된 교육도 주로 정치학과에 배정되었다. 그러나 정치학과가 제도적으로 설치되었지만, 미국과 유럽의 정치학계와의 지적 교류는 활발히 이루어지지 못했다. 그렇기에 초창기 정치학과에서 강의를 맡았던 한국인 정치학자들은 대개 제국-식민지 질서하에서 법학이나 역사학 교육을 받은 인물로 구성되었다.[8] 초창기 정치학계의 상황에 대해 신기석은 다음과 같은 기록을 남겼다.

> 일제 시대로 말하면 조선 청년의 정계·학계로의 진출은 몽상도 못하던 터이요, 정치과에 적을 두어봐야 거의 고문高文 수험 준비의 계제에 지나지 않았다. 식민지의 대학에 정치과를 두지 않으려는 것이 제국주의 일본의 교육방침이었으며, 호구지책이 되지 않을 뿐 아니라 감시의 대상이 되는 정치학 연구의 길을 밟으려는 학도가 희귀하였다. 그리고 구미에서 연구하고 돌아온 정치학도들도 그리 많지는 못

---

8 초기 서울대 정치학과의 초기 인적 구성에 대해서는 김학준, 『공삼 민병태 교수의 정치학: 해방 이후 한국에서 정치학이 소생-성장-발전한 과정의 맥락에서』 (서울: 서울대학교출판문화원, 2013), 88쪽.

하며 거개가 실제 정치 면에서 일하고 있는 까닭이다.[9]

정치학의 상황이 이럴진대, 국제정치학의 상황은 더욱 열악했다. 제국-식민지 질서 하의 대학 제도는 지금 우리에게 익숙한 국제정치를 바라보는 지적 훈련을 지속할 수 있는 제도적 장과 거리가 멀었다. 특히 식민지 조선에서 법학부나 법문학부에 속했던 정치학 교육 속에서 국제정치를 바라보는 감각을 지닐 수 있는 교육은 거의 이루어지지 못했다.[10] 이와 같은 조건으로 인해 해방 이후에도 교육 차원에서 국제법과 외교사가 비교적 오랜 기간 중시되었다.

이는 전후 일본의 상황과도 상통했다. 전후 일본의 정치학은 다음과 같이 개편된다. 제국으로 대표되는 강대국 간의 법적, 역사적 관계를 논했던 국제법과 외교사는 전후 법학부와 사학과에서 명맥을 유지했다. 반면 제국과 식민지 관계를 다루었던 식민정책학은 국제경제학이나 지역연구, 혹은 국제관계론으로, 전쟁에 적극적으로 참여했던 지정학은 주로 정치적 요소가 탈각된 경제지리학으로 모습을 전면적으로 바꿀 수밖에 없었다. 일본에서도 국제정치학은 영미 국제정치학의 영향력 하에서 태동을 시작했다.[11]

---

9 홍정완, 『한국 사회과학의 기원: 이데올로기와 근대화의 이론 체계』(고양: 역사비평사, 2021), 51쪽에서 재인용. 이는 신기석, 「1950년을 중심으로 한 한국 각 학계의 동향, 〈정치학〉 소장 학도에 기대: 정치학계의 회고와 전망」, 『고대신문』 1950년 3월 18일 기사이다.

10 경성제대 법문학부를 중심으로 이루어진 정치학 강좌의 의미와 한계에 대해서는 전상숙, 「식민지시기 정치와 정치학」, 『사회와 역사』 110권(한국사회사학회, 2016. 6).

11 일본에서도 국제정치학 관련 서적이 본격적으로 출판되는 것은 1950년대의 일이다. 이를 시간순으로 정리하면 가미카와 히코마츠(神川彦松)의 『국제정치학개론』(1950), 마에시바 카쿠조(前芝確三)의 『국제정치론』(1952), 우치야마 마사쿠마(內山正熊)의 『국제정치학서설』(1952), 다나카 나오키치(田中直吉)의 『국제정치론』(1954), 『국제정치학개론』(1956) 등이 있다. 국제관계론의 경우에는 도쿄대 교양학부에 설치된 국제관계론 강좌에 기초한 카와타 타다시(川田侃)의 『국제관계론』(1958)이 있다.

그 점에서 서울대학교 정치학과에 설치된 국제정치학 강좌를 경성제 국대학이나 일본 제국 대학 출신이 아니라, 연희전문학교 출신으로 국 제정치 평론가로 활동하고 있던 이용희가 맡았다는 사실은 제국 시기 일본의 정치학이 국제정치학으로 자연스럽게 전환되기 어려웠던 저간 의 사정을 반영했다.[12] 지금까지 이 과정은 서울대 외교학과의 태두로 서 이용희 개인의 특출난 능력의 반영으로 신화화되어 왔다. 그러나 이 는 이용희 개인의 능력과 더불어 국제정치학이라는 학문 자체가 제국- 식민지 질서 내에서 자생적으로 등장하기 어렵다는 점을 보여주는 상 징적인 장면으로 해석해볼 필요가 있다. 달리 말하면 이용희는 '국내 파'라기보다는 '비일본파'의 일원으로서 해방 이후 국제정치학 강좌를 담당할 수 있었다.[13]

이용희도 스스로 '비일본파'라는 자의식을 강하게 드러내고 있었다. 이와 같은 인식은 《유네스코 한국총람》에 수록된 이용희의 정치학 연 구사 정리에 잘 반영되어 있다.[14] 이용희는 유럽의 근대정치학이 유럽

---

12 후술할 한국 최초의 국제정치학 서적을 집필하는 조효원도 연희전문학교 출신이라는 점 이 상징적이다. 이는 기독교 계열 미션스쿨로 시작한 연희전문학교가 제국-식민지 질서 하에서 일정한 지적 자율성을 담보하고 있었기에 가능했다.

13 이는 이용희 이전에 아마 강사로서 국제관계/국제정치 강좌를 담당했을 것으로 추정되 는 최봉윤이 미국 유학파(UC 버클리)였다는 점을 고려하면 국제정치 강좌가 줄곧 '비일본 파'에게 배정되었다는 점을 알 수 있다. 최봉윤(1914~2005)은 한스 켈젠의 지도로 UC 버 클리에서 정치학 석사학위를 취득했다. 최봉윤은 이승만과의 갈등으로 정부 수립 직전인 1948년 8월 미국으로 돌아갔다. 최봉윤의 귀국은 이용희가 서울대 정치학과 교수였던 이 선근의 주선으로 서울대 정치학과에 취임하는 시기와 맞물린다. 김동선, 「최봉윤의 독립 운동과 민족의식」, 『한국민족운동사연구』 109권(한국민족운동사학회, 2021. 12).

14 이용희, 「정치학」, 유네스코 한국위원회 엮음, 『유네스코 한국총람』(서울: 유네스코 한국위 원회, 1957). 이 글은 본래 작성자 표기가 되어 있지 않다. 그러나 이 총람의 영문 번역서인 *UNESCO Korean Survey*(1960)의 Political Science 항목은 Lee Yong-Hee가 작성하고 Min Byong-gi가 영문으로 옮겼다는 점을 기록해두고 있는데, 이를 감안할 때 「정치학」 은 이용희가 작성한 것이 분명하다. 이 글은 1959년 『한국정치학회보』에 수록된 서중석의 「8·15 해방 후의 한국정치학계」와 내용이 유사하다.

의 정치·사회·경제 등의 근대화 속에서 등장한 학문이라 정의하면서, 구한말까지 한국 사회에서 근대적인 정치학이 등장할 여지가 없었다고 적었다. 일본의 정치적 지배를 받으면서 정치 현상의 객관적인 탐구를 추구하는 정치학 연구의 등장은 가능하지 않았기 때문이다.[15] 이는 기존 일본 제국 지식 체계하에서 진행된 정치학 연구를 송두리째 비판하는 것이었다.

이용희가 보기에 한국의 정치학은 해방 이후에 정치학과와 정치외교학과가 설치되면서 비로소 가능했다. 지금까지 '금단의 학문'이었던 정치학을 연구하겠다는 학도와 실제 정치에 관심을 품은 학생들이 각 대학 정치학과에 운집했다. 그러나 실제 정치 환경의 급변과 사회적 수요에 정치학 연구는 전혀 반응하지 못했다. 이는 기존 대부분의 정치학 연구가 국학적인 정치사 연구이거나, 일본의 관학 혹은 사학을 통해 전파된 일본 정치학의 관료적 학풍의 유산, 마지막으로는 마르크스주의 정치이론에 불과했기 때문이다.[16]

일본산 정치학의 유산은 일본적인 이념이 삭제된 채로, 해방 이후에도 형식적인 교과서 풍의 지식과 분류방식을 통해 그대로 유포되고 있었다. "교과 분류에 있어서 미국의 예를 따라 형식을 갖춘 경우에 있어서도 실제 강의되는 것은 전전 일본 학계를 풍미하던 독일 국가학의 유풍이거나, 그 계통의 주권론, 그리고 판에 박은 듯한 정치사상사, 정치사, 외교사, 의회론, 행정론, 기타 등등이었던 경향이 있었다."[17]

이용희는 자신이 이 무렵 설치한 '외교정책원론'과 '국제정치학' 강의가 일본식 학풍에서 벗어난 사례로 언급했다. 서울대학교를 시작으

---

15 「정치학」(1957), 205쪽.
16 「정치학」(1957), 205쪽.
17 「정치학」(1957), 205쪽.

로 이와 같은 강좌가 각 대학에 설치되었고, 이는 영미의 제도와 학풍을 적극적으로 수용하겠다는 의지의 반영물이었다.[18] 이용희는 한국의 첫 국제정치학 강좌를 자신이 개설했다는 사실에 강한 자부심을 지니고 있었다.[19]

한국전쟁을 거치면서 국제정치와 관련된 교과서 및 입문서가 본격적으로 발간되기 시작했다. 이용희는 조효원의 《국제정치학》(1954)과 이용희의 《국제정치원론》(1955), 표문화의 《정치지리학개요》(1955), 국제연합을 소개하는 정일형의 《국제연합독본》(1955), 이원우의 《국제연합개설》(1954) 등을 사례로 제시했다.[20] 이는 38선 분단과 한국전쟁 등을 거치면서 국제정치의 힘을 생생히 체험한 한국에서 국제정치에 관한 학적 관심이 높아지기 시작한 것과 맞물려 있었다. "6·25 사변, UN의 개입, 휴전 성립 등 국제정치의 작용을 체험함으로써 착잡한 국제관계뿐만 아니라 우리의 국내정치 현실까지도 국제정치라는 시점에서 이해하여야 한다는 인식"이 등장한 것이다.[21]

2. 국제정치학을 통한 한국의 진로 설정

현실 국제정치 및 이를 이해할 수 있는 학문으로서 국제정치학에 관한 관심이 높아지는 분위기 속에서, 미국에서 박사학위를 취득하고 갓 귀

---

18 「정치학」(1957), 206쪽.

19 『국제정치원론』(1955) (전집1), 6쪽.

20 「정치학」(1957), 206쪽.

21 손제석, 「국제정치학의 연구 및 대학교육 경향」, 『한국정치학회보』 2권(한국정치학회, 1967. 12), 104쪽.

국한 조효원이 첫 물꼬를 열었다. 그가 집필한 《국제정치학》(1954)은 한국인이 저술한 최초의 체계적인 국제정치학 저서였다.

조효원의 개인사를 간략하게 살펴보자. 조효원은 황해도 해주 출신으로 해주고등보통학교를 거쳐, 1937년 4월 연희전문학교 상과에 입학했고, 1940년 3월에 졸업했다. 연전 졸업 후 조효원은 조선식산은행에서 근무했다. 해방 이후 조효원은 미 군정청에서 회계 계장을 맡기도 했다.[22] 조효원은 한국인 유학생 파견을 위해 미국의 각 대학을 방문하고 귀국한 문장욱과 함께 미국 유학과 관련한 행사를 적극적으로 개최했다.[23]

이후 도미한 조효원은 1950년 2월 위튼버그대학Wittenberg College 경제학과를 입학 1년 만에 졸업하고, 1952년 3월 덴버대학교에서 정치학 석사학위 논문A history of U.S. and U.S.S.R. relations with Korea을 마무리했다. 그리고 이미 석사학위 취득 전인 1951년 3월부터 오하이오주립대학교 정치학과 대학원으로 진학한 조효원은 하비 워커Harvey Walker의 지도를 받으며 1953년 11월 "The Evolution of the Functions of the Reconstruction Finance Corporation: A Study of the Growth and Death of a Federal Lending Agency"라는 박사학위 논문을 작성했다.

1954년 귀국한 조효원은 연희대학교 정법대학 정치외교학과에서 국제정치학 강의를 맡으면서 학자로서의 경력을 시작한다. 연희대학교는 1953년에 네브라스카대학교에서 "국제법과 각국 헌법의 관계"를 주제로 박사학위를 받은 서석순에 이어 조효원을 잇달아 선발하여, 미국 유학파를 중심으로 강의 체계를 재편하고 있었다. 서석순이 영국정치론, 미국정치론, 외교론, 의원내각제 정부론 등 비교정치학 부문을

---

22 「군정청사령」, 『공업신문』 1948년 1월 15일.
23 「미국 유학은 어떻게? 종전 후의 사정과 동태는?」, 『공업신문』 1948년 7월 22일.

담당했다면, 조효원은 정치학설사, 정치사상과 같은 기존의 강의와 더불어 아시아정치론, 국제정치학, 외교론, 행정학 등 새로운 조류의 강의를 맡았다.[24]

　강의를 준비하면서 조효원은 일종의 교재 집필의 필요성을 실감했다. 1954년 9월에 출간된 《국제정치학》의 「서문」에서 조효원은 이 책이 그 자신이 거쳐온 미국의 위튼버그대학, 덴버대학교와 오하이오주립대학교에서 교재로 연구하던 여러 참고 저서 중에서 "가장 중요하다고 믿는 부분만을 체계화해 본 것"이라고 밝혔다.[25] 실제로 조효원은 한국에서 출간된 국제정치학 관련 저서가 현재까지 전혀 없다고 지적하면서 자신의 책이 한국의 최초의 국제정치학 저서이자 '첫 발디딤'이라는 사실에 자부심을 드러냈다.[26]

(1) '현실주의'로 접근한 국제정치

《국제정치학》의 서술 체계에서 조효원이 강조한 것은 국제문제를 보편적으로 지배하는 원칙과 이 원칙을 반영한 강대국의 외교정책이었다. 그는 이와 같은 자신의 서술 전략을 '현실주의 수법Realist Approach'이라 명명했다.[27] 그렇다면 조효원의 '현실주의'는 당대의 현실을 어떻게 파악하고 있었을까. 조효원이 보기에 현재의 국제관계는 강대국과 약소국 모두가 보편적으로 경험하는 현상이었다. 이 속에서 강대국은 자국의 국제적 지위를 유지하거나 향상하기 위해, 또 세력권을 확대하기 위해 노력했으

24　연정60년사 편찬위원회, 『연정60년사(1945~2004)』 (서울: 연세대학교 정치외교학과, 2004), 15쪽.

25　조효원, 「저자 서문」, 『국제정치학』(1954).

26　조효원, 「저자 서문」, 『국제정치학』(1954).

27　조효원, 「저자 서문」, 『국제정치학』(1954).

며 종속국이나 식민지는 질서의 현상타파와 기성 세력을 향한 반항과 투쟁을 추구했다. 이와 같은 국제관계를 분석하고 검토하여 이를 지배하고 있는 법칙과 원리를 추출하는 학문이 바로 국제정치학이었다.[28]

조효원은 국제정치의 핵심이 '힘power'에 있다 보았다.[29] 특히 조효원의 관심은 권력 구조의 배후에서 작동하는 '세력정치power politics'였다.[30] 이를 보여주기 위해 조효원은 현상 유지 정책, 제국주의, 고립정책 또는 중립정책, 세력균형을 두루 소개하고 냉전 등의 상황에서 활용될 수 있는 여러 외교 정책적 테크닉을 다루었다. 그리고 이를 역사적으로 보여줄 수 있는 국제 열강의 실태와 그 외교정책의 역사를 책의 후반부에 첨부하면서 말미에 국제기구론을 배치했다. 이렇게 구성된 《국제정치학》의 목차는 아래와 같았다.

[《국제정치학》의 목차][31]

서설
제1편 민족, 국가, 국제사회
제2편 세력정치
　제1장 국력의 기초(Hans Morgenthau, *Politics Among Nations*, Elements of

---

28 조효원, 『국제정치학』(1954), 1쪽.

29 조효원, 『국제정치학』(1954), 2쪽.

30 조효원, 『국제정치학』(1954), 4쪽. 이는 조효원의 독창적인 의견이라기보다는 당대 미국에서 현실주의 국제정치학을 정초한 한스 모겐소(Hans Morgenthau)의 틀을 빌린 것이었다. 조효원은 『국제정치학』에서 모겐소의 저작, 특히 *Politics Among Nations*의 제2판(1954)을 상당 부분 번역하여 핵심 전거로 활용했다.

31 조효원이 참조한 것이 확실해 보이는 텍스트를 해당 목차 옆에 소개했다. '번역'은 거의 대부분을 전재한 경우를 뜻하고, '축약 번역'은 일부 내용을 전재한 경우, '참고'는 내용을 어느 정도 자신의 언어로 소개한 경우를 뜻한다.

National Power 번역)

제2장 민족주의(Frederick Hertz, *Nationality in History and Politics* 축약 번역)

제3장 현상 유지 정책(Hans Morgenthau, *Politics Among Nations*, The Struggle for Power: Policy of the Status Quo 번역)

제4장 제국주의(Hans Morgenthau, *Politics Among Nations*, The Struggle for Power: Imperialism 번역)

제5장 고립정책과 중립정책(Strausz-Hupé and Possony, *International Relations*, Techniques of Foreign Policy 참고)

제6장 세력균형주의(Hans Morgenthau, *Politics Among Nations*, The Struggle for Power: Balance of Power 번역)

제7장 냉전과 그 테크닉(Strausz-Hupé and Possony, *International Relations*, Techniques of Revolution and the Cold War 참고)

제3편 지난날의 열강

이탈리아/일본/독일/프랑스/러시아

제4편 오늘날의 열강

영국/소련/미국

제5편 안전보장과 국제조직(Hans Morgenthau, *Politics Among Nations*, International Government 번역)

조효원은 오늘날 "각국 간에 부단히 작용되는 세력의 유지, 세력의 팽창, 나아가서는 세력의 단합, 협조 이 모든 것이 국가와 민족을 기반으로 하는 복리의 추구로서 하나의 불가분한 상호 관계를 이루고 있다"고 파악했다.[32] 세력정치의 주체로 민족국가를 꼽은 것이다. 민족국가

---

[32] 조효원, 『국제정치학』(1954), 17쪽.

를 중심으로 하는 국제관계는 1648년 베스트팔렌 평화회의를 통해 공인되었으며, 이후 근대 국제법과 이에 기초한 국가 간의 외교 관계가 출현했다.[33] 여기에서 조효원은 힘의 불평등한 관계에 주목했다. 명분상으로는 주권 평등의 원칙이 공인되었으나, 현실적으로는 강대국 중심의 질서가 수립되었기 때문이다. 강대국들은 타 국가와 비교해 힘이 월등하므로 자기에게 유리하도록 국제 정국政局을 조정할 수 있었다.

즉 강대국 간의 세력배합 관계가 각 시대 국제관계의 성격을 규정했으며, 여러 강대국 간의 상호 관계가 바로 세력정치였다.[34] 이처럼 세력정치를 알기 위해서는 즉 그 시대의 강대국이 누군지를 알아야 했다. 조효원은 강대국과 약소국을 구분하는 기준으로서 국력을 제시했다. 특히 조효원은 한스 모겐소Hans Morgenthau의 《국가 간의 정치》 *Politics Among Nations*의 전거를 밝히지 않은 채, 발췌 번역하면서 국력의 요소를 상세히 소개한다. 모겐소의 원저에 나오는 국력의 요소는 크게 불변적 요소와 가변적 요소로 나뉘어 있었고, 그 서술 순서는 다음과 같았다(지리적 요소-자연 자원-공업 능력-군비-인구-국민성-국민의 사기-외교의 질-정부의 질).

조효원은 모겐소의 원저 순서를 완전히 무시하고 군비로 국력을 시작한다. 그리고 국제정치의 최종 해결 수단은 바로 무력이라는 그 자신만의 해설을 덧붙였다.[35] 원저작자인 한스 모겐소의 서술이 군비와 더불어 군대의 양과 질을 상황에 맞게 적절하게 배분하는 능력이 국가의 국력에 직접적 영향을 미친다고 보고 있었다는 점에서 이는 조효원의 독창적인 재해석이었다. 조효원은 모겐소의 원 주장보다 한 걸음 더 나

---

33 조효원, 『국제정치학』(1954), 19쪽.
34 조효원, 『국제정치학』(1954), 20쪽.
35 조효원, 『국제정치학』(1954), 21쪽.

아간다. 오히려 "아무리 우세한 무기와 발달된 전술을 가졌다 하더라도 강국이 되기 위해서는 무장된 군인과 후방 요원의 수가 많아야만 된다는 것을 잊어서는 안 될 것"이었다.[36]

국제정치의 힘의 관계를 논하면서 조효원은 현대 미국의 현실주의적 국제정치학의 권위자인 '모오겐도'Hans Morgenthau를 비로소 언급한다. 즉 세력의 유지, 세력의 확대, 세력의 시위가 세력정치의 핵심이며, 이는 각각 현상 유지 정책, 제국주의 정책, 위신 정책으로 나타났다.[37] 그리고 이에 따라 조효원은 《국제정치학》 제3장에서 현상 유지 정책을, 제4장에서는 제국주의 정책을 다루었다.

흥미로운 사실은 조효원이 모겐소가 언급한 '세력의 시위' 정책을 전혀 소개하지 않았다는 점이다. 앞서 국력을 논할 때 물리적인 군사력을 강조했듯이, 조효원은 비가시적인 힘을 중시하지 않았다. 조효원이 더 천착한 것은 '외교정책의 테크닉'이었다. 마치 군사전략가가 전장에서 적군을 격멸하기 위하여 때와 장소 및 전황에 따라 각종의 전술을 연구하듯이 외교정책도 정세에 관한 명철한 분석, 고찰 및 시간적 고려하에 행사될 필요가 있었기 때문이다.[38]

외교정책을 다루면서 조효원이 참조한 책은 한스 모겐소와 더불어 동시대에 활동하던 로버트 스트라우스-휘페Robert Strausz-Hupé와 스테판 포소니Stefan Possony가 함께 저술한 《국제관계》(1950)*International Relations: In the Age of the Conflict between Democracy and Dictatorship*였다.[39]

---

36 조효원, 『국제정치학』(1954), 23쪽.

37 조효원, 『국제정치학』(1954), 70-71쪽.

38 조효원, 『국제정치학』(1954), 103쪽.

39 Robert Strausz-Hupé and Stefan T. Possony, *International Relations: In the Age of the Conflict between Democracy and Dictatorship* (New York: McGraw-Hill, 1950).

스트라우스-휘페는 유럽에서 미국으로 이주해 온 모겐소가 미국 국제정치학계에서 '현실주의'를 설파한 것과 유사한 궤적을 밟았다. 1903년 오스트리아 태생으로 1920년대 미국으로 이주한 로버트 스트라우스-휘페는 미국에 독일산 지정학을 본격적으로 소개했다. 스트라우스-휘페는 제2차 세계대전의 발발과 더불어 지정학적 사고의 중요성을 군부와 루스벨트 행정부에 설파했다. 스트라우스-휘페의 《국제관계》는 그 부제처럼 소련과의 대립을 민주주의와 독재의 대립으로 기술했고, 이는 파시즘과 투쟁했던 제2차 세계대전과의 연속선상 하에서 소련과의 대립을 해석하는 것이었다. 이는 전형적인 냉전적 인식틀에 가까웠다.[40]

조효원은 스트라우스-휘페의 논의를 받아들이면서 자신만의 해석을 가미했다. 외교정책의 테크닉은 "시간과 국제적 정세"[41]에 따라서 변동하는 법이며 "각국의 외교정책이 고립정책으로부터 간섭정책으로 돌변하며 자국의 이익을 작량酌量하고, 금일의 중립정책이 내일의 협조정책으로 바뀌는" 시대가 현대의 모습이었다.[42] 조효원은 고립정책과 중립정책을 '구식'이라는 이유에서 비판했다. 고립정책과 중립정책의 추구는 현대 국제질서에서 자국의 이익만을 고집하는 '이기적' 행위였다. 미국이 20세기 초 고립정책을 포기했던 것처럼, 앞으로의 국제정치에서는 세계와 동떨어진 고립정책이나 중립정책을 펴기는 어려울 것이었다.[43]

---

40 로버트 스트라우스-휘페의 경력과 지적 배경에 대한 상세한 분석으로는 Andrew Crampton and Gearóid Ó Tuathail, "Intellectuals, institutions and ideology: the case of Robert Strausz-Hupé and 'American geopolitics'," *Political Geography*, Vol. 15, No. 6/7, 1996.

41 조효원, 『국제정치학』(1954), 104쪽.

42 조효원, 『국제정치학』(1954), 104쪽.

43 조효원, 『국제정치학』(1954), 121쪽.

그런 관점에서 볼 때 조효원에게 냉전기에 등장한 '제3세력'은 언젠가 냉전적 구도로 포섭되어 사라질 존재에 가까웠다. 아랍 연맹국과 인도 등이 주도하는 제3세력은 자국의 국가적 목적을 달성하기 위해 이데올로기를 무시해 가면서 유리한 편을 추종하려고 가늠하고 있는 위험한 존재였다. 요要는 미국과 소련 중 어느 진영이 먼저 성공적인 간섭을 통하여 이 세력을 흡수하느냐에 있었다.[44] 이처럼 조효원이 생각하는 현실의 국제정치에서는 '진공' 상태가 허용될 수 없었다.

조효원은 냉전에 대한 본격적 분석을 시도했다. 그는 냉전을 "선전과 침투, 협력과 간접적인 경제적 군사적 압력으로 싸우는 전쟁"이라 보았다.[45] 그는 냉전에 있어 외교와 이데올로기적 대결이 격화되는 것을 두고 역설적으로 양 진영의 "극히 정확한 세력의 균형"에 놓여있기 때문이라 분석했다.

즉 미국과 소련이라는 행위자의 특수성보다는 국제정치적 세력의 균형적 분포 상황이 현재의 냉전을 낳았다. "양방의 세력은 에누리 없는 평형상태에 놓여있다고 보아야 할 것이고 설사 양방의 세력 간의 약간의 우열이 있다고 하더라도 어느 일방이 전쟁에서 승리를 획득할 자신을 가질 정도로는 우세하지 못한 것만은 확실했다."[46] 그가 보기에 냉전기에 국가들이 택할 수 있는 수단은 정치/경제적 간섭, 선전, 외교전이었다.[47]

국가의 안전보장을 확보키 위한 가장 확실한 방법은 국력의 증강이지만, 이는 실제에 있어서 수 개의 강국에만 가능한 사실이며 금일 70여

---

44 조효원, 『국제정치학』(1954), 158-159쪽.
45 조효원, 『국제정치학』(1954), 148쪽.
46 조효원, 『국제정치학』(1954), 149쪽.
47 조효원, 『국제정치학』(1954), 150쪽.

개 국가의 대부분은 지리적인 또는 인구 및 자연 자원의 제약으로 고립한 채로 국가의 안전보장을 도모하기는 곤란한 형편에 있었다. 따라서 수 개국이 동맹 혹은 협정의 방법으로 서로 협조하여 공격 혹은 방어의 목적을 달성하려고 하는 것을 제일 먼저 생각할 수 있지만, 이 역시 여러 가지 불안하고 불확정한 방편이었다.[48]

그렇다면 약소국의 입장에서 택할 수 있는 국제정치적 대안은 강대국의 정치/경제적 간섭을 적극적으로 활용하는 것이었다. 냉전은 간섭으로부터의 고립과 중립이 불가능한 시대였기 때문이다. 제국주의 시기의 간섭이 피간섭국의 자주성을 무시하고 일방적으로 이루어졌다면, 냉전 시대의 간섭은 어디까지나 제국諸國의 평등권에 입각한 쌍방적인 것으로 해석되었다.[49] 냉전 시기의 간섭은 약소국을 강대국의 막하幕下로서 다루지 않고, 그들을 강대국의 전우로서 다루며 약소국을 결속시킨다는 목적을 지녔다.

(2) 이론과 현실

《국제정치학》에서 표명된 조효원의 현실주의적 수법이 주로 이론적 차원의 논의와 그 사례로서 서유럽을 다루고 있었다면, 이를 당시 한국이 놓여 있었던 아시아적 현실에 맞게 적용한 작업물이 바로 다음 해인 1955년 2월에 출간된 《아세아정치론》이다. 이 책도 조효원이 미국의 위튼버그대학, 덴버대학교와 오하이오주립대학교에서 '아시아정치론', '극동정치론', '미소 극동 외교정책', '중국', '일본', '인도' 등등의 제 강

---

48 조효원, 『국제정치학』(1954), 402쪽.
49 조효원, 『국제정치학』(1954), 152쪽.

좌에서 연구하던 참고서 중 "가장 중요하다고 생각한 부분"을 수집한 것이었다.[50]

조효원은 "아시아의 어떤 지도자들이 동서 양 진영 간에 중간노선을 보지保持함이 마치 자국의 안전보장을 위하여 가장 현명한 정책이나 되는 것처럼 생각하고 있으나 만약 제3차 세계대전이 발발하는 날에는 중립이란 있을 수 없다"[51]고 쓰면서 이 책을 저술한 의도를 명확하게 밝혔다. 아시아의 독립국가들이 일반적으로 비동맹, 중립 노선을 선택했다는 점에서 조효원의 논리는 아시아 민족주의의 대세를 그 자신의 입장에서 비판하려는 시도였다.

이 책에서 그는 현대 구미와 아시아의 상황을 논한다. 구미가 아시아 없이 살 수 없는 이상, 구미 그 자신을 위해서도 아시아 민족주의를 이해할 필요가 있었다. 구미가 아시아의 민족주의를 바르게 이해함이 없이 아시아에 임한다면 그에 대한 아시아의 반발은 아시아의 민족주의 그 자체를 기형적인 것으로 이탈시키고 그 반작용은 또 구미의 아시아에 대한 인식을 한층 어지럽히는 결과로 이어질 것이었다.[52]

조효원은 민족주의가 "민족이 그 원하는 바대로 살려는 노력"이라 정의하면서 산다는 것의 의미를 풀어낸다. 사는 것은 주체와 객체의 모순 없는 마찰 없는 조화와 질서를 확립하는 것이다. 그렇기에 객체측에서 경제적 착취나 정치적 탄압, 문화적 파괴를 가하면 주체측은 고통을 받으며 모순과 마찰이 발생한다. 민족주의는 이와 같은 객체적 조건을 배제하려는 주체측의 운동이었다. 그러나 조효원은 주체만의 운동으로 문제가 해결되지 못한다고 보았다. 주체도 세계 대세의 변화와 같은

---

50 조효원, 『아세아정치론』 (서울: 문종각, 1955), 1쪽.

51 조효원, 「서문」, 『아세아정치론』(1955), 1쪽.

52 조효원, 『아세아정치론』(1955), 18-19쪽.

객체적 조건에서 자유롭지 않았기 때문이다. 그렇다면 오히려 '세계 대세'에 순응하고 나아가 그 선두에 서서 주체측의 변화를 이루는 방법도 가능하다고 보았다.[53]

여기에서 세계 대세의 변화는 냉전의 도래를 의미했다. 《아세아정치론》은 그런 의미에서 아시아 각 국가들이 냉전이라는 세계 대세의 변화에 어떤 정치적 선택을 하고 있는지를 조효원의 관점에서 평가한 결과물이었다. 조효원은 이 책에서 아시아 각 국가에 대한 개괄적인 정보를 제공한다. 이와 같은 정보는 모두 로렌스 로신거Lawrence K. Rosinger가 대표 집필한 《아시아의 상태》(1951)*The State of Asia: A Contemporary Survey*의 내용을 요약한 것이었다.[54] 조효원은 이 책의 내용을 토대로 했지만, 《아세아정치론》을 자기식으로 재구성한다.

조효원은 전후 아시아에서 반공 아시아 국가들의 세력을 규합하고자 했다. 이와 같은 서술 전략은 《아세아정치론》 곳곳에 녹아있다. 대표적으로 「인도지나」편을 보자. 이 장은 《아시아의 상태》에서 서술된 인도차이나의 요약이다. 대부분의 얼개는 《아시아의 상태》를 따라가지만 1954년 제네바 회담 이후의 내용은 조효원이 가필했다. 여기에서 그는 제2차 세계대전 이후 아시아 전역을 지배하고 있는 이데올로기로 식민지주의에 대항하여 싸우려는 민족주의를 꼽았다.

그러나 이와 같은 아시아 민족주의 세력이 특히 인도의 네루를 중심으로 세계적으로 소위 제3세력을 형성하여 공산 진영과 민주 진영 사

---

53 조효원, 『아세아정치론』(1955), 19쪽.

54 이 책은 미국에서 극동 국가들을 냉전적 상황 속에서 바라보는 기존의 시각을 비판하고, 아시아에서 무엇이 벌어지고 있으며, 전후 아시아인들이 실제로 어떤 생각을 하고 있는지를 알려주기 위해 집필되었다는 점에서 냉전보다는 아시아 민족주의를 있는 그대로 인정한다는 입장을 취했다. Lawrence K. Rosinger et al., *The State of Asia: A Contemporary Survey* (New York: Alfred A. Knopf, 1951), p. vi.

이에서 중립주의를 선언하면서 양대 진영의 공존을 주장하고 있었다.[55] 그러나 네루가 부르짖고 있는 민족주의는 공산 침략자들의 활동을 북돋을 뿐이었다. 아시아의 민족주의가 유럽의 민족주의(제국주의)에 대한 반발로서 대두한 것이라고 본다면, 조효원은 네루식의 민족주의 노선이 소련의 아시아 진출에 대해 비판하지 않는다며 목소리를 높였다.[56]

이처럼 조효원에게 아시아 국가들을 판별하는 기준은 소련을 비판하고, 자유 진영에 포섭되었는지 아니냐에 있었다. 「필리핀」편을 작성하며 조효원은 1954년 9월 8일 마닐라에서 정식으로 조인된 동남아세아방위기구SEATO의 구조와 내용을 검토하여 필리핀을 중심으로 전개되는 동남아시아 국제정세를 논했다.[57] 반면 비동맹 노선을 표방한 버마를 두고는 버마가 공산주의의 직접적인 위협을 받고 있으며 만약 그들이 공산화한다면 수십 년을 두고 피로써 투쟁한 대가는 오직 새로운 제국주의에 의한 착취 이외에는 아무것도 없을 것이라 혹평했다.[58]

SEATO는 "적색 액체를 막기 위한 제방"으로 표상되었다.[59] 그러나 이 제방에는 중립과 공존을 내세우며 소련으로 기울 수 있는 사벽砂壁이 포함되어 SEATO의 제방은 그 자체의 강도가 세지 못했다. 그렇기에 동북아시아의 한국과 대만이 중심이 되어 적색 액체를 막는 동북아시아방위기구라는 제방이 구성되어야 SEATO 제방은 이 새로운 제방과 합작하여 태평양방위조약기구PATO란 더 큰 제방을 이룰 수 있을 것이었다.[60]

이는 조효원이 원하는 아시아 신질서의 모습이었다. 신질서가 조성

---

55 조효원, 『아세아정치론』(1955), 74쪽.
56 조효원, 『아세아정치론』(1955), 19쪽.
57 조효원, 『아세아정치론』(1955), 189쪽.
58 조효원, 『아세아정치론』(1955), 151쪽.
59 조효원, 『아세아정치론』(1955), 192쪽.
60 조효원, 『아세아정치론』(1955), 192쪽.

되어 가는 국면에서 한국이 해야 할 공헌은 아시아 정치사의 결정적인 시기에 있어서 우리에게 부과된 세계사적인 과업을 수행하는 것이었다. 한국은 다른 아시아 국가와 달리 서구 제국주의의 침탈로부터 자유롭기에 한국은 아시아 국가들과 서구의 징검다리 역할을 할 수 있다는 것이 조효원의 판단이었다. 한국의 역할을 통해 아시아는 서구 사회와 불가분적이면서 대등한 존재로서 자주적 지위를 전취해 나아가는 '신아시아'가 될 수 있을 것이기 때문이었다.[61] 이는 《아세아정치론》의 저술로만 그치지 않았다. 이와 같은 구성에 입각하여 조효원은 1954년 결성된 아시아민족반공연맹의 한국 대표를 맡아서 회의에 참석하면서, 자신의 외교 구상에 입각한 실천에 적극적으로 나섰다.

즉 정리하자면 조효원은 자신이 미국 유학 생활을 통해 섭취한 여러 미국산 지식을 조합하여, 냉전기 아시아에서 한국이 지향해나가야 할 외교정책 노선을 구체적으로 모색했다. 그는 단순히 미국산 국제정치학의 일방적인 수입상이 아니라 약소국 한국이 취할 수 있는 외교 노선을 구상하면서 미국산 국제정치학을 취사선택해서 조합하며 재구성했다. 조효원은 미국과 소련의 전 지구적 대립을 미국과 소련의 군사력 중심의 권력 투쟁으로 좁게 해석했다. 원자폭탄의 발명과 이를 독점하고 있는 미국, 소련의 압도적인 군사력으로 이와 같은 현실은 쉽사리 바뀌지 않는 구조에 가까웠다. 그 점에서 약소국 한국의 관점에서 가능한 외교적 선택지는 세계 대세를 파악하고, 강대국의 개입을 받아들이고 활용하며 그 안에서 이익을 극대화하는 길이었다. 이는 다른 아시아 국가들의 민족주의와 달리 '정도'正道의 민족주의를 걸고 있는 한국이 취해야 하는 현실주의 노선이었다.

---

61 조효원, 『아세아정치론』(1955), 527쪽.

3. '장소의 논리'와 냉전의 재해석

조효원이 미국에서 학부-대학원 과정을 거치며 국제정치와 국제정치학을 향한 관심을 쌓아왔다면, 이용희는 제국-식민지 시절 독학으로 국제정세의 변동에 관심을 지니는 가운데 국제정치학 서적을 읽기 시작했다. 1919년 3·1 운동을 이끈 민족지도자 33인 중 한 명인 이갑성의 장남으로 태어난 이용희는 부친의 독립 운동 경력으로 인해 일본 제국-식민지 내의 관립 교육을 받기 어려웠다.[62] 이용희는 어쩔 수 없이 관학 아카데미즘과 거리를 두면서, 민족주의적 분위기 속에서 독서를 이어나갔다.

특히 그는 연희전문학교 시절부터 조선학에 관심을 기울이면서 조선의 특수한 민족사를 보편사로서의 세계사와 연결하는 문제를 누구보다 깊이 고민했다. 이용희는 그 돌파구를 미술사학에서 찾아냈다. 빌헬름 보링거Wilhelm Worringer의 《추상과 감정이입》(1908)을 통해서 이용희는 지역의 사회적 문맥에 따라 문화가 다르게 나타날 수 있다는 깨달음을 얻는다. 문화는 가치의 우열이 본질적으로 존재하는 것이 아니라, 해당 지역의 예술의욕을 제각기 반영한 것이었다.[63] 예술미가 문화에 따라 다를 수 있다면 지식 역시 각 사회의 문맥에 따라 달라질 수 있었다.

---

62 훗날 한 대담에서 이용희는 3·1 운동의 결정적인 의미가 바로 한국의 정치사적인 독립의식이 세계사적인 의식의 조류와 연결되었다는 점을 꼽는다. 이용희·노재봉, 「한국 인식의 방법론」(1972), 『정치사상과 한국민족주의』(전집2), 479-480쪽.

63 이용희의 보링거열(熱)에 대해서는 이용희, 『우리나라의 옛 그림』(전집8), 20-23쪽. 장진성, 「이용희와 빌헬름 보링거」, 『미술사와 시각문화』 30권(미술사와 시각문화학회, 2022. 11).

(1) 지식사회학적 문제의식과 국제정치

1940년 3월 연희전문학교 문과를 졸업한 이용희는 만주국의 수도 신경(장춘)의 만주국협화회 사무원으로 취직하여 생활공간을 만주로 옮겼다.[64] 그러나 이용희의 협화회 근무생활은 그리 오래 이어지지 않았다. 부친 이갑성이 어용단체에서 일하는 것을 극구 만류했기에, 이용희는 다시 조선으로 돌아와 원산과 봉천-하얼빈을 연결하는 무역업에 종사했다.[65] 사업을 위해 봉천과 하얼빈을 드나들며 이용희는 틈날 때마다 일본 제국의 지식 제도를 적극적으로 활용했다. 하얼빈의 하얼빈 도서관, 봉천(심양)의 만철 도서관을 활용하면서 이용희는 연구다운 연구를 비로소 시작한다.[66]

그러면서 이용희는 사회과학 서적 독서에 관심을 기울인다. 연희전문 재학 시절 이용희는 일본인이 저술한 정치학 책을 읽었으나 별다른 흥미를 느끼지 못했다. 그러나 만주국의 현실을 보면서 이용희는 정치의 문제를 민감하게 의식한다.

> 만주에 있어 보니까, 알다시피 한국 사람도 많았지만 절대적으로 다수인 피지배자는 중국 사람이죠. 만청족이나 몽고인은 그 수효가 문제가 아니 되었습니다. 중국인들이 만주국이라는 괴뢰를 통해 일본에

---

64 김용구는 이용희가 1940년에 만주 신경의 건국대학에 입학했다고 전한다. 『김용구 연구 회고록』(고양: 연암서가, 2021), 12쪽.

65 이용희·노재봉, 「독서연대기로 돌아보는 젊은 정신의 회억」(1974), 『독시재산고』(전집6), 44쪽. 만주 시절 이용희의 지적 성장에 대해서는 강동국, 「국제정치학자 이용희의 탄생」, 서울대학교 국제문제연구소 엮음, 『한국 국제정치학, 미래 백 년의 설계』(서울: 사회평론아카데미, 2017).

66 「독서연대기로 돌아보는 젊은 정신의 회억」(1974), 46쪽.

지배받고 있었지. 그러나 지배와 피지배 관계를 옆에서 보고 있노라 니 그 지배의 방식과 성격이 잘 보이더군요. 그래서 다시 정치의 성격 에 대해 흥미를 일으켰습니다.[67]

식민지 조선 내에서 일본의 지배를 받은 조선의 정치적 입장과 상황 을 식민지 조선에서 유통되던 일본 정치학, 일본 정치학에 기초가 되는 영국의 정치학 서적의 독서를 통해 의문을 해소하기는 어려웠다. 이와 같은 정치학은 우리와 거리감이 있는 이야기였기 때문이다.[68] 특히 영 국 정치학의 많은 영향을 받은 일본 정치학의 경우, 주권국가의 단일성 에 대한 회의와 국가와 대비되는 사회의 발견에 주목하고 있었다. 독립 된 주권국가를 지니지 못했던 식민지인이었던 이용희에게 이런 논의는 실감이 나지 않고 따분하기 그지없었다.[69] 그러나 만주에서 중국인과 일본의 관계를 '옆'에서 관찰하면서 이용희는 실제 정치의 문제에 눈을 뜨기 시작했다.[70]

1943년부터 이용희는 영국의 정치학, 프랑스의 헌법학, 독일의 국가 론을 읽고 비교하면서, 왜 같은 정치, 국가를 다루면서 학문의 차이가 나타나는지를 살피게 되었다. 이용희의 잠정적인 결론은 결국 각국의 정치학은 "자기 정치를 합리화하는 수단"이라는 점이었다.[71] 이는 정치 학이 일종의 프로파간다라는 이용희의 관찰과도 상통했다. 학문은 학 문 그 자체로 그치지 못하고, 의식적으로든 무의식적으로든 무엇인가

---

67 「독서연대기로 돌아보는 젊은 정신의 회억」(1974), 48쪽.
68 「독서연대기로 돌아보는 젊은 정신의 회억」(1974), 48쪽.
69 「독서연대기로 돌아보는 젊은 정신의 회억」(1974), 49쪽.
70 「독서연대기로 돌아보는 젊은 정신의 회억」(1974), 48쪽.
71 「독서연대기로 돌아보는 젊은 정신의 회억」(1974), 51쪽.

를 지향하면서 작동하고 있었다.[72]

같은 해, 이용희는 대련에 갔다가 E. H. 카의 《20년의 위기》(1939)와 월터 샤프Walter Sharp와 그레이슨 커크Grayson Kirk가 함께 쓴 《현대 국제정치론》(1940)*Contemporary International Politics*을 구입한다. 이 두 책을 접하고 이용희는 상당히 흥분했다. 국제정세를 정리하지 못하고 혼미에 빠져 있던 그에게 '영미'의 국제정세관을 처음으로 전해주었다.[73] 이어 이용희는 파커 T. 문Parker T. Moon의 《제국주의와 세계정치》(1926) *Imperialism and World Politics*를 읽으면서 시야를 넓혔다.[74]

이용희와 국제정치학 서적의 만남에서 가장 주목해볼 사실은 이용희가 정치학에 대한 지식사회학적 문제의식을 확보한 가운데 국제정치학 서적을 읽기 시작했다는 사실이다. 1943년의 시점에서 카, 샤프와 커크의 책은 3~4년 정도 전의 책이었지만, 문의 책은 거의 20년 정도 전에 출판된 책이었다. 이와 같은 '비동시성의 동시성'은 당대 식민지 현실을 살아가고 있던 이용희에게 크게 문제가 되지 않았다. 《20년의 위기》에서 표명된 카의 이상주의 비판은 1940년대를 살아가던 식민지 조선인 이용희에게도 즉시 울림을 줄 수 있었고, 샤프와 커크의 책은 당대 국제정세를 바라볼 수 있는 충실한 자료집의 역할을 수행했다.

그리고 이용희는 문의 저서를 통해 세계정치가 지닌 제국주의적 속성에 눈을 떴다. 문의 책 《제국주의와 세계정치》는 그 제목 그대로 제국주의에 대한 세계정치적 접근을 하고 있었다. 이용희는 아시아-아프리카에 이르는 전 세계의 식민지 상황를 망라하는 문의 책을 통해서 제국주의 문제를 세계정치적 차원에서 진지하게 고민하기 시작했다. 식

---

72 「독서연대기로 돌아보는 젊은 정신의 회억」(1974), 66쪽.
73 「독서연대기로 돌아보는 젊은 정신의 회억」(1974), 49쪽.
74 「독서연대기로 돌아보는 젊은 정신의 회억」(1974), 49쪽.

민지는 조선의 생생한 현실이었다는 점에서 이용희에게는 매우 큰 영향을 주었다. 이용희는 문의 책을 통해서 제1차 세계대전 이후 제국주의가 퇴조하면서, 국제협조의 양상이 달라지고 있다는 점을 파악할 수 있었다.

이용희에게 서구적 의미의 근대국가는 그 자체의 논리만으로 분석될 수 없었고, 식민지 팽창이라는 요소를 함께 고려해야 했다. 여기에서 비로소 '국제정치'가 시작되는 것이었다. 이 지점에서 이용희와 일본 제국 내의 식민정책학이 만날 수 있는 지점이 존재했다. 식민정책학의 흐름이 팽창 중심의 제국주의 정책을 비판하고, 경제 협력 중심으로 제국과 식민지 간의 바람직한 관계를 모색했듯이, 이용희도 제국과 식민지 모두를 포괄할 수 있는 세계정치를 고민하기 시작했기 때문이다. 즉 이용희에게 세계정치란 단순히 제국-식민지 질서 이후의 새로운 질서가 아니라, 제국이라는 강대국과 식민지라는 약소국의 불평등한 권력 관계가 유지되는 가운데 이루어지는 관계였다. 이용희는 이와 같은 현실을 단순히 추인하는 것이 아니라, 강대국과 약소국의 바람직한 관계 설정을 사유했다.

이후 서울대학교 문리대 정치학과에서 국제정치학 강좌를 처음으로 맡았던 이용희는 서울대학교 정치학과 교수를 역임하면서 당대 미국 및 유럽에서 발간된 여러 국제정치학 학술지와 학술서를 광범위하게 섭렵하면서 학자의 정체성을 강화해나갔다. 이용희가 참고하고 있던 정치학 관련 문헌은 서울대 문리대 정치학과에서 발간하는 잡지인 《서울대 정치학보》 제3권에 「정치학 일반 참고문헌」으로 그 목록이 일부 소개되어 있다. 이 목록에서 이용희는 미국 도서 167종, 영국 도서 86종, 프랑스 도서 53종, 캐나다 도서 40종, 총 346권을 소개한다.[75] 이처럼 이용희도 영미의 국제정치학과의 활발한 교류 속에서 국제정치학자로서의 자의식을 키워나갔다.

이용희의 국제정치론은 1955년 9월 출간된 《국제정치원론》으로 정리된다. 우선 《국제정치원론》 「서문」에서 이용희는 자신의 문제의식을 명확히 밝힌다. 먼저 하나는 "동양 사회를 지배하게 된 서구형 정치 양식은 도대체 어떤 것이며 또 오래 세계를 지배하였던 구미 정치의 국제정치 권력으로서의 성격은 과연 무엇이냐는 것"이었다.[76] 이용희의 문제의식은 현재의 국제정치의 양상을 서구 권력의 결과물로서 바라본다는 특색이 있었다. 조효원이 한국에 '국제정치학'이 부재함을 지적하고 보편적인 현상으로 존재하는 국제정치 지식을 최대한 빠르게 소개하려고 했다면, 이용희는 세계를 지배한 구미 정치의 권력으로서의 속성을 문제의 시야에 넣고 분석하고자 했다. 이용희에게 현실은 단순히 보편적인 것이 아니라, 그 안에 지배-피지배의 권력 관계가 존재했다.

이용희는 현존하는 정치학이 지배와 통치의 의태擬態를 합리화하고 있는 점을 비판했다. 지배는 사람의 퍼스낼리티까지 미치고 있어서, 피지배자는 물리적 압력은 고사하고 심리적으로 권위감에 압도되어서 감히 지배의 성격을 따지지 못했다는 것이다.[77] 이는 이용희에게 몹시 못마땅한 일이었는데, 이용희는 이와 같은 문제의식을 국제정치적 상황에 적용하고자 했다. 그에 따라 《국제정치원론》의 지적 목표는 유럽정치 및 그것을 중심으로 한 국제정치의 연구를 통해 우리 겨레가 왜 이

---

75 편집부, 「정치학 일반 참고문헌」, 『서울대 정치학보』 3권(서울대 문리과대학 정치학과, 1958. 3), 181-203쪽. 흥미로운 점은 일본 측 문헌은 전혀 소개되고 있지 않다는 점이다. 이는 아마 의도적인 누락이었을 가능성이 크다. 이용희는 당시 한국사회과학이 일본이 수용한 국제 지식을 일본적으로 왜곡된 것을 다시 좁혀서 전하는 수준에 그치고 있었다는 점에 강한 비판 의식을 지니고 있었다. 「독서연대기로 돌아보는 젊은 정신의 회억」(1974), 55쪽.

76 『국제정치원론』(1955), 4쪽.

77 이용희, 「서문」(1958), 『정치사상과 한국민족주의』(전집2), 4쪽.

렇게도 취약한지, "우리의 현상을 진실로 이해하는 것"이었다.[78]

이용희가 품은 또 다른 의문은 과연 종전의 일반정치학이 '누구를 위한 것'이냐는 점이었다.[79] 이용희는 과거에 자신이 공부를 위해 읽었던 일반정치학이 유형적으로 국가 현상 그리고 정치기능을 탐구하고 있지만, 그 유형의 본보기는 유럽의 입헌 민주정치라는 점을 지적했다. 즉 일반정치학이 가정하고 있는 현실은 지극히 유럽적 현실이기 때문에 한국인이 이를 바로 참고하고 함의를 찾아내기란 쉽지 않았다. 그렇기에 오히려 이용희는 서양의 일반정치학이 과연 누구를 위한 것이냐는 근본적인 차원의 문제 제기가 더 필요하다고 보았다.[80]

그는 일반정치학의 유형이 되는 유럽의 민주주의는 유럽적 변영 위에 입각한 것이며, 그 유럽적 변영은 현실적으로 후진 지역에 대한 '식민지 지배'에 기초를 두고 있다는 사실을 폭로한다. 역사적으로 국제적 불평등 위에 수립된 민주정체와 그것을 유형화한 정치학을, 국제적인 피지배 지역의 학도들이 당연하다고 생각하고 공부한다는 것은 그야말로 '기가 막힐 노릇'이었다.[81]

이와 같은 두 가지 의문에 대한 대안으로 이용희가 제시한 것은 바로 '장소의 논리'였다. 장소의 논리는 "정치학이 성취한 일반 유형 그리고 서양의 정치 가치가, 개별적 지역에 있어서는 어떠한 변이를 일으키고 또 어떠한 '권위'적 역할을 하는지를 탐문하는 것"이었다. 장소의 논리의 핵심은 서양의 정치 가치가 일종의 지적 '권위'로서 작동하는 것을 폭로하는 것이었다. 이용희는 구미적 시공간에서 태어난 '정치학'이 우

---

78 『국제정치원론』(1955), 4쪽.
79 『국제정치원론』(1955), 5쪽.
80 『국제정치원론』(1955), 5쪽.
81 『국제정치원론』(1955), 2쪽.

리에게도 보편타당한 '일반' 정치학이 된 데에는 결국 유럽의 국제정치적 힘이 우월했기 때문이라고 날카롭게 진단했다.[82]

즉 '일반' 정치학은 그 자체로 일반적인 정치학이 아니라, 사실상 강대국의 정치 관념 및 가치를 일반화하는 효과를 지녔다는 점에서 '일반화된' 정치학이었다.[83] 이용희는 지금 일반정치학으로서 통용되는 국내정치학이 사실은 구미적 장소를 계기로 하는 소이를 우선 정확히 파악하기 위해서는 국제정치의 유럽적 전통이 지닌 근원적이면 역사적인 성격을 석출하여야 한다고 파악했다. 이는 한국의 경우처럼 국제정치적 환경과 여건이 국내정치에 큰 영향을 주는 조건에서는 더욱 필요한 시각이었다.[84] '장소의 논리'에 입각한 이용희의 국제정치학 체계는 조효원의 체계와는 전혀 판이했다. 《국제정치원론》의 목차는 다음과 같았다.

서문
제1부 서론
　제1장 국제정치 현상
　제2장 국제정치학의 성립
　제3장 근대국가의 이해
　제4장 현대국가에의 지향
제2부 국제정치의 정태
　제5장 국제법적 질서
　제6장 외교제도론

---

82 『국제정치원론』(1955), 3쪽.
83 『국제정치원론』(1955), 3쪽.
84 『국제정치원론』(1955), 6쪽.

먼저 이용희의 《국제정치원론》은 국제정치 현상을 논하면서 시작한
다. 조효원의 《국제정치학》이 국제정치를 설명하기 위해 서양사에서
민족이 등장하고, 근대국가를 이루고, 근대국가들이 국제사회가 형성
된 이야기부터 시작했음을 상기해본다면 이용희가 지닌 관점이 얼마나
조효원과 다른지를 확인할 수 있다.

조효원은 국제정치의 핵심이 국제사회의 행위자인 근대민족국가, 그
중에서도 강대국의 '세력(권력)정치'에 있다고 설명했다. 우리가 피부로
느끼는 국제정치는 곧 강대국의 세력정치라고 본 것이다. 반면 이용희
는 우리가 피부로 느끼는 국제정치가 바로 '내 나라'라는 프리즘을 거
쳐 들어온다고 보았다. 이 때의 내 나라는 이는 초역사적인 국가 일반
이 아니라, 구체적이면서 현실적이며 애증의 대상이 되는 존재였다.[85]
여기에서는 강대국도 약소국의 구분도 무의미했다.

즉 국제정치는 말 그대로 '국가 간'의 정치 현상을 의미하지만, 국제
정치 안에서 '내' 국가나 '남' 국가의 가치는 완전히 같을 수 없었다.[86]
이용희에게 '국가'는 객관적 사실인 동시에 국제정치에 있어서 국가는

---

[85] 『국제정치원론』(1955), 13-14쪽.
[86] 『국제정치원론』(1955), 14쪽.

개성적 가치를 지닌 상징이며, 개개인의 사회생社會生을 집단화하는 가치 표지標識였다.[87] 누구나 예외 없이 경험한다는 점에서 국제정치적 상황은 '객관적'이었지만, 국제정치는 동시에 '내' 나라라는 프리즘을 통해서만 경험될 수 있는 '주관적' 사실이었다. 조효원이 국제정치를 보편적 현상으로 설명했다면 이용희는 객관과 주관이 결합되는 이중의 문제의식을 강조했다.

(2) '내 나라'의 눈에서 바라본 '현실'주의

즉 국제정치 현상은 주관적 사실이 부단히 다른 국가와의 관계 속에서 객관화하는 동시에 객관적 사실이 끊임없이 주관화하는 이중의 과정이었다.[88] 국제정치는 단 한 개의 사실관계이지만, 동시에 '내 나라'라는 입장에서 물들인 내 나라적 국제정치상으로 있고, 내 나라적 국제정치상을 통한 내 나라의 행위는 다시 남과 어울려서 단순히 상像이 아닌 한 개의 사실관계를 이루었다.[89]

국제정치의 단위로서 국가 일반은 현실적으로는 한낱 허구에 가까웠으며 국제정치의 국가는 어디까지 '내 나라'라는 주체에서부터 출발해야 했다.[90] 이는 반대로 해석하면 모든 국가의 대외목적은 '내 나라'의 가치관을 본보기로 하여 해석하고 계획하고 남에게 이를 요구하는 것이었다.[91] 이용희가 볼 때 국제정치적으로 논의되는 보편적 가치는 사

---

87 『국제정치원론』(1955), 14-15쪽.
88 『국제정치원론』(1955), 15쪽.
89 『국제정치원론』(1955), 132쪽.
90 『국제정치원론』(1955), 15쪽.
91 『국제정치원론』(1955), 16쪽.

실상 개별 국가의 특수한 가치가 반영된 결과물이었다. "국제정의라 하여도 세계평화라 하여도 결국 '내' 나라의 해석에 의한 정의, 평화에 불과하다. 국제적 경제 질서 또는 국제법 질서라 하여도 '내' 나라에 유리하거나 이해되는 질서에 불과하다. 인류사회의 번영이라 할지라도 '내' 나라의 번영이라는 이론에서 출발한다. 주의, 주장, 제도, 문물의 국제화도 따져보면 '내' 나라의 틀이라야 된다는 것이 심저心底에 있다."[92]

그런 의미에서 힘 역시 일국의 목적을 보편화하고 일반화하는 데 필요한 수단일 따름이었다.[93] 힘의 관계가 비교적 고정되어 있으면 어떤 방식으로든 평화가 유지되며, 힘의 관계가 제대로 설정되지 못하면 전쟁이 발발하여 힘을 통해 객관적 사실관계를 정리해야만 했다.[94] 그렇기에 이용희가 바라보는 국제정치에서는 객관적 사실관계가 정리되지 않은 전쟁 상태가 아니라면, 반드시 일정한 질서가 존재하고 그 질서의 틀 안에서 '힘'이 작동하고 있었다. 이용희에게는 더 중요한 관심사는 군사력이 강조되는 전쟁 상황보다는 질서가 유지되는 양상이었다.

'동적'인 내 나라적 권력정치는 '정적'인 객관적 제도화의 정치와 함께 작동했다. 국제정치는 단순히 힘만이 노골적으로 작동하고 '내' 나라의 의사가 관철할 수 있는 터가 아니었다. 동시에 국제정치는 제도화된 질서만이 존재하고 그 위에서만 평화가 이룩된다는 정지靜止의 세계도 아니었다. 비유하자면 '힘'의 동과 '질서'의 정이 양 개의 좌축이 되어 그 사이에서 부단히 전동하는 좌표와 같은 것이었다.[95] 이론상으로 볼 때 힘이 국제정치의 모든 출발점처럼 보이지만 현실에서는 결국 당

92 『국제정치원론』(1955), 16쪽.
93 『국제정치원론』(1955), 17쪽.
94 『국제정치원론』(1955), 20쪽.
95 『국제정치원론』(1955), 24쪽.

대 국제질서의 양태가 힘의 모습을 결정했다.[96] 그리고 그러한 질서는 항구적인 것이 아니라, 특정한 역사적 시기의 산물일 따름이었다.[97]

이와 같은 이용희의 관찰은 단순한 힘을 중시하는, 기존 현실주의 국제정치학의 속류적 해석을 향한 비판을 함축하고 있었다. 이용희는 현재 영미 국제정치학의 주류가 권력정치의 이론, 즉 '현실주의'라 파악한다.[98] 그러나 그는 영국 국제정치학과 미국 국제정치학의 권력 개념을 구분해서 파악했다. 영국 국제정치학은 현실적으로 객관화된 권력의 양태에 초점을 맞추었다. 즉 영국 국제정치학에서 말하는 권력은 국제사회에 나타나는 객관적인 것에 가까웠다.[99]

반면 미국 국제정치학의 권력은 주체의 심리에 주목했다.[100] 미국 국제정치학의 관점에서 정치는 객관화된 세계의 제도, 질서, 기구라기보다는 순수한 주체들의 체계였다.[101] 이용희의 권력론은 미국 국제정치학과 영국 국제정치학을 종합하고자 했다. 국제정치 현상의 정확한 파악을 위해서 힘의 동태와 질서의 정태를 함께 봐야 했기 때문이다. 주체의 심리에 주목하는 미국 국제정치학은 내 나라를 중심으로 한 힘의 동태를 밝히는 데 유용하고, 영국 국제정치학은 국제정치 질서의 정태를 해명하는데 일정한 의미를 지닐 수 있었다.

이용희는 외교사와 국제법을 넘어서 국제정치학이 새롭게 제기된 배경으로 국제정치의 상황 변화를 꼽았다. 19세기 말까지 구미의 여러 국가들이 세계를 지배하는 상황에서, 구미의 여러 국가의 입장을 아는 것

---

96 『국제정치원론』(1955), 25쪽.
97 『국제정치원론』(1955), 159쪽.
98 『국제정치원론』(1955), 38쪽.
99 『국제정치원론』(1955), 39쪽.
100 『국제정치원론』(1955), 40쪽.
101 『국제정치원론』(1955), 40쪽.

이 국제정치를 이해하는 데 가장 중요했다. 그 점에서 19세기 말까지는 외교사와 유럽적인 국제법만으로도 국제상황을 이해하기 족했다.[102] 이와 같은 학문은 '내' 국가의 입장에서 진행되는 것이었는데, 구미 세력의 경우 '내 나라'의 입장만 고집해도 현실을 이해하는 데 큰 어려움이 없었다.[103]

구미 세력의 근대국가는 '내' 나라적이며 호전적인 근대적 단일 민족주의에 근거하여 근대적 식민지를 널리 확보해 나갔다. 그러나 구미 세력의 세계적 팽창이 극한에 이르자 국제적인 공업국의 경쟁이 치열해지고, 식민지 경제가 본국 경제체제 속에 전적으로 녹아들면서, 내 나라를 구성했던 단일민족주의가 흔들리고, 근대국가 안에는 다민족적인 요소가 나타나기 시작했다.[104] 내 나라적인 개념에 기초한 정치학 개념은 식민지 정책을 발판으로 하고 있었지만, 이와 같은 국제정치적 요소와 균열을 철저히 은폐하고 있었다는 것이 이용희의 관찰이었다.[105]

제1차 세계대전 이후부터 근대국가 유형의 변질이 시작되었고, 기존의 국내정치를 중심으로 하는 정치학 관념으로는 이해할 수 없는 국제정치의 구조적 변화가 시작되었다.[106] 기존의 세계 질서는 신흥 세력인 독일, 이탈리아, 일본의 도전을 받았으며, 기존의 근대국가 유형과는 다른 변질로서 독재정치와 공산주의가 출현했다. 그 결과 과거의 국제정치관을 시정하고 새롭게 현 국제정치를 분석, 검토하여 구미 열국의 활로를 구하려는 실제적 요청과 이에 응하는 연구의 분위기 속에서 국제

---

102 『국제정치원론』(1955), 29쪽.
103 『국제정치원론』(1955), 31쪽.
104 『국제정치원론』(1955), 61~62쪽.
105 『국제정치원론』(1955), 64쪽.
106 『국제정치원론』(1955), 29쪽.

정치학이라는 새로운 학문이 영미권을 중심으로 등장했다.[107]

새로운 학문인 국제정치학은 제2차 세계대전을 이후 구미정치가 세계정치를 대신하기 어려워진 맥락 속에서 세계정치를 포착하고자 했다.[108] 근대 국제정치가 구미 국가들의 대내적 민족주의를 가능케 한 근대국가의 식민지 팽창을 은폐했다면, 현대 국제정치는 국가 간 평등이라는 이름 아래, 여타 국가들과 비교하여 압도적인 국력을 지닌 미국과 소련의 등장을 진지하게 다루지 않고 있었다. 이용희는 미국과 소련을 단순히 주권평등에 기초한 근대국가의 논리에 기초해서 분석할 수는 없다고 보았다. 미국과 소련은 '내' 나라적 논리로만 분석할 수 있는 대상이 아니었기 때문이다.

> 근대국가는 본래 비등한 실력을 가진 수 개국의 존재를 전제로 하였다. 소세력의 규합에 의한 대세력 대항은 있었으나 그러나 장기로 볼 때에는 압도적 세력이 없다는 것이 근대유럽정치사의 특색이었다. 현대에 있어서는 나라 사이의 실력의 차가 너무나 현격하여 다수 근대국가의 경쟁적 공존이라는 것은 사실상 있을 수 없게 되었다. 곧 미국, 소련 양 대국의 실력은 거의 다른 나라로 하여금 경쟁의 여지를 주지 않고 있다.[109]

미국과 소련은 모두 유럽식 근대국가의 기초였던 민족과 국민, 주권 개념을 초월하는 존재였다. 특히 공산주의의 국제적 권위는 근대국가

---

107 『국제정치원론』(1955), 29-30쪽.
108 『국제정치원론』(1955), 81쪽.
109 『국제정치원론』(1955), 82쪽.

전의 유럽 중세 혹은 동양적 질서에 가까운 측면이 있었다.[110] 설령 미국과 소련 중 어느 한 세력만 남는 경우가 있더라도 그 세력을 중심으로 하는 계층적 질서는 오랫동안 유지될 가능성이 컸다.[111] 그렇기에 이용희는 내 나라적 근대국가적 논리에 입각한 기존의 '좁은 의미'의 영미 국제정치학으로는 냉전을 설명하기 어렵다고 보았다. 이를 위해 이용희는 자신의 방식으로 현대 국제정치학을 재구성한다.

현대 국제정치를 분석하기 위해, 이용희는 먼저 국가 간의 불균등에 주목했다. 이 불균등은 국토, 인구, 자원, 기술력과 자본력과 노동력, 국민의 부에서 모두를 포괄하는 넓은 개념이었다. 세계의 높은 생산력을 대표하는 미국, 소련 양 세력 사이에는 동북아시아로부터 동남아 그리고 중근동을 거쳐 중동 유럽에 이르는 마찰지대가 존재했고 이 지대에는 대체로 빈국(곧 약국)들이 군집하여 있으며, 특히 아시아, 중근동에는 극빈국이 즐비했다.[112]

이와 같은 물질적 조건을 배경으로 두고 현대 세계는 특히 제2차 대전을 통해 정치사적인 변혁을 겪고 있었다. 제2차 세계대전 후 소련과 동유럽의 위성국가 그리고 극동의 중공 정권의 성립으로 방대한 공산 지역이 출현하여 세계 시장은 사실상 폐쇄 상태에 이르렀다. 국제연합과 국제협조 기구들은 양대 진영이 서로 적대 관계에 있는 형편으로 인해 사실상 공개 정치투쟁의 장이자, 냉전의 도구로 전락하고 말았다.[113]

조효원은 전 지구적 현상이었던 냉전을 두고 개별 지역을 냉전적 논리로 분석하고 그 처방을 제시했다. 아시아 민족주의를 논했지만, 조효

---

110 『국제정치원론』(1955), 83쪽.
111 『국제정치원론』(1955), 84쪽.
112 『국제정치원론』(1955), 95쪽.
113 『국제정치원론』(1955), 102-103쪽.

원의 최종 귀결점은 결국 진영 논리였다. 반면 이용희는 냉전이 보편적 현상이지만 각 지역에 나타나는 특수 상황에 주목했다. 유럽, 미 대륙, 중동, 아시아, 아프리카 등은 각기 역사가 다르고 경제 형편이 같지 않고, 정치문화의 전통이 하나가 아니기에 국제정치상의 역할과 의미와 반응도 서로 다른 특색이 있었다. 국제정치는 단순히 세계 대세를 의미하는 것이 아니라 각 지역의 상호 관계의 총화를 뜻했다. 각 지역의 특수 사정이 국제정치의 '살'이고 역사의 대세는 국제정치의 '뼈'였다.[114]

이용희는 아시아의 정치 대세를 다음과 같이 정리한다. "북부의 공산 세력과 한국, 필리핀, 대만, 태국, 베트남, 파키스탄 등을 현지 세력으로 하는 자유 세력과의 대치"를 중심으로 하며 인도, 실론, 버마, 인도네시아 등 제3세력이 그사이에 개재했다.[115] 일본은 대체로 친미적으로 제3세력 노선에 대해서도 동정적인 태도를 보이고 있었다. 이런 가운데 아시아 지역은 중근동 지역과 같이 세계 양대 세력의 접촉지대가 되어 있어서 한반도의 양단, 베트남의 분단, 그리고 중공 대 대만 사태의 불안정은 심한 긴장을 조성했다.[116] 유럽, 중근동과 마찬가지로 아시아는 미국의 관점에서 하나도 버릴 수 없는 긴요한 싸움터였다.[117]

실제로 이용희는 아시아의 반공전선 결성이 한국 외교에 있어 매우 중대한 포석이라는 사실을 인정했다. 동남, 동북아시아가 미국의 지원 아래 공산 위협에 대항하기 위해 뭉친다면 한국이 이 지역 반공세력의 지도 세력이 될 수 있었기 때문이다. 그렇게 된다면 이는 외교적인 국제위신이 오를 뿐 아니라 미국의 대한정책이 변경되는 것을 막을 수 있

---

114 『국제정치원론』(1955), 103쪽.
115 『국제정치원론』(1955), 110-111쪽.
116 『국제정치원론』(1955), 111쪽.
117 『국제정치원론』(1955), 112쪽.

고, 동북아에 있어 미국이 한국을 위주로 하여 외교를 전개할 수 있는 묘책이었다.[118]

이와 같은 관찰은 조효원과 일견 유사해 보인다. 그러나 차이가 있다면 이용희는 냉전(현대)기에 국제정치의 근본적인 변화가 나타났다고 보았다는 점이었다. 이용희는 미국과 소련이라는 초강대국이 서로 군소국을 좌우에 거느리고 각기 그 영향 지역을 넓히려고 한다는 측면에서 보면 지금의 상황이 옛 세력균형의 상태와 흡사한 구석도 있다고 분석했다.[119] 그러나 세력균형이 근대 주권국가 사이에서 이루어진 것이었다면, 현재의 국제질서는 공산주의라는 국제정치적 권위에 귀의하는 국제정치 질서가 출현했다는 점에서 독특했다.[120]

진영 내에서 위계적인 양상을 보이는 공산 진영의 등장 이후 자유 진영과 공산 진영이라는 두 개의 국제정치 질서가 수립되었다.[121] 이용희는 자유 세계와 공산 세계 사이에 가로놓여 있는 가치관, 이해관계 등의 근본 모순에서 냉전의 기원을 찾았다.[122] 하지만 그는 단순히 이데올로기의 차이로 냉전을 설명하지 않았다. 냉전의 핵심은 과거 국제정치의 애토믹atomic한 구조가 제2차 대전을 계기로 하여 깨어져 나가는 데 있었다. 이는 근대국가가 현대국가로 넘어가는 과정과 겹쳤고, 강제력 측면에서 매우 막강한 양대 초강대국이 출현했다.[123] 양 진영의 근본적인 정략은 안으로는 강제력의 통합적 강력도 및 여론의 통합적 밀도를

---

118 「우리나라의 외교를 위하여: 외교란 자랑이나 이상의 선언이 아니다」(1958), 『한국외교사와 한국외교』(전집4), 382쪽.
119 『국제정치원론』(1955), 157쪽.
120 『국제정치원론』(1955), 158쪽.
121 『국제정치원론』(1955), 159쪽.
122 『국제정치원론』(1955), 342쪽.
123 『국제정치원론』(1955), 342쪽.

높이면서 한편 타 진영의 통합과 강력도를 약화시키는 데 주력하는 것 이었다.[124]

조효원이 냉전기 자유 진영의 간섭정책을 소련의 제국주의와 비교하여 긍정했다면, 이용희는 자유권의 단결을 단순히 자발적이면서 합의적인 공동의식에서 우러나온 것이라 해석하지 않았다.[125] 각국 외교정책은 평등하게 이룩된 결합이 아니라 초강대국의 정책에 따라 부등위不 等位하게 통합되었다.[126]

초강대국의 정책에는 제국주의적 요소가 존재했다. 한스 모겐소가 현상유지 정책과 대비되는 현상변경 정책으로서 제국주의를 논했다면, 이용희는 이와 같은 모겐소의 분류법이 강대국 중심의 시선이 녹아있다고 분석했다. 이렇게 본다면 한때의 국가 행위는 어떤 경우에는 제국주의가 되고, 같은 행위가 조금 지나면 현상유지책이 되는 모순이 있기 때문이다. 영국이 인도를 침략하는 것은 제국주의 정책이지만, 19세기 이후 인도를 확보한 이후 영국의 정책은 모겐소의 관점에서 현상유지책으로 분류되어야 했다. 이용희는 냉전이라는 현상을 유지하는 미국과 소련의 정책이 현상유지 정책이 아니라, 그 배후에 존재하는 제국주의적 요소를 분별해야 한다고 보았다. 오히려 미국과 소련의 정책이야말로 제국주의의 원형을 보여주는 것일지도 몰랐다. "제 아무리 가장한다 하더라도 제국주의 정책의 목적은, 국가와 형식적 독립은 다소간 건드리지 않으나 사실에 있어서 그 영토와 자원을 주변국의 것으로 붙이는 형태로 타국을 지배하는 것"이었기 때문이다.[127]

---

124 『국제정치원론』(1955), 343쪽.
125 『국제정치원론』(1955), 349쪽.
126 『국제정치원론』(1955), 349쪽.
127 『국제정치원론』(1955), 362쪽.

연방제이자 다민족주의를 추구하는 미국과 소련은 강대국으로 부상하면서, 근대국가 유형과는 다른 새로운 국가 유형이 새로운 표준이자 본보기로서 기능하고 있었다.[128] 이용희는 현대 국가의 거시적 방향은 역사적 정치집단(국민국가)을 하위단위로 하고, 그 위에 여러 개의 하위 정치집단을 포함하는 중위의 지역적 정치권이 서고, 또 그 위에 세계기구가 서는 계층적 정치 세계가 출현할 것으로 전망했다.[129] 이용희는 이와 같은 관점에서 영연방에도 관심을 기울였다. 영연방은 오래된 식민지 국가인 영국 제국이 그 독특한 현실정책에 기초하여 오늘날의 정치 형태에 적응한 것이었다.

> 그런데 그 취한 형태가 아주 암시적이다. 아무 정치적, 경제적 구애 拘礙도 주지 않으면서도 그 상호의존적인 방대한 지역과 인구와 그리고 자본과 기술의 호혜적 활용이 일거에 이룩된다. 각 지역 간의 공업의 성격과 자원의 차이와 생산력 발달의 불균형을 교묘히 조합할 뿐만 아니라 또 정치적으로 영연방 블록을 결성하여 국제기구에 있어서 대체로 동일 보조를 취하면서 또 여러 표수로서의 위력을 발휘한다.[130]

미국과 소련 그리고 영연방은 모두 근대국가의 단순한 동맹 체제와는 차이가 있었다. 동맹은 기본적으로 동맹국의 국내 정체나 경제 체제와는 공식적으로는 상관이 없는 '대외관계'였다. 미국, 소련, 영연방은 모두 가능한 한 같은 시장, 같은 정치체, 같은 이념의 형성을 목표로 하

---

128 『국제정치원론』(1955), 118쪽.
129 『국제정치원론』(1955), 119쪽.
130 『국제정치원론』(1955), 116-117쪽.

는 하나의 역사적 지역체로 기능하고 있었다.[131]

냉전 국제정치는 이용희가 보기에 권위 관념의 공유를 기준으로 크게 두 가지로 분별할 수 있었다. 하나는 동일한 권위 관념을 공유하는 '국제사회'였다. 이러한 국제관계 속에서는 국가는 유아독존하기보다는 서로 형제자매 국가인 듯 행동했다. 또 이러한 국제관계는 계층적이며 서열적인 정치 관계에서 이루어지며, 주권 사상과 같은 정치 신화는 자리 잡을 수 없었다.[132]

다른 하나는 권위 관념이 서로 다른 나라 사이의 국제관계였다. 미국 진영과 소련 진영 사이의 갈등이 여기에 해당했다. 이때의 권위는 선동, 모략과 술책, 음모의 기구이며 최후의 우열은 강제력으로 판정할 수밖에 없었다. 이용희가 보기에 국제정치학에서 '권력정치'에 주목하는 현실주의는 바로 이 지점에만 주목하는 반쪽짜리 이론일 따름이었다.[133]

강제력이 작동하는 권력정치와 동일한 권위를 공유하는 국제사회가 공존하는 상황에서 이용희가 더 주목한 것은 바로 같은 국제사회 속에 속해 있는 국가들 간의 권역감이 형성되는 과정이었다.[134] 이들은 주권평등의 원칙으로 출발했지만, 강제력의 통합, 경제 상황의 공동 개선을 통해 서서히 전통적인 국가권위의 통합으로 나아가고 있었다.[135] 이 과정에서 우여곡절을 겪더라도 지역적 및 세계적인 국제기구의 발달과 설립을 통해 국민주의적 테두리는 서서히 약화될 것이었다.[136]

조효원에게 냉전은 기존의 근대 국제정치의 강대국의 수가 미국과

---

131 『국제정치원론』(1955), 118쪽. 영연방을 향한 이용희의 관심은 일본의 식민정책학자들이 바람직한 제국-식민지 관계로서 영연방을 의식한 것을 빼닮아 있었다.

132 『국제정치원론』(1955), 262-263쪽.

133 『국제정치원론』(1955), 265쪽.

134 『국제정치원론』(1955), 298쪽.

135 『국제정치원론』(1955), 299쪽.

소련이라는 두 개의 국가로 줄어든 것에 지나지 않았고, 세계사의 전개에 있어 그리 특별한 현상은 아니었다. 근대국가의 세력균형의 원리는 그대로 현대 국제정치에도 적용될 수 있었다. 반면 이용희에게 냉전은 기존 근대 국제정치의 근간을 이루는 국민국가가 변동하는 것인 동시에, 강제력 중심의 국제질서가 권위 중심의 국제질서와 병존하는 완전히 새로운 현상을 의미했다. 현대의 국제정치 상황은 형식상으로 보면 국제권위적이며 침략적인 공산주의의 위협과 이를 방어하려는 민주 세력의 단결로 보는 것이 보통이었다.[137] 조효원의 냉전론과 유사한 이와 같은 시각을 두고 이용희는 이를 프로파간다에 가까운 일종의 정치 조작이라고 보았다. 강국들은 후진 지역을 국제정치적 조작의 터로 사용하고 있었기 때문이다.

　강국, 심지어 민주 세력의 강국들도 후진 지역에 프로파간다를 행한다는 것이 이용희의 시선이었다. 민주형 프로파간다는 권위형인 공산주의 이데올로기에 저항하는 반대 프로파간다로 작동하면서, 강제력형 국제관계 원칙을 유지하는 데 공헌했다.[138] 이들은 민주형 권역 내에 후진국을 뒷받침하면서, 민주형 질서의 약소국들은 권위의 부족을 보충하기 위해 프로파간다를 널리 활용했다.[139] 하지만 이를 대표하는 미국의 방식은 특정한 권위를 국내의 권위로 강요하지도 않고 타국 정부와 정치통제 관계를 설정하지 않았다. 강제력 및 여론의 통합은 어디까지

---

136 『국제정치원론』(1955), 381-382쪽. 이용희는 미주기구와 유럽석탄강철공동체, 서유럽동맹, 북대서양동맹, 유럽이사회와 같은 유럽기구 등이 아직 유럽정치공동체의 단계에 이르지 못했지만 유럽통합에서 일정한 역할을 하고 있다고 평가했다. 아랍인의 국제기구를 표방한 아랍동맹, 공산주의를 매개로 하는 공산권의 기구들도 이와 같은 새로운 정치 경향의 사례였다. 『국제정치원론』(1955), 235쪽.

137 『국제정치원론』(1955), 377쪽.

138 『국제정치원론』(1955), 313쪽.

139 『국제정치원론』(1955), 314쪽.

나 자발적이며 협력적이며 합의적이라 포장하고 있었다.[140]

이용희는 자신의 지식 실천이 강국의 프로파간다를 후진 지역에 그대로 전파하는 첨병이 되는 것을 경계했다. 현실을 "있는 그대로" 현실적으로 보아야 하지만, 다른 한 편 "있는 그대로의 현실"을 그 자체로 수용하면 안 된다고 보고 있었다.[141] 국제정치학의 수용이 오히려 냉전 체제라는 독특한 국제 갈등 관계로의 편입을 의미했다. 이용희가 보기에 조효원의 방식은 민족적 문제를 냉전의 초강대국이 제공하는 시각을 통해 해결하는 것이었다.

4. 냉전기 한국에서 국제정치와 국제정치학 읽기

조효원을 바라보는 이용희의 비판적 인식은 38선 논쟁을 통해 본격화된다.[142] 조효원은 미국 정부의 공문서와 실제 외교 교섭에 참여했던 인물의 저서를 근거로 38선 분단은 얄타 회담이나 포츠담 회담이 아니라 제2차 세계대전 종전 직전 군사 지휘관들을 통해 결정되었다고 주장했다. 즉 한반도의 분할 점령과 이어진 분단은 '전략'의 결과물이 아니라, 급박한 정세의 결과물이었다는 논리였다.[143]

---

140 『국제정치원론』(1955), 348쪽.

141 박건영, 「국제정치란 무엇인가: 『국제정치원론』에 대한 소고」, 민병원·조인수 외, 『장소와 의미』(고양: 연암서가, 2017), 25쪽.

142 논쟁 내용에 대한 구체적이면서 자세한 분석으로는 김영호, 「탈냉전과 38선 획정의 재조명: 동주 이용희의 「38선 획정 신고」를 중심으로」, 『국가와 정치』 16권(성신여자대학교 동아시아연구소, 2010. 5); 남기정, 「이용희의 냉전인식: 냉전과 분단 기원에 대한 이해를 중심으로」, 『개념과 소통』 20권(한림대학교 한림과학원, 2017. 12).

143 조효원, 「38선은 누가 획정?」(1955), 손세일 엮음, 『한국논쟁사 3: 정치·법률·경제』 (서울: 청람출판사, 1976), 4쪽.

이용희는 이와 같은 조효원의 논리가 제임스 웹 국무차관의 발언에서 드러난 미국 정부의 공식 해명을 그대로 요약한 것에 불과했다고 보았다.[144] 이용희는 이와 같은 미국 정부의 해명이 특정한 시점에 나왔다는 사실에 주목해야 한다고 주장했다.[145] 1947년은 그리스와 터키를 둘러싼 미국의 원조가 트루먼 독트린 아래 시행되고 있었으며, 미국의 외교정책을 둘러싼 공화당의 민주당 정권을 향한 공세가 격화되던 시점이었다. 특히 중국 정세도 악화일로에 있었고 한반도의 미소 공동위원회도 실패하여 38선 획정의 책임이 민주당 외교정책에 있다는 국내의 비판에 직면해 있었다. 이용희는 트루먼 행정부가 얄타 회담에서 비밀 거래가 있었다는 국내의 비난을 회피하기 위한 정치적 의도를 지니고 미국 스스로 '1945년 8월설'을 강조했을 가능성을 제기했다.[146]

38선 논쟁에서 이용희가 조효원의 논의를 비판하는 방식은 크게 두 가지 차원으로 구성되어 있다. 먼저 이용희는 조효원이 자료를 해석하는 방식을 문제 삼았다. 조효원은 공개된 자료의 서사를 그대로 따라가고 있었지, 자료를 의심하거나 자료 속에 숨겨진, 혹은 숨기고 싶어 하는 정치적 의도에 전혀 관심을 두지 않았다. 이와 같은 의도의 배제를 두고 이용희는 줄곧 조효원을 학자가 아니라 '정객'이라고 비판했다. 이는 자연스럽게 조효원이 자료를 해석하는 데 있어 주체적 시각을 결여하고 있다는 비판적 인식으로 이어졌다. 조효원은 공개된 자료의 서사를 따라서 미국 정책결정자의 해설을 그대로 따라가고 있을 뿐이었다. 이는 국제정치에 대한 해설이 아니라 미국 쪽 논리를 그대로 전파하는 것에 불과했다.

---

144 이용희(이동주), 「'38선' 획정의 시비」(1955), 『한국외교사와 한국외교』(전집4), 347쪽.
145 「'38선' 획정의 시비」(1955), 348쪽.
146 「'38선' 획정의 시비」(1955), 348쪽.

다른 하나는 국제정치를 바라보는 근본적인 관점의 차이였다. 이용희는 강대국의 국제정치적 의도가 겉으로 드러나지 않을 가능성을 제기했다. 하나의 세계가 두 개의 세계로 전환되는 맥락에서 미국과 소련의 세력권 분할이 은폐되는 가운데 38선 분할에 대한 진실도 알려지지 않았을 가능성이 존재했다. 조효원이 미국 측 자료를 꼼꼼히 읽고, 미국 측 자료의 논리를 그대로 설파하는 미국 외교정책의 대변자가 되었다면서, 이용희는 국제정치적 현상을 분석하기 위해서는 한 국가의 외교사적 차원의 설명이 아니라, 전체 국제정치적 구도 하에서 분석을 진행하고자 했다.

논쟁을 통해 은연중에 제시된 이용희의 대안은 다음과 같았다. 먼저 생산된 1차 자료와 2차 자료 모두 자료 비판을 행하되, 미국과 소련의 전후 구상의 국제정치적 측면을 두루 봐야 한다는 것이었다. 한반도의 38선 분할은 단순히 우발적으로 일어난 일이 아니라, 소련의 대일전 참전 문제와 전후 처리 구상이 결합되는 와중에 일어난 국제정치적 '의도'를 지닌 행위였다는 사실을 중시해야 한다는 것이다. 국제정치에서는 아무리 갑작스럽게 벌어지는 일이라도 의도 없이 진행되는 일은 존재하지 않았다. 특히 강대국의 행위를 분석할 때는 더욱 이와 같은 분석을 게을리해서는 안 되었다. 강대국은 그들의 책임을 덜기 위해 그 정치적 의의를 '극소화'하려는 경향이 있기 때문이다.[147]

이용희는 강대국의 작전 속에서 정치가 제대로 존재할 수 없는 약소국의 상황에서 국제정치를 분석하는 '국제정치학'이라는 지식 체계에 대해서도 비판적으로 접근했다. 이는 이용희가 국제정치에 접근하는 기본 시각('장소의 논리') 그리고 냉전을 바라보는 독특한 시선으로 이어

---

147 「38선 획정 신고」(1965), 『한국외교사와 한국외교』(전집4), 134쪽.

졌다. 이용희의 시각은 이용희 개인의 것으로 그치지 않고, 1956년 8월 창립한 한국국제정치학회의 정신으로 이어진다. 한국국제정치학회의 「약사」는 한국 사회과학의 지식 수용과 관련된 문제의식을 표방한다.

> 국제정치학이 20세기의 학문이며 동시에 영미英美의 학문이라는 것은 주지하는 바와 같다. '학문은 권력의 시녀'라는 말이 있다. 이 말이 항상 어디서나 진리라고 믿는 것은 아니나 여러 학문의 역사를 생각해 본다면 역시 권력의 정책적 요청과 전연 관계없이 생기고 발전한 예를 찾아보기는 어렵다. 국제정치학이 구미의 질서가 세계화함으로써 시대적으로는 국제연맹과 더불어 그리고 영미에서 시작되었다는 것은 결코 우연한 일이 아니다. 한 나라의 대외문제는 차차로 국제문제로서 이해되지 않으면 안 되게 되었으며 전쟁과 평화는 이미 한 나라의 정책적 문제에 그치는 것이 아니었다.[148]

이처럼 「약사」를 제공한 국제정치학회 편집위원회[149]는 '국제정치학'이 시간적으로는 20세기의 신학문이자, 공간적으로는 영미의 학문이라 정의하고 있었다. 학문의 지적 기원을 강하게 의식하는 태도였다. 또 이 「약사」를 특별하게 만드는 것은 지식이 그 자체로서 존재하는 것이 아니라, 영미의 팽창을 통해서 비로소 확산되었다는 지식의 국제정치성을 의식하고 있다는 점이다. "구미의 질서가 세계화"했다는 현실의 변화 속에서 국제정치학적 시각이 확산되었고, 기존에는 한 나라의 대외對外 문제를 뜻했던 여러 사건들이 '국제문제'로 새로이 바뀌게 되었다.

---

148 편집위원회, 「한국국제정치학회 약사」, 『국제정치논총』 1권(한국국제정치학회, 1963.8), 110쪽.
149 이 글의 작성자는 따로 표기되어 있지 않고, '편집위원회 제공'으로 기록되어 있으나, 글의 내용과 문체상 이용희가 작성한 것으로 추정된다.

즉 국제정치학이 먼저 있고, 현실의 변화가 있던 것이 아니라, 현실의 변화 속에서 권력의 정책적 요청에 따라 국제정치학이 탄생했다. 그 점에서 볼 때 국제정치학의 발달은 '학문이 권력의 시녀'라는 말을 증명하는 사례였다. 그렇다면 국제정치학을 공부한다는 것의 의미는 현실적으로 존재하는 영미의 질서를 추인하고, 그 질서 안의 모범적인 추종자가 되는 것이었을까. 「약사」의 집필자는 꼭 그렇게 생각하지 않았다.

> 학문이 권력의 시녀로서 출발하였다고 하더라도 그것이 일단 학문으로서 체계화한 이상에는 그 체계의 원리에 따라 발전하고 독자적으로 존립해왔고 또 하여야 함은 물론이다. 또 자고로 학문의 흐름은 상품의 흐름과 그 방향을 같이 해 왔다. 그러나 비록 상품과 더불어 수입된 학문이라고 하더라도 일단 내 것이 된 이상에는 그것은 나의 학문이며 우리의 학문으로 만들어야 한다.[150]

「약사」는 학문이 '권력의 시녀'라는 현실적 조건을 인정하고 있었다. 그러나 이는 학문이 현실의 권력에 굴복할 수밖에 없다는 소극적인 주장으로 그치지 않았다. 오히려 이는 여러 학문의 발달사에서 보듯이 학문은 권력의 정책적 연관성 속에서 발전한다는 것을 강조하고, 작금의 학문 현실에 대한 '비판적' 개입을 하기 위한 준비였다. "국제정치학 역시 구미의 질서가 세계화함으로써 시대적으로는 국제연맹과 더불어 그리고 영미에서 시작되었다는 것은 그런 의미에서 결코 우연한 일이 아니었다."[151]

---

150 편집위원회, 「한국국제정치학회 약사」, 110쪽.
151 편집위원회, 「한국국제정치학회 약사」, 110쪽.

「약사」는 구미적 역사의 산물인 국제정치학이 영미 특히 미국의 진영 정책의 요청에 따르고 있는 것은 사실이지마는 구미적 역사의 산물인 이 이론을 이 땅에서 수용하는 태도를 논했다. "우리는 모름지기 그 역사를 역으로 뒤집어서 재평가하면서 국제정치 이론 자체를 재음미, 재평가하여 우리의 것으로 새로이 체계화하여야 한다고 보았다.[152]

전쟁과 평화를 자기 의지로 결정할 수 없는 그러한 나라에 있어서의 국제정치학은 일견 무의미하다 수도 있지만, 일국의 입장에서가 아니라 국제정치의 눈으로 보는 것이 오늘날의 한 나라의 정치 현상을 이해하는 첩경이었다. 한국에서 국제정치학은 '작전' 지역에서 '정치'를 읽어내려는 시도였다.[153] 한국과 같이 건국뿐 아니라 존립마저 국제정치에 거의 완전히 의존하고 있는 곳에서는 차라리 모든 사회과학은 '국제정치'로부터 시작하여야 했으며 바로 이 점이 한국에 있어서 (국제)정치학의 존재 이유였다.[154]

조효원과 이용희는 각자의 차이가 있지만, 1950년대 중반 국제정치학과 관련된 개별 저서를 통해 냉전 국제정치론을 세세하게 피력했다. 이는 영미 국제정치학, 특히 한스 모겐소로 대표되는 미국산 현실주의의 일방적 이식이라고 보기는 어려웠다. 이 둘은 해방 이후 약 10년간 경험한 냉전에 대한 그들 자신의 해석을 '국제정치학'이라는 새로운 지식 체계를 통해 담아냈다. 조효원의 《국제정치학》과 《아세아정치론》에서 나타난 냉전 국제정치는 여러 국가들의 세력 경쟁이 이루어지는 힘의 장이었다. 조효원은 이를 보편적인 세계 대세로서 수용하면서,

---

152 편집위원회, 「한국국제정치학회 약사」, 110쪽.

153 그런 의미에서 이용희는 "나의 국제정치학은 국내정치학에 이르는 한 개도론의 역할"이라고 정의했다. 이용희, 『국제정치원론』(1955), 6쪽.

154 편집위원회, 「한국국제정치학회 약사」, 111쪽.

국력 면에서 약소국일 수밖에 없는 한국의 외교 전략을 담아내고자 했다. 조효원은 국력의 증강을 자체적으로 이루기 어려운 약소국의 경우, 자유 진영의 간섭을 적극적으로 활용하되 아시아의 반공 국가들을 엮어내면서 한국이 그 가운데 중심을 차지하는 방식으로 냉전에 대처하고자 했다.

그러면서 동시에 조효원은 아시아 민족주의를 내세우는 아시아 국가들의 중립 노선을 비판했다. 이는 단순히 미국 국제정치학의 '번역'을 넘어서 조효원 자신의 정세 분석을 미국 국제정치학 이론을 빌어서 피력한 것이라 볼 수 있었다. 조효원은 미국과 소련을 중심으로 전개되는 국제정치 질서를 일종의 양 진영의 세력균형에 입각한 대결 구도로 파악했고, 이 구조를 그대로 인정한 상태에서 한국이라는 약소국의 길을 모색했다.

이용희에게도 국제정치는 받아들일 수밖에 없는 일종의 구조였다. 그러나 이용희에게 국제정치는 보편적 현상이라기보다는, 유럽 세계의 팽창을 통해 '일반화된' 현상이었다. 더 중요했던 사실은 국제정치를 경험하는 주체가 '내' 나라라는 사실이었다. 또 냉전은 단순히 5, 6개의 강대국이 단 두 개로 줄어들었다는 것만을 의미하지는 않았다. 이는 근대국가 간의 이룩된 고유의 국제정치 질서가 바뀌어 가는 것을 의미했으며, 근대 국제정치의 초석이었던 주권국가의 자율성과 독립성이 진영별 통합의 필요에 따라 실질적으로 제한받는 상황을 뜻했다.[155]

이전의 군소 근대국가가 부국강병책을 통해 강국이 되기를 꿈꾸었다면, 현대 전쟁의 규모와 성격은 이제 전통적인 근대국가로서는 감당하기 어려운 것이 되었다. 이제 미국과 소련이라는 초강대국을 다른 국가

---

[155] 『국제정치원론』(1955), 369쪽.

들이 실력으로 능가할 가능성은 매우 희박했다.[156] 그렇기에 이용희가 보기에 나라 간의 권력 투쟁만을 강조하는 시각은 '현실적'이지 못 했고, 오히려 비현실론에 가까웠다. 한국을 포함한 약소국의 입장에서 더 중요한 것은 나라 간의 권력 투쟁이 아니라 진영이 형성되면서 기존의 국제정치 문법이 변동하는 양상을 잘 읽어내고, 그 속에서 한국의 '주체적' 시야를 확보하는 일이었다. 근대국가적 논리에만 초점을 두지 않았던 이용희의 시선은 동시대 유럽의 영연방과 유럽공동체, 그리고 과거 동양의 사대 질서까지 폭넓게 확장될 수 있었다.[157]

---

156 『국제정치원론』(1955), 370쪽.

157 이용희는 영연방의 작동방식과 사대주의가 유사하다고 주장했다. 조선 왕조가 명나라를 섬길 때는 조선이 직접적으로 섬긴 것은 명나라 자체가 아니라 천자였기 때문에 영연방에서 군왕을 섬긴다는 것과 유사했다. 또 사대질서 하에서는 동양적인 예를 갖추어 질서가 유지되었는데, 이는 영연방에서 말하는 헌법적, 입헌적 의미와 그 기능이 유사했다. 『미래의 세계정치』 (전집5), 58-61쪽.

참고문헌

이용희. 2017. 『동주이용희전집』 1~10권. 고양: 연암서가.

이용희. 유네스코 한국위원회 엮음. 1957. 「정치학」. 『유네스코 한국총람』. 서울: 유네스코 한국위원회.

강동국. 서울대학교 국제문제연구소 엮음. 2017. 「국제정치학자 이용희의 탄생」. 『한국 국제정치학, 미래 백 년의 설계』. 서울: 사회평론아카데미.

기유정. 2021. 「냉전 초기 한국의 민족국가론과 그 균열들: 이용희의 비동시대성을 중심으로」. 『한국정치연구』 30권 3호.

김동선. 2021. 「최봉윤의 독립운동과 민족의식」. 『한국민족운동사연구』 109권.

김영호. 2010. 「탈냉전과 38선 획정의 재조명: 동주 이용희의 「38선 획정 신고」를 중심으로」. 『국가와 정치』 16권.

김용구. 2003. 「한국국제정치학사」. 『한국정치학회 50년사: 1953~2003』. 서울: 한국정치학회.

김학준. 2013. 『공삼 민병태 교수의 정치학: 해방 이후 한국에서 정치학이 소생-성장-발전한 과정의 맥락에서』. 서울: 서울대학교출판문화원.

남기정. 2017. 「이용희의 냉전 인식: 냉전과 분단 기원에 대한 이해를 중심으로」. 『개념과 소통』 20권.

박건영. 2017. 「국제정치란 무엇인가: 『국제정치원론』에 대한 소고」. 민병원·조인수 외. 『장소와 의미: 동주 이용희의 학문과 사상』. 고양: 연암서가.

손제석. 1967. 「국제정치학의 연구 및 대학교육 경향」. 『한국정치학회보』 2권.

연정60년사 편찬위원회. 2004. 『연정60년사(1945~2004)』. 서울: 연세대학교 정치외교학과.

장진성. 2022. 「이용희와 빌헬름 보링거」. 『미술사와 시각문화』 30권.

전상숙. 2016. 「식민지시기 정치와 정치학」. 『사회와 역사』 110권.

조효원. 1954. 『국제정치학』. 서울: 문종각.

조효원. 1955. 『아세아정치론』. 서울: 문종각.

조효원. 손세일 엮음. 1976. 「38선은 누가 획정?」(1955). 『한국논쟁사 3: 정치·법률· 경제』. 서울: 청람출판사.

편집부. 1958. 「정치학 일반 참고문헌」. 『서울대 정치학보』 3권.

편집위원회. 1963. 「한국국제정치학회 약사」. 『국제정치논총』 1권.

피에르 바야르. 백선희 옮김. 2010. 『예상표절』. 서울: 여름언덕.

홍정완. 2021. 『한국 사회과학의 기원: 이데올로기와 근대화의 이론 체계』. 고양: 역사비평사.

Andrew Crampton and Gearóid Ó Tuathail. 1996. "Intellectuals, institutions and ideology: the case of Robert Strausz-Hupé and 'American geopolitics'." *Political Geography*, Vol. 15, No. 6/7.

Frederick. S. Dunn. 1948. "The Scope of International Relations." *World Politics*, Vol. 1, No. 1.

1970년대 후반 이용희와 국토통일원

장세진

1. 정치학이라는 다른 족보

서구의 근대 국제정치학을 한국에 제도적으로 안착시킨 창설자 founding father였던 이용희(1917~1997)는 스스로를 자주 독학자로 칭한 것으로 잘 알려져 있다. 이때 흥미로운 것은 유소년 시대를 거쳐 청년 기로 이어지는, "난독亂讀"에 가까운 열렬한 그의 독서 이력에서 정작 정치학은 그리 순위가 높지 않았다는 점이다. 어째서일까. 당시 일본을 경유해 이입된 근대 '정치학'이란 주로 국가의 구조와 운영 등을 논하

---

*   이 글은 『한국학연구』 65집(2022)에 실린 논문 「미완의 싱크탱크 혹은 이용희의 국토통일원 시절(1976~1979)-1970년대 후반 국토통일원의 연구 사업을 중심으로」를 수정, 보완했다.

는 것이어서, 식민지의 곤궁한 독립운동가 집안 출신이었던 그로서는 이 학문에 별다른 흥미를 느끼지 못했던 듯하다. 왜 이토록 우리 "민족이나 내 집안이 고생하느냐" 하는, 젊은 그를 사로잡은 삶의 절실한 질문으로부터 그가 접한 정치학의 내용은 꽤나 동떨어져 있는 것으로 보였다.[1] 오히려 역사와 국학, (비교) 언어학과 서구 문학의 세계를 자유롭게 편력하던 이용희가 정치학, 보다 넓게는 사회과학으로 '회귀'하게 된 것은 1940년 무렵 만주에서의 생활 경험 이후였다. 조선인으로서 일종의 관찰자였던 이용희는 소수의 일본인이 절대 다수인 중국인을 지배하는 괴뢰국 만주의 통치 메커니즘을 목격했고, 지배와 저항의 계기 모두를 포함한 정치의 성격에 비로소 흥미를 가지게 된 셈이었다.[2]

돌이켜 보건대, 이용희에게 정치학이란 언제나 '현재'의 학문이었고, 실천적인 사회의식으로부터 정치학이 발생한다는 의미였다. 비록 사실이 아닐지라도, 예술이나 과학은 '예술을 위한 예술'이나 '진리만을 위한 과학' 등 일체의 "실천의식을 배격하는 표정이 가능"한 사례였다. 그러나 이용희에게 정치학이란 아예 "족보부터가 이와는 다른" 학문이었다. 실제로, 근세의 'Politik'은 정책이란 뜻에서 나왔다는 것, 정치란 본시 '옳게正 다스린다治'라는 뜻에서 유래한 만큼, 정치학은 그 출발부터가 '정책학', '치국학'이었으며[3], 넓은 의미에서 "프로파간다의 세계"라는 것이 그의 일관된 생각이었다. 요컨대, 이용희에게 있어 정치학이란 이데올로기화라는 측면에서 긍정적 프로파간다가 되었든 부정적 프로

---

1 「독서 연대기로 돌아보는 젊은 정신의 회억」(1974)」,『독시재 산고』(전집6), 47-48쪽.

2 이용희는 만주국 수도 신경(장춘)에 소재한 만주국협화회에 사무원으로 잠시 취직했던 것으로 알려져 있다. 이용희의 만주 체험과 사상의 원류로서의 지식 편력에 대해서는 옥창준, 「이용희의 지식 체계 형성과 한국 국제정치학의 재구성」,『사이』22권 0호(국제한국문학문화학회, 2017. 3).

3 「정치학이라는 학문-그 현상에 관한 짧은 에세이」(1958)」,『독시재 산고』(전집6), 255-256쪽.

파간다가 되었든 "높은 실천적 의미를 갖"지 않을 수 없었다.[4]

　이러한 맥락에서 보자면, 1948년 이래 대학에 줄곧 몸담았던 이용희가 1970년대 중반 무렵부터 현실정치의 장에 뛰어든 것은 적어도 그 자신에게는 급작스럽다거나 전혀 예상치 못한 일이 아니었다. 더욱이, 이용희와 박정희 정권과의 인연 자체는 실은 좀 더 앞선 시기로 거슬러 올라가는 꽤 오랜 것이기도 했다. 실제로, 5.16 쿠데타 직후인 1961년 6월, 박정희가 이끄는 국가재건최고회의는 자신들의 정당성 선전을 위해 세계 '자유우방국'에 친선사절단을 대대적으로 파견하게 된다. 당시 서울대 행정대학원장이었던 이용희는 '중근동 사절단'의 일원 자격으로 터키, 이라크, 사우디아라비아 등 10개국을 방문하는 공식 외교 업무를 수행하게 된다.[5] 그러나 보다 정확히 말해, 그가 학문의 세계 너머 현실정치의 장에 본격적으로 참여하게 된 것은 박정희 정권의 정책 관료로 임명된 1975년 시점부터였다. 이용희는 그간 쌓아 올렸던 국제정치학자로서의 이력을 토대로 박정희 대통령의 '정치담당특별보좌관'으로 발탁(1975)되었고, 이어 1976년 이래 만 3년 동안 국토통일원(현재 통일부의 전신) 장관으로 재직하게 된다.[6]

4　「독서 연대기로 돌아보는 젊은 정신의 회억」, 66쪽.
5　친선사절단의 파견은 5.16 쿠데타의 정당성을 국제적으로 인정받기 위한 외교적 정지(整地) 작업의 일환이었다. 북남미와 동남아시아, 구라파와 중근동, 아프리카 등 5개 지역으로 나뉘어 사절단이 파견되었는데, 각 사절단은 대사급 단장과 현역 군인, 언론계와 학계의 인사 등으로 구성되었다. 「우방국에 사절단 파견」, 『경향신문』, 1961.6.8. 이용희가 속한 중근동 사절단은 터키 한국대사 윤치창, 이병엽 대령, 오학진 중령으로 구성되었고, 총 10개국(터어키, 이라크, 레바논, 싸이프러스, 요르단, 사우디아라비아, 통일아랍공화국, 리비아, 모로코, 이란)을 방문하였다. 「8일 토이기 착(着) 중근동 방문사절단」, 『조선일보』, 1961. 7. 9. 이용희는 중근동 사절단의 경험을 기록으로 남겼다. 이용희, 「중근동 친선 방문을 마치고 나서」, 『최고회의보』 3호, 1961.
6　박건영, 「국제정치란 무엇인가: 『국제정치원론』에 관한 소고」, 『장소와 의미』(고양:연암서가, 2017), 18쪽.

이 글은 그간의 연구에서 상대적으로 주목이 덜했던 위의 시기 즉, 이용희가 현실정치에 입문한 이후 국토통일원 장관으로 재직했던 시간대를 살펴보고자 한다. 알려진 대로, 학자로서 이용희는 분단국에서 국제정치학이 존재하는 궁극적 이유를 남과 북의 통일로 꼽을 만큼 이 문제를 중요한 의제로 설정해온 인물이었다.[7] 통일을 바라보는 이용희 특유의 관점에 대해서는 본문에서 다시 언급하겠지만, 이 시기는 그 자신 갈고 닦아 온 학문적 역량과 정세 판단을 오롯이 동원할 수 있게 된 '기회'의 시간이었다. 한반도 통일 정책의 기본 방향을 설계함으로써 현실에 직접 영향력을 행사할 수 있는 공식 권한이 주어진 시기, 평소 신념처럼 학문적 포부를 실제 정책politic으로 구현해내는, 넓은 의미에서 '프로파간다'의 시간이 될 것이 분명했다.

물론, 분단/통일의 문제를 학자로서 연구, 교육하는 일과 현실정치 한 가운데 위치한 정책 입안자가 접근하는 방식 사이에는 분명 적지 않은 간극이 존재할 터였다. 이용희가 장관으로 부임했던 국토통일원은 세계 냉전의 정세 변화 및 국내 정치가 교차하는 복합적인 맥락 속에서 1969년 탄생한 기관으로, 행정부 산하의 아직 역사가 짧은 신생 조직이었다.[8] 더욱이 이용희가 장관으로 임명된 1976년은 1972년 10월 선포된 '유신'의 시간대였음을 기억할 필요가 있다. "조국의 평화통일을 지향하는 헌법 개정안"이라는 유신헌법의 정식 명칭에서 짐작할 수 있듯이, 국토통일원이라는 부처는 특히 통일을 명분으로 내세워 영구 집권을 시도했던 박정희 정권의 강한 영향력과 통제 아래 놓일 수밖에 없는 기관이었다.

---

7 이에 대해서는 이용희의 제자였던 (전) 통일부 장관 정세현의 회고가 흥미롭다. 정세현, 박인규 대담, 『판문점의 협상가:북한과 마주한 40년』(파주: 창비, 2020), 65–66쪽.
8 「국토통일원 발족」, 『경향신문』, 1969. 3. 1.

당시 국토통일원을 둘러싼 이러한 정치적 제약들을 상수로서 고려하는 가운데, 이 글에서는 이용희의 장관 재직 시절 국토통일원 사업 내용의 특징을 그 한계부터 의의까지 종합적으로 살펴보고자 한다. 일단, 이러한 시도는 구체적으로는 알려지지 않았던 '관료-이용희'의 실천을 밝힌다는 점에서 그간의 공백을 메우는 전기적 연구의 일종이라 할 수 있다. 그러나 그가 몸담았던 국토통일원이라는 기관의 위상과 사업 내용들을 중점적으로 다룬다는 점에서 보자면, 이 글은 박정희 정권 말기의 통일 정책을 배경으로 한 냉전 제도사의 성격을 보다 강하게 띤다.[9] 실제로, '관료-이용희'가 실패하거나 혹은 나름의 성과를 거두었던 지점들은 양자 모두 1970년대 중후반 남북관계의 부침 양상과 동북아, 그리고 글로벌한 냉전 정세의 변동과 깊이 맞물려 있었다. 국책기관인 국

---

9 현 통일부의 전신인 국토통일원(1990년에 통일원으로, 1998년에 통일부로 개칭)에 관한 연구는 그다지 활발하게 이루어지지 않았으며, 주로 국가기관의 효율성 차원이나 기관 설립 초기 국회에서의 입법화 과정에 대한 행정학 쪽 접근이 1970년대와 1980년대에 걸쳐 다음과 같이 다소간 이루어졌을 뿐이다. 허준, 「국토통일원 설치의 입법과정에 대한 연구」(서울대학교 행정대학원, 1970); 김명, 「국토통일원에 대한 기관 형성론적 연구」(서울대학교 행정대학원, 1970. 2); 박대운, 「입법과정에 관한 사례연구: 국토통일원 설립과정」(서울대학교 행정대학원,1972); 박균홍, 「국토통일원의 조직에 관한 연구」(서울대학교 행정대학원, 1977. 2); 윤용범, 「국토통일원 예산 편성 상의 실무적 고찰」(연세대학교 행정대학원, 1989); 김정준, 「국토통일원 조직의 효율화에 관한 연구」(성균관대학교 행정대학원, 1991).
   물론, 『국토통일원 발전사』(국토통일원, 1972)나 『국토통일원 15년 약사』(국토통일원, 1984)와 같이 국토통일원 스스로가 회고의 주체가 되어 자전적인 기관 사(史)를 편찬한 사례가 없는 것은 아니다. 이 자료들은 시대별로 국토통일원이 성취했던 일련의 사업 성과들을 일목요연하게 정리하고 있다는 점에서, 아무래도 조직의 외형이나 실적 보고를 주목적으로 하는 '관찬사' 이상이 되기는 어려워 보인다. 1970년대 냉전의 제도사라는, 이 글과 유사한 관심을 가진 선행 연구는 오히려 2010년에 이루어진 구술 자료 쪽에서 이루어졌다. 이 연구는 국사편찬위원회가 발주한 구술 프로젝트의 일환으로, 특히 1970년대의 박정희 정권의 통일 정책에 초점이 맞추어져 있다. 구체적으로는 국토통일원의 사업을 부문별(정책 기획, 조사연구, 교육홍보)로 실제 기획, 집행한 세 명의 중견 관리들(양영식, 이호경, 이영일)을 2차~3차에 걸쳐 구술 인터뷰한 자료이다. 예대열·이주봉, 「박정희 정권 시기 통일정책과 국토통일원 중견 관리의 행정 경험」, 사료계열 COH007_062010,(국사편찬위원회, 2010).

토통일원의 설립 취지와 이 기관이 실제로 수행했던 역할이란 이처럼 국내외 여러 변수가 복합적으로 작용하는 가운데 유동적으로 결정되었던 만큼, 이용희 개인으로서는 넘어설 수 없는 구조적 요인들이 분명 존재했다.

미리 말해 두자면, 이 글의 목적이 '국제정치학자-이용희'와 '국토통일원 장관-이용희' 사이에 놓인 예기된 거리 내지 간극을 단지 확인하기 위한 것은 아니다. 그보다는 오히려 다음과 같은 질문들을 제기하고 그 답을 가늠해보려는 시도이다. 즉, 1970년대 국가가 주도한 공적 플랫폼 안으로 들어간 당대 지식인들이 자신의 학문적 지식을 현실 속에 관철시키고자 했을 때 과연 어떠한 방식으로 '협상'하고 평소의 신념을 실천했을까. 특히, 국토통일원이라는 기관은 오랜 세월 아래로부터 열망되었으나 동시에 금기에 가까웠던 '불온'의 키워드 '통일'을 정부 차원에서 본격적으로 다루고자 설립된 새로운 조직이었다. 주어진 제도의 틀과 조건의 속박 속에서 그들이 의미 있는 진전을 이룬 지점들은 과연 어디였으며 여전히 기대에 미치지 못하고 실패할 수밖에 없었던 대목은 어디였을까.

이러한 관점에서 본다면, 이용희의 국토통일원 경험을 반추해보는 일은 1970년대 학술장에 속해 있던 지식인들이 국가가 제공하는 제도와 맺었던 관계의 여러 양상 가운데 유의미하게 범주화될 수 있는 하나의 사례가 될 수 있을 것이다. 다시 말해, 그것은 자신의 비판적 '앎'을 어떤 식으로든 현실에 기입하거나 혹은 실정화된 제도 속에서 실천하려 할 때 어김없이 발생하는 불편한 균열과 긴장들, 그럼에도 불구하고 어렵게 획득된 새로운 현실 변화와 생산의 순간들 양자 모두를 놓치지 않고 재구성하는 작업이 될 것이다.

2. 이용희의 통일 인식과 국토통일원의 성립 사정

(1) 통일, 현대국가, 지역성

통일 관련 업무를 전담하기 위해 설립된 기관의 수장으로 임명되었던 만큼, 국제정치학자로서 이용희가 평소 가졌던 통일에 대한 인식을 간략하게나마 살펴보기로 하자. 통상적으로, 통일이라는 이슈는 내셔널리즘이라는 계기를 당연히 포함할 것으로 기대되지만, 이용희의 통일 관련 입론에는 내셔널리즘과 더불어 내셔널리즘의 지양이라는 상반된 계기 또한 적지 않은 비중으로 존재하고 있어 당시로선 상당히 독특한 관점이었다고 할 수 있다.

1960년대 이후 정권뿐만 아니라 많은 지식인들이 대한민국이라는 정치 공동체가 당면한 최우선 선결 과제로 '근대화'를 제시해왔다는 것은 널리 알려진 사실이다. 그런데 이용희에게 '근대화'란 결코 '통일' 없이는 완결되기 어려운 미션으로, 두 가지는 긴밀하게 서로 연동된 일종의 구조적 사안이었다. 비단 경제적으로뿐만 아니라 특히 정치적으로 그러했는데, 이는 이용희가 당대 세계정치의 흐름을 이해한 방식과도 깊은 관련이 있었다. 그가 관찰한 바로는 세계, 특히 냉전 시대 국제정치의 추세란 그 최저단위인 민족국가를 넘어서서 미국이나 소련과 같은 '다민족주의 현대국가'의 형태로 점차 이행되어가는 것이 핵심적인 특징이었다. 현재로선 미국과 소련이 가장 강력한 '현대국가'이지만, 이용희는 향후 거시적인 세계정세의 방향이 "국민국가를 하위 단위"로 삼으면서, 그 위에 "중위의 지역적 정치권이 서고 또 그 위에 세계기구가 서는 계층적(위계적) 정치 세계"가 출현할 것이라고 내다보았다.[10]

이 국가들은 최근의 용어로 말하자면 인접한 지역적 '블록화' 방식을 통해, "같은 시장, 같은 정치체, 같은 이념의 형성을 목적"으로 삼는 경우에 해당한다. 이용희에 따르면, 예전 '제국-식민지' 시기의 위계적 착취 관계와 비교해 '현대국가'는 한 발 나아간 보다 발전된 정치 제도라는 것이다. 1945년 이후의 냉전 국제 정세 이해에서, 국민국가를 넘어서는 '현대국가'와 이를 매개하는 '지역성'이란 이용희에게 이처럼 중요한 키워드들이었다.[11] 이제, 근대의 원자적 주권국가들은 현대국가 형성이라는 커다란 흐름 속에서 경제와 군사력을 보다 상위의 지역적 정치 기구에 자발적으로 위임하며, 스스로를 지양해나가는 계기들조차 시험하게 된다. 이용희는 미국과 소련과 같은 '현대국가'의 경우에 준하는 조건들을 획득하기 위해, 서로 합종연횡하는 국가들의 다양한 지역적 조치들을 냉전의 초창기부터 일찍이 눈여겨 보았던 것으로 잘 알려져 있다. 예를 들어, 통일 서유럽을 향한 당시의 노력이나 아랍동맹, 동남아동맹 등이 그러한 사례였다. 결국, 이용희의 사유 체계 내에서라면, '현대국가'라는 새로운 추세에 낙오되지 않기 위해서라도 국제정치의 최저단위인 민족국가로의 통일은 언제든 반드시 해결되어야 할 사안일 수밖에 없었다.[12]

통일에 대한 이용희의 접근 방식이 이처럼 국제정치학이라는 학적 담론의 '자율성' 내에서 전개되었고, 고대와 현대, 유럽과 아시아를 거시적으로 조망하는 역사화된 담론이었기 때문일까. 확실히, 이용희의 통일 입론은 1960년대의 파란 많은 현실정치의 파고 속에서 상대적으로 부침이 덜한 편이었다. 주지하다시피, 이 시기는 크고 작은 각종 필

---

10 「근세후편」(1958), 『국제정치 원론』(전집1), 118-119쪽.
11 「근세후편」(1958), 119쪽.
12 「한국 근대화의 기본문제」(1968), 『정치사상과 한국민족주의』(전집2), 283쪽.

화 사건을 비롯, 동백림 사건(1967)과 통혁당 사건(1968) 등 지식인을 대상으로 한 집단적 사상 검열과 공안정국이 거세게 몰아치는 와중이었다. 그러나 아카데믹한 담론의 성격이 강했던 이용희의 통일론은 정치적 단죄의 희생양이 되는 불운을 겪지 않았다. 가령, 1960년대 중반 대통령의 측근이자 정권 차원의 유력한 이데올로그였던 언론인 황용주를 떠올려보자. 그가 '근대화'와 '민족국가로의 '통일'을 일종의 '패키지'로 함께 주장하다 반공법 위반으로 법정에 섰던 사실, 이후 공론장에서 거의 퇴출되다시피 했던 바로 그 상황 말이다.

뿐만이 아니다. 1960년대 중반 지면紙面으로 민족국가 완성과 평화 통일을 주장하던 잡지 《청맥》의 발행인 김질락이 간첩죄로 사형을 언도받고 끝내 형이 집행되었던 것은 1972년의 일이었다.[13] 국내정치라는 맥락을 제거하고 담론의 내용 그 자체만으로 보면, 실상 황용주나 김질락과도 크게 다를 바 없는 주장을 펼쳤던 이용희의 경우, 대학과 학문의 울타리 안에서 '근대화'와 '통일'이라는 자신의 양대 의제를 별 탈 없이 보존한 사례였다. 물론, 이용희 역시 인민과 시민사회의 정치적 자유를 희생하고 "물량주의, 경제주의"로만 흘러가는 박정희 정권의 근대화 드라이브에 대해 상당한 우려를 피력한 바도 없지 않았다.[14] 그럼에도, 정권이 수용할 수 있는 정도의 '학문적' 비판이었던 것일까. 1976년 12월, 이용희는 박정희 정권에 의해 제6대 국토통일원 장관으로 임명되는데, 대학의 학자 출신으로서는 세 번째 장관 인선이었다.

---

13 장세진, 「청맥 혹은 실종된 유산들의 아카이브」, 『사이』 29호(국제한국문학문화학회, 2020. 11).
14 국회사무처 의정기록과, 「한국 근대화의 기본 문제」(1968), 279쪽.

(2) 국토통일원의 성립과 중앙정보부라는 그늘

국회 외무위원회 회의 기록을 참조하면, 1976년 이용희가 취임할 당시 국토통일원의 예산은 약 10억 규모로 알려져 있다. 매년 규모가 조금씩 늘어나긴 했지만 여전히 국회의원들로부터 "시골의 큰 군郡 예산만도 못하다는 동정론"이 나올 정도로 국토통일원은 소규모의 인력과 재정으로 운영되는 작은 부서로 출발했다.[15] 신생 부처로서 어쩔 수 없는 현상이기는 했지만, 국토통일원은 설립 당시부터 무엇을 위한 기관인가라는 정부 내 강한 회의의 시선에 부딪혔던 것이 사실이다.[16] 그러나 박정희는 1969년 국토통일원 개원식 연설에서 그러한 우려를 씻어내기라도 하려는 듯, 설립 취지를 분명하게 밝힌다. "통일의 열매가 우리 세대에서 익을는지 다음 세대로 넘어갈는지 모르므로, 과수의 씨앗을 심어 가꾸고 공들여 키우듯 국민의 중지를 모아 긴 안목에서 단계적으로 연구, 추진"[17]하라는 것이었다. 다시 말해, 각 부처 내에서 부수적 업무의 일환으로 통일 문제를 다루는 것이 아니라, 통일과 관련된 중, 장기적 정책 개발과 연구 조사를 기획, 실행, 총괄하는 국가적 플랫폼의 탄

---

15 「외무위원회 회의록」, 98회, 12차, 1977. 10. 31. 1978년 국토통일원의 예산은 정부 총예산인 3조 5.500만 원의 0.04%인 15억 500만 원을 배정받았다. 이 금액은 예비비를 포함한 1977년의 총예산 10억 500만 원에 비하면 5억 원이 증액된 숫자다. 「외무위원회 회의록」, 98회(7차), 1977. 10. 26.

16 회의론의 시각 중 대표적인 것은 기존 부처나 민간 기구들을 활용하면 업무 중복 가능성을 줄일 수 있어 굳이 예산을 투입한 또 하나의 기관을 만들지 않아도 된다는, 이른바 행정 '합리성' 차원에서 제기되는 목소리였다. 예컨대, 중앙정보부나 공보부 조사국 3과, 외무부 방교국 국제연합과 등에서 통일 문제를 이미 담당하고 있으니 이들 기관들의 기능을 강화하는 것만으로도 충분하다는 논리였다. 또한 북한의 각 분야에 관한 정보 수집과 반공 교육에 관해서라면, 중앙정보부는 차치하고서라도 이승만 정부 때 설립된 이북5도청 역시 해당 기능을 이미 수행하고 있다는 것이었다.

17 「국토통일원 발족」, 『경향신문』, 1969. 3. 1.

생을 표방한 셈이었다.

그러나 이러한 아이디어 자체는 실은 4.19 직후 자유분방한 통일 담론을 제시했던 학생과 시민사회로부터 애초 싹튼 것이었고, 정치권이 우여곡절 끝에 이를 받아 안은 것이었다고 보아야 한다.[18] 돌이켜 보면, 1960년대 내내 박정희 정권은 통일에 대하여, 엄밀히 계산된 국가 주도의 컨트롤 하에 대중들에게 노출해야 하는 제 일 순위 이슈로 판단하고 있었다. 통일이라는 아젠다는 통치의 정당성이 약한 군부 정권에게 국민적 지지를 제공할 수 있는 상당한 인기 요소를 간직하고 있었지만, 북한에 비해 아직 경제적 열위에 놓여 있던 남한 정부 입장에서 통일은 결코 자신 있게 꺼내들 수 있는 카드가 아니었던 까닭이다. 이 시기 남한에서의 통일론이 언제나 '선건설 후통일' 이라는 식으로, 가능한 먼 미래의 일이라는 유예의 단서 조항을 반드시 달고 나타났던 이유이기도 했다. 그러나 상황은 차츰 변모해갔는데, 남한의 베트남 파병 이래 부쩍 잦아진 북한 측의 무력 도발은 심각한 문제였다. 이제, 북한이라는 정치체polity에 관한 철저한 연구가 필요하다는 정부 차원의 경각심이 어떤 사회적 합의를 이끌어 낼 정도가 되었다. 이로써 그동안 미루어 두기만 했던 통일 전문 싱크탱크의 설립이 4.19 이래 9년 만에 정치권에서 드디어 현실화된 것이었다.

그러나 대통령의 확신에 찬 선언에도 불구하고, 정부가 내세우는 공식적인 개원의 애초 목적과 국토통일원의 실제 업무 수행 사이에 커다란 격차가 존재했던 것은 분명한 사실이다. 어째서일까. 이러한 사태

---

18 박정희가 속한 공화당은 1963년 11월 총선을 앞두고 4.19 이래 시민사회의 요구였던 국가적 차원의 통일 연구 기관 설치를 공약으로 내걸었다. 국회가 개원하자 공화당은 '국토통일연구특별위원회'를 꾸렸고, 이 위원회는 1967년 1월 『통일백서』를 발표했다. 이 백서에서 정부조직으로 통일문제 전담기구를 두고 국무위원(장관)이 장을 맡는 기본 형식이 건의되었다. 『통일백서 1967』(국회국토통일연구특별위원회, 1967).

의 배후에는 다름 아닌 중앙정보부의 존재가 있었는데, 특히 북한과 통일 문제에 관한 한 중앙정보부는 모든 정보를 배타적으로 독점하고 있는 기관으로서, 신생의 국토통일원에 비하면 그 위력이 압도적일 수밖에 없었다. 남한보다 '잘 사는' 북한에 대한 정보들은 철저히 차단되어야 했고, 북한과의 접촉 역시 국내 정치상의 유불리에 따라 중앙정보부의 자의적인 관리 아래 놓여 있는 실정이었다. 중앙정보부의 이와 같은 업무적 우위는 설립 초기 국토통일원의 인적 구성면에서도 단적으로 드러난다. 1970년대 국토통일원에 근무했던 중견 관리들의 구술 회고를 참조하면, 초기의 국토통일원은 중앙정보부 내에서 승진의 길이 막힌 이른바 '마이너리거'들을 위시하여 정부 각원 부처나 공화당에서 두각을 나타내지 못한 '2진' 인사들이 한데 모인, 일종의 "외인부대 연합" 과도 같은 곳이었다.[19]

　무엇보다, 신생 국토통일원에 대한 중앙정보부의 영향력을 노골적으로 보여준 계기는 1대 장관 신태환의 경질 사건이었다. 서울대 총장 출신이었던 그가 초대 장관으로서 의욕적으로 개시했던 사업은 바로 국민들의 통일 의식에 관한 전국적 여론 조사였다. 대한민국 수립 이후 통일 문제에 관해 정부 기관이 시행한 최초의 여론 조사였던 까닭에, 이 사업은 세간의 상당한 주목을 받을 수밖에 없었다. 그런데 여론 조사 결과 중 북한의 '연방제'를 선호하는 친공의식이 국민들 일부에 존재한다는 식의 신문 보도가 문제가 되면서 중앙정보부가 국토통일원의 관계 자료를 전격 압수하는 기이한 사태가 벌어지게 된다.[20] 심지어 신태환 장관은 정보부에 의한 심문 조사까지 받는 굴욕을 당했고, 결국 그는 부

---

19 구술 이영일, 예대열·이주봉, 「박정희 정권 시기 통일 정책과 국토통일원 중견 관리의 행정 경험」, 국사편찬위원회, 2010년도 구술자료 수집사업, CH_10_002_이영일_11, 50쪽.

임 1년 만에 경질되기에 이른다.[21] 어느 부처이든 국내정치의 영향을 받는 장관의 임기가 그리 길지 않은 것은 사실이지만, 국토통일원의 경우 6대 장관 이용희가 취임하기 전까지 장관들의 평균 임기는 정치인 출신의 2대 장관 김영선(3년 9개월)을 제외하면, 모두 1년을 가까스로 채우는 정도였다. 1976년 말부터 박정희 암살 이후인 1979년 말까지 만 3년 동안 자리를 지켰던 이용희의 케이스는 따라서 기관 초기뿐만 아니라 가장 최근의 통일부 연혁까지를 고려해도 이례적으로 긴 편이었다.

(3) 이용희의 인사 전략과 국토통일원의 딜레마

그렇다면, 상대적으로 안정적이었던 이용희의 장관 재직 시절 국토통일원의 가장 큰 변화는 무엇이었을까. 단적으로 말하면, 중앙정보부의 영향력과 색채를 상당 부분 감소시켰다는 점이다. 물론 중정의 파워는 1970년대 내내 막강한 것이기는 했지만, 조직의 성격이란 대체로 구성원들이 누구냐에 달려 있게 마련이다. 6대 장관 이용희가 이끈 국토통일원에서는 예의 정보부나 타 부처 출신 정부 인사들을 실제 연구가 가능한 인력들로 대폭 쇄신하는 인사 전략을 취했다. 김대중·노무현 정부에서 통일부 장관을 지낸 정세현의 경우도 이용희의 재직 시절 연구직으로 채용된 케이스이지만, 서울대 정치학과 출신의 조건식이나 외교학과의 김형기 등 향후 통일부의 장·차관급을 역임하게 되는 이들을

---

20 「염원은 간절하지만 통일 여론 조사에서 나타난 문제점들」, 『경향신문』, 1970. 2. 21. 이 조사에서 통일이 꼭 이루어져야 한다는 의견이 90.61%로 매우 높게 나타났다. 혁신계의 통일 방안인 남북협상에 대한 찬성이 9.5%가 나왔고, 문제가 되었던 연방제 부분은 대부분의 신문에서는 빠져 있지만, 『한국일보』 지면에서는 발표되었던 것으로 보인다.

21 구술 이호경, 예대열·이주봉, 「박정희 정권 시기 통일 정책과 국토통일원 중견 관리의 행정 경험」, 국사편찬위원회, 2010년도 구술자료 수집사업, CH_10_002_이호경_11, 38쪽.

위시하여 적어도 당시 통일원의 약 30%에 달하는 십여 명의 신진 연구 인력들이 이 시기 대거 영입되었다. 이미 언급한 대로, 초기 국토통일원의 인적 풀에는 중앙정보부나 공무원, 군인 등의 국가 안보 및 공식 행정 라인의 흐름이 강력했지만, 다른 한편으로 실무급 인사들은 이들과는 또 다른 결을 보였던 것이 사실이다. 여기에는 4.19 직후 대학생 사회에서 가장 '핫'했던 통일 문제 관련 '운동권' 출신이나 혹은 《사상계》의 김준엽이 이끄는 고려대 아세아문제 연구소 출신 등 전자와는 성격이 꽤 이질적인 계열의 인사들이 함께 뒤섞여 있었다.

예컨대, 4.19 시기 서울대 학생들이 결성한 민통련(민족통일연맹) 출신으로 판문점 학생 회담의 주역이었던 이영일은 국토통일원 초기 상임 연구위원으로 채용되어 1980년까지 이 기관의 요직에서 두루 근무한 바 있다. 그의 회고에 따르면, 외교학과의 이용희는 사회학과의 최문환과 함께 서울대 민통련 학생들이 통일 문제와 관련해 상시 초빙한 자문교수들이었다. 이용희가 근대 유럽의 제국-식민지 체제를 비판적으로 분석하며 비유럽적 세계 특유의 상황과 '장소성'을 강조했다면, 최문환은 1945년 이후 제3세계 민족주의의 특징을 이론적으로 분석하고 특히 지식인들의 선도적 역할을 부각시킨 학자였다. 잘 알려진 대로, 그는 당시 진보적인 대학생들의 필독서로 유명했던 《민족주의의 전개 과정》(1958)의 저자이기도 했다. 이용희와 최문환 모두 4.19 세대 젊은 학생들이 혁명의 이론을 형성하는 데 필요한 학문적 자극과 영향을 제공했지만, 본인들 스스로 학생들과 동시대의 고민을 공유한 선배이자 스승이기도 했다.[22]

물론, 이영일을 포함하여 4.19세대의 이후 대거 정치적 '전향'에 관해서는 별도로 따져 보아야 하는 문제겠지만, 확실히 이용희 시절의 국토통일원은 서로 다른 비전을 가지고 있는 세력들 사이의 힘겨루기와 협상 전략이 어느 정도 가능해진, '혼종적인' 조직인 것만은 틀림이 없었다.[23] 무엇보다, 중앙정보부와 비교해 장관 본인의 성향이 판이했으며 인재 채용 전략을 통해 조직 내 구성은 훨씬 더 유연하고 개방적인 인사들로 상당 부분 교체되었다. 이용희는 신진 인력들에게 자료조사방법론과 이론적 분석의 툴을 교육하면서 향후 북한 자료를 체계적으로 축적할 수 있는 연구기관으로서의 기본적인 역량을 키워나갔다. 확실히, 이 대목은 학자로서 이용희의 자질이 십분 발휘된 부분이었다. 한국 외교사 문서를 정리했던 《근세 외교 문서총목》(1966)에서도 보이는 것처럼 그는 평소 자료의 체계적인 정리, 즉 아카이브 구축을 매우 중시하였고, 저발전된 영역을 전략적으로 지원하면서 학문의 기초 체력을 기르는 방식을 추구하는 유형의 학자였다.[24] 이후 다시 언급하겠지만, 북한 자료의 데이터베이스화가 최초로 시도되고 북한자료를 민간에 공개하는 현재의 북한자료센터라는 발상이 처음 시작된 것도 바로 이용희의 장관 재직 시절의 일이었다.[25]

그러나 중앙정보부의 그늘을 최대한 벗어나 본격적인 연구기관의 성격을 강화하고자 했던 이용희의 전략이 언제나 유효했던 것만은 아니

---

22 구술 이영일, 예대열·이주봉, 「박정희 정권 시기 통일 정책과 국토통일원 중견 관리의 행정 경험」, 국사편찬위원회, 2010년도 구술자료 수집사업, CH_10_002_이영일_11, 30쪽. 통일원 초기 멤버였던 이영일은 이용희가 장관으로 재직하던 시절에는 교육홍보국장으로 일했다.

23 구술 양영식, 예대열·이주봉, 「박정희 정권 시기 통일 정책과 국토통일원 중견 관리의 행정 경험」, 국사편찬위원회, 2010년도 구술자료 수집사업, CH_10_002_양영식_11 양영식은 고려대를 졸업했다. 고려대 아세아 문제연구소 출신으로 초기 국토통일원에서 교육홍보국과 자료조사실, 정책기획실에 모두 근무했고, 이후 1980년대 남북대화사무국을 거쳐 2000년 6.15 공동선언 당시 통일부 차관을 지낸 인물이다.

24 이용희, 『근세 한국 외교문서 총목: 외국편』(서울: 국회도서관, 1966).

25 구술 이호경, 예대열·이주봉, 「박정희 정권 시기 통일 정책과 국토통일원 중견 관리의 행정 경험」, 국사편찬위원회, 2010년도 구술자료 수집사업, CH_10_002_이호경_11, 67쪽.

었다. 어째서일까. 그것은 국토통일원이 단순한 전문 연구기관이라기보다 애초 통일문제에 관한 보다 상위의 종합 '싱크탱크'로 구상된 조직이었다는 데서 그 이유를 찾을 수 있다. 이러한 설립 취지는 국토통일원의 직제 구성 측면에서도 여실히 드러나는데, 이 기관은 거듭되는 내부 개편을 거쳤지만 결국은 크게 다음의 세 가지 기능을 가진 부서로 나뉘었다. 첫째 통일 문제에 관한 최고 기관으로서 남북관계에 대한 제반 정책 목표를 설정하는 '정책기획실'을 들 수 있다. 둘째, 입안하는 정책들의 근거가 되는 북한의 동향이나 국내외 정세를 데이터에 의거해 분석하는 '조사연구실'의 기능이 또한 필수적일 터였다. 마지막으로, 초超당적 범국민 기구를 표방하는 국토통일원의 성격은 '교육홍보국'을 통해 실현되었다.[26]

그러나 세 부서 중 싱크탱크로서 가장 중요한 존립 근거인 정책기획실의 역할, 즉 실무적인 통일 정책 입안과 개발 기능이 제대로 작동하지 않는다는 사실을 확인하는 데는 그리 많은 시간이 필요하지 않았다. 실제로, 1971년 열린 남북적십자회담이나 1972년의 7.4 남북공동성명 국면에서 국토통일원은 통일문제 최고 정책 기관이라는 타이틀이 무색할 정도로 업무 전반에서 철저하게 소외되었던 것이 사실이다. 특히, 남북공동성명 당시 고위 정치회담의 성격을 지닌 '남북조절위'의 남측 대표는 역시 중앙정보부의 이후락으로, 애초 이 성명 자체가 야당인 신민당도 전혀 예상 못했을 정도로 대통령과 중정을 중심으로 극비리에 준비된 '깜짝 이벤트'의 성격이 강했다. 요컨대, 국토통일원으로서는 기관의

---

26 이 부서는 통일 인식을 위한 전 국민적 교육의 실시와 국내외 홍보 활동을 전담하였는데, 특히 '통일연수소'를 함께 운영하여 관료·공무원 집단, 각급 학교와 회사, 민간단체, 대학생 등 개인이나 집단 단위의 연수 프로그램을 상시적으로 가동하였다. 박균홍, 「국토통일원의 조직에 관한 연구」(서울대학교 행정대학원 석사학위 논문, 1977), 27쪽.

존립 근거를 묻지 않을 수 없는 굴욕적 상황이 계속되는 와중이었다.

그렇다면, 이용희의 재직 시절은 어떠했을까. 국토통일원이 싱크탱크로서의 자신의 실무적 기능을 온전히 실현하지 못하는 상황은 그의 장관 기간에도 계속되었다고 보는 편이 정확하다. 단적으로, 이용희 휘하 국토통일원 역시 남북대화 창구인 '남북조절위'와는 여전히 공식적으로 관련이 없는 조직이었다. 특히, 유신헌법이 선포된 이후에는 '통일주체국민회의'가 관련 문제에서 힘을 받을 수밖에 없게 된 구조였다. 알려진 대로, '통일주체국민회의'는 국민을 대신하여 대통령을 간선제로 선출하는 것이 그 실질적 임무였지만, 이 조직의 설립은 곧 유신헌법('조국의 평화통일을 지향하는 헌법개정안')의 대의명분과 직결되어 있었다. 다시 말해, 최고 법인 헌법에 근거하여 '통일주체국민회의'가 통일 정책에 관한 주권적 수임기관이라는 사실을 공식적으로 표방하는 상황이었다. 자연히, 유명무실해 보이는 국토통일원을 향한 회의와 비판의 목소리는 커질 수밖에 없었다. 특히, 유신헌법 제정 당시 정부와 대립각을 세우며 반대했던 야당 국회의원들의 시선이 그러했다. 기관 설립 당시 우려와 반대의 목소리가 강했던 행정부와는 달리 국토통일원이 국회라는 입법기관의 적극적인 주도로 만들어졌다는 점을 고려하면 뼈아픈 대목이 아닐 수 없었다.[27]

실제로 야당인 신민당 의원들은 장관 이용희를 향해 이 기관이 "단순히 학문적 연구나 … 대내외 홍보 업무의 수행"에 과도하게 전념하고 있는 점을 근본적인 문제로 지적했다. 그렇다면 당시 야당 의원들의 '롤 모델'은 어떠한 것이었을까. 그것은 바로 연구 기관 수준을 넘어서서 분단된 두 독일의 교류 사업을 고유의 행정 권한으로써 직접 실행하

---

27 박균홍, 「국토통일원의 조직에 관한 연구」(1977), 40쪽.

는 서독의 '내독관계성'과 같은 종류의 조직이었다. 따라서 "통일 정책의 실천에 구체적으로 이바지하는 것이 되어야 한다"는 이 절실한 요청을 감당하지 못할 바에야[28], 국토통일원을 연구위원회 수준이나 민간 연구기관 차원으로 격하시켜야 한다는 '개편론' 내지 '부처 폐지론'이 야당 측의 주된 시선이었다.[29]

한편, 야당 측의 기대가 '전향적 남북 대화 창구'로서의 국토통일원이었다면, 정부 여당의 입장은 이와는 확실히 성격이 다른 것이었다. 이들은 국토통일원의 기능이 흡족하지 않다면, 이는 전적으로 대남 무력 적화 통일이라는 적대적 입장을 고수해 온 북한 때문이라는 것, 북한의 비합리적 강경함 때문에 남북대화가 계속 제자리걸음이라고 주장했다. 더욱이 여당 측은 이북의 실태나 정세 동향에 관한 조사 연구 기능보다는 오히려 국가안보 차원에서 통일을 위한 "정신 국력의 조직화" 기능을 보다 강조하는 쪽이었다.[30] 예를 들어, '남민전' 사건을 비롯하여 남한 내 자생적인 공산주의 단체의 등장을 우려하면서 이들 "사회 각 단체가 독자적인 통일 방안을 들고 나올 가능성"에 대비하라는 식의, 이른바 '국민총화' 기관의 역할을 요청한 것이었다.[31] 결국, 통일에 대한 아래로부터의 다양하고 자발적인 논의들의 유통 여부를 결정하고, 통

---

28 「외무위원회 회의록」, 『제9대 국회회의록』, 98회 12차, 1977. 10. 31. 인용된 문구는 신민당 오세응 의원의 발언이다. 물론, 국토통일원이 생산해내는 다양한 지식을 이 기관의 산하에 놓여 있던, 예컨대 사회 저명인사들로 구성된 '고문회의' 기구라든지 혹은 박정희 정권의 '통일주체국민회의' 라인에 제공함으로써 우회적인 정책 입안의 통로 역할이 전혀 없던 것은 아니다. 그러나 정책 개발과 실행처로서 국토통일원의 위상은 장관인 이용희 자신도 인정하듯 그 한계가 분명한 것이었다.

29 「외무위원회 회의록」, 『제10대 국회회의록』, 103회, 5차, 1979. 11. 22. 박정희 암살 이후에 열린 이 상임위원회에서는 국토통일원의 한정된 기능에 대한 이제까지의 축적된 불만이 특히 야당 의원들을 중심으로 강하게 제기되었다. 신민당의 조세형, 유한열, 정대철 의원 등이 관련 발언을 했다.

30 「외무부위원회 회의록」, 『제9대 국회회의록』, 97회, 2차, 1977. 6. 28. 4쪽.

일안에 대한 최종적인 유권 해석을 내리는 사실상의 '게이트키퍼' 역할 즉, 국토통일원은 통일에 대한 남한의 국론을 '통일'하라는 주문인 셈이었다. 대통령의 연두교시에서도 매년 확인되듯이, 이 요구는 실은 박정희 정권이 이 기관을 설립한 제일의 목적에 보다 가까웠다.

이처럼 기관 예산 편성의 권한을 가진 국회가 국토통일원의 기능에 관해 여야 별로 나뉘어 타협하기 어려운 기대를 제시하는 가운데, 장관 이용희에게 허여된 운신의 폭은 그다지 넓지 않았을 터였다. 무엇보다, 남북의 정세가 불리한 것은 분명한 사실이었다. 통일에 대한 열광적 기대를 불러일으킨 7.4 남북공동성명 이후, 아이러니하게도 각각의 독재 체제를 더욱 공고하게 만든 남과 북은 1973년 8월 이후에는 아예 대화 자체가 단절되어 기나긴 교착 상태에 빠져 있었다.[32] 물론, 미소 강대국이 함께 군비 축소를 거론하고, 미국과 중국의 데탕트 분위기는 여전히 진행 중이기는 했다. 더욱이, 중국과 일본은 국교정상화 단계를 지나 평화우호조약(1978)을 맺어가는 와중이기도 했다. 글로벌한 수준에서, 그리고 동북아 역내에서 국제정세는 동시에 긴장 완화의 추세로 흘러가는 것이 확실했지만, 그럼에도 불구하고 일련의 경향들이 폐색된 남북 대화의 창구를 재개하는 데는 전혀 기여하지 못하는 상황이었다.[33] 남

---

31 「외무위원회 회의록」, 『제10대 국회회의록』, 103회, 5차, 1979. 11. 22. 4쪽. 여당인 공화당 이종률 의원의 발언이다.

32 7.4 남북공동성명 이후 남북의 대화 국면이 지속된 것은 1973년 8월까지였다. 8월 28일, 북한 측은 김대중 납치 사건을 거론하며 남북 대화 중단을 선언했다. 이후에도 남측의 남북간 우편물 교환 제의(1975. 1), 식량 원조 제의(1977. 1), 민간경협 기구 제의(1978. 6) 등의 여러 제안이 있었지만, 성사되지는 못했다. 「남북대화 일지」, 『조선일보』, 1979. 1. 20.

33 미국과 소련의 군비 축소는 일련의 전략무기제한협상(SALT)과 함께 시작되었다. 합의 자체는 1968년에 이루어졌지만, 소련의 체코 침공으로 한동안 실현되지 못하다가 1972년 5월, 소련의 브레즈네프와 미국의 닉슨이 첫 번째 조약에 서명했다. 이 서명으로 인해 탄도 미사일 방어체제와 전략 공격 무기 제한이 확정되었다. 베른트 슈퇴버, 최승완 역, 『냉전이란 무엇인가: 극단의 시대 1945~1991』(서울:역사비평사, 2008), 184쪽.

북의 교착 국면을 적극적으로 돌파하라거나 혹은 정반대로 정신 안보의 총괄이라는, 좀 더 '오른쪽'으로 경사된 상반된 요구의 한 복판, 이용희는 과연 어떠한 입장과 업무 전략을 취했을까. 통일 문제를 자신의 학문적 소명으로 삼아왔던 학자 출신의 그가 선택할 수 있는 최대치는 과연 무엇이었을까.

3. 전문 연구기관으로서의 국토통일원

(1) 북한연구의 지평 확장과 개방성 지향

여야의 서로 다른 요구에 대한 이용희의 기본 입장은 크게 두 가지였다고 볼 수 있다. 먼저, 야당 의원들에 대해 그는 국제정치학자로서 '개인 이용희'와 '장관 이용희'가 다를 수밖에 없다는 점을 스스로 인정했다.[34] 그러나 그 차이가 본인의 의지라기보다는 어디까지나 자신은 "입법부에서 정해주신 법규 안에서 활동할 수밖에 없"다는 것, 현행 정부 조직법상 "통일 문제에 대해 통일원이 총지휘할" 법적 근거가 없다는 점을 번번이 상기시키는 입장이었다.[35] 자연스런 논리의 귀결이겠지만, 이용희는 국토통일원 설립 당시 선포된 개원 취지로 매번 돌아갔다. "단편적이고 산만하게 연구되어 오던 통일 관계에 대한 여러 문제를 체계적이고 종합적으로 연구하고, 자료를 수집 정리"[36]하는 전문 연구기관이 바로 그것이었다. 정치적 파고에 흔들리지 않고 통일에 관한 중·

---

34 「외무위원회 회의록」, 『제 10대 국회회의록』, 103회, 5차, 1979. 11. 22.
35 「외무위원회 회의록」, 『제 10대 국회회의록』, 101회, 3차, 1979. 3. 28.
36 「국토통일원 개원」, 『동아일보』, 1969. 3. 1.

장기적 과제를 수행하는 기관이라는 기본 입장인 셈이었다.

이용희의 전략은 종합 싱크탱크로서의 실무 정책 개발 기능보다는 학술에 가까운 연구 조사 쪽을 선택적으로 강조한 것이기는 했지만, 정신 교육이나 총화 안보 강화를 강하게 주문하는 여당 측 요구에 대해서도 어느 정도 유효한 방어 논리가 되었다. 이때 주목할 것은 학술적 연구 기능을 전면화할 경우, 조직 논리상 '정책기획실'보다는 북한의 실태 자체를 데이터나 학문적 논거로 뒷받침하는 부서인 '조사·연구실'의 기능이 훨씬 부각된다는 점이다. 물론, '정책기획실'이 개발하는 '정책'과 '조사·연구실'이 산출하는 '연구' 사이의 경계가 유동적이며 서로 중복되는 경우도 없지 않았다는 점을 감안할 필요는 있다. 덧붙여 '조사·연구실'이 강화되는 현상이 비단 이용희 대에 이르러 생겨난 것도 아니었다. 앞서 언급한 대로, 1973년 여름 이후 남북대화의 길이 막히면서부터는 이러한 경향이 보다 현저해졌을 뿐만 아니라, 이용희 역시 취임 첫해 업무 달성도를 보고하는 자리에서 자신의 주요 업무가 크게 보아 조사·연구 분야와 교육·홍보 분야의 두 가지였음을 밝혔다.[37] 그렇다면, 이용희의 장관 재직 시절 생산된 조사·연구물들의 종류와 특징, 그 의미를 가늠해보는 일이 중요해질 수밖에 없다. 일단, 큰 그림에서 보자면, 6대 이용희 시절을 포함하여 국토통일원이 주력했던 조사·연구 업무는 다음의 여섯 가지 분야로 나누어 볼 수 있다.

1) 북한실태 및 동향 연구
2) 북한문제 학술회의 개최
3) 남북한 비교 연구

---

37 「외무위원회 회의록」, 『제9대 국회회의록』, 99회, 1차, 1978. 3. 4.

4) 남북한 이질화 실태 연구

5) 분단국 및 공산권 연구

6) 통일 문제 여론조사[38]

　이 중에서도 특히 이용희 재직 시절 연구 사업의 특징을 잘 보여준다고 판단되는 항목 1), 2), 3), 4), 5)를 중심으로 살펴보기로 하자. 크게 보아 하나의 범주로 구분할 수 있는 1)과 2)의 경우, 이 연구 군群이 계보적으로 속해 있는 당대의 맥락을 먼저 검토할 필요가 있다. 통칭해서 '북한연구'라 할 수 있는 이 항목은 앞선 시기인 1960년대 태동한 북한 연구의 한 흐름을 계승, 확장하고 있는 것으로 보인다. 이미 언급한 대로, 박정희 정권은 집권 직후부터 4.19 시기 분출했던 시민사회의 '통일론'을 강하게 억압하며 등장했고, 북한이나 통일 문제에 대한 지식인들의 담론을 법정 공방 및 필화 사건으로 끌고 가는 등 이른바 불온사상 문제를 내세워 공안 정국을 주기적으로 조성해왔다. 그러나 흥미로운 사실은 그러한 와중에도 북한이라는 대상이 "불온한 지식"과 "학술적 지식"으로 분화되는 시기가 바로 1960년대라는 사실이었다.[39] 요컨대, 북한에 관한 남한 내 모든 담론들의 최종 해석 권력으로 정부가 여전히 군림하면서도, 한편으로는 38선 너머 실체로서 존재하는 북한을 학적 연구대상으로 인정했다는 점, 북한에 관한 민간 차원의 연구들을 허용

38　이 여섯 가지 항목은 국토통일원 측이 자신의 연구·조사 업적을 메타적으로 분류할 때 스스로 사용했던 범주이다. 국토통일원은 주기적으로 자신들의 연구 업적물(주로 간행물)을 리스트업하고 있는데, 이때마다 연구들을 구획하는 범주가 약간씩 달라져 왔다. 이 글에서 참조한 기준은 『국토통일원 15년 약사』(서울: 국토통일원, 1984)에서 사용된 분류라는 사실을 밝혀둔다.

39　임유경, 「'북한 연구'와 문화냉전: 1960년대 아세아문제연구소와 『사상계』의 북한 연구」, 『상허학보』, vol 58(연세대학교 국학연구원, 2020. 2).

하기 시작했다는 점만큼은 분명했다.

　얼핏 모순되어 보이기는 하지만, 이러한 현상은 당시 전 세계적인 냉전 지역학의 부상이라는 요인과도 관련이 깊었다.[40] 예컨대, 1962년 김준엽이 이끄는 고려대학교 아시아문제연구소(이하 아연)가 미국의 포드 재단으로부터 거액의 지원금을 받게 되면서 북한연구가 국제적인 냉전 지역학, 그 중에서도 공산주의권 일반에 대한 연구의 하위범주로 국내에 비교적 연착륙 할 수 있었던 정황을 들 수 있다.[41] 두말할 것 없이, 미국이라는 '든든한' 이데올로기적, 재정적 후원자가 배경으로 존재했기에 가능한 성과였다. 선행 연구들이 밝혀낸 바에 따르면, 1960년대 박정희 정권은 이처럼 공산주의권 및 북한에 관한 연구를 제도적으로 승인, 지원하는 가운데 이를 일종의 "통치술", 즉 "반공개발동원전략"으로서 활용한 측면이 강했다. 큰 그림에서 보자면, 전세계적인 냉전 지역학의 아시아 허브가 되려는 목표는 아시아의 반공 연대를 선도하며 역내 리더를 표방하는, 박정희 정권의 대외적인 공세 조치와 한 궤에 놓여 있는 것이었다.[42]

　물론, 아연이 주도한 연구가 기본적으로 북한의 실태와 동향을 파악

---

40 장세진, 「원한, 노스탤지어, 과학-월남 지식인들과 1960년대 북한학지의 성립 사정」,『사이(SAI)』17권 0호(국제한국문학문화학회, 2014. 11).

41 고려대학교 아세아문제 연구소는 1957년 설립되었고, 국내 최초로 아시아를 연구하는 대학 연구 기관이라는 의미가 있었다. 1961년 아연은 미국 포드 재단의 지원비를 수령하기 위해 3대 연구계획(구한국 외교 문서 간행, 한국의 사회과학적 연구, 북한연구)을 세웠고, 아연이 제출한 계획서를 검토한 포드재단이 1962년 8월 28만 5천 달러라는 당시로서는 매우 거대한 금액의 지원을 결정하게 된다. 고대아세아문제연구소,『고려대학교 아세아문제연구소 20년지』, 1977. "고대 아세아문제연구소에서는 앞으로 이 자금을 구한국의 고문서 정리 간행 계획에 십일만 일천 달라 ②정부 당국의 협조를 얻어 실시되는 북한 공산권 연구 계획 4만 8천 달라 ③남한의 사회과학적인 연구 계획 8만 4천 달라 ④연구를 위한 교수 교환 계획 일만 팔천 달라 등에 쓸 계획임을 밝혔다. 「고대 아주문제 연구소에 연구비 28만 달라」,『동아일보』, 1962. 7. 3.

하기 위해 수집된, 매우 '정책화된 지식policy knowledge'이라는 점은 분명했다. 그럼에도 불구하고 북한이라는 국가의 정치(기구), 경제, 행정, 법령, 군사, 외교, 사회 시스템 일반, 그리고 그 너머의 역사, 사상에 관한 서술들은 각 분야에서 상당한 학문적 훈련을 받은 학자들이 대거 투입되어야 비로소 실현 가능한 과업이었다. 이 대목은 단기간 적의 동태를 파악하거나 맹목적인 반북의식을 고취하는 것이 주된 목적인 "국가 심리전 차원의 '북한연구'"와 아연 식의 종합적 지역 이해를 목표로 한 역사화된 연구가 서로 구별되는 지점일 터였다. 1970년대 국토통일원의 지식 생산은 아연과 같은 냉전 학술 지知의 기조를 계승하면서, 북한의 과학 기술, 교육, 복지, 문화 부문 등으로 서술 분야의 외연을 점점 확장하고 각 항목들의 내용을 심화하고 있었다. 무엇보다, 정부가 허용한 한도 내에서이기는 하지만 아연이 북한연구를 단순한 지역연구가 아닌 통일이라는 아슬아슬한 금기의 주제어와 접속시키고 통일에 대한 지향성을 표명했다는 점을 상기해본다면, 국토통일원의 연구는 이러한 성향을 직계로 이어받은 셈이었다.[43]

이용희의 장관 재직 시절 북한연구 역시 기본적으로 이러한 흐름을 의식적으로 계승한 것으로 보인다. 아래의 두 표를 통해 국토통일원이 1977년~1979년의 기간 동안 수행한 북한연구의 개략적 특징을 살펴보자. 〈표1〉은 국토통일원이 자체적으로 발간한 기관사史인 《국토통일원 15년 약사》에 의거하여 연구 분야 별로 재구성한 것이고, 〈표2〉

42　1954년 발족되었으며, 27개 회원국 규모를 자랑하는 '아시아민족반공연맹(APACL)'의 헤게모니를 장악하려 한 박정희 정권의 시도에 대해서는 이봉범, 「냉전과 북한연구, 1960년대 북한학 성립의 안팎」, 『한국학연구』 56권 0호(인하대학교 한국학연구소, 2020. 3).

43　1966년 이후 아연의 북한 연구가 통일 연구로 전환되는 사정에 관해서는 임유경, 「'북한연구'와 문화냉전: 1960년대 아세아문제연구소와 『사상계』의 북한연구」, 2020.

는 이 기간 중 개최된 북한문제 학술회의의 주제와 참가자 구성을 보여준다.

〈표1〉 1977~1979년 국토통일원의 북한연구 분야별 특징

	기술 범위	핵심 서술	간행물 예시
정치	북한 공산주의 특성, 권력구조, 정치체제, 숙청 실태	김일성 주체사상 형성 과정 연구, 김일성 주체사상 이론 체계 연구, 김일성 후계자 문제 분석, 노동당 연구	- 『북한공산주의 특성 연구』(박동운, 국토통일원조사연구실, 1978) - 『김일성 주체사상의 형성과정 연구』(유완식, 국토통일원조사연구실, 1977) - 『조선노동당연구 1945~1949』(김남식, 국토통일원, 1977)
경제	북한 경제 발전의 잠재력 연구, 경제 변동 요인 분석	자원, 수송망, 공업 시설 및 산업 실태 조사	- 『북한의 수송망과 산업분포의 연관관계 분석』(임희길, 국토통일원 조사연구실, 1978) - 『북한의 산업지리』(이호, 국토통일원조사연구실, 1978) - 『북한경제체제의 변동요인분석』(남현욱 편, 국토통일원조-사연구실, 1977)
사회 문화	문학, 예술, 종교, 역사, 언론	김일성 우상화 정도 및 주민 생활 실태, 사회변동 예측	- 『북한문학: 북한 주민의 정서 생활에 관한 연구』(국토통일원 자료관리국 편, 1978) - 『북한의 연극·영화』(1979) - 『북한의 여성에 관한 연구』(국토통일원 조사연구실 편, 1979) - 『북한주민의 계층별 생활 분석』(국토통일원조사연구실, 1977)
대외 관계	공산권 다원화 추세, 동북아 정세	주한미군 감축에 따른 북한의 대남, 대미 정책 변화, 북한의 대미, 대일 접근 양상, 북한의 대외선전 방식	- 『주한미군 감축 철수에 따른 북괴의 대남전략예측』(국토통일원정책기획실, 1977) - 『북괴의 대미접촉에 관한 고찰: 그 전망과 대책』(양호민, 국토통일원교육홍보국, 1977) - 『북괴의 대미일 접근 시도에 따른 문제점』(김달중, 국토통일원정책기획실, 1977)
군사	북한군의 군사력, 전략전술, 군사력 증강과 경제 발전 상관관계, 북한 당군 관계	북한의 서해 5도 도발	- 『현 휴전협정 체제에서 본 서해 5도의 문제점 발생 원인 및 대책』(배재식, 국토통일원 정책기획실) - 『북한의 군사력 증강과 경제 발전의 병진정책 분석』(이기원, 국토통일원조사연구실, 1977) - 『북괴 체제 유지를 위한 당군 상관 관계』(이정희, 국토통일원조사연구실, 1977)

행정	지방 행정 조직, 북한체제 및 사회 예측	북한의 시도현황 인구 추계, 행정 법령	- 『북한 인구 추계 1946~1978』 (국토통일원, 1978) - 『북한의 지방행정조직에 관한 연구』(김태서, 국토통일원조사연구실, 1977) - 『북한행정기관의 조직 변천에 관한 연구』(김운태, 국토통일원 평화통일연구소, 1977)
정세 동향	북한 정세 동향	- 1975년까지 반기별로 발간하던 「북한정세」를 「북한동향자료」로 개칭, 계간으로 발간, - 1978년 7월부터는 「북한동향 자료」를 월간으로 발간하여 전국의 북한 연구기관에 시사성 있는 기본 자료 지원 체계 확립.	

〈표2〉 북한연구 학술토론회 개최 현황

일자	주제	발표 제목/발표자	토론자
1978. 4. 27.	〈북한의 문학〉 - 북한문단 개황 (국토통일원 보고)	- 총론(이은상) - 북한의 시(구상) - 북한의 소설(홍기삼) - 북한의 평론, 북한의 문화예술정책에 대한 비판 (김윤식) - 북한의 희극(신상웅) - 북한의 아동문학(선우휘) - 월북작가(양태진)	
1978. 12. 8.	〈북한의 음악〉 - 북한의 음악 개황 (국토통일원 보고)	- 북한의 국악(장사훈) - 북한의 관현악곡, 편곡의 문제점(나인용) - 북한의 가창곡(한상우)	김용진(시립 국악관현악단) 성두영(이화여대) 장일남(한양대)
1979. 4. 27.	〈북한의 미술〉 - 북한의 미술 현황 (국토통일원 보고)	- 북한의 사회주의적 사실주의 미술 이론(이일) - 북한의 미술 기법과 양식 (윤명노) - 한국미술의 전통양식과 북한미술(오광수) - 북한미술에 있어서 개성의 저각현상(유준상)	
1979. 6. 22.	〈북한의 영화·연극〉 - 북한의 연극현황 (국토통일원 보고)	- 북한연극의 분석과 비판(김민영) - 북한영화에서의 예술성과 이상성(김정옥) - 북한영화의 제작기술 상의 문제점(김기덕) - 북한의 연극과 영화의 기술 고찰(김동훈) - 북한연극과 동구권 연극과의 비교(양혜숙)	

1979. 9. 11.	〈북한의 신문, 방송〉 - 북한의 신문방송 현황(국토통일원 보고)	- 북한에서의 매스 미디어의 기능 분석(박교상) - 북한에서의언론자유(최정호) - 북한신문의 보도성향(한병구) - 북한신문의 편집체제(이상두) - 북한의 방송 실태(정형수) -북한언론의 실상(김창순)	
1979. 12. 19	〈북한의 종교현황〉 - 북한 종교현황 (국토통일원 보고)	- 북한의 불교(정태혁) - 북한의 천주교(최석우) - 북한의 기독교(민경배) - 북한의 천도교(표영삼)	

시기적으로든 주제 구성면으로든 이 시기 국토통일원의 북한연구에 참가했던 저자들은 1960년대 고려대 아연이 선도했던 냉전의 학술지 내지 종합적 북한학지를 구성하는 데 적극적이었던 인사들이었다. 박동운, 양호민, 유완식, 김남식과 같은 저자들은 연속성을 대표하는 사례라고 할 수 있다. 그런데 연구 주제나 내용이라는 관점에서 보자면, 〈표 2〉의 북한연구 학술토론회 쪽이 오히려 이용희 시절의 특성을 보다 선명하게 부각시키는 측면이 있다.

일단, 내용 면에서 북한의 문학, 음악, 미술, 영화·연극, 신문·방송, 종교 등 상대적으로 '소프트한' 사회·문화적인 주제는 단기 목표를 가진 정책화된 연구가 아니었다. 그보다는 미시적 일상과 습속의 차원으로 한 발 더 들어가, 북한 사회의 내적 구성 원리와 작동 메커니즘을 분석하려는 시도에 속한다. 북한에 대한, 좀 더 '내재화된 방식의 앎에 대한 추구'라는 이 방향성은 발표자들의 구성에서도 여실히 드러나는데, 이들은 말하자면 '전형적인' 북한 연구자들이 아니었다. 오히려, 이 라인업은 해당 분야에서 가장 왕성하게 활동하는 일종의 아젠다 생산자들로 이루어졌는데, 이들의 참여를 통해 북한연구는 몇몇 소수의 '게토화된' 영역이 아니라 각 분과 영역의 하위 범주로 인식될 수 있는 단초를 마련하게 된다. 물론, 각 분과에서의 본격적인 북한 연구는 전 세계적인 냉전 종식 이후에 이루어지기는 했지만, 그럼에도 불구하고 북한연구의 저변 확대라고도 부를 수 있는 현상은 이 시기 분명 시작되는 중이었다.

그런데 북한연구의 인력 층이 두꺼워지고 넓어지기 위한 가장 기본적인 조건으로 자료의 접근성이라는 문제가 새삼 중요해질 수밖에 없다. 바로 이 지점에서 이용희가 시도한 일련의 북한 자료 개방 조치는 적지 않은 의의가 있었다. 실제로, 1977년부터 국토통일원은 지식인들에게 북한연구 자료 이용을 위한 편의를 제공하기 위하여 '특별열람실'을 설치했다. 이 공간은 국토통일원이 생산한 북한연구나 통일 관계 자료들을 전시 개방(1088종)하는 데 활용되었고, 필요한 북한 자료에 대한 복사를 제공하면서 대학 및 연구소 소속의 연구자들, 정부 부처 인사들이 자주 내방하는 계기가 된다. 앞서 〈표2〉의 '북한의 연구' 학술 토론회 자체도 실은 국토통일원 자료실에 비치된 북한자료를 토대로 그간 진행된 기초 연구를 발표하는 자리였던 셈이다.

뿐만 아니라, 북한 관련 자료의 개방 문제는 좀 더 사회적인 층위로 확대되어 월북 작가들에 관한 규제 완화 논의로 확대되기에 이른다. 이용희의 장관 취임 직후인 1977년 2월, 사회 저명 인사들로 구성된 국토통일고문회의의 일원이었던 선우휘는 당시 자유중국에서 루쉰鲁迅의 해금 동향이 존재한다는 사실을 소개했다.[44] 이북 출신의 월남 작가였지만,

---

[44] 최근 연구에 따르면, 대만에서는 1950년대부터 1980년까지 루쉰의 작품은 단 한권도 출판되지 못했다. 선우휘가 말하는 해금이란 대만 문학계에서 루쉰 연구를 허용하는 움직임을 가리키는데, 정쉐자(鄭學稼)의 『루쉰정전 魯迅正傳』(1978)과 쑤쉐린의 『루쉰을 논하다』 (1979) 등의 저서가 대만에서 출간된 흐름을 말한다. 그러나 이 저작들은 금서가 된 루쉰을 복권하는 의미라기보다는 반공적 관점에서 루쉰의 사상을 비판하는 입장을 취했기에 공식 출판이 가능했다. 사가헌, 「대만과 한국의 루쉰 수용사 비교 연구」(한양대학교 대학원, 2019), 63쪽.

조선일보 주필로서 이데올로기적 '오해'를 받지 않을 자리에 있었던 선우휘는 한국문학계 역시 소극적인 움직임보다는 선제적인 정책 수립이 필요할 때라고 조언한다. 실제로, 선우휘의 제안은 1978년 3월 국회에서 이용희의 공식 보고로 이어졌다. 통일원은 해방 직후 또는 6.25를 전후하여 월북한 작가들의 작품에 대한 규제를 완화하고 문학사 연구 분야에서 작가 및 작품 거론을 허용하는 방침을 발표하기에 이른다.[45] 큰 그림에서 보자면, 이러한 일련의 흐름들은 이후 노태우 정부 하에 시행될 1988년 '월북문인 해금조치'와 북한문학 연구의 이른 출발점이었다. 시기적으로 가장 먼저 출간된《북한의 문예이론》(홍기삼, 1981)을 비롯하여,《북한 문학사론》(김윤식, 1988),《북한의 문학》(권영민 편, 1989)과 같은 저서들이 해금 직후 바로 출판될 수 있었던 것은 1970년대 후반 장관 이용희가 시행한 자료 개방 조치들로 인해 가능한 성과였다.[46]

한편, 관련 전문 연구자들의 제한된 폭을 넘어 북한연구를 소비하는 보다 대중적인 루트도 개척되었다. 국토통일원은 자체 생산한 연구자료(134종)를 산하기관인 '평화통일연구소'에 위탁하여 광고와 함께 판매를 개시하였는데, 1개월 이내에 주요 자료가 매진되는 일도 생겨났다.[47]

---

45 물론, 여기에는 몇 가지 제한 사항들이 붙어 있었다. 즉, 해당 작가의 월북 이전 사상성이 없는 작품, 문학사에 기여한 바가 현저한 작품, 그 내용이 반공법, 국가보안법 등에 저촉되지 않는 작품들로 제한한다는 조건이었다. 「월북작가 작품 규제 완화」, 『조선일보』, 1978. 3. 14.

46 이후 북한문학의 연구 성과는 더욱 풍성해졌다. 김재용, 『북한문학의 역사적 이해』(서울: 문학과지성사, 1994); 이명제, 『북한문학 사전』(서울: 國學資料院, 1995); 신형기, 『북한소설의 이해』(서울: 실천문학사, 1996); 신형기·오성호, 『북한문학사』(서울: 평민사, 2000); 김성수, 『통일의 문학, 비평의 논리』(서울: 책세상, 2001); 이화여자대학교. 통일학연구원, 『북한문학의 지형도 1, 2』(서울: 이화여자대학교출판부, 2008, 2009); 강진호 외, 『총서 '불멸의 력사' 연구』(전3권)(서울: 소명, 2009); 이상숙 외 『북한시학연구』(전6권)(서울: 소명, 2012) 등을 대표적인 성과로 꼽을 수 있다. 유임하, 「북한문학, 전장에서 핀 상혼의 역사」, 『아시아경제』, 2018. 12. 7.

47 『국토통일원 15년 약사』(1984), 271-272쪽.

금단의 주제인 북한에 대한 대중적인 갈증과 수요 층이 상당히 존재했다는 것을 확인할 수 있는 대목이다. 요컨대, 이 시기 국토통일원은 당시 제도가 허용하는 최대한의 범위 내에서, 혹은 제도를 조금씩 수정하면서 자료의 폐쇄적인 독점을 의식적으로 벗어나려 했다. 연구의 양과 질을 보장하는 전제 조건이 자료의 개방과 접근성이라면, 이러한 조치들은 연구기관으로서 국토 통일원이라는 위상에 다가가기 위한 첫걸음이었다고 할 수 있다. 동시에 그것은 1차 자료가 중앙정보부라는 특수 국가 집단에 의해 배타적으로 장악되면서 북한이라는 연구 대상이 점점 더 왜곡되는, 기존의 (악)순환 모델[48]을 벗어나려는 기획이었다.

(2) '통일연구'에서 '평화연구'로: 남북한 비교 연구와 통일 한국의 미래상 연구

분단국의 국제정치학자가 수행해야 할 제일의 과제로 통일을 남달리 강조했던 이용희였던 만큼, 남북한 교류의 단절 국면과 그로 인한 통일 연구의 답보 상태는 그 자신으로서도 가장 아쉬움이 남았을 대목으로 보인다. 실제로, 이용희 재임 기간 중 대통령의 기관 연두 순시를 살펴보면 1977년에는 통일에의 꾸준한 대비를 강조하면서도 사실상의 일순위 의제는 '국론 통일과 홍보 교육의 확대'였다. 이용희 시절의 이른바 '통일꾼' 운동은 대표적인 홍보 교육의 사례였는데, 부설 기관인 통일연수소 이력자 중 통일 문제에 열성적인 인사를 '통일꾼'으로 지칭하고 이들을 통일에 대비한 자율적인 민간 역량으로 키워나가려는 시도였다. 그러나 통일이라는 이슈는 북이라는 상대가 엄연히 존재하는 사

---

48 이봉범, 「냉전과 북한연구, 1960년대 북한학 성립의 안팎」(인하대학교 한국학연구소, 2020. 3).

안인 만큼 이 운동은 성과가 가시적으로 드러나기 어려웠고, 통일에 대한 국론을 통일한다는 도식적인 프로파간다 수준을 벗어나기가 쉽지 않았다.[49] 이처럼 반공에 입각한 대국민 교육과 홍보라는 통일원의 기능을 가장 중시하는 정권의 기조는 이용희 재임 기간에도 변함이 없었지만, 1978년 무렵부터는 약간의 변화가 감지되기 시작한다. 국민 동원의 방식보다는 남한 측의 민족사적 정통성과 체제 우월성을 입증함으로써, 남한 주도의 평화통일을 부각시키는 연구 쪽으로 대통령 연두 교시의 강조점이 조금씩 이동하기 때문이다.[50]

돌이켜 보면, 정권 측의 '평화통일'이라는 용어는 1960년대 시민사회의 통일론을 급작스럽게 전유하면서 발표한 '평화통일 구상 선언'(1970)으로 거슬러 올라간다. 환호 속에 개최된 7.4 남북 공동성명 당시에도, '평화'의 의미가 통일보다는 분단 상태의 지속 쪽으로 굳어지는 것을 우려했던 목소리들이 존재했지만, 이 염려가 점차 현실화된 것은 유신 헌법 제정 및 1973년의 이른바 6.23 선언, 즉 '평화통일 외교 정책 선언'에서였다. 최초로 남북한의 유엔 동시 가입을 제안하며 북한이라는 정치 실체를 사실상 인정했다는 점에서 이 선언은 분명 진일보한 것이기는 했다. 그러나 야당 의원들이 지적한 대로 이러한 흐름 속에서 "평화 정착과 통일 추진이 서로 다른 정책 목표"로 기능하는 효과를 내고 있는 것 또한 사실이었다.[51]

---

49 기본적으로, '통일꾼' 운동은 관(官) 주도라는 성격과 아래로부터의 자발성이 혼재된 1970년대의 '새마을 운동'과 유사한 기획과 발상을 갖고 있었다. 각 지방별로 상당한 인원 규모를 확보하고 진행된 아 운동은 가로막힌 남북대화를 촉구하는 천만 단위의 서명운동을 벌이거나 통일원이 주최하는 학술대회의 청중으로 자발적으로 참여하는 등 통일 문제에 대한 사회적 관심을 환기하는 데 일정한 효과를 거두었다.

50 『국토통일원 15년 약사』(1984) 38쪽.

51 외무부위원회 회의록, 『국회회의록』, 103회, 1979. 11. 22.

국토통일원의 자기 회고적 서술의 행간을 읽어내자면, 이용희가 장관으로 재직했던 1970년대 중반 이후는 '통일연구'가 사실상 '평화연구'로 전환된 시점으로 보인다. 실제로, 1970년대 중후반 남한의 국력과 경제가 북한을 추월하는 조짐을 보이면서, 국토통일원은 통일 정책 개발보다는 남북한 비교 연구에 훨씬 더 주력하게 된다. 물론, 유엔에 대한 프리미엄을 내려놓는다는 의미도 포함된 6.23 선언을 통해 남한은 이제 기존의 고답적인 통일 방안(유엔 감시하 인구 비례에 따른 총선거)으로부터 벗어날 여지가 충분히 생긴 것은 사실이었다.

그러나 국토통일원의 통일연구와 정책 개발의 주된 방향이란 확실히 그쪽은 아니었다. 통일연구와 관련해 이용희 재임 시기의 두드러진 경향은 동등해진 남북의 경제력과 사회 문화적 역량 비교 실태를 남한 국민들에게 널리 홍보하고, 이를 토대로 안정적 '평화 공존 체제' 정착을 각인시키는 것이었다.(〈표3〉) 1974년 무렵부터 본격화된 남북비교 연구는 남한의 각종 수치가 양적으로 단연 북한을 앞지르는 내용이 주를 이루었다. 여기에 더해, 북한 사회의 공산주의적 인간형 개조 개획을 명료하게 전달할 수 있는 남북의 이질화 실태 비교 연구들이 이용희의 장관 재직 시절에 이르러 더욱 왕성해졌다. 이러한 남북한 비교 연구의 경향은 1977년~1979년 사이 생산된 국토통일원의 연구와 간행물의 두드러진 특징이었다.[52]

---

52 이용희의 보고에 따르면, 이질화 실태 연구에 동원된 인원은 1,614명으로 대상자는 월남 귀순자들이었다. 이들을 시기별, 지역별로 구분했고 총 581항목에 걸쳐 조사했다. 국토통일원의 기존 연구가 주로 문헌에 의지한 연구였다면, 이질화 실태 연구에서는 면접과 설문과 같은 사회 조사 방법을 활용했고 총 1만 1,100장의 보고서로 작성되어 있다. 이용희는 이 연구보고서가 향후 북한을 연구하는 데 있어 디딤돌 역할을 할 연구라고 자평했다.

남북한 비교 연구	남북한 이질화 실태 비교 연구
- 『관료제화 현상의 남북한 비교연구』(1977) - 『남북한 경제 역량 및 성장 잠재력 비교 연구』(1977) - 『남북한 경제현황 비교』(1977~1979) - 『남북한 광공업 부문 비교』(1977) - 『남북한 광공업 생산능력과 기술수준 비교』(1977) - 『남북한 국민소득수준과 소비생활 비교』(1977) - 『남북한 대외경제협력 현황과 무역구조 비교』(1977) - 『남북한 대외선전활동의 비교』(1977) - 『남북한 사회간접자본 개발 정책과 현황』(1977) - 『남북한 사회문화 역량 비교』(1977~1978) - 『남북한 집약 농법의 기술 수준 비교』(1977) - 『북한의 국민 총생산 추계방안 도출과 남북한 경제 　성장 추이 비교』(1977) - 『남북한 총력 추세 비교』(1979)	- 『남북한 언어개념 이질화 연구』(1977) - 『남북한 시대별 역사 해석 비교』(1977) - 『남북한 정치체제 비교』(1977) - 『남북한의 통일 이념과 목표에 대한 비교 연구』(1977) - 『남북한 청소년의 의식구조 형성과정 비교』(1977) - 『남북한 역사관과 문화전통 비교』(1978) - 『남북한 기층 문화 실태 전승 상태 비교』(1977) - 『남북한 문화전통의 보존 현황 분석』(1977) - 『남북한의 민족 개념 비교 연구』(1978) - 『북한의 이질화 실태 조사(시기별 지역별 계층별 변동 　특징』(1978) - 『언어 이질화 실태 조사』(1978) - 『이질화 정통성 문제에 대한 북한 측 반응 분석』 　(1978)

〈표3〉 '남북한 비교'와 '이질화 실태 비교 연구' 예시(1977~1979)

　　이 대목에서 흥미로운 것은 남북한 이질화 실태 비교 연구가 일종의
양가적 성격을 가지고 있었다는 것, 그리고 국토통일원은 이 점을 적극
적으로 활용했다는 점이다. 널리 알려진 대로, 북한 측에서는 남북한 유
엔 동시가입 제안이나 불가침조약 제의를 '2개 조선 책동' 이자 '분열주
의 노선'으로 규정, 남북 분단을 영구화하려는 시도로 이해하며 강력하
게 반발했다. 그러나 이러한 식의 주장에 대한 장관 이용희의 입장 또
한 매우 단호하고 공세적이었다. 즉, 통일에는 '위로부터의 통일'과 '아
래로부터의 통일'이 있는데, 위로부터의 통일은 지연되고 있는 형편이
지만 내적인 아래로부터의 통일은 남과 북의 이질화 실태를 직시하면
서 동질화를 위해 서로 노력해야 한다는 논리였다.[53] 이용희의 주장은
분명 타당한 측면이 있었지만, 남북 교착 국면을 타개하려는 정치적 노

---

53 「외무부위원회 회의록」, 98회, 12차, 1977. 10. 31.

력이 함께 이루어지지 않는 이상 당시 야당 의원들의 지적대로 이질화 실태 연구는 수행성의 측면에서 아이러니한 효과를 산출하고 있는 것 역시 사실이었다. 요컨대, 통일의 지평은 좀 더 먼 미래의 시간으로 자꾸 밀려난다는 것, 대신 심각한 수준으로 이질화된 남북의 현재가 최대한 클로즈업되면서 '통일 vs 평화(분단)'라는 이항대립의 구도가 오히려 촘촘한 조사 데이터들을 근거로 사회 전반에 내면화될 수도 있기 때문이었다.

그러나 싱크탱크 기능의 핵심인 통일연구나 정책 개발의 전반적인 부진에도 불구하고, 이용희 재임 시기인 1970년대 후반에 의미 있는 시도가 전혀 없었다고만은 할 수 없다. 예컨대, 1979년 12월에 통일원의 정책기획실 주최로 열린 '통일 한국의 미래상'은 현재 시점에서 보아도 여전히 경청할 만한 논의가 이루어진 학술회의였다. 이미 오래 전부터 각 분과 별로 몇 차례 세미나를 거치며 준비되기는 했지만 박정희가 암살된 직후 시점에서 열렸기 때문인지, 이 학술회의의 분위기는 이례적이었다. 남한 주도의 흡수 통일이라는 식의 승공 내지 반공의 전형적인 레토릭에서 벗어나 이북의 공산주의자들까지도 받아들일 수 있는 이념적 가치와 미래의 사회 체제를 자유롭게 상상하고 발화하는 드문 자리였다.

- 통일 한국의 미래상-정치 분야(김철수, 서울대)
  사회: 노재봉(서울대), 토론: 남시욱(동아일보 논설위원), 이상두(중앙일보 논설위원)정대철(국회의원, 신민당)
- 통일 한국의 미래상-경제 분야(변형윤, 서울대)
  사회: 김명윤(한양대), 토론: 김성두(조선일보 논설위원), 박세근(대한상공회의소 이사),

서남원(고려대), 장원종(동국대 경상대 학장)
- 통일 한국의 미래상-사회 분야(김윤환)

  사회: 고영복, 토론:김금수, 김영호, 김진현, 황정현
- 통일 한국의 미래상-문화 분야(구상, 시인)

  사회: 박동운, 토론: 강신표, 김윤식, 이명현, 조향록
- 종합토론(사회: 노재봉, 토론: 구상, 김윤환, 김철수, 변형윤)**54**

특히, 눈길을 끄는 발표는 정치 분야의 김철수와 경제 부문의 변형
윤이었다. 잘 알려졌다시피, 김철수는 헌법학 전공자로 유신헌법의 자
문과 홍보를 거부하고 1973년 오히려 유신헌법의 문제점을 정리한 책
을 썼다가 출간 즉시 몰수, 중앙정보부에 끌려갔던 경력의 학자였다.**55**
그는 발표문에서 자유민주주의의 이념이 자유와 형식적 평등의 보장
에 치우쳐 정작 국민의 실질적, 사회적 복지의 요소가 결핍되어 있는
상황을 지적했다. 역사적으로, 빈익빈 부익부의 병폐를 제거하기 위
해 나타난 체제가 민주사회주의 내지 사회민주주의라는 것, 통일된 한
국은 "자유와 평등의 조화 위에 선 복지사회"로 나아가야 한다고 그는
주장했다.**56** 공화정과 입헌민주정치, 의회민주정치와 같은 기본 틀 이
외에 그는 복수정당제 국가, 비례대표제 선거제, 지방분권주의와 지방
자치, 직업공무원 제도의 보장과 통제, 36시간 노동제와 최저 임금제
보장 등 상당한 시간이 지난 후에서야 실현되거나 혹은 현재까지도 완
성되지 못한 제도들의 밑그림을 통일 한국의 미래상으로서 과감하게

---

54 『국토통일원 15년 약사:1969~1964』(서울: 국토통일원, 1984), 74-75쪽.

55 「'유신헌법 반대' 헌법학 원로 김철수 서울대 명예교수 별세」, 『한겨레신문』, 2022. 3. 27.

56 국토통일원 정책기획실 편, 『통일한국의 미래상: 제5차 통일문제 학술회의 회의록』(서울: 국토통일원 정책기획실, 1979), 13-33쪽 참조.

제시한 셈이었다.

한편, 경제학자인 변형윤의 구상 또한 흥미로운 것이었다. 박정희 정부의 제1차 경제개발 5개년 계획(1962~1966)에 평가교수단으로 참여한 바 있던 그 역시 1967년 평가 회의에서 빈익빈 부익부의 부작용에 대해 보고하고 곤욕을 치른 경험을 가진 학자였다.[57] 변형윤은 통일 한국의 미래상을 구상하는 이 발표문에서 '복지국가'와 '자립민족경제'라는 두 가지 기본 요소를 전제로 내세웠고, 이 이념을 구현하는 주동적 역할을 하는 주체로 '테크노스트럭처technostructure'를 제시했다. 테크노스트럭처란 케인즈 학파 성향의 경제학자인 존 케네스 갤브레이스John Kenneth Galbraith가 고안해낸 용어로, 기업이나 정부 내 전문화한 지식·경험·재능을 가진 사람들로 이루어지는 의사 결정 조직을 일컫는 말이다. 관료나 전문 지식을 갖춘 엘리트 집단으로 이해되기 쉬운 테크노스트럭처에 대해 변형윤은 상당히 다른 견해를 제시한다. 즉, 미래의 통일 한국에서는 노동자가 반드시 여기에 참여하거나 혹은 테크노스트럭처 집단 자체를 구성하게 될 것이라고, 아니 그렇게 될 수 있어야 한다고 그는 주장했다. 여기에는 유신헌법 이후 노동법 개정(1973)으로 노조활동이 무력화되고 노동 쟁의의 적법성 여부를 국가가 개입해 판단하는 조치들이 명문화되면서 노동계급의 저항 또한 날로 커져가는 현실이 이 유토피아적 주장 뒤에 마치 음화처럼 배경으로 놓여 있었다.[58] 그러므로 각종 임금 보호 정책과 소득 재분배 정책이 강력하게 실시되는 사회, 민간 부문은 사적 소유의 원칙에 따라 운영되지만 공유화 내지 국유화의 비중이 현재보다 훨씬 커진 사회로 나아가야 한다는 것이 변형윤의 주

---

57 변형윤, 『변형윤 회고록 학현일지』(서울: 현대경영사, 2019).

58 박홍서, 「박정희 시기 북방외교의 정치경제적 배경: 통치성 위기와 그 대응」, 『동북아논총』, 26(1)(한국동북아학회, 2021. 3).

된 논지였다.[59] 확실히, 그의 견해는 사민주의를 기조로 한 서유럽이나 북유럽의 복지국가 모델 위에 1970년대 한국 경제학계 내의 진보 담론이었던 박현채 식의 《민족경제론》(1978)이 상당 비율로 혼합된 형태였다. 실제로, 변형윤이 말하는 자립적 민족경제의 이념이란 "식민지적 종속 상태를 경험한, 그리고 대외의존적인 후後개발국에 특수하게 요청되는 이념"이었다. 자연히, 파행적 산업구조의 기원을 식민지 경제구조로 거슬러 올라가 찾으려 했던 《민족경제론》의 문제의식과도 다분히 공명하는 것이었다.[60]

실은 이 학술회의가 열렸던 1979년에도 '재야'의 경제학자 박현채는 정권으로부터 복역과 구금을 당한 적이 있었기에, 이는 아무래도 조심스러울 수밖에 없는 논의였다.[61] 그러나 이용희가 행사의 전체 취지로 말했던 것처럼, "미래상을 설정한다고 하는 것이 통일되고 난 뒤의 문제만은 아니"었다. 오히려 그것은 "오늘부터 부딪친 현실의 문제에 대한 지표를 설정"하는 어떤 행위라는 것, 다시 말해 이용희는 통일 후의 미래상이라는 준거 지표 설정 자체를 지금·여기의 현실을 진단하고 그 병폐를 극복하려는 첫걸음으로 이해하고 있었다.[62] 이처럼 1979년 주최된 통일 문제 학술대회는 국토통일원이라는 정부 주도의 플랫폼이 당시의 학계 혹은 시민사회 내 정치적 민주주의와 경제적 평등을 주장하는 변혁의 목소리들과 어떤 식으로 만날 수 있는지 그 가

---

59 국토통일원 정책기획실 편, 『통일한국의 미래상: 제5차 통일문제 학술회의 회의록』 (1979), 87-97쪽.

60 국토통일원 정책기획실 편, 『통일한국의 미래상: 제5차 통일문제 학술회의 회의록』 (1979), 94쪽.

61 김삼웅, 『박현채 평전:시대의 모순과 대결한 불온한 경제학자의 초상』(서울:한겨레출판, 2012), 5장 참조.

62 국토통일원 정책기획실 편, 『통일한국의 미래상: 제5차 통일문제 학술회의 회의록』 (1979), 75쪽.

능성을 보여준 사례였다고 평가할 수 있다.

(3) 분단국 및 공산권 연구

마지막으로, 국토통일원의 연구 사업 중 국제정치학자로서 이용희의
이력과 역량이 최대한 반영된 부문인 분단국 및 공산권 연구의 경우를
살펴보자. 그러나 미리 말해두자면, 여기에는 장관 이용희의 기획력
이나 노력 못지않게, 1970년대 후반 국제정세의 흐름과 더불어 오랫
동안 교착되던 남북관계가 약간의 진전을 보였다는 '행운'이 적지 않
게 작용했던 것 또한 사실이다. 앞서 언급했다시피, 1973년의 '6.23 평
화통일외교정책 선언'은 명칭 자체에서 드러나듯 남한의 기존 대외정
책의 방향을 대폭 수정하는 것이 주요 내용 중 하나였다. 즉, 대한민국
이 "모든 국가에 문호를 개방"할 뿐만 아니라 "이념과 체제를 달리하
는 국가들도 대한민국에 문호를 개방할 것을 촉구"하는 선언이었다.[63]
물론, 세계적 데탕트의 흐름 속에서 공산권 국가들과의 관계를 개선하
려는 정부 차원의 시도는 좀 더 이른 시기인 1970년 박정희의 8.15 평
화통일 구상 선언에서 이미 나타난 바 있다. 실제로, 박정희 정부는 그
해 12월, "비非 적성敵性 동구 공산권에게도 통상의 문호를 개방한다"
는 내용의 '무역거래법 개정안'을 통과시켰다. 그 결과 대한민국은 유
고슬라비아와 루마니아, 체코 등의 동유럽 공산국가들과도 교역이 가
능하게 된다.[64] 북한을 승인한 나라와는 외교 관계를 맺지 않겠다는 한
국 외교의 이른바 할슈타인 원칙의 폐기가 공공연히 미디어를 통해 언

---

63 「국민적 일체감으로 통일 향한 국력 배양」, 『경향신문』, 1973. 6. 23.
64 「대(對) 동구 공산권 교역의 득실」, 『동아일보』, 1970. 12. 25.

급되기도 했다.[65]

그러나 1970년대 초반 남한의 대공산권 외교 정책은 그리 성공적이지 않았던 것으로 보인다. 공산권 국가들과의 문호 개방은 남북의 통합이나 한반도 평화 정착을 위한 큰 그림의 일환이었다기보다 세계를 대상으로 북한과의 외교 경쟁에서 승리하려는 기획이었다. 심지어 북한의 동맹관계를 차단하고 국제적으로 고립시켜 남한의 체제 우월성을 입증하려는 목적마저 있었다고 볼 수 있다.[66] 더욱이, 국제적 데탕트의 바람은 남한과 공산권 국가들 사이에서만 불었던 것이 아니었다. 이 추세는 북한과 서방 국가들 사이에도 마찬가지로 일련의 수교 붐을 일으켰던 까닭에 자연히 한국의 외교는 바짝 긴장할 수밖에 없었다.[67] 이제 외교까지를 포함한 모든 분야에서 더욱 필사적으로 경쟁하게 된 남과 북은 7.4 남북공동성명을 전후한 짧은 화해 무드를 통과하여, 각자의 독재 체제 공고화라는 소기의 체제 목적을 실현한 이후로는 오히려 관계가 빠르게 냉각되어가는 중이었다.

그러나 길었던 교착 상태를 타개할 변화의 조짐이 일기 시작한 것은 바로 1978년 무렵부터였다. 카터 행정부가 들어서고, 미국과 중국이 공식적으로 외교 관계를 수립(1979)하면서 상황은 또다시 변모하게 된다. 국제적인 데탕트의 불씨가 한 번 더 거세게 일어나자 이번에는 소련과 남한의 관계가 북한이 우려할 정도로 진전되는 기색을 보인다. 중국과는 달리 두 개의 한국을 사실상 인정할 태세를 보였던 소련에 대하여, 남한 정부는 비록 간접 무역의 형태이기는 했지만 경제 교류를 시

---

65 「할슈타인 원칙 폐기」, 『조선일보』, 1971. 11. 21.

66 박철언, 「민족의 진언과 북방정책」, 『민족지성』 1989, 4월호, 홍석률, 「데탕트기 한국의 대공산권 외교 정책」, 『한국문화연구』 34호, 2018에서 재인용.

67 신종대, 「남북한 외교 경쟁과 6.23선언」, 『현대북한연구』, 22권 3호(심연북한연구소, 2019. 12).

작하게 된다. 그 결과, 이전까지 제로 베이스였던 한국의 대 소련 수출이 1977년 약 38만 달러에서 1979년에는 세배 조금 못 미치는 100만 달러를 훌쩍 넘어섰고, 수입을 포함한 무역량 총액은 연간 700만 달러를 초과하게 되었다.[68] 일련의 흐름들 속에서 북한도 더 이상 남북 접촉을 계속 거부할 수만은 없었고, 소련을 견제하려는 중국 역시 예전의 강경한 대남 자세를 조금씩 누그러뜨리기 시작했다. 물론, 남한의 대공산권 외교의 성패란 기본적으로는 이들 사회주의 국가와 북한과의 관계 설정에 있었던 까닭에, 소련에 비해 북한의 존재를 훨씬 더 강하게 의식했던 중국은 남한 정부와 소극적인 관계 개선이 있는 정도로 그쳤다.

이처럼 분명한 한계를 보임에도 불구하고, 소련이나 중국과 같은 사회주의 강국들을 상대로 한 대공산권 외교가 이전 시기와 비교해 진전을 이룬 것이 이용희의 장관 재임 기간인 1970년대 말의 중요한 특징이었다. 이러한 추세는 국토통일원의 연구 결과물에도 고스란히 반영되는데, 실제로 1977년부터 1978년 통일원이 국제관계로 분류하여 발행한 연구는 각각 41종, 42종이었다. 직전까지 이 분야 평균 연간 간행물수인 27종의 약 1.5배 이상으로 현저한 증가세를 보인 셈이었다. 1979년까지를 포함하면 국제관계 연구가 102종에 달하는데, 대표적인 연구를 소개하면 다음과 같다.[69]

---

68 홍석률, 「데탕트기 한국의 대공산권 외교 정책」(이화여자대학교 한국문화연구원, 2018. 6).
69 이 숫자는 『국토통일원 간행물 목록 1969~1984』(서울: 국토통일원, 1985)를 기준으로 제시했다. 국토통일원 간행물 목록은 주기적으로 업그레이드 되기 때문에 여러 버전이 존재한다.

공산권 연구	분단국 및 제3세계 연구
『공산권의 다원화 추세와 북한의 진로』(이기택, 국토통일원 조사연구실, 1977)	『베트남 통합 이후의 대외정책』(한윤종, 조사연구실, 1977)
『공산제국 경제체제의 변천 과정』(이승윤, 조사연구실, 1977)	『동서독 각종 교류와 연관된 제문제 및 해결 실태 연구』(정용길, 국토통일원, 1978)
『동구 공산주의의 변질 과정 연구』(이태영, 조사연구실, 1977)	
『구주(歐洲) 공산주의 연구』(정세현, 조사연구실, 1978)	『동서독 접근 과정 연구』(정세현, 조사연구실, 1978)
『소련의 시베리아 및 극동지역 개발과 남북한의 대소협력 가능성 진단』(김세원, 마이크로필름, 1977)	
『소련의 극동지역 개발 현황 및 계획과 동북아 정세에 미치는 영향』(국토통일원 편, 1978)	『인도지나 연방 형성 이론의 역사적 고찰』(국토통일원 편, 1979)
『소련의 대동북아 심성』(김유남, 1979)	『ASEAN과 주변세력과의 관계 전망』(김국진, 정책기획실, 1978)
『소련의 대한관계 저술 개요』(1979, 대외비(秘))	
『미·일·중공의 대소 유대 형성에 관한 징후 조사 연구』(국토통일원 편, 1978)	『남방 삼각관계 전망과 그것이 한반도에 미치는 영향』(정용석, 정책기획실, 1977)
『미일중공 협조체제에 대한 소련의 대응 전략 분석』(조규진, 정책기획실, 1979)	
『미일중 삼각 협조체제가 북한에 미치는 영향』(문도빈, 정책기획실, 1979)	『제3세계의 동향 추이와 그것이 남북 관계에 미치는 영향』(이승헌, 정책기획실, 1977)
『북방 삼각관계 전망과 그것이 한반도에 미치는 영향』(국토통일원, 1977)	
『북한, 일본간의 경제 관계와 북한 사회에 미치는 영향』(심만섭, 정책기획실, 1979)	『제3세계가 한국 문제에 미치는 영향』(국토통일원 편, 1978)
『중공의 외교정책 결정 과정과 모택동 이후 대한반도 정책』(박홍민, 조사연구실, 1977)	『의존이론과 제3세계의 사회 변천』(김오동, 정책기획실, 1979)
『중공의 실용주의 노선과 이것이 북한체제에 미칠 영향』(국토통일원 편, 1978)	『주변 정세에 연관된 대만의 장래』(국토통일원 편, 1978)
『중공의 현대화 정책 연구』(박동운, 조사연구실, 1979)	
『한일중소 영토 분쟁의 현황』(김찬규, 정책기획실, 1978)	
『한국의 문호개방정책 수행과 공산권에 미치는 영향』(장행훈, 정책기획실, 1979)	

〈표4〉 국제관계 분야 연구(1977~1979)

간행된 공산권 연구의 내용들을 살펴보면, 동유럽 공산주의의 체제 변화 가능성에 관한 연구를 비롯하여 소련이나 중국의 향후 정책 변화 예측과 이에 대한 한국 정부의 대응 방안에 관한 연구가 많은 비중을 차지하고 있다. 특히, 소련과의 경제 협력은 물론 여기에 남북한이 함께 참가할 가능성까지 염두에 두고 있는 연구들은 1980년대 후반 노태우 정권의 북방정책의 내용으로 그대로 이어질 수 있는 기초 조사의 성격이 강한 작업들이었다. 거슬러 올라가보면, 북방정책이라는 용어 자체는 1970년대 초반에 이미 남한의 공론장에서 조금씩 사용되고 있었다. 1970년대 초반 서독 수상 빌리 브란트의 '오스트폴리틱Ostpolitik', 즉 동방정책을 변형한 것으로 보이는 이 용어는 무엇보다 박정희 정부의 대 공산권 외교가 지향해야 할 방향과 목표를 이미 제시하는 것이기도 했다.[70]

실제로, 1970년대 국토통일원에서 교육·홍보국과 조사연구실, 정책기획실 등 3대 부서를 두루 거쳤던 중견 관리 양영식은 1975년에 이미 '북방정책'이라는 아이디어가 담겨있는 「통일 외교와 북방정책의 몇 가지 구상」이라는 글을 선보인 바 있는데. 그가 말하는 북방정책의 3요소는 긴장완화와 공존사상, 그리고 현실주의적 점진 정책이었다.[71] 서독의 입장에서 동방이란 동독과 동유럽 공산주의권, 그리고 소련의 세 지역을 가리키는 것이었다면, 남한에게 북방이란 북한과 중국, 그리고 소련이었다. 서독 입장에서 동독이 가장 중요했듯이, 남한의 북방정책에 있어서도 핵심은 당연히 북한이 되어야 한다는 것이 그의 입장이었다. 한편, 위의 〈표4〉의 오른쪽에 제시된 분단국 연구에서 나타나듯이, 1970년대 동독과 서독의 교류나 접근 과정을 주시하는 연구들은 실은 개원 초기부터 국토통일원의 주된 관심 분야 중 하나였다. 더욱이, 남한

---

70 고려대 총장이었던 김상협은 1971년 닉슨의 베이징 방문을 앞두고 『동아일보』와 나눈 인터뷰에서 새롭게 펼쳐지는 국제 정세를 우선 인정하고 이를 바탕으로 새로운 평화적 '노르트 폴리티크(Nordpolitik, 북방정책)'을 수립해야 한다고 말한다. 「미, 중공 화해 시대의 서장 김상협 고대총장 박 본사 편집국장 대담」, 『동아일보』, 1971. 7. 17. 정부 차원에서는 이범석 외무장관이 1983년 국방대학원 연설에서 북방정책이라는 용어를 사용하면서 정착되었다. 전재성, 「노태우 행정부의 북방정책 결정 요인과 이후의 북방정책의 변화과정 분석」, 하용출 외, 『북방정책: 기원, 전개, 영향』(서울: 서울대학교 출판부, 2003), 41쪽.

71 양영식, 「통일외교와 북방정책의 몇 가지 구상」, 『북한』 4.3, 39(북한연구소, 1975), 양영식은 1971년에 빌리 브란트의 동방정책에 관한 연구로 석사학위를 받았다. 「서독 통일외교 접근법에 관한 고찰」(고려대학교 대학원, 석사학위논문, 1971), 구술 양영식, 예대열·이주봉, 「박정희 정권 시기 통일 정책과 국토통일원 중견 관리의 행정 경험」, 국사편찬위원회, 2010년도 구술자료 수집사업, CH_10_002_양영식_11, 99쪽, 국사편찬위원회.

의 통일원과 서독의 내독관계성 사이의 연례 회의를 통해 동서독의 경제나 문화 교류 내역을 현장에서 목격하고 참조하는 일이 가능했다. 큰 그림에서 보자면, 동서독의 통독 준비 과정에 관해 통일원이 1970년대 말 수행한 연구들은 그 계보 상 노태우 정권을 거쳐 이후 해외 망명 시절 빌리 브란트의 영향을 적극적으로 수용했던 김대중 정권의 '햇볕정책'의 내용으로 이어지게 될 것이었다.

물론, 1970년대 박정희 정부의 대 공산권 외교와 1980년대 후반 노태우 정부의 북방정책 사이에는 쉽게 좁혀지지 않는 격차가 존재한 것이 엄연한 사실이었다. 무엇보다, 북방정책이 성과를 낼 수 있었다면, 그것은 전 세계적 냉전 종식 이후 남북관계의 개선이 뒷받침되었기에 가능한 일이었다. 예컨대, 남북 기본합의서 채택(1991)과 같은 남과 북 사이의 결정적인 관계 진전이 없었다면, 북한 측으로 경사된 사회주의 국가들과 남한 정부의 교류가 정책으로서 온전히 현실화되기는 어려웠을 터였다.[72] 더욱이, 이러한 가정은 북방정책의 이후 행로가 역으로 증명하고 있는 것이기도 했다. 동구권과의 수교, 한소수교, 한중수교 등 대공산권 외교에서 분명 가시적이고 부인할 수 없는 성과를 산출했음에도 이후 북핵 위기로 남북관계가 다시 교착되면서 북방정책은 어쩔 수 없이 한계에 부딪치게 되었던 까닭이다. 결국, 1970년대 말 이용희 재임 기간 내 국토통일원의 공산권 연구 역시 유사한 딜레마 속에 놓여 있었던 것으로 보인다. 이 시기 의욕적으로 진행된 공산권 연구와 한반도 및 동북아의 미래 예측 연구들은 정작 남북 관계의 진전이나 평화 정착 혹은 통일 정책 개발 쪽으로 이어지지는 못했다. 대신 이 연구들은 그로부터 상당한 시간이 흐른 뒤에서야 공식화되는 북방정책의 기

---

72 홍석률, 「데탕트기 한국의 대공산권 외교 정책」(2018).

본적인 토대 혹은 밑거름으로 재규정될 근近 미래의 시간을 아직 기다
리는 중이었다.

4. 이용희, 국토통일원 그리고 미완의 싱크탱크

1960,70년대에 걸친 박정희 정권의 통치술을 이해하는 데 있어 중앙정
보부의 존재를 빼놓을 수는 없다.[73] 쿠데타 직후인 1961년 5월 20일, 군
사 정변의 주체들이 최고 의결 기구로서 설립한 '국가재건회의'의 산하
기관으로 출발한 중앙정보부는 박정희 암살 직후 곧장 폐지되면서 그
의 통치 시간대와 정확히 그 수명이 일치한다. "정부 위의 정부로 일컬
어질 만큼 국가 폭력의 총본산"이었던 중앙정보부를 이해하는 데 있어
필수적인 것은 이 기관이 행사했던 무소불위의 권력들이 어떤 위법이
아니라 국가가 제정하는 공식 법령들을 통해 '적법'하게 이루어졌다는
점이다. 이를테면, 중앙정보부법 개정에 의거하여 정보 및 보안업무의
조정, 감독권이 부여되었고, 그 결과 중앙정보부는 "국가정보의 완전한
독점과 검열의 최종결정권자"로서 법적, 제도적 기반 위에서 합법적으
로 움직이는 대통령의 직속기구가 되었다.[74]

　1969년 출범한 국토통일원은 남북통일의 방안과 정책을 개발하고
최대의 금기인 북한의 실태를 연구하는 기관으로 설계되었다는 점에서
중앙정보부와 업무 반경이 특히 중복될 수밖에 없는 기관이었다. 북한
에 관한 자료를 독점적으로 장악하고 유통을 주관하며 사후적으로 검

---

73 정주진, 『중앙정보부의 탄생』(서울: 행복에너지, 2021), 58쪽.
74 이봉범, 「유신체제와 검열, 검열체제 재편성의 동력과 민간자율기구의 존재방식」, 『한국
　　학연구』 64권 0호(인하대학교 한국학연구소, 2022. 2).

열하는 중앙정보부의 존재는 신생 기관인 국토통일원의 기능을 전적으로 흡수해버릴 수 있을 정도로 막강한 것이었다. 그럼에도 불구하고, 박정희 정권이 굳이 국토통일원이라는 새로운 기관을 설립한 것은 어째서일까. 이 기관의 설립에는 실은 단 하나의 요인으로만 설명될 수 없는 복수의 이질적 흐름들이 존재하고 있었다. 우선, 4.19 이래 일찍부터 제기된 통일에 대한 아래로부터의 국민적 열망을 정부가 드디어 실현해낸다는 식의 취지가 설립 명분으로 전면에 강조되었다. 아울러, 미중 화해의 세계적 데탕트를 준비하는 미국 측으로부터도 적지 않은 압력이 작용했다. 남북관계를 개선하라는 미국의 요구는 남한 정부로서도 결코 적지 않은 부담이었다. 무엇보다, 박정희 정부를 실제로 움직였던 결정적 동인은 1960년대 후반 유독 빈번해진 북한의 무력 도발에 맞서서 38선 이북에 실재하는 이 정치체의 위력을 객관적으로 정확히 파악하는 것, 궁극적으로는 국민들에게 체제 유지를 위한 총력안보 태세를 예전보다 더욱 강화시켜야 한다는 절실한 필요였다. 이러한 복합적인 배경 위에서, 비록 '합법적'일지라도 '음지에서 일하는' 중앙정보부의 존재 이외에 이른바 데탕트 시대에 걸맞는 종합 싱크탱크로서 국민들 앞에 떳떳이 내세울 수 있는 통일 전문 연구 기관의 존재가 비로소 현실화된 셈이었다.

상충되는 이해관계들이 맞물려 탄생한 국토통일원의 제6대 장관(1976~1979)으로 부임한 이용희의 성과와 한계는 그러므로 통일원을 둘러싼 이와 같은 기본적인 힘의 구조를 이해하는 데서 시작되어야 하지 않을까. 크게 보아, 장관 이용희가 관료적 실천을 통해 의미 있는 진전을 보였던 지점은 통일원 설립 이래 계속 절대다수를 차지해왔던 중앙정보부 출신 인력을 대거 교체하고 가능한 그 영향력을 최소화하려는 일련의 노력들이었다. 중앙정보부에 의해 독점된 북한 자료들을 최대한 개방하고, 전문 연구자뿐만 아니라 일반 국민들에게도 접근 가능한 기관이 되도록 문턱을 제도적으로 낮춘 것, 체계적인 아카이브를 갖춘 학술기관으로서 국토통일원이라는 위상을 각인시킨 것은 분명한 개선이자 성과로 보인다. 이러한 맥락에서 보자면, "통일원은 국민의 지혜를 모아 통일 방안을 연구 모색하는 기구이니만큼 **국민의 것이 되어야 한다**… 장관부터 말단 직원까지 관료적인 의식을 버리고 학문하는 자세로 임해야 한다"[75]는 취임 초기 그의 연설은 단순히 대국민용이라기보다 통일원 위에 암묵적으로 군림하는 중앙정보부를 유력한 청자 audience로 삼은 것이기도 했다.

물론, 장관으로서 이용희의 한계 또한 명백해 보인다. 무엇보다, 그 자신 국제정치학자로서 누구보다 강조해왔던 남북의 통일이라는 관점에서 보자면, 재임 시기 그가 가장 주력했던 분야 중 하나가 남북 비교연구 혹은 이질화 실태 비교 연구라는 점은 확실히 기대에 미치지 못하는 대목이다. 남북관계를 개선하려는 정치적 노력이 함께 이루어지지 않는 이상, 이 연구들은 그 자신의 평소 신념과는 달리 오히려 통일의 기대 지평으로부터 점점 멀어지는 아이러니한 효과를 실제로 낳고 있었던 까닭이다. 이용희가 소망했던 바대로, 통일원이 북한연구라는 기본 기능 이외에 명실상부한 통일 정책의 입안과 남북대화 실무 정책을 주관하는 싱크탱크로서의 역할을 수행하게 된 것은 그렇다면 언제부터일까. 박정희 사후인 1980년, 그러니까 이용희가 장관의 공직을 떠난 이후, 남한의 대북 경쟁력이 대내외적으로 확실해졌을 때야 비로소 중앙정보부의 업무 독점이 완화되어 남북대화 업무가 국토통일원으로 이관되기에 이른다.

---

[75] 「학술기관 같은 분위기로」, 『경향신문』, 1977. 2. 5.

이후의 국토통일원은 최초 출범 당시의 논란과 규모를 생각하면 비약적으로 그 위상이 높아졌다. 북방정책을 펼쳤던 노태우 정부에서는 '통일정책실'이 설치되었고 부총리 부서로 격상된 뒤에는 산하 기관으로 남북의 '교류협력국'(1991)이 신설된다. 이용희뿐만 아니라 1970년대 야당 의원들 역시 함께 꿈꾸었던 서독의 '내독관계성'과 유사한 역할을 마침내 담당하게 된 셈이었다. 말할 것도 없이, 김대중 정부 시절 첫해인 1998년은 향후 10년 정도 지속될 이 기관의 가장 빛나는 전성기의 시작이었다. 통일부로 개칭이 되었고, 이북 출신 소설가 이호철의 당시 감각으로라면, "남북통일은 사실상 시작되었다"[76]고 인지할 정도로 통일부는 햇볕정책의 구체적 세목들을 속속 입안하게 된다. 이후 우리 모두가 알고 있는 바대로, 개성공단의 착공과 운영을 총괄 실행하는 부서로 정착하게 된다.

이러한 맥락에서 보자면, 1970년대 말 이용희가 재임 시기 주력했던 또 하나의 분야인 공산권 연구도 어쩌면 현실이라는 토양 속에서 충분히 발아되기까지는 시간이 좀 더 필요했던 것이 아닐까. 최근에 이르러서는, 박정희 시기의 대공산권 외교가 체제 경쟁이라는 프레임 속에서 좀처럼 벗어나지 못하는 가운데서도, "이때 달성된 일부 교류 성과 및 지속적 접촉과 교섭 경험 등은 … 1980년대 말 대전환기를 대비한 '탐색기'의 성격"을 가진 것으로 그 의의가 상당 부분 재평가되고 있다.[77] 그러므로 최소한 10여 년 일찍 찾아왔던 이용희 주도 하의 활성화된 '북방연구'들은 1980년대 말, 그리고 1990년대 말 이후에 다시 한 번 이르기까지 '격세유전적' 기다림의 시간을 거치게 될 것이었다.

---

76 이호철, 『한살림 통일론』(서울: 정우사, 1999), 97쪽.
77 기광서, 「박정희 정부의 대중·소 외교정책」, 『아세아연구』 160호(고려대학교 아세아문제연구원, 2015. 6). 이러한 시각은 앞서 언급한 홍석률과 신종대의 연구에서도 공유되고 있다.

참고문헌

이용희. 2017.『동주이용희전집』1~10권, 고양: 연암서가.

고대아세아문제연구소. 1977.『고려대학교 아세아문제연구소 20년지』.

국토통일원 정책기획실 편. 1979.『통일한국의 미래상: 제5차 통일문제 학술회의 회의록』.

국토통일원. 1985.『국토통일원 간행물 목록 1969~1984』.

국회국토통일연구특별위원회. 1967.『통일백서 1967』.

국회사무처 의정기록과. 1977.「외무위원회 회의록」.『제9대 국회회의록』. 97회 2차.

국회사무처 의정기록과. 1977.「외무위원회 회의록」. 98회 12차.

국회사무처 의정기록과. 1978.「외무위원회 회의록」.『제9대 국회회의록』. 99회 1차.

국회사무처 의정기록과. 1979.「외무위원회 회의록」.『제 10대 국회회의록』. 101회 3차.

국회사무처 의정기록과. 1979.「외무위원회 회의록」.『제10대 국회회의록』. 103회 5차.

기광서. 2015.「박정희 정부의 대중·소 외교정책」.『아세아연구』 160호.

김명. 1970.「국토통일원에 대한 기관 형성론적 연구」. 서울대학교 행정대학원.

김삼웅. 2012.『박현채 평전:시대의 모순과 대결한 불온한 경제학자의 초상』. 서울: 한겨레출판.

김정준. 1991.「국토통일원 조직의 효율화에 관한 연구」. 성균관대학교 행정대학원.

남기정. 2017.「이용희의 냉전 인식: 냉전과 분단 기원에 대한 이해를 중심으로」.『개념과 소통』 20권 0호.

민병원·조인수. 2017.『장소와 의미: 동주 이용희의 학문과 사상』. 고양: 연암서가.

박균홍. 1977.「국토통일원의 조직에 관한 연구」. 서울대학교 행정대학원.

박대운. 1972.「입법과정에 관한 사례연구: 국토통일원 설립과정」. 서울대학교 행정대학원 석사학위 논문.

박철언. 1989.「민족의 진언과 북방정책」.『민족지성』 4월호.

박홍서. 2021.「박정희 시기 북방외교의 정치경제적 배경: 통치성 위기와 그 대응」.『동북아논총』. 26(1).

변형윤. 2019.『변형윤 회고록 학현일지』. 서울: 현대경영사.

사가헌. 2019.「대만과 한국의 루쉰 수용사 비교 연구」. 한양대학교 대학원.

신종대. 2019.「남북한 외교 경쟁과 6.23선언」.『현대북한연구』. 22권 3호.

양영식. 1971.「서독 통일외교 접근법에 관한 고찰」. 고려대학교 대학원 석사학위 논문.

옥창준. 2021.「현실로서의 냉전과 한국 국제정치학의 형성-조효원과 이용희의 냉전 국제정치론을 중심으로」.『한국학연구』. 63권 0호.

윤용범. 1989.「국토통일원 예산 편성 상의 실무적 고찰」. 연세대학교 행정대학원.

이봉범. 2020.「냉전과 북한연구, 1960년대 북한학 성립의 안팎」.『한국학연구』 56권 0호.

이봉범. 2022.「유신체제와 검열, 검열체제 재편성의 동력과 민간자율기구의 존재 방식」.『한국학연구』 64권 0호.

이호철. 1999.『한살림 통일론』. 서울: 정우사.

임유경. 2020.「'북한 연구'와 문화냉전: 1960년대 아세아문제연구소와『사상계』의 북한 연구」.『상허학보』. vol 58.

예대열·이주봉. 2010.「박정희 정권 시기 통일정책과 국토통일원 중견 관리의 행정 경험」. 사료계열COH007_062010. 국사편찬위원회.

유임하. 2018.「북한문학, 전장에서 핀 상흔의 역사」.『아시아경제』(2018.12.7.).

장세진. 2014.「원한, 노스탤지어, 과학-월남 지식인들과 1960년대 북한학지의 성립 사정」.『사이SAI』 17권.

장세진. 2020.「『청맥靑脈 혹은 실종된 유산들의 아카이브: 1960년대 중반 통일 담론을 중심으로」, 『사이SAI』 29권.

정주진. 2021. 『중앙정보부의 탄생』. 서울: 행복에너지.

정세현, 박인규 대담. 2020. 『판문점의 협상가: 북한과 마주한 40년』. 파주: 창비.

하용출 외. 2003. 「노태우 행정부의 북방정책 결정 요인과 이후의 북방정책의 변화 과정 분석」. 『북방정책: 기원, 전개, 영향』. 서울대학교 출판부.

허준. 1970. 「국토통일원 설치의 입법과정에 대한 연구」, 서울대학교 행정대학원. 1970.

홍석률. 2018. 「데탕트기 한국의 대공산권 외교 정책」, 『한국문화연구』 34호.

베른트 슈퇴버. 최승완 역. 2008. 『냉전이란 무엇인가: 극단의 시대 1945~1991』. 서울: 역사비평사.

「국토통일원 발족」, 『경향신문』, 1969. 3. 1.

「국토통일원 개원」, 『동아일보』, 1969. 3. 1.

「국민적 일체감으로 통일 향한 국력 배양」, 『경향신문』, 1973. 6. 23.

「남북대화 일지」, 『조선일보』, 1979. 1. 20.

「대對 동구 공산권 교역의 득실」, 『동아일보』, 1970. 12. 25.

「미, 중공 화해 시대의 서장 김상협 고대총장 박 본사 편집국장 대담」, 『동아일보』, 1971. 7. 17.

「학술기관 같은 분위기로」, 『경향신문』, 1977. 2. 5.

「할슈타인 원칙 폐기」, 『조선일보』, 1971. 11. 21.

「'유신헌법 반대' 헌법학 원로 김철수 서울대 명예교수 별세」, 『한겨레신문』, 2022. 3. 27.

필자 소개(가나다 순)

기유정

서울대학교 한국정치연구소 연구원. 서울대학교 정치학과에서 식민지배기 한반도 정치 공간의 탈민족주의 경향을 주제로 박사학위를 취득했다. 한국 정치학사와 한국 대중 정치사의 식민 탈식민 간 시대적 연속과 불연속에 관심을 갖고 연구하고 있다. 주요 저서로 『월경의 기록』(어문학사, 2013), 『제국과 식민지의 주변인』(보고사, 2013), 『3.1운동 100주년 기념총서』(휴머니스트, 2019) 등이 있다.

김태진

동국대학교 일본학과 조교수. 서울대학교 외교학과에서 학사, 석사, 박사 학위를 받았다. 동아시아 정치사상사 전공으로 개념의 수용과 전파, 번역에 관심을 갖고 연구를 진행하고 있다. 공저로 『동양의 근대적 통치성』(인간사랑, 2022), 『동북아 내셔널리즘의 형성과 변화』(경인문화사, 2022), 『유길준의 사상 세계: 동아시아 문맥과 지적 여정』(나남, 2021) 등이 있다.

옥창준

한국학중앙연구원 사회과학부 정치학 전공 조교수. 냉전사와 학술사에 관심을 두고 공부하고 있다. 주요 논문으로 「냉전 초기 한국 국제정치 지식의 재구성」(서울대학교 박사논문, 2022), 「한국학의 위상학: 한국에서 열린 최초의 한국학 국제학술회의를 중심으로」(『한국학』, 2021) 등을 썼다.

이경미

동북아역사재단 연구위원. 서울대 정치외교학부에서 석·박사학위를 받았다. 근대 한일 간의 정치사상사를 전공하고 있으며, 특히 제국식민지기 민족담론에 관심을 두고 연구를 진행하고 있다. 편저로 『근대 동아시아 평화사상: 질서·저항·공동체와 평화』(동북아역사재단,

2021), 논문으로 「'조천'에 나타난 나철의 근대적 종교관: '성스러운 정치'를 향하여」(『개념과 소통』, 2022), 「여운형의 평화론과 제국의 '법과 도덕' 논쟁: 공명과 균열에 대한 사상사적 이해」(『한국동양정치사상사연구』, 2021), 「'문명화'와 '동화' 사이에서 주체되기: 근대 동아시아에서 르봉 수용과 이광수의 민족개조론」(『국제정치논총』, 2021), 「3·1운동과 제국일본의 위기: 아베 미쓰이에의 전환론과 식민지조선의 합법적 정치공간」(『일본사상』, 2020) 등이 있다.

장세진

한림대학교 한림과학원 부교수. 1945년 이후 미국이 개입해서 형성된 동아시아의 냉전 문화를 공부해왔으며, 최근에는 탈냉전의 사상적 자원들을 발굴하는 데 관심이 있다. 연세대학교 국어국문학과에서 공부했고, 저서로는 『상상된 아메리카: 1945년 이후 한국의 네이션 서사는 어떻게 만들어졌는가』(푸른역사, 2012), 『슬픈 아시아: 한국 지식인들의 아시아 기행 1945~1966』(푸른역사, 2012), 『숨겨진 미래: 탈냉전 상상의 계보 1945~1972』(푸른역사, 2018) 등이 있다. 옮긴 책으로는 마루카와 데츠시의 『냉전문화론-1945년 이후 일본의 영화와 문학은 냉전을 어떻게 기억하는가』(너머북스, 2010), 『장혁주 선집』(소명출판, 2018)이 있다.

장인성

서울대학교 정치외교학부 명예교수. 서울대학교 외교학과에서 공부하고 도쿄대학교 총합문화연구과에서 개항기 한일 국제정치사상에 관한 비교연구로 박사학위를 받았다. 연구 분야는 동아시아 국제정치사상, 한일 정치사상사, 동아시아 개념사이다. 저서로 『장소의 국제정치사상』(서울대학교출판부, 2002), 『근대한국의 국제관념에 나타난 도덕과 권력』(서울대학교출판부, 2006), 『메이지유신』(살림, 2007), 『동아시아 국제사회와 동아시아 상상』(서울대학교출판문화원, 2017), 『서유견문: 한국 보수주의의 기원에 관한 성찰』(아카넷, 2017), 『현대일본의 보수주의』(연암서가, 2021) 등이 있다.

장진성

서울대학교 고고미술사학과 교수. 서울대학교 고고미술사학과를 졸업하고 중국회화사로 미국 컬럼비아대학교에서 석사학위를, 예일대학교에서 박사학위를 받았다. 연구 분야는 한국 및 중국회화사이다. 저서로 『단원 김홍도: 대중적 오해와 역사적 진실』(사회평론아카데미, 2020)이 있으며, 다수의 논문이 있다.